서구의 충격과 한영 문화교류

서구의 충격과 한영 문화교류

2024년 8월 10일 초판 인쇄
2024년 8월 15일 초판 발행

지은이 _ 김원모
펴낸이 _ 안순철
기　획 _ 양영유
제　작 _ 성두현
편　집 _ 임현수
마케팅 _ 이어진
펴낸곳 _ 단국대학교출판부
등　록 _ 1968.2.27 : No. 제03-00095호
주　소 _ 경기도 용인시 수지구 죽전로 152
전　화 _ 031-8005-2405
팩　스 _ 031-8021-7154

값 30,000원

ISBN 978-89-7092-833-3 93910

서구의 충격과 한영 문화교류

金源模

단국대학교출판부

머리말

구미 제국주의 열강이 아시아 대륙에로 침략해온 19세기 전반기를 우리는 서세동점(西勢東漸)의 시대라 부르고 있다. 청나라는 아편전쟁(1839)에서 영국에 패배, 1842년 남경조약에 의해 5개항을 개항했고, 이어 1844년에는 미청조약으로 미국에 문호를 개방했던 것이다. 일본은 1854년 미일조약으로 개항함으로써 구미 선진문물을 받아들이게 되었다. 그러나 청일 양국 사이에 있는 한반도는 서양 오랑캐 나라와는 일체 통상교역을 거부하면서 쇄국정책을 고수함으로써 후진국으로 남을 수밖에 없었다. 오죽하면 그리피스(William E. Griffis)는 조선의 쇄국정책을 '은둔국 조선'(Corea: The Hermit Nation, 1882. 10. 2)이라 했겠는가?

한국은 처음에는 청나라가 한역(漢譯)한 국명을 그대로 애용했다. 가령 유럽을 청국에서는 구라파(歐羅巴)라 음역(音譯)했는데, 이는 중국어 발음으로는 '어우뤄바'이다. 그러나 한국의 경우 아메리카를 한국어로 음역하면 별문제가 없었는데 청국어로 음역한 구라파 표기를 받아들여 그대로 사용하고 있었기 때문에 본래의 음과 동떨어진 현상을 초래하고 만다. 러시아를 아라사(俄羅斯), 프랑스를 법국(法國), 독일을 덕국(德國)으로 표기한 것을 그대로 채택·사용하고 있다. 그러나 일본은

1854년 미일 조약이 체결되면서부터 미국을 '베이고쿠(米國)', 러시아를 노서아(露西亞), 프랑스를 불란서(佛蘭西), 독일을 독일(獨逸)로 표기하였는데, 1904년 러일전쟁에서 전승을 거두고 일본이 한반도를 지배하면서 한국은 자연히 일본식 국명 표기를 받아들이게 되었다.

개항 이전부터 한반도 근해에는 서구 증기선이 시커먼 연기를 내뿜으면서 자주 출몰하였는데, 이를 괴물같이 이상하게 생긴 배라 해서 이양선(異樣船)이라 부르고 있다. 미국선이 우리나라에 표도해서 조선사람과 최초로 접촉을 가지게 된 것은 1853년(철종 4) 1월 30일이었다.(양력) 미국은 이미 1850년대에는 일본 북해도 근해에서 고래잡이를 활발히 전개하고 있었다. 마침내 미국 포경선이 동래 용당포(龍塘浦·현 부산) 앞바다에 표착했다. 포경선이 나타나자 부산첨사는 즉시 중국어와 일본어 통역관 김시경(金蓍敬) 김정구(金鼎九) 김예돈(金藝敦) 등 역관 3명을 파견, 역사상 최초로 미국인과의 직접 접촉을 통하여 한미교섭의 시단(始端)을 열어놓았다고 할 수 있겠다. 이들 3명의 역관들이 미국선에 접근하자 선중의 이국인 선원 모두가 일제히 갑판으로 나와 조선 문정관을 맞이하면서 밧줄(船索)을 던져 등선하라 하므로 조선 역관 3명은 밧줄을 타고 미국선에 등선했던 것이다.

조선 역관이 처음으로 미국 선박에 올라가서 그 규모와 시설을 보니 극히 화려하고 사치스러워 보였고 선원들의 모습은 하나같이 고괴(古怪)하게 보였다. 그들의 두발(머리)은 고슴도치 머리 모양으로 산발되어 있었고 콧대는 높고, 눈은 황색 아니면 파란색 눈이며 턱에는 시커면 구랫나루가 나 있었고, 신체에는 흉악한 문신(文身)이 찍혀 있었다.

그들의 복장을 보면 머리에는 검정색 가죽모자를 쓰고 있었는데 그 모양이 조선의 전립(戰笠) 같이 보였다. 바지저고리는 검정색인데 구두를 신고 있었다. 선원은 모두 43명이었다.

배의 규모는 길이가 약 43m, 높이가 14m, 너비가 9m에 이르는 증기범선이었다. 조선 문정관은 선장실을 비롯하여 침실 기관실 등을 두루 살폈는데, 선두에는 대포 1문, 조총 12자루, 작살 50개 등이 비치되어 있었다. 이 이외에도 식량 12궤짝, 고래 기름통 5통, 말안장 2건 등이 있었다. 뿐만아니라 소·돼지·닭·오리 등 가축까지 기르고 있었다. 한 가지 놀라운 것은 선원 중에는 20여세나 되어보이는 묘령의 아가씨와 4~5세 된 어린이가 있었는데, 두발은 양털처럼 백색이었다는 것이다.

조선 문정관은 처음으로 미국 포경선에 올라가서 선실 내부의 호화로운 시설물을 두루 구경하고 서구문물에 대한 문화적 충격을 느꼈던 것이다. 이는 서구의 선진문물과 조선의 원시적 농경문화의 우연한 해후이다.

조선 문정관은 미국 포경선 내부를 시찰하고 나서 본격적인 문정을 하기 시작했다. 문정의 최대 관심사는 이들은 어느 나라 사람인가이다. 일본어 중국어로 문정이 안되면 한문필담을 하면 의사소통이 가능하다. 그러나 조선 문정관이 쓴 한자와 그들이 쓴 영문이 소통될 리 만무하다. 더군다나 그들은 필기체로 휘갈겨 썼기 때문에 조선역관이 보기에는 그것은 구름처럼, 그림을 그려놓은 것처럼(如雲如畵) 보였고, 아무리 보아도 그것은 전서(篆書)도 언서(諺書·한글)도 아닌 괴상망측한 야만인의 글씨로 보였다.

이제 필담으로 의사소통이 안되니까 손짓 발짓으로 벙어리가 흔이 하듯 손짓 발짓으로 구화(口話) 수화(手話)로 할 수밖에 없었다. 그들은 손가락으로 자기 자신과 그들이 타고온 배를 가리키며 "우리는 미국 사람이다 We came from America"를 수없이 되풀이 했다. America를 수없이 되풀이하니 조선역관이 듣기에는 '아A' 발음은 빠지고 '며리계(旀里界)'로 들려서 마침내 한반도에 최초로 표도한 사람은 며리계 나라 사람임을 중앙정부에 보고했다.(日省錄, 권 58, 철종 3년(1853) 12월 15일조, 但指船 指身曰 旀里界 旀里界 云云).

America를 열 번만 되풀이해서 연속적으로 발음해보라. '아' 발음은 빠지고 며리계로 들렸을 것은 가히 짐작되고도 남음이 있다. 이런 점에서 볼 때 조선문정관은 America를 정확한 음사音寫로 표기했으며 따라서 며자旀字는 신라시대부터 사용되어온 한국식 고유한자이다. "며리계(旀里界): 아메리카" 이 얼마나 주체성을 살린 국명 표기가 아닌가.

부산 용당포 앞바다에 표착한 미국 포경선은 태풍이 멎기를 기다리며 약 10일 간 체류한 후 한미간에 별다른 물리적 충돌없이 머물다가 일본 해역으로 되돌아 간 것이다. 그동안 경상감사는 여러 차례 중국어 일본어 역관을 파견하여 이양선의 부산 기항 목적 및 국명을 알아보려

애썼지만 언어불통으로 며리계 나라 사람이라고만 확인했을 뿐, 그 이상의 부산 내항 곡절을 알 수 없었다. 이와 같이 한미 간의 최초의 만남은 상호 국명조차 확인하지 못한 채 폭소할만한 해프닝으로 끝나고 미국 포경선은 거처를 모른채 부산을 떠나고 말았다. 비록 언어불통으로 말미암아 상대방의 국가 정체조차 모른채 문정은 끝났지만 최초의 교섭을 통해 이 낯선 서양사람이 '며리계' 사람, 즉 미국인임을 확인했다는 것, 미국의 선진문물을 처음으로 접할 수 있는 기회를 가진 것은 어느 모로 보나 역사적 의미는 크다 할 것이다.

개항기를 전후하여 조선정부는 구미 열강과 개항교섭을 할 때 반드시 청국을 거쳐 간접적으로 교섭하지 않을 수 없었다. 1855년 7월 15일 두 번째로 미국 포경선 투 브러더즈(Two Brothers)호가 폭풍에 휩쓸려 난파될 때 탈출한 이국인 4명이 강원도 통천(通川) 앞바다에서 표류하던 중 조선인이 이들을 구제했다. 통천군수가 이들을 문정해본 결과 어느 나라 사람인줄 몰라서 이국인(異國人) 4명이라고만 보고했다. 이들은 입과 눈 그리고 손짓 발짓의 동작으로 의사소통을 했다. 이국인은 남쪽을 가리키며 그들의 고국으로 보내줄 것을 간청하는 시늉을 했다. 이에 조선정부는 이들을 청국으로 송환했다. 역관을 통하여 심문해본 결과 이들은 화기국(花旗國·Flowery Flag Country) 사람 즉 미국인임이 판명되었다.

청국은 처음에는 미국 성조기가 화려하다해서 미국을 화기국(花旗國)이라 의역(意譯)해서 사용했었다. 그러다가 이를 음역(音譯)해서 米利堅·美利堅·美國으로 정착된 것이다. 한편 일본은 개항초부터 지금까지 중국식 표기를 따르지 않고 일본 고유의 표기대로 米國이라 표기해 오고 있다.

한국의 경우를 보면 1853년 12월 15일 부산 용당포에 표착한 미국 포경선을 문정한 결과 국적을 알아낼 수 없어서 며리계 나라 사람임을 확인하고 "며리계(旀里界): 아메리카America"라고 정부에 보고하면서 이 이국인이 며리계인(旀里界人)임을 확인되었다. 그러나 미국인을 며리계인이라 사용하지 못하고 사어화(死語化)되어 버린 것은 조선정부가 얼마나 외세에 시달렸는가를 의미한다. 지금부터 170년 전 우리 선인들은 이처럼 지혜를 발휘해서 아메리카의 국명을 '며리계'라 표기한 것이다. '며리계호'가 '은둔국 조선'에 와서 구미문화적 충격을 주었다는 데 그 역사적 의미는 크다할 것이다.

2023년 12월 '며리계호' 한반도 표착 170주년을 기념하며

김원모

목차

제4장 영국 로드 애머스트호의 통상교섭 강요와 귀츨라프의 한글문화 서구세계 전파

제5장 영국 사마랑호의 제주도·거문도 탐측항행과 한영 언어문화 교류

제6장 한국의 축하사절단 파견과 한영러 외교관계

제7장 이종응의 서사록과 서유견문록(1902)

제1장

조선 후기 서구의 충격과 조선의 대응

| 1 | 부연사신의 전문(傳聞)과 구라파 인식

17·18세기 조선 후기는 동양사에 있어서 서세동점(西勢東漸)의 시기에 해당한다. 서구 상업 자본가의 열강들이 식민지 회득과 통상교역의 확대를 위하여 아시아대륙으로 밀려오고 있던 격동기이다. 제해권을 장악한 선발 국가는 스페인과 포르투갈이다. 로마 교황청은 스페인에 남미, 필리핀, 포르투갈에 동아시아 지역에 대한 포교 특권을 부여했다. 이로써 포르투갈은 로마 카톨릭교의 전교(傳教) 및 통상 확대를 위해 아시아 대륙에로 침입하기 시작했다. 한편 후발 국가로서 영국과 네덜란드(和蘭) 등 개신교 국가들도 프르투갈의 뒤를 이어 아시아 대륙으로 진출, 주로 통상교역을 위해 개항을 강요했다.

조선시대의 대외정책의 기조는 사대교린(事大交隣) 외교이다. 여진(女眞), 일본, 유구(琉球·현 오끼나와 沖繩) 등에 대해서는 사신의 교빙(交聘)이 전부이다. 특히 중국에 대해서는 전통적인 조공외교(朝貢外交)를 취했다. 이처럼 사대와 교린, 조공과 회사(回賜), 종주국과 조공국(朝貢國)이라는 일정한 예속적 화이관계(華夷關係)의 테두리에서 아시아 한문화권에서의 대외관계를 정립하고 있었기 때문에 조선은 근대적 의미에서의 호혜평등한 대외관계를 수립·실행할 수 없었다. 그것은 조선이 대외 인식상 정치적으로 상호 균등한 주권 국가로서의 관념이 형성되지 아니했기 때문에 서구 열강에 대한 자주 외교권 행사가 불가능했다.

조선 후기 조선 지식인의 서구 인식은 대개 세 가지 유형으로 대별할 수 있다. 첫째, 부연사신(赴燕使臣)의 전문(傳聞)이다. 직접 대외 접촉이 불가능한 조선은 연행사신의 서구 전문이 대외지견(對外知見)의 유일한 창구 역할을 수행했다. 둘째, 표착(漂着) 서구인과의 직접 접촉을 통하여 서구인식을 넓히는 것이었다. 셋째, 한적(漢籍) 서학서(西學書)에 의한 서구 인식이다. 서양 서적에는 천문 지리 등 과학기술의 서학서와 천주교 교지(教旨)를 해설한 서교서(西教書) 등이 포함된다. 상술한 세 가지 루트를 통하여 서구문명과의 조우(遭遇) 결과 조선은 화이적 세계관이 '화이일야(華夷一也)'의 세계관으로 전환, 서구문화의 수용과 거부라는 대응이 반복되면서 유교의 전통사상 이념과의 갈등과 충돌을 빚게 되었다.

조선시대 중국과의 외교관계는 조공무역이 기조를 이루고 있다. 조선왕조는 정기적인 연공사(年貢使)를 파견했다. 이를 통칭 부연사신 또는 연행사신이라 일컫고 있다. 사절 규모를 보면 정사, 부사, 서장관, 수원, 상인 등 전체 인원은 최고 6백 명에 이르고, 마필만도 5백 필이 동원된다. 서울에서 연경(燕京·北京)까지의 왕래 기간은 대개 6개월 정도이고, 연경 체재 기간은 30~40일 정도이지만 사정에 따라 최고 140일 체류하기도 했다.

조선 사신이 연경에서 숙식하는 유관(留館)은 조선관(朝鮮館)인데, 명대(明代)에는 옥하관(玉河館), 청대(淸代)에는 옥하관 또는 회동관(會同館)이라 불리우고 있다. 조선 사신들은 연경 체재 기간 동안 외출을 통해 각국 사신 또는 중국 명유들과 교유하는 한편, 유리창(琉璃廠) 거리로 가서 서학서 심지어 금서까지 구입하는 등 지적 호기심을 충족하고 있다. 조선 사신의 최대 호기심은 서양인과의 교유이다. 조선 사신은 개인적으로 흠천감(欽天監) 또는 남천주교당을 예방, 서양 예수회 선교사들과 교환함으로써 서양 문물을 직접 접촉하게 된다.[1]

---

1 朴趾源, 『燕巖集』(경인문화사 영인, 1974), 권 15, p.313, 朝鮮館, p.309, 琉璃廠; 李元淳, 『朝鮮西學史硏究』(一志社, 1986), pp.31, 52, 58, 70, 117; 潘允洪, 「朝鮮後期의 對歐羅巴認識」, 『國史硏究』(조선대국사연구소, 1982), p.91.

1520(중종 15)년 12월 통사(通事·통역관) 이석(李碩)이 중국에서 전해들은 서양 소식을 처음으로 소개하고 있다.

불랑기국(佛朗機國: 포르투갈)이 만자국(滿剌國: 말라카)에게 길을 차단당하여 명나라 개운(開運) 이래 중국에 오지 못하였는데, 이제 만자국을 멸하고 와서 책봉(冊封)을 요구하고 있다. 예부에서 의논하기를 "조정에서 봉해준 나라를 마음대로 멸하였으니 허락할 수 없다"라고 조현(朝見)을 허락하지 아니했다. 그들을 관대(館待)하는 것은 다른 나라 사신과 차이점이 없는데 그들의 외모는 왜인(倭人)과 비슷하고 의복제도와 음식의 절차는 정상적인 사람들과 같지 아니했다. 그래서 중국 사람들도 "예로부터 못보던 사람이다"라고 하였다.[2]

이석의 뒤를 이어 이듬해 1521(중종 16)년 1월 주청사(奏請使) 신상(申鏛), 한효원(韓效元) 등이 귀국 복명하는 자리에서 불랑기국과 그 풍속을 자세히 설명하고 있다.

부랑기국은 서역(西域) 지방 서남쪽 사이에 있다. 그들의 마음은 매우 개명되어 있었으며, 그들의 책을 보니 글씨체가 진언(眞言: 인도 언문)과 비슷하였는데 비길 데 없이 정세하다. 의복은 거위털로 짰는데 모양은 단령(團領: 깃을 둥글게 만든 공복)처럼 생겼고 아래 폭은 매우 넓었으며, 머리로부터 뒤집어써 입게 되어 있는데다가 단추나 옷고름이 없다. 음식은 닭고기와 면식(麵食)만을 먹고 있었는데 그것은 이들 나라의 토산

2 『中宗實錄』 중종 15년 12월 무술조.

품이 이것뿐이기 때문이다. 그들 풍속의 특징은 비록 군장(君長)이라 할지라도 한 사람뿐이고 왕비가 죽더라도 다시 장가들지 않는다고 한다.[3]

폴랑치(Folangchi, 佛朗機: 포르투갈)라 불리우는 프로투갈 특사 안드라디(Fernao Peres d'Andrade)가 중국 광주항에 입항한 것은 1517(정덕 12)년이었다. 예포 발사 문제로 상호 오해가 발생하여 일시 추방되기도 했으나 1557(가정 36)년 결국 프르투갈은 마카오(Macao, Aomen, 오문, 澳門)에 교역소를 설치하는 데 성공했다.[4] 여기에 포르투갈인과 중국인과의 최초 조우에 관한 중국 측 기록이 있는데 이 기록에서 우리는 중국과 서방세계간의 관계가 발전할 징후를 느낄 수 있다. 그 사례를 여기 들어보기로 한다.[5]

포르투갈인(이곳에서는 폴랑치 Folangchi라 한다)은 일찍이 중국인과 여하한 거래 교섭 관계를 한 일이 없었다. 정덕(正德) 12(1517)년 포르투갈인은 대함대를 인솔, 광주만 안으로 들어와서, 느닷없이 대포를 발사하였는바 그 소리가 뇌성처럼 천지를 진동하였다. 포르투갈인이 말하기를 조공차(朝貢次) 입항하였고, 봉건적 칭호를 수봉(受封) 받기 위하여 왔노라고 주장했다. 중국의 판무관이며 부세무관인 우팅취(Wu T'ing Chu)는 이들에게 조공진상(朝貢進上)의 요구를 허락하였다. 그러나 검열관들은 대명회전(大明會典)에는 포르투갈국의 조공사 파견 선례가 없다는 이유로 이들의 북경행을 허락하지 아니하였다. 이리하여 그들은 동관(潼關)

---

3 『中宗實錄』 중종 16년 정월 정축조.

4 Wolfgang Franke, *China and the West, The Cultural Encounter, 13th to 20th Centuries*(New York, and Evanston, Harper and Row Publishers, 1967), pp.21~28; 金源模, 『東西文化交流史』(단국대학교출판부, 2013), pp.50~60.

5 『東西文化交流史』, pp.50, 61, 180.

근처의 남두(南頭)로 퇴각, 그곳에 정착한 후 남두 일우에서 가옥을 건조, 설책(設柵)한 뒤, 휴대하고 온 화기로 진지를 구축하였다. 이들 일행 중 몇 사람이 명나라 예부를 방문했을 때 무릎을 꿇는 의례 즉 삼궤구고두(三跪九叩頭)의 의례를 준행치 아니하였을 뿐만 아니라 여타 새외만족(塞外蠻族)보다 우선적으로 중국 황제를 알현할 것을 주장하였다.

어사(御使)인 구도륭(丘道隆)과 하오(何鼇)는 번갈아가면서 상세한 비망록을 작성해 두었다. '통보(通報)'에 의하면 포르투갈인은 폭력과 반란을 용기로 찬미하였고, 자기의 군주를 찬학(簒虐)하였으며 그들은 또 말라카(Malacca, 말레이시아)의 파견 사신이라고 사칭한 호자 아산(Hoja Asan)을 사전에 파견하였다. 폭풍에 휩쓸려 포르투갈인이 광주 정박지에 도착하였고, 그들은 직접 현지를 정찰 답사함으로써 우리의 가로에 친숙해졌고, 어린이를 잡아 구워먹기 위하여 납치·매수해 가기도 하였다. 최근 말라카 국왕은 한 비망록에서 포르투갈인이 말라카를 불법 침략, 토착 말레이시아인 소유 토지를 약탈하는 동시에 말라카인 다수를 살해했다고 보고한 바 있다. 포르투갈인의 살인 약탈 행위에서 빚어진 해악은 유례없는 참상이었다. 그 결과 포르투갈인을 즉시 압회(押回)하는 동시에 이들과의 개인적인 교역을 엄금하며, 그들이 구축하였던 가옥과 요새 진지를 깡그리 파괴함이 온당한 처사라 생각한다. 뿐만 아니라 그동안 이같은 양이(洋夷)와의 사무역(私貿易)을 해왔던 상인 장인(匠人)들마저 엄중한 처벌을 강화해야 한다. 명조(明朝)에서도 이 제안을 승인한다고 칙령으로 발표하였다.[6]

6 상게서, pp.61~62.

이석은 포르투갈인이 광주만에 입항한 지 3년 만인 1520(중종 15)년에 불랑기국이란 서양 나라 소식을 처음으로 전해주고 있다. 그런데 이에 앞서 포르투갈은 일찍부터 말라카를 거점으로 하여 중국과의 교역 확대를 위하여 상선을 파견했는데, 1513년에 고레스(Gores)라 일컫는 조선 상인단이 레케아(Lequea)나라로부터 말라카에 와서 포르투갈 상인과 교역을 개시했다. 1513년 6월 6일자 포르투갈왕 엠마누엘이 로마 교황 레오 10세에 보낸 보고서에서 "고레스 백성은 피부가 희고 의복은 법의(法衣)와 비슷하고 몸에는 세검과 소도를 차고 있으며, 그들의 고국은 대륙의 일부라 하며, 1월이면 이곳에 와서 교역하다가 4월이면 돌아가는데 한 번 항행에 40일이 걸린다"[7]라 했다.

이어 동 보고서에서 "말라카에는 수마트라, 페구(Pegu, 미얀마), 자바, 고레스, 그리고 중국 동단으로부터 내도한 외국상인들이 있다."[8]라고 소개하고 있다. 여기에서 고레스에 대해 일본 학자는 유구인(琉球人)이라 주장했지만, 조선측은 레케아는 유구, 고레스는 고려(高麗)의 대음(對音)으로서 이미 조선 상인들이 유구의 남해 무역선을 타고 말라카에 진출, 불랑기인과 교역을 행했다고 주장하고 있다.[9] 이는 포르투갈 무역선이 광주만에 입항하기 4년 전이었다. 이처럼 조선 상인은 서양 나라 중 포교와 무역을 위해 진출한 포르투갈인을 처음으로 알게 되었고 이들과 교역을 행했다는 것이다.

한편 세 차례(1590, 1597, 1611) 중국 사행을 하고 돌아온 이수광(李睟光, 芝峰, 1563~1628)은 불랑기국에 대하여 다음과 같이 소개했다. "불랑기국은

---

7 『六堂崔南善全集』(현암사, 1973), 권 3, pp.456~457.

8 洪以燮, 「Gores 試考」, 『歷史學報』1(역사학회, 1952), pp.105~122.

9 상게서, pp.105~122; 秋山謙藏, 「これすは琉球人である」, 『史學雜誌』39, p.3.

섬라(暹羅: 태국) 서남쪽 바다 가운데 있는데, 이는 서양의 대국이다. 그 나라의 화기를 불랑기(佛狼機)라고 하는 바, 지금 병가(兵家)에서 사용하고 있다. 또 서양포(西洋布)는 매우 가볍고 가늘어서 마치 매미 날개와 같다."[10]라고 소개하면서 포르투갈 화기의 우수성을 높이 평가하고 있다.

이수광은 영국을 처음으로 소개했는데, "영결리국(永結利國)은 극서 외양에 있으며 4층으로 된 배를 건조하였는데, 쇳가죽으로 안팎을 둘러싸고 선상에는 수십 개 돛대를 세우고 닻줄은 쇠사슬 수백 개로 얽어 만들었기 때문에 풍랑을 만나도 끊어지는 법이 없다. 전쟁 때는 대포를 사용하면서 약탈을 자행하니 해양 여러 나라들이 이에 감히 대항하지 못한다."[11] 이때 이미 영국은 해상권을 장악, 아시아 방면으로의 통상활동을 활발히 전개하고 있었다.

만주족(滿洲族) 누르하치(奴兒哈赤, 淸太祖)가 1616년 흥기, 후금(後金)을 건국했고, 1630년 국호를 청(淸)이라 개칭하면서 조선에 신복(臣服)을 강요하였다. 그러나 조선은 역사적으로 만주족을 야만시하였고, 숭명배청(崇明排淸) 정책을 고수하면서 신복을 거부했다. 이에 청 태종은 만주 동북 3성을 장악하고 있었기에 조선 사신의 육로에 의한 연경행이 차단되었다. 이리하여 1630년 진주사(陳奏使) 정두원(鄭斗源, 壺亭, 1581~?)은 명나라로 가는 육로행을 포기하고 황해 항로를 이용, 명(明)에 해로로 조공사신을 보내게 되었다. 정두원은 산동성 등주(登州)에 도착, 이곳에 머물고 있는 예수회 선교사 로드리게스(Joannes Rodriguez, 陸若漢)를 만나 긴밀한 교유를 하였고, 서양화포, 염소화(焰焇花, 화약), 천리경, 자목화(紫木

10 李睟光, 『芝峰類說』(경인문화사 영인, 1970), 권 2, p.36, 「諸國部 外國」.

11 상게서, p.36.

花) 등 서양 기기(器機)를 비롯하여 서양에 관한 많은 서적을 얻어 1631(인조 9)년 귀국했다. 17세기 초 서학서와 지도를 통하여 간접적으로 마테오 리치라는 서양인을 알게 된 조선 지식인에게는 비록 단기간이지만 로드리게스는 직접 접촉 교류한 최초의 서양인이었다. 1633년 2월 로드리게스의 편지에 의하면, "우리의 신앙서적과 과학서적 그리고 마테오 리치의 '세계지도'를 고려왕국에 보냈다."12라고 기술했다.

마테오 리치(Matteo Ricci, 1552~1610)는 이탈리아 예수회 수도사로서 중국에서의 예수회 전도의 개조(開祖)이다. 명 만력 연간에 광동에 이르렀고 후에 북경에 가서 전도, 중국에서 최초로 천주교당(天主教堂)을 건립했고 '만국전도'를 소개하면서 천하에 오대주(五大洲)가 있음을 가르쳤다. 한자 한어에 통달, 북경에서 졸했다. 그는 재중 포교활동 중 과학적 지식을 전파하기 위해 중국의 가톨릭교도 이지조(李之藻)의 원조를 받아 '곤여만국전도(坤與萬國全圖)'를 제작, 중국인로부터 존경과 찬사를 받았다. 그는 중국문화와 습속과의 화합을 위해 이마두(利瑪竇)라는 중국 이름을 사용했고, 불교와 유교의 복장을 착용하였다. 그러나 지방 당국으로부터 추방되어 소주(韶州)로 들어가 예부상서 자구대소(子瞿大素)와 교유, 서양과학을 전수했다. 한편 남창(南昌)에서 '천주실의(天主實義)'를 한문으로 저술했다. 중국 관리에게 천문학, 지리학, 수학 등을 교수하는 한편 서광계(徐光啓), 이지조 등에게 천주교교의(天主教教義)를 전했다.[13]

---

12 J. G. ルイズデメディナ, 『遙かなる 高麗—十六世紀 韓國開教と日本イエズス會』(일본 극동출판사, 1988), pp.122~123.

13 金源模, 『東西文化交流史』, pp.70~71.

마테오 리치는 중국 한자문화에 심취하여 한자한어(漢字漢語)에 통달, 중국화(中國化)함으로써 아무런 마찰 없이 중국생활에 적응하면서 천주교와 과학사상을 전파한 것이다. "이탈리아인 마테오 리치는 어느 면으로 보아도 중국인과 흡사하다. 용모가 준수하고 행동거지에 다정·온화감이 넘쳐흐를 뿐만 아니라 중국인들이 최고로 존경하는 온순성이 그의 성품에 나타나므로 그는 중국인처럼 보였다."[14]

로드리게스가 정두원에게 전한 '세계지도'란 마테오 리치의 곤여만국전도(坤與萬國全圖)를 가리키고 있다. '우리의 신앙서적'이란 천주교 서적 '천주실의'인데 이를 정두원에게 전달했음에도 불구하고 정두원의 서적 목록에는 빠져 있다. 이는 조선정부가 천주교 서적을 '이단서'로 분류했기에 삭제한 것으로 보인다. 정두원은 로드리게스를 이렇게 평하고 있다. "서양 나라는 중원(中原)으로부터 9만 리 떨어져 있어서 가는데도 3년이나 걸린다. 북경 로드리게스는 마테오 리치 즉 이마두의 친구로서 일찍이 중국에 와서 화포를 제작 홍이(紅夷)와 홍모(紅毛)의 난리를 평정하는 데 공헌했다. 더군다나 그는 천문역법(天文曆法)에 정통하여 광동에 이르러 홍이포(紅夷砲)를 제작하여 노사(虜師)를 토벌한 것이다."[15]

정두원은 한역 서학서와 기기를 인조에게 바치면서 일구관(日晷觀: 해시계), 자명종, 화포, 염소화, 자목화 등에 대해 다음과 같이 설명하고 있

14 Franke, *China and the West*, p.37; 金源模, 『東西文化交流史』, p.76.

15 『國朝寶鑑』(세종대왕기념사업회, 1976), 상편, 권 35, p.494, 인조 9년 7월조. 정두원이 로드리게스로부터 얻어온 천문, 지리 등 과학기술 서적 西學書 명단을 보면 다음과 같다. 治曆緣起 1冊, 天文略 1冊, 利瑪竇 天文書 1冊, 遠鏡說 1冊, 千里鏡說 1冊, 職方外記 1冊, 西洋國 風俗記 1冊, 西洋國 貢獻神威大鏡疏 1冊, 天文圖 南北極 2幅, 天文廣敎 2幅, 萬國全圖 5幅, 紅夷砲 題本 1冊.

다. "천리경(千里鏡)은 천문을 관측할 뿐만 아니라 적진 중의 미세한 물건까지 볼 수 있다. 그 값어치는 은화로 3, 4백 냥이 된다고 한다. 일구관은 시각과 사방을 정확히 알고 해와 달의 운행을 정확히 알 수 있다. 자명종(自鳴鐘)은 12시간마다 저절로 종이 울리며, 화포(火砲)는 화승(火繩)을 사용하지 않고 화석(火石)으로 치면 불을 뿜으며 발사된다. 우리나라 조총을 2발 쏘는 사이에 4, 5발을 쏠 수 있으니 그 신속하기가 귀신 같다. 염소화는 곧 소(焇)를 가열한 함토(鹹土)이고 자목화는 자색 면화이다."[16]

정두원이 서학서와 서양 기기를 인조에 바친 해는 1631(인조 9)년으로서 정묘호란(1627) 4년 후이다. 그당시 조정에서는 병자호란에 대한 원수를 갚아야한다는 불벌론(北伐論)이 비등했던 만큼 인조는 이같은 우수한 서양 기기를 보고 감탄하지 않을 수 없었다. 이에 인조는 "서포(西砲)를 가져온 것은 적의 방어에 뜻을 둔 것이니(其志在禦敵) 정말 가상하다"라고 말하면서 정두원에게 특가자(特加資)를 내리라는 명을 하달하였다.[17]

진주사 정두원의 사행인원은 총 39명으로서 그 중 역관 이영후(李榮後)는 귀국 후 로드리게스와의 서신에서 '만국전도'에 비상한 관심을 표명하면서 오대주설(五大州說)에 문화적 충격을 느꼈다고 피력하고 있다. "중주(中州: 중국) 밖에도 인물(성인)과 교화(敎化) 그리고 제작(制作)이 있다"는 사실, "땅이 크다는 것(地之大), 나라가 많다는 것(國之多)을 알게 되었다"는 사실은 여태까지 중국 중심의 화이론적(華夷論的) 세계관에

16 상게서, p.494; 『국역 성호사설』(민족문화추진회, 1976), II, pp.16~17, 陸若漢; 강재언 지음/이규수 옮김, 『서양과 조선—그 문화와 격투의 역사』(학고재, 1998), pp.48~49.

17 『仁祖實錄』 인조 9년 7월 갑신조.

큰 충격을 주었다. 뿐만 아니라 천문도를 보고부터 동양의 전통적 개천설(蓋天說) 혼천설(渾天說)과는 판이한 십이중천설(十二重天說)이 있다는 사실을 인식하면서 천원지방설(天圓地方說: 하늘은 둥글고 땅은 네모라는 것)을 고수하고 있는 전통적인 천체관의 동요를 가져왔다.[18]

인조 이하 조정 대신들은 이처럼 서양 대포의 위력을 감탄하면서도 미구에 남침하는 만주족의 내침에 대비, 모처럼 획득한 서양 신무기를 개발하여 청군의 남침을 대비하지 못했다. 너무나 안이한 국가안보 관념에 빠진 조선정부는 마침내 병자호란(1636, 인조 14)이 발발하자 인조는 남한산성에서 농성하다가 결국 '성하(城下)의 맹(盟: 항복)'으로 청 태종에게 항복하는 굴욕을 당했다. 이는 조선왕조의 역사상 최대 치욕이 아닐 수 없다. 이로 미루어보면 조선정부는 서양 기기에 대해서 호기심만 가졌을 뿐, 이를 개발하여 국가안보에 효율적으로 이용하는 지혜를 발휘하지 못했다. 이와 같이 로드리게스가 보내준 귀중한 서양 과학문물은 조선 위정자나 지식인 중 어느 누구도 이를 실용화하기 위해 기기 개발을 시도했다는 흔적을 찾아볼 수 없다.

일본의 경우 1543년 포르투갈인이 규수(九州) 다네가시마(種子島: 현 일본 우주센타)에 표류, 철포(鐵砲, 鳥銃) 두 자루를 전했는데, 전국시대라는 시대적 혼란 배경에도 불구하고 일본은 이를 연구·개발하여 국산화에 성공, 이를 한반도 침략전쟁(임진왜란, 1592)에 실용화했다. 그러나 조선은 서양 선진문물에 이처럼 무관심하게 된 것은 일본처럼 사이정신(師夷精神: 오랑캐에게도 배워야한다.), 장인정신(匠人精神)이 없었기 때문이다.

로마 가톨릭교 선교회는 만주족의 청조(淸朝) 초기 순치제(順治帝)와

---

18 姜在彦, 『조선의 西學史』(민음사, 1995), pp.54~55.

강희제(康熙帝) 양대에 걸쳐 가톨릭교 선교 사업은 대성공을 거두었다. 마테오 리치 시대보다도 더 광범위하게 포교활동을 전개한 결과 표교단의 일부 중요 인사들은 청 조정으로부터 대단한 신망을 받아 북경을 중심으로 전국 각성에 걸쳐 활발히 포교활동을 전개할 수 있었다. 지난날 리치가 명 황제와 직접 인간적인 유대관계를 맺으려다 결국 성공하지 못하다가 이때에 이르러 그의 후계자에 의해 그 숙원이 달성된 것이다. 이러한 중국 황제와의 인간적인 유대관계를 최초로 수립한 자는 중국 이름으로 탕약망(湯若望)으로 알려진 예수회 선교단 선교사 아담 샬 폰 벨(Adam Schall von Bell, 1592~1666)이다. 아담 샬은 명(明)의 숭정제(崇禎帝)의 명을 받아 천문의기(天文儀器)를 제작하여 서양 천문학의 정밀성을 과시했기 때문에 숭정제는 서양역법을 채용하기로 결의했으나 명이 멸망함에 따라 실현되지 못했다. 청이 명을 멸하고 중원을 장악·지배하면서 아담 샬은 청의 순치제의 신망을 받아 흠천감정(欽天監正)에 보임되었다. 특히 선무문(宣武門) 안에 당국의 지원을 받아 천주교당을 세웠던 것이다.[19]

병자호란 결과 소현세자(昭顯世子)·봉림대군(鳳林大君)이 인질로 심양(瀋陽)에 끌려가 있다가 1644(인조 22)년 북경으로 이동, 약 70일간 체류했다. 이때 이들은 아담 샬이 세운 천주교당을 자주 왕래하면서 아담 샬과 인간적인 교유를 함으로써 천주교를 알게 되었고 서양 천문역법을 비로소 접할 수 있었다. 소현세자는 귀국할 때 아담 샬로부터 여지구(輿地球: 천문도)와 서학서 천주상(天主像) 등을 받아가지고 1645(인조 23)년 2월에 귀국했다. 소현세자는 "제가 고국에 돌아가면 궁정에서 사

19 Franke, *China and the West*, p.44; 金源模, 『東西文化交流史』, pp.93~94.

용할 뿐만 아니라 이것들을 출판하여 식자들에게 보급할 계획이다"[20] 라고 서양문물 수용 의지를 밝히고 있다.

아담 샬이 이같은 서학서와 천주상을 기증한 목표는 조선에 천주교 전교(傳敎)였다. 그러나 조선 조정에서는 천주교를 사학(邪學)이라 단죄하면서 일체 이를 받아들이지 않고 있다. 이에 소현세자는 서양 종교 거부 정서를 고려, 서학서만 가져오고 천주상은 되돌려 주고 말았다. 그는 반환 이유를 다음과 같이 해명하고 있다. "나는 지금 서학서와 함께 천주상을 고국에 가지고 가고 싶었지만 우리나라에는 아직 천주교에 대해 아는 사람이 없습니다. 내가 가장 우려하는 바는 이단사교(異端邪教)라 지목되어 천주의 존엄을 더럽히지 않을까 하는 것입니다. 이점이 천주상을 귀하에 돌려 드려 과실이 없게 하고자 하는 이유입니다."[21] 라고 반환 이유를 해명하고 있다. 특히 아담 샬의 '천문도' 도입은 조선 지식층의 천문학 인식에 큰 변화를 가져왔다.[22]

소현세자와 아담 샬과의 교유는 조선이 서양과학 기술 수용에 중요한 계기를 마련할 수 있는 호기였다. 소현세자 자신이 아담 샬로부터 이같은 서학서를 받아오면서, 귀국하면 서학 수용 의지를 밝혔기 때문이다. 그러나 소현세자는 귀국 두 달 만에 의문의 변사로 말미암아 그의 서학 수용 의지는 좌절되고 말았다. 그당시 병자호란 이래 청에 대한 복수심에서 숭명배청(崇明排淸) 사상이 발흥, 청을 징벌·복수할 병

20 山口正之, 『朝鮮西學史』(일본 웅산각, 1967), pp.41~43.

21 黃斐黙, 『政敎奉褒』 권 1, 25장; 崔奭祐, 「朝鮮後期의 西學思想」, 『國史館論叢』22(국사편찬위원회, 1991), p.196. 최석우는 "소현세자는 천주교 교리를 이해하고 존경심마저 갖고 있었으며, 따라서 천주상을 반환하겠다는 것은 인사치례일 뿐 이를 받아 왔다."고 해명하고 있다.

22 崔奭祐, 상게서, pp.57~58; 李龍範, 「法住寺 소장의 新法天文圖說에 대하여」, 『歷史學報』31(역사학회, 1966), pp.1~66.

력이 없으면서도, 무조건 북벌론(北伐論)이 풍미하고 있었다. 조선은 겉으로는 청에 '신하의 예(臣禮)'를 지키는 듯하면서 속으로는 청을 깔보는 삐뚤어진 대청관(對淸觀)을 고수하고 있었다. 그것이 바로 명조가 멸망했었음에도 불구하고 조선은 끝까지 청국 연호를 채용하지 않고 숭정연호(崇禎年號)를 채택, '숭정기원후(崇禎紀元後)'를 사용했던 것이다.

이어 같은 해 3월 봉림대군이 귀국 시 아담 샬은 호행재신(護行宰臣) 한흥일(韓興一)에게 '개계도(改界圖)'와 '칠정역비례(七政曆比例)'를 기증했다. 봉림대군은 귀국 후 이를 조정에 올리면서 "역상 수시는 제왕이 으뜸으로 할 일이다(曆象授時 帝王之先務)"라고 전제하고 관상감(觀象監)에서 역법을 새로 밝힐 것을 요청했다. 이것은 조선에서 원조(元朝) 이래 곽수경(郭守敬)의 수시력(授時曆)을 혁파하고 시헌력(時憲曆: 아담 샬이 만든 역법으로서 太陰曆 구법에 태양력의 원리를 부합시켜 24절기의 시각과 하루의 시각을 정밀히 계산하여 만든 것) 채용의 전기가 되었다.[23]

| 2 | 표착인을 통한 서구 인식

17세기 초 조선 해안에는 서구의 이양선(異樣船)이 출몰하기 시작했다. 1614(광해군 6)년 10월 14일 영국 동인도회사 소속 상선 사리스(Saris)호가 일본 쓰시마(對馬島)를 거쳐 조선 흥양(興陽) 앞바다에 내도했다. 선장 사리스(Edmund Saris)는 장차 한반도에서의 영국 직물의 판매시장을 확대하기 위한 예비탐사의 임무를 띠고 입항한 것이다.[24]

23 『仁祖實錄』 인조 23년 6월 갑인조.

24 Horace N. Allen, *Korea:Fact and Fancy, Being A Republication of Two Books*

조선 최초의 이양선 내도 사실은 실록에는 기록된 바 없고, 이수광의 '지봉유설'에 수록되어 있다. "요사이(1614) 일본으로부터 흥양 땅에 표류해온 영국 배의 규모를 보면 매우 높고 여러 층으로 지은 큰 집과 같다. 우리나라 군사가 공격하여 격파하려 했으나 공파(攻破)할 수 없어서 그들에게 스스로 물러가게 했다. 나중에 일본 사신에게 알아보니 그들은 영길리인(英吉利人)이라 한다."[25] 상기 기록을 분석·검토해 보면 조선 해안에 최초로 내도한 영국 이양선에 대해 조선군은 적대적 반감을 가지고 이를 공격·격파하려 했으나 영국 상선의 엄청난 규모에 압도되어 감히 공격조차 포기하고 스스로 물러가게 했다는 것이다.

서구인으로서 최초의 한반도 입국인은 임진왜란 당시 1593년 고니시(小西行長)를 따라 도래한 세스페데스(Gregorio de Cespedes, 1551~1611)이다. 그는 1년 6개월간(1593. 12~1595. 6) 경상도 웅천성(熊川城)에 체류하면서 일본군 종군목사로 활약했기에 조선 현지인과의 접촉은 없었고, 따라서 조선인에 대한 로마 가톨릭교 전도 활동도 없었다.[26]

1602년 네덜란드(和蘭)는 바타비아(Batavia: 인도네시아 자바섬의 한 지역)에 아시아 진출 기지로 동인도회사를 설립, 일본으로 진출하자, 1609년 도쿠가와 막부(德川幕府)는 화란인에게 통상을 허락, 히라도(平戶)섬

Entitled "Korean Tales" and "A Chronological Index"(Seoul:Methodist Publishing House, 1904), p.148(October 14, 1614; 金源模,『近代韓國外交史年表』(단국대학교출판부, 1984), p.85(1614. 10. 14).

25 李睟光,『芝峰類說』, p.36, 권 2,「諸國部 外國」.

26 Ralph M. Cory, "Some Notes on Father Gregorio de Cespedes, Korea's First European Visitor," *Transactions of the Korea Branch of the Royal Asiatic Society*, 27(1937), pp.1~55; 金良善,「임진왜란 종군신부 세스페데스의 내한활동과 그 영향」,『史學硏究』18(한국사학회, 1964), pp.705~739; 山口正之,「文祿役中 朝鮮陣から發した耶蘇會士セスペデスの書翰の硏究」,『白樂濬환갑기념국학논총』(사상계사, 1955), pp.725~756.

에 화란상관을 개설했다. 화란상관은 1641년 나가사키(長崎) 데시마(出島)로 이전, 대일무역을 독점했다. 1600년 영국인 항해장 아담스(William Adams, 三浦按針)가 네덜란드 상선 리후데(Liefde)호를 타고 큐슈(九州) 우스키(大分縣, 臼杵)에 표착했다. 바로 이해 도쿠가와 이에야스(德川家康)는 세키가하라(關ヶ原) 전투에서 도요토미(豊臣秀家)군을 격파, 천하를 평정, 도쿠가와 막부시대를 열었다. 도쿠가와는 대담하게도 개방정책을 수립, 아담스를 그의 외교 고문으로 채용했다. 영국인 아담스 고빙을 계기로 일본은 가톨릭교 포교와 무역을 일체화한 구교국 스페인과 포르투갈을 추방하고(스페인 1624년 추방, 포르투갈 1638년 추방), 기독교 포교를 강요하지 않고 오로지 교역에만 종사하는 신교국 네덜란드와 교역관계를 허락했다.[27]

도쿠가와의 외교 고문 아담스는 1617년 조선통신사(정사 吳允謙, 부사 朴梓, 종사관 李景稷)의 일본 사행을 계기로 조선과 영국과의 무역 관계 수립을 교섭·시도했다. 그러나 조선무역을 독점하고 있는 대마도주(對馬島主)는 영국의 한반도 진출을 크게 경계하면서 아담스의 교역 교섭 시도를 방해했기 때문에 영국의 대조선 교역 시도는 좌절되고 말았다.[28]

『하멜 표류기』(1668) 발간 30년 전 1637년에 화란상관장이 동인도회사 본사에 보고한 「조선 정세보고서」(헤이그 왕립문서보관서 소장, 1637)에서 처음으로 조선을 소개하고 있다. "조선의 크기는 일본만 하며 여러 섬들 사이에 낀 크고 둥근 섬이다"라고 조선은 섬나라라고 소개하고 있다. "시오르(Sior: 서울)라 불리는 조선왕국의 수도에는 큰 강이 있고, 강

27 강재언, 『서양과 조선』, p.93.
28 岡田章雄, 『ウィリアムアダムスの生涯―三浦按針』(일본, 창원사, 1948), p.227.

은 꽤 깊은 편이어서 큰 기선들이 자유자재로 드나들 수 있다."라고 서울을 소개하고 있다.

조선은 외국인(洋夷: 서양인)을 배척하고 쇄국을 고수하고 있다고 다음과 같이 언급하고 있다. "조선왕국과 무역협정을 맺고자 하는 본부(동인도회사)의 뜻이 쉽게 이뤄지지 않으리라 본다. 그들은 지극히 소심하고 겁이 많은 사람들이어서 외국인들을 배척하고 있기 때문이다"라고 조선의 폐쇄성과 배외(排外) 감정을 자세히 보고했다. 네덜란드는 이같은 「조선 정세보고서」를 토대로 1639년 6월에 2척의 함대를 파견, 조선과 교역하기 위하여 조선 원정을 단행했다. 그러나 일본인의 방해 공작과 악천후로 말미암아 조선 원정은 실패하고 조선과의 통상 교섭을 포기하지 않을 수 없었다.[29]

1627(인조 5)년 화란 상선 우베르케르크(Ouwerkerck)호가 일본 나가사키로 항행 중 폭풍에 휩쓸려 경상도 경주 앞바다에 표도했다. 벨테브레(Jan Janse Weltevree, 朴淵, 延, 燕) 등 화란인 3명이 조선 당국에 구제되었다.[30]

박연은 남만국(南蠻國, 화란) 사람으로서 지혜롭고 사리가 깊다. 자기 나

---

29 Hacker and Zahler, *The Shaping of American Tradition: The Opening of Japan*. vol. 1, p.568; 「西洋에 한국 첫 소개 자료 발견」, 『東亞日報』(1995. 1. 10). 네덜란드 라이덴 대학 한국학과 池明淑교수가 헤이그 왕립문서보관소에서 찾아낸 「조선 정세보고서」는 임진왜란 시 일본으로 납치된 조선 포로 및 기술자들의 자료 제공을 바탕으로 작성한 것으로 보인다.

30 Gari Ledyard, *The Dutch Come To Korea*(Royal Asiatic Society, 1971), pp.26, 31~32; Horace N. Allen, *Korea: Fact and Fancy*(Methodist Publishing House, Seoul, Krea, 1904), p.149(1627); 金源模, 『近代韓國外交史年表』(단국대학교출판부, 1984), pp.85~86(1627); 朴允熙, 『하멜 漂流記』(삼중당, 1976). pp.51~52; 李丙燾, 『하멜 漂流記』(일조각, 1954), p.13. 박연의 표착연도는 조선측 기록에는 1628(인조 6)년이라 기록하고 있다. 표착 장소는 尹行恁은 막연하게 호남지방, 鄭載崙은 제주도라 주장했다. 그러나 구미측 자료에는 표착연도는 1627(인조 5), 표착 지점은 경상도 경주라고 했다. 따라서 경주라면 문무대왕의 해중능이 있는 龍堂里 앞바다로 추정된다.

라에는 천기를 잘 보는 사람들이 있어서 바람 부는 날과 비 오는 날을 정확히 알 수 있다. 그래서 항해서에는 반드시 이들에게 의론한 후 항행하는데 이번 표착은 그들의 지시를 어겼기 때문이다. 그는 고려인은 사람고기를 불에 구워먹는다는 말을 들었다고 진술하고 있다. 박연은 조선여자와 결혼, 아들딸 남매를 두었는데 그들의 행방은 알 수 없다.[31]

박연은 하란타(河蘭陀, Holland) 사람으로서 본명은 호탄만(胡呑萬)이다. 구제된 후 조선정부는 훈국(訓局, 訓練都監)에 예속시켜 항왜(降倭: 임란 때 투항한 자)와 중국 표류인들을 지휘·감독하는 임무를 맡겼다. 박연은 병서에 정통, 특히 화포 제조 기술이 뛰어났다. 박연은 대장군 구인구(具仁垢, 1578~1658) 부하로 활약했으며, 그의 자손도 역시 훈국에 편입되어 군직 일을 맡아 보았다. 특히 나라를 위하여 홍이포(紅夷砲)를 제작하여 바쳤는데, 그 효능을 보인 것은 기특한 일이다. 박연이 병서에 정통했다는 사실은 1648(인조 26)년 "박연을 포함한 94명이 무과에 급제했다"는 기사가 이를 입증해 주고 있다. 박연은 국왕에게 나가사키로 송환을 요청했지만, 국왕은 "너가 새라면 거기로 날아 갈 수 있겠지만 우리는 외국인을 우리나라 밖으로 내보내지 않기로 되어 있으니 너는 양식과 의복을 지급받아 평생 이 나라에 살아야 한다." 이리하여 박연은 조선에서 평생을 살게 되었다.[32]

1653(효종 4)년 1월 하멜(Hendrik Hamel, 哈梅兒, 1630~92)은 동인도회사 상선 스페르웨르(Sparrow Hawk, Sperwer)호의 포수(砲手)와 서기로 네덜란드를 출항, 바타비아와 대만(臺灣)을 거쳐 일본 나가사키로 항행 중 폭

31 鄭載崙, 『閑居漫錄』권 2.

32 尹行恁, 『碩齋稿』권 9, 「海東外史 朴延條」; 李仁榮, 「南蠻人 朴燕考」, 『京城大 史學會誌』7(1936); 강재언, 『조선과 서양』, p.88.

풍을 만나 난파, 동년 8월 16일 제주도 모슬포 앞바다에 표착했다. 스페르웨르호의 승무원 64명 중 서기 하멜 등 36명이 제주도 당국에 의해 구출되었다. 제주목사 이원진(李元鎭)은 대정(大靜) 현감 권극중(權克中), 판관 노정(盧錠)으로 하여금 문정케 했다. 그러나 언어 불통으로 어느 나라 사람인지조차 알길 없었다. 왜어(倭語)를 아는 사람이 문정했던 바, "서양 기리시탄(吉利是段: 예수교도)이냐"고 물었더니 전원이 '야 야!'라고 소리를 질렀고, 본토를 가리키자 '코리아(Korai, 고려)'라 대답했고, 제주도 섬을 가리키니 '고토(Gotto, 吾叱島)'라 대답했다. 중국을 가리키니 '타밍(Taming, 大明)' 또는 '타팡(Tapang, 大邦)'이라 불렀고, 동쪽을 가리키니 '야빵(Japan, 일본)' 또는 '낭가삭기(郞可朔其, 長崎)'라 대답했다.[33]

문정이 불가능해지자 서울로부터 긴급히 박연을 불러 통역을 담당케 했다. 박연은 26년 만에 동포를 만나 감격의 눈물을 흘리며 하멜 일행을 인솔, 서울로 압송 도중 1명이 사망하고 1654(효종 5)년 6월 26일 35명이 서울(Sior)에 입성했다. 정부는 일단 하멜 일행을 사역원(司譯院)에 머물도록 하고 박연이 기술 지도를 하게 하는 한편, 전원 훈국에 편입, 훈련대장 이완(李浣)의 지휘를 받게 했다.[34]

정부는 남만인에게 호패(號牌: 이름, 나이, 본적, 직업 등 기록)를 발급하는 동시에 매인당 매월 쌀 70근을 배급하도록 조처했다. 하멜 일행이 조선의 호패를 가졌다는 것은 정식으로 조선사회에 등록되어 조선백성이 되었다는 것을 의미한다. 이들은 한 달에 두 번씩 이완 대장 앞에서 사격 연습을 하고 춘추 두 차례 군대검열까지 실시했다.[35]

---

33 『孝宗實錄』 효종 4년 8월 무진조.

34 『備邊司謄錄』 효종 5년 5월 12~13일조.

35 李丙燾, 『하멜 漂流記』, pp.24~39; Ledyard, *The Dutch Come To Korea*, p.52.

"하란(荷蘭)은 연도(燕都)로부터 9만8천 리 떨어진 나라이다. 화란인은 눈이 움푹 들어가고 코가 오뚝하여 괴상한 모습을 하고 있다."[36]라고 하였듯이 머리 색깔이 붉고 눈이 파란 화란인 35명이 서울에 나타났다는 사실은 서울 장안의 화제꺼리가 되었고 비상한 호기심을 불러일으켰다. 드디어 효종은 남만인을 대궐로 불러들였다. 하멜은 효종에게 본국으로의 송환을 간청했으나, 효종은 "입국한 외국인 모두를 국외로 내보내는 것은 조선의 법속(法俗)이 아니다."라고 거절하면서 그들의 장끼(長技) 자랑을 관람했다.

화란인은 코로 휘파람을 불며 노래하고, 발을 놀려 춤을 추어 효종의 마음을 사로잡았다. 효종을 비롯한 정부 대신들만이 아니라 세도가의 집에도 초대되어 오락을 연출하는 등 '인간 전시품' 노릇을 톡톡히 했다. 일반 백성들은 남만인은 사람이 아니라 바다의 괴물이거나 귀신이라고 인식했고, 따라서 남만인에 대한 허황된 악성 유언비어가 난무했다. 남만인이 나타났다하면 구경하려는 인파가 인산인해를 이루자, 훈련대장은 마침내 '오락 전시회'를 금지하는 조치를 취하기에 이르렀다.[37]

하멜 일행은 '서양 기술 집단'이다.[38] 성해응(成海應, 研經齋, 1760~1839)은 이들이 서양 과학기술 집단이라는 사실을 다음과 같이 감탄하고 있다.

만인(蠻人)들 가운데는 기술자가 많다. 특히 그들은 역법과 의술에 정통하다. 우수한 장인(匠人)과 야인(冶人)은 배가 난파되었을 때 익사했지

36 『同文彙考』(국사편찬위원회 영인, 1978), 권 4, pp.3777~3778, 「沈興永 聞見事件」.

37 『孝宗實錄』 효종 4년 8월 무진조; 李丙燾, 『하멜 漂流記』, p.40.

38 姜在彦, 『조선의 西學史』, p.75.

만 생존자 중 10여 명은 화포의 전문가였고, 한 사람은 천문역법에 정통하고, 두 사람은 권법(拳法: 주먹을 휘둘러 格鬪하는 무예) 달인이었으며, 한 사람은 조총의 명수였다. 10여 명은 대포를 발사할 줄 아는데 대포를 쏠 때 항상 바퀴 달린 포가(砲架) 위에다 올려놓고 쏘았다. 발사 시 포가를 이용하면 대포를 사방으로 돌리거나 높이고 낮추는 일을 마음대로 조정할 수 있다. 포가를 이용하면 포탄이 발사되는 순간 바퀴가 뒤로 물러나므로 반동의 충격을 감소시키고 포신이 파열되는 것을 예방할 수 있다. 제일 큰 대포는 화약 8근을, 중대포는 6근을, 최소 대포는 4근을 사용했다. 조총은 화약 9전을 사용했는데 납으로 만든 탄환은 8전의 무게였다. 이 탄환을 두 개나 세 개씩 줄로 묶어서 한꺼번에 쏘면 꽤 큰 구멍이 뚫렸다.[39]

난파선 안에서 모래시계, 유리경, 천리경, 나침반(測晷圓器) 등 50여 가지 서양 기기(器機), 그리고 용뇌(龍腦: 향료) 수십근, 왜은(일본 은화) 6백 냥, 각종 그릇(器皿) 등이 수거되었다. 무기류는 화포, 조총, 장검, 단검 등인데 모두 무기고에 보관되었다.[40]

조선시대 중국 사신들은 중국 황제의 명령을 전달하는 칙사(勅使)라 해서 서울에 오면 마치 식민지에 군림하는 총독처럼 행세, 그 횡포가 자심했다. 그러기에 극진하고 융숭한 대접을 '칙사대접'이란 말은 여기서 생겨났다. 1654(효종 5)년 8월 청나라 특사(淸使)가 왔을 때, 정부는 하

39 成海應, 『研經齋全集』권 56, 「草榭談獻」. 蠻人 多技術最精曆法醫方 其巧匠良冶 多死於海 只有解星曆者一人 解拳法者二人 善鳥銃者一人 解大礮者十餘人其放礮 必安礮車上而放之 以便周旋低仰 且礮之發也 輪自退轉 殺其後蹙勢 大礮藏藥八斤 中礮六斤差 小礮四斤 鳥銃九錢 鉛丸重八錢 以鐵絲連綴二三丸 以發之中輒洞穴.

40 상게서, 권 56.

멜 일행과 청사와의 접촉을 원천 봉쇄하기 위하여 하멜 일행을 남한산성에 격리·수용했다. 청사가 화란인을 만나면, 효종의 북벌계획(北伐計劃: 1636년 병자호란의 수모를 씻고자 효종이 세운 청을 치려던 계획)이 탄로날까 두려워하는 염려와 화란인의 화포 등 서양기기를 요구할 것이기 때문이다. 1655(효종 6)년 봄에 청사가 왔을 때, 정부는 하멜 일행을 남한산성에 격리·감금하지 않고 서울 체류를 허용하면서 거주지로부터의 출입을 금지했다.

이해 4월 11일 청사가 서울을 떠나는 날 마침내 '청사사건(Manchu Envoy Incident)'이 발생했다. 화란인 남북산(南北山) 남이안(南二安) 두 사람이 감시의 눈길을 피해 탈출, 홍제원 고개를 넘고 있는 청사 행렬에 뛰어들어 청사에게 본국 송환을 호소했다. 이에 조선정부는 청사에 푸짐한 뇌물 공세로 사태를 수습하는 동시에 범인 2명을 체포, 곤장 50대를 치고 하옥했는데 결국 화란인은 옥사하고 말았다.[41]

청사사건 이후 정부는 조선어를 해득하는 화란인을 격리·수용하는 동시에 연좌죄를 적용, 봉급 매월 쌀 70근을 50근으로 감봉·조치했다. 일부 강경론자는 남만인 전원을 처치해버리자는 주장도 제기되었다. 하멜 일행이 제주도에 표착 당시에는 36명이었으나 그동안 옥사 또는 병사로 4명이 죽고 1656(효종 7)년에는 32명이었다. 이에 정부는 이들을 전라병영(全羅兵營)이 있는 강진(康津) 작천(鵲川)에 유배 조치를 단행했다. 서울에 그대로 두었다가는 또다시 '제2 청사사건'이 발생할까 두려워 했기 때문이다.

41 『承政院日記』 효종 6년 3월 15일조; 『孝宗實錄』 효종 6년 4월 기묘조; 李丙燾, 『하멜 漂流記』, pp.41~43.

남만인은 1662(현종 3)년에는 22명으로 줄어들었다. 정부는 한 곳에 수용할 경우 집단행동으로 무슨 사태가 발생할지 모르기에 이들을 여수(麗水) 전라좌수영에 12명, 남원(南原)에 5명, 순천(順天)에 5명 분산·수용했다. 정부의 감봉 조치로 당장 식생활이 어려워지자 이들은 자구책으로 각지로 유랑하면서 '인간 전시품'으로 구걸 행각을 벌이게 되었다. 이른바 거지처럼 '동냥아치'로 나선 것이다. 하멜은 이같은 동냥아치 행각을 통해 탈출 자금을 마련할 수 있었다. 각지로 돌아다니면서 동냥을 구걸, 착실하게 탈출 자금을 마련, '우상 숭배국' 조선을 탈출할 기회를 노리고 있었다.

1666(현종 7)년 병사자가 속출, 16명으로 감소했다. 이해 9월 4일 하멜 일행 8명은 그동안 착실하게 모은 탈출 자금으로 구입한 조선 어선을 타고 마침내 조선을 탈출, 일본 나가사키 화란상관에 도착할 수 있었다. 하멜은 조선 억류 13년 28일 만에 자유의 몸이 되었다. 나머지 8명 중 1명은 귀국을 희망하지 않아서 조선에서 영주하게 되었고, 7명은 1668년 6월 일본에 송환, 인도됐다.[42]

탈주자 8명, 인도자 7명은 나가사키→바타비아→암스테르담으로 귀환했다. 『하멜 표류기』[43]는 하멜이 바타비아 동인도회사에 보낸 '보고문'이다. 동인도회사는 하멜의 '보고문'을 접수, 검토한 끝에 조선과의 교역 문제를 적극 추진했다. 동인도회사측은 네덜란드 상인은 무역만 추구하지 조선 위정자가 가장 경계했던 기독교 포교 활동을 전혀 하

42 Ledyard, *The Dutch Come To Korea*, pp.63~76; 강재언, 『서양과 조선』, p.92; 李丙燾, 『하멜 漂流記』, pp.11, 55~61.

43 『하멜 표류기』 초판본은 1668년 화란에서 출간되었고, 불어판은 1670년, 영어판은 1704년에 출간되었다. 이는 조선왕국의 실상을 서구에 전한 최초의 '조선견문기'이다.

지 않겠다는 점을 분명히 밝히면서 조선과의 교역 가능성이 있다고 전망하고, 1669년에 새로 건조한 상선 이름을 '코레아(Corea)'라고 명명한 것은 이러한 '조선과의 교역 요구 심정'을 반영하고 있다. 그러나 조선과의 해상무역을 독점하고 있는 대마도주는 대조선교역 독점권을 박탈당할까 우려, 네덜란드의 한반도 진출을 경계했기 때문에 화란의 대조선 교역 시도는 수포로 돌아갔다. 그러나 이것보다 근본적인 문제는 조선은 중국과의 전통적인 조공관계에 만족하고 있다는 것, 외국과의 접촉을 꺼려하는 고립주의 쇄국정책을 고수하고 있었기 때문이다.[44]

하멜 일행은 서양 과학기술 집단이다. 이들은 조선의 초빙을 받아 온 것도 아니고 선교사나 교역을 목적으로 조선에 온 것이 아니라 우연히 풍랑을 만나 표착한 서양인이었다. 조선은 이들의 경이적인 과학기술에 호기심과 감탄을 아끼지 아니했다. 그러나 호기심 충족에만 그쳤을 뿐 이들을 통하여 서양어를 학습하고 서양의 선진 과학기술을 습득하려는 적극적인 서구문화 수용정책을 세우지 못했다. 심지어 이들을 범죄인 취급을 하여 홀대하면서 13년간 감금조치를 시행했다. 하멜 일행이 조선에 표도할 당시 효종은 병자호란의 치욕에 대한 보복 심리로 문신 송시열(宋時 烈), 무신 이완을 기용, 북벌론(北伐論)을 수립하기에 이르렀다. 원양 항행에 필요한 천문학 역법 의술뿐만 아니라 서구 조총 대포의 제조 및 사용 방법 등은 국방 안보상 절실한 과학 무기 기술이 아닐 수 없다.

사실상 이들은 조선이 초대하지 않은 하늘이 내린 '뜻밖의 귀한 손님'이었다. 그야말로 서구 선진 문물을 수용할 절호의 기회를 맞아들

44 Ledyard, *The Dutch Come To Korea*, pp.100~101.

인 것이다. 그럼에도 불구하고 성해응만이 서양의 우수한 과학기술에 감탄만 했을 뿐, 조선 위정자 중 단 한 사람도 이러한 우수한 서양 과학기술을 수용·전수시키기 위한 대책을 강구한 자가 없었다는 사실이다. 그렇다면 신무기 제조 기술 수용을 외면한 '북벌론'이란 말로만 외치는 공허한 구두선일 뿐이다. 청을 칠 신무기 개발 없이 어떻게 불벌론을 주장한단 말인가. 조선은 화란인을 선생으로 우대하면서 서기(西器, 서양 과학기술) 수용의 절호의 찬스를 놓친 것은 일본의 사이정신(師夷精神)이 없었기 때문이다. 이같은 거부 반응을 일으킨 것은 은둔적 고립 정책에 기인한다 할 것이다. 그것은 중국과의 전통적 사대외교 조공관계에 안주하고 있다는 것과 외세의 침략(임란·병자호란)을 받아왔기에 중국 이외의 모든 외국인과의 관계 접촉에서는 '고통과 외로움(suffering and desolation)'이라는 기억밖에 없다는 것이다. 그래서 "우리는 가진 것도 없고 필요한 것도 없으니 어서 돌아가시오. 혼자 있게 내버려두기를 바라는 소망" 때문에 대외 공포증에 빠진 것이다.[45]

서양과 만날 때 조선이 보였던 대외 공포증과는 달리 일본은 서양을 두려워하지 않고 '자신감(self-confidence)'을 가지고 상대했다. 일본은 일찍이 1543년 8월 24일 포르투갈인 핀토(Fernao Mendez Pinto, 1509경~83)가 큐수 남쪽 다네가시마(種子島)에 와서 철포(鳥銃) 두 자루를 전했다. 일본은 전국시대라는 시대적 혼란기임에도 불구하고 장인정신을 발휘, 조총을 국산화하는 데 성공했다. 이는 궁시(弓矢) 중심의 전통적 전법에 대변혁을 가져왔고, 그 결과 한반도 침략(임진왜란, 1592)의 원동력이 되었다.[46]

---

45 *Ibid*, p.101.

46 『歷代文化 皇國史大觀』(조선신문사, 1936), p.348.

도쿠가와 막부는 1600년 표도한 영국인 아담스를 외교 고문으로 고빙, 문호 개방정책을 시행하더니, 1609년 히라도(平戶)에 화란상관을 개설하면서 화란인과의 통상교역을 허락했다. 일본은 교역과 천주교 포교를 동시에 강요하는 스페인 포르 투갈의 '이베리아 가톨릭교국(Ibero-Catholic)'과의 관계를 단절하고 천주교 포교를 요구하지 않고 교역관계만 바라는 화란을 받아들인 것이다. 이와 같이 일본은 천주교 수용을 거부하고 대외교역을 허용한다는 과감한 개방정책을 채택했다. 1641년 화란상관은 국제교역항인 나가사키로 이동, 서구문명을 수용하는 창구 역할을 수행했다. 이리하여 서양어를 습득하고 서양 과학기술을 수용하면서 "서양 오랑캐에게도 배워야 한다"는 사이정신(師夷精神)을 살려 난학(蘭學, rankaku, Dutch Learning)이 성립, 일본 근대화의 밑거름이 되고 있다.[47]

일본은 한반도 침략전쟁(임진왜란)이 실패로 끝나자 조선인 도자기 기술자를 다수 납치해 갔다. 토요토미 히데요시(豊臣秀吉)는 사망 시 조선에 출병한 전군의 철수를 유명(遺命)했는데, 철수 시 "나베시마(鍋島) 장군은 일단의 조선 도공(陶工)들을 일본으로 데리고 와서 사쓰마(薩摩)인에게 도기 제작술을 가르친 것이다. 나베시마 장군이 이끌고 간 조선인 도공단은 나베시마의 고향(肥前, 현재 九州의 佐賀 長崎縣임)에 정착했는데, 사쓰마 다이묘(大名)는 이들 이외에도 조선인 도공단을 사쓰마로 데려와 현재 사쓰마에는 조선인 도공의 후손 14대(沈壽官)이 살고 있는 한인촌(韓人村)이 있다."[48]

47 Ledyard, *The Dutch Come To Korea*, pp.114~116; 李元淳, 『朝鮮西學史研究』(一志社, 1986), p.401.

48 Allen, *Korea:Fact and Fancy*, p.148(September 9, 1598); 金源模, 『近代韓國外交史年

일본의 세계적 경영사상가 오마에 겐이치(大前研一)는 일본에서는 장인정신(匠人精神)을 우대하는 전통이 있다면서, 일본 기술력의 원천은 한국에서 배운 도자기 제조 기술이라고 단언하고 있다. "일본 기술력의 원천은 조선에서 배운 도자기 제조 기술이다. 일본에서는 장인정신이 남다른 대접을 받고 있다. 이런 장인정신을 우대해온 결과, 최근 노벨 과학상 수상자가 쏟아지고 있다. 한국에서 배운 도자기 기술이 하나의 원천이 됐다. 일본은 그걸 배워서 산업에 접목했다. 도자기를 완성하는 데는 엄청난 시간을 들여야 한다. 산업도 마찬가지다. 한국 재벌들은 시간이 없으니 빨리 따라잡아야 한다며 돈을 줄 테니 기술을 사오라는 식으로 기술을 구입해 따라잡기식 경제성장을 했기에 자신만의 독창적 상품이 없다는 것이다."[49]

| 3 | 한역 서학서 도입과 서구 인식

조선 후기 한역 서학서의 도입에는 세 가지 통로가 있다. 첫째, 부연사신들의 도입이다. 조공(朝貢)과 회사(回賜)의 차원에서 부연사신은 귀국 시 사급서책(賜給書冊)을 받아 가지고 온다. 중국 칙사들이 조선 사행 시 하사한 서책도 이에 포함된다. 이러한 사급서책은 그 수량이 제한적이고 조선이 선별의 기회가 없기 때문에 지적 욕구를 충족하기에 미흡하다.

表』, p.84(1598. 9. 9), 薩摩陶瓷器.

49 『東亞日報』(2016. 1. 5), 세계 석학에게 듣는다, (2) 오마에 겐이치(大前研一) 비지니스브레이크스루대 대학원 총장(토쿄 배극인·장원재 특파원).

둘째, 부연사신에 의한 무서(貿書, 도서 구입)이다. 조선 사신은 1522(중종 17)년 명나라가 조선 사신의 대명일통지(大明一統志) 구입을 문제 삼아 '옥하관(玉河館: 조선관) 문금(門禁)' 조치를 단행, 조선 사신의 도서 구입을 제한했으나 1537(중종 32)년 문금이 해제되면서 무서는 활발해졌다.

이리하여 조선 사신은 주로 유리창(琉璃廠) 서포(書鋪)를 방문, 한역 서학서를 마음껏 구입했다. 이덕무(李德懋, 靑莊館, 1741~1793)는 1778년 "내 일찍이 유리창 오류거(五柳居)에 가서 남선(南船)의 기서(奇書)를 열람하고 서장관에게 수십 종의 희귀본을 구입하게 했다."[50]라는 대목은 조선 사신의 지적 욕구열이 얼마나 강렬한지를 시사해 주고 있다.

셋째, 예수회 선교사의 기증 도서이다. 조선 사신은 서구에 대한 호기심에서 북경 사천주당(四天主堂) 흠천감(欽天監) 산학관(算學館) 등지를 순방, 예수회 성직자들과 필담으로 학식을 교환하고 토론을 벌이게 된다. 뿐만 아니라 여러 가지 과학기술 시설을 견학하고 귀국 시 한역 서학서와 서양 서학서와 과학 기기(器機) 등을 기증받았는데, 선교사들의 이같은 도서 기증의 궁극적 목표는 조선에 천주교 포교를 구현하겠다는 것이었다.[51]

17~18세기 조선 후기 사회적 모순을 개혁하고자 몰락 양반을 중심으로 실학(實學)사상이 대두되었다. 실학은 두 파로 양분되는 바, 그 하나는 이익(李瀷, 星湖, 1681~1763)을 중심으로 한 성호학파이다. 농업중심의 이상국론을 주장하면서 경세치용(經世致用)의 학을 존중하는 학파이다.

50 李德懋, 『靑莊館全書』권 66, 「入燕記」上; 『燕巖集』, p.309, 「琉璃廠」; 洪大容, 『湛軒書』(경인문화사 영인), 하, p.450, 「琉璃廠」. 유리창은 正陽門 밖 서남쪽 5리 지점에 있는데 대표적 書冊鋪를 보면, 文粹堂, 五柳居, 先月樓, 鳴盛堂 등이다.

51 李元淳, 『朝鮮西學史研究』, pp.26, 31, 464.

다른 하나는 부연사신을 중심으로 한 북학파(北學派)이다. 부연사신들은 북경에서 고증학파와의 교유를 통하여 공론만을 일삼는 양명학(陽明學)에 대한 반동으로 새로 형성된 실사구시(實事求是) 사상을 받아들이는 한편, 예수회 선교사를 통하여 서양 문물을 접함에 따라 자연히 북학파가 형성되기에 이르렀다. 북학파는 숭명배청적(崇明排淸的) 효종의 북벌론(北伐論)에 과감하게 도전, 북학론을 열렬히 주장했다. 북학론이란 서양 문물의 우수성을 인정, 이용후생(利用厚生)과 부국강병을 위해 서학을 수용해야 한다는 동도서기론(東道西器論)을 바탕으로 한 채서사상(採西思想)을 의미한다.[52]

마테오 리치(Matteo Ricci, 利瑪竇, 1552~1610) 별세 후 트리고(Nicolas Trigault, 金尼閣, 1577~1628)는 1612년에 로마 교황청에 가서 중국에서의 포교 상황을 보고한 후 1620년 7천여 부의 서양 학술서와 예수회 신부 아담 샬(Adam Schall von Bell, 湯若望, 1591~1666)을 대동하고 북경에 귀환했다. 이로부터 예수회 선교사들은 서양 학술서를 중국어로 번역하기 시작했으니 이것이 이른바 '한역 서학서'이다. 1584년부터 예수회 신부가 추방되던 1759년까지 175년간(1584~1759) 약 5백여 종의 한역 서학서가 출간되었다. 조선의 부연사신 북학파는 이들 한역 서학서를 대량 구입, 귀국해서 서학 연구에 열중했다. 조선에 도입된 한역 서학서에는 천문 지리 등 서양 과학기술을 다룬 서학(西學), 천주교 교리를 다룬 서교(西

52 崔奭祐, 「전근대 전통 지식인의 대서양 인식」(제22회 한국사학술회의, 국사편찬위원회, 1996), pp.47~62; 姜在彦, 『조선의 西學史』, p.138. 북학파 부연사신들의 燕行錄을 보면, 洪大容의 『燕記』(1765), 朴齊家의 『北學議』(1778), 李德懋의 『入燕記』(1778), 朴趾源의 『熱河日記』(1780) 등이 있다. 북학파는 한결같이 부패무능한 집권 양반을 비판하면서 사회개혁을 주장하고 있다.

敎)로 양분할 수 있다.[53]

이수광(李睟光)은 북학파의 원조이다. 1590(선조 23)년, 1597(선조 30)년, 1611(광해 3)년, 모두 세 차례 북경 사행 후 귀국, 지봉유설(芝峰類說)을 저술했는데 여기서 구라파(유럽)를 처음 소개하고 있다.[54]

이른바 구라파국(歐羅巴國)은 서역(西域)에 있는데 가장 멀리 떨어져 있어 중국과의 거리가 8만 리에 이른다. 구라파 지계(地界)는 남쪽에 지중해, 북쪽은 빙해(氷海), 동으로는 대내하(大乃河, 다뉴브강), 서로는 대서양에 이른다. 지중해는 천지의 중앙에 있다 해서 붙여진 명칭이다. 내 일찍이 구라파 사람 이마두(마테오 리치)가 그린 천형도(天形圖)를 보니 거기에 말하기를 "하늘에는 아홉 층이 있는데, 맨 위가 별의 하늘(星行天), 그 다음이 태양의 하늘(日行天), 맨 아래가 달의 하늘(月行天)이다"라고 하였는데, 이 설은 상당한 근거가 있는 것 같다.[55]

여기서 소개한 지도는 마테오 리치의 곤여만국전도(坤輿萬國全圖)이다. 이수광은 이처럼 구라파 지중해 등 서양 지리뿐만 아니라 천문의 원리까지 소개한 것은 조선 지식인에게는 파천황(破天荒)의 충격이 아닐 수 없다.

세 차례(1597, 1614, 1615) 부연(赴燕) 사행한 바 있는 허균(許筠, 蛟山, 1569~1618)

53 姜在彦,『조선의 西學史』, pp.38~39; 崔奭祐,『조선 후기의 서학사상』, pp.189~217.

54 이수광은 1611년 부연사행 시 무려 140일간 북경에 장기 체류하면서 暹羅(태국) 琉球(오키나와) 사신들과 교유했다는 것이다. '지봉유설'에서 마테오 리치의 지도와 천주교 천문학 그리고 불랑기국, 영길리국 등 서구 여러 나라의 인문지리를 소개한 것으로 보아 이수광은 직접 마테오 리치를 만나 교유했을 뿐만 아니라 한역 서학서를 폭넓게 섭렵한 것으로 보인다.

55 李睟光,『芝峰類說』, p.36, 권 2,「諸國部 外國」.

은 1606(선조 39)년 명나라 사신 주지번(朱之蕃)으로부터 "이제 천하가 한집안이고 사해(四海)가 모두 형제인데 누가 중국에서 태어났다고 해서 자랑할 수 있겠는가"[56]라는 말을 듣고 문화적 충격을 받았다. 마테오 리치의 천문 지리서가 도입되면서 이제 "중국은 세계 여러 나라 가운데 하나일 뿐이다(中國居其一)"라는 중국 중심의 화이론적(華夷論的) 세계관이 무너지게 되었다.

종래 유교적 세계관은 주비산경(周髀算經)에 보이는 "땅은 모나고, 하늘은 둥글다(方屬地 圓屬天)"는 천원지방설(天圓地方說)이다. 이는 천동설(天動說)을 바탕으로 한 개천설(蓋天說) 혼천설(渾天說)인 바, 이제 지구 구형설과 지동설(地動說)이 도입됨으로써 세계관의 확대를 가져왔다. 천원지방설을 타파하고 지구 구형설(地圓說)을 주창한 이는 김만중(金萬重, 西浦, 1637~93)이다. 그는 지구 구형설을 의심하는 것은 "우물 안 개구리거나 여름 벌레 같은 소견(井蛙夏虫之見)"이라고 신랄히 비판하면서 "땅이 둥글다는 것은 이치에 부합하다(正與地球一理)"라고 역설했다.[57]

지원설(地圓說)은 이익(李瀷)에 의해 구체화되었다. 이익은 1678(숙종 4)년 연행사로 북경을 다녀오면서 천문 지리에 관한 방대한 서학서를 도입·섭렵하고 종래의 천원지방설을 타파하고 지원설을 긍정적으로 수용하고 있다.[58]

홍대용(洪大容, 湛軒, 1731~1783)은 천문 역산에 비상한 관심을 가지고

---

56 許筠, 『惺所覆瓿藁』「丙午紀行」; 柳夢寅, 『於于野談』, 「西教條」; 洪時濟, 『訥菴記略』(절두산 순교자기념관 소장본); 趙珖, 『朝鮮後期天主教史研究』(고려대 민족문화연구소, 1988), p.10. 허균은 세 차례 부연사행 시 마테오 리치의 지도, '偈十二章'(십이단 기도문), '七克' 등 한역 서학서를 얻어 와서 천주교를 소개한 바 있다.

57 金萬重, 『西浦漫筆』下.

58 李瀷, 『星湖先生文集』(경인문화사 영인, 1974) 하, pp.385~386, 권 55, 「跋職方外紀」.

1762(영조 38)년 농수각(籠水閣)이라는 천문대를 지어 천문을 관측했다. 그는 지원설(地球之周徑)에서 한걸음 나아가 지전설(地轉說: 지구 지동설)을 주장했다.[59]

홍대용은 의산문답(毉山問答)에서 구체적으로 이를 입증하고 있다. 그는 허자(虛子: 程朱學을 신봉하는 조선의 도학자)와 실옹(實翁: 實로써 천하의 虛學을 타파하는 거인)과의 문답식으로 지구가 둥글다는 지체정원설(地體正圓說, 지구 구형설)을 설파하고 있다.

허자: 고인은 하늘은 둥글고 땅은 모난다고 말하고 있는데 당신은 땅은 둥글다고 하는 이유는 무엇인가.

실옹: 이는 사람들이 깨닫기 어려운 일이다. 만물의 성형이 둥글고 모난 것이 없는데 하물며 땅만이 예외일 수 있겠는가. 달이 해를 가리어서 일식이 되는데 식체(蝕體: 일식된 부분)가 반드시 둥글게 되는 것은 달의 형체가 둥글기 때문이다. 땅이 해를 가리어서 월식이 되는데 식체가 또한 둥근 것은 땅의 형체가 둥글기 때문이다. 그러므로 월식은 땅의 거울이다. 월식을 보고도 땅이 둥근줄 모른다면, 거울을 보고도 자기 모습을 분별하지 못하는 것과 같으니 어찌 어리석지 않겠는가.[60]

홍대용은 이같이 지구는 둥글다는 '지원설'을 설파한 다음 지구는

59 洪大容, 『湛軒書』하, pp.182~183, 「量地」.

60 洪大容, 『湛軒書』상, pp.327~328, 內集, 권 4, 補遺, 「毉山問答」. 虛子曰 古人云 天圓而地方 今夫子言 地體正圓 何也. 實翁曰 甚矣 人之難曉也 萬物之成形 有圓而無方 況於地乎 月掩日而蝕於日 蝕體必圜 月體之圜也 地掩日而蝕於月 蝕體亦圜 地體之圜也 然則月蝕者 地之鑑也 見月蝕而不識地圜 是猶引鑑自照而不辨其面目也 不亦愚乎.

빙글 빙글 돈다(地體旋轉)는 지구의 자전설 즉 지동설을 역설했다.[61]

홍대용은 지원설과 지구 자전설을 바탕으로 하여 "세계는 하나다"라는 균시적 세계관으로 발전했다. 모든 사람은 같다는 균시인야(均是人也)요, 모든 군왕은 같다는 균시군왕야(均是君王也)요, 모든 습속은 같다는 균시습속야(均是習俗也)라고 주장하면서, "그런 고로 세계 각국은 각기 인민을 사랑하고 임금을 공경하며 나라를 지키고 습속을 편안히 함으로써 화이는 하나가 된다."라고 '화이일야(華夷一也)'라는 세계관을 정립한 것이다.[62]

'화이일야'의 세계관은 이익에 의해 뒷받침되고 있다. 이익은 "내 일찍이 구주(九州, 중국) 안에서는 성인(聖人)이 다시 태어나지 않을 것이며, 비록 무익하다 할지라도 구주 밖에서 태어날 것이다."[63]라고 역설하고 있다. 이로써 "중국이 중심에 있고 그 주위에 사해(四海)가 있다"는 존화비이적(尊華卑夷的: 중국을 존중하고 오랑캐를 낮추보는) 계서적(階序的: 계층) 세계관이 파괴되고 "중국과 사이(四夷: 東夷·西戎·南蠻·北狄)는 하나이다"라는 수평적 '화이일야' 사상이 정착된 것이다.

| 4 | 조선 천주교 배척과 사교(邪教) 단죄

조선의 부연사신들 특히 홍대용은 서학(西學: 천문 지리 등 서양 과학이론)의 과학적 정밀성 정확성에 감탄하면서 긍정적 반응을 보이면서 수용

61 洪大容, 『湛軒書』상, pp.332~333, 「醫山問答」.

62 洪大容, 『湛軒書』상, p.362, 「醫山問答」是以 各親其人 各尊其君 各守其國 各安其俗 華夷一也.

63 李瀷, 『星湖先生文集』상, pp.493~495, 권 27, 「答安百順 己卯」.

태세를 취했다. 그러나 서교(西教: 천구주교 종교사상)에 대해서는 거부반응을 보이면서 결국 척사(斥邪: 서양 종교 배척)운동으로 발전했다. 한편 화란 기술집단을 통하여 도입된 서기(西器: 조총 화포 등 서양 과학 기계)에 대해서는 대단한 호기심을 보이면서도 실제 이를 수용, 국산화 조치를 취하지 않고 무관심한 반응으로 시종일관해서 과학기술 수용의 절호의 기회를 놓치고 말았다.

이익은 서학에 대하여 긍정적 수용반응을 보였다. 그는 아담 샬의 지구의(地球儀)와 세계지도를 보고 "그들의 학설은 극히 옳다(其說極是), 결코 허탕한 학설이 아니다(非虛蕩也), 그들(예수회 선교사)의 말씀은 유리하다(其言有利). 그러므로 그들의 말씀은 변경할 수 없는 바른 논리(不易之論)다."라고 서양 과학의 정치성(精緻性)을 극구 찬양하고 있다. 시헌력(時憲曆)을 보고 역법의 극치라고 감탄하면서 일식 월식이 한 치의 오차가 없자, "옛날 성인이 다시 태어난다 해도 반드시 이에 따르리라(聖人復生 必從之矣)"라고 서학의 우수성을 전폭 인정하고 있다.

이익은 아담 샬에 대해 "그들(예수회 선교사)이 동양에 온 것은 구세(救世)를 위해 왔는데 우물 안 개구리식 말로 저들을 '서양 배신(陪臣: 속국의 신하)'이라 일컫고 있으니 이 어찌 달식(達識)한 자의 웃음거리가 아니겠는가."[64]

홍대용도 "천문학의 논법과 역법 등 서법(西法)은 대단하여 일찍이 없었던 것이다."[65]라고 지적하면서 이용후생을 위해 서학 수용을 강조한바 있다. 1782(정조 6)년 이헌경(李獻慶, 艮翁, 1719~1791)은 서양인의 천문

64 李瀷, 『星湖先生文集』하, pp.385~386, 권 55, 「跋天文略」; 『星湖僿說』권 1, 「天文門 地理門」.

65 洪大容, 『湛軒書』하, p.269, 「外集」, 권 7, 「劉鮑問答」.

역상(曆象)의 정확성에 대해 "서양인은 추보(推步: 천문관측) 역상에 교묘하여 규얼(圭臬: 해시계) 등 기물을 제작하였으니 섬세하기가 한 치도 어그러지지 않는다."[66]라고 찬탄하고 있다.

조선은 아담 샬(Adam Schall von Bell, 湯若望)의 서학을 수용, 마침내 시헌력을 채택·시행한 것이다. 아담 샬은 서광계(徐光啓) 등과의 협력으로 1631년 숭정역서(崇禎曆書)를 완성했는데, 1644년 청이 입관(入關: 청 중국 지배)한 후 청 순치제는 이를 시헌력(時憲曆)이라 명명하면서 이를 채택했다. 병자호란(1636) 후 볼모로 잡혀간 소현세자가 1645년 귀국 시 아담 샬로부터 서학서를 얻어온 것이 시헌력 채택의 계기가 되었다. 조선은 원대(元代) 곽수경(郭守敬)의 수시력(授時曆)을 사용하다가 1645년 관상감(觀象監) 제조 김육(金堉)이 "시헌력에 실려 있는 그 신묘한 이치를 연구한" 끝에 마침내 1653(효종 4)년 1월 6일부터 시헌력을 채택·사용했다.[67]

박지원(朴趾源, 燕巖, 1737~1805)은 "우리가 순(舜)임금이나 공자가 성인이라 하는 것은 누구에게나 묻고 배우기를 좋아하였기 때문이다."라고 지적하면서 '호문(好問)'과 '선학(善學)'을 강조하고 있다. 이에서 소중화(小中華) 의식을 타파하고 "서양 오랑캐의 우수한 과학기술을 배워야 한다"는 사이정신(師夷精神)을 높이 평가하고 있다. 그는 1771(영조 47)년 "백성에게 이롭고 나라에 도움이 된다면 오랑캐로부터 나왔다 하더라도 본받아야 한다(苟利於民而厚於國 雖其法之或出於夷狄 固將取而則之)"라고 서양 과학기술 수용 의지를 역설하고 있다. 박지원은 1780(정조 4)년 부연사

66 李獻慶, 『艮翁集』권 19, 「送洪侍郎良浩燕槎之行序」.

67 『仁祖實錄』 인조 23년 12월 병신조; 『孝宗實錄』 효종 4년 1월 계유조.

행 때 난학(蘭學)을 통해 서양 과학기술을 도입하고 있는 일본의 사이정신을 높이 평가하면서 해외 통상에 의해 구빈책(救貧策)을 강구할 것을 촉구한 바 있다.

"천하가 크다는 것(天下之大)"을 모르고 스스로 '소중화'라 자처하면서 고립정책만 고집하고 있는 쇄국파를 "우물 안 개구리이거나 밭둑의 두더지(蛙井蚡田)" 같이 시야가 좁다고 비판했다. 박지원은 "이용이 있은 후에야 후생이 될 것이고 후생이 된 후에야 정덕(正德)이 될 것이다"라고 이용후생을 강조하면서 "만약 그 법이 좋고 제도가 훌륭하다면 모름지기 오랑캐라도 스승으로 받들어 배워야 한다(法良而制美 則固將進夷狄而師之)"라고 사이정신을 찬양했다.[68]

이미 허학화(虛學化)한 조선 유교는 정덕(正德)만 강조하고 민생문제와 직접 관련이 있는 이용후생 실사구시의 학풍을 경시하고 있다고 신랄하게 비판하고 있는 박제가(朴齊家, 楚亭, 1750~1815)는 '사이정신'의 중요성을 더욱 강조하면서 해외로의 통상교류안을 제창하고 있다. 1786(정조 10)년 박제가는 "우리가 그들의 기예와 풍속을 배워 알게 되면 우리나라 사람은 우물 안 개구리의 부끄러움을 알게 될 것이니, 세도(世道)를 위함이 이 어찌 교역의 이익뿐이겠는가"라고 '해외 통상론'을 제창했다. 이로써 박제가는 쇄국정책을 타파하고 해외통상론을 주장한 선구자이다. 뿐만 아니라 박제가는 서양인은 기하(幾何)에 밝고 이용후생에 정통하므로 이들을 초청, 서양 과학기술을 습득한다면 부국강병책은 구현될 수 있다고 전제하면서 서사초빙책(西士招聘策)을 제기했다.[69]

---

68 『燕巖集』, p.172, 권 12, 「熱河日記 馹汎隨筆」; pp.105~106, 권 7, 「北學議序」; pp.141~158, 권 11, 「熱河日記 渡江錄」; pp.297~300, 권 14, 「玉匣夜話」.

69 朴齊家, 『貞蕤集』(국사편찬위원회, 1961), pp.333~337, 文集 권3, 「丙午所懷」; pp.379~382,

마테오 리치(利瑪竇)의 '천주실의(天主實義, De Deo Verax Disputatio)'는 중사(中士)와 서사(西士)간의 교리문답서로써 1603년에 간행되었다. 이수광은 이를 열독하고 '지봉유설'에 처음으로 소개하고 있다. 따라서 '천주실의'의 조선 소개는 서학 전래사상 중요한 의미를 갖는다 할 것이다.[70] 이수광은 천주교에 대하여 다음과 같이 그 교리를 소개하고 있다.

구라파를 일명 '대서국'이라고도 하는데 이마두(마테오 리치)란 자가 '천주실의'를 저술했다. 천주가 처음으로 천지를 창조하고, 안양(安養)의 도를 주재(主宰)하고 있다. 인간의 영혼은 불멸하기 때문에 짐승과 다르며 육도윤회설(六道輪廻說)의 잘못과 천당·지옥·선악의 응보를 변론하면서 인성은 원래 착하므로 천주의 뜻을 받들고 있다. 천주교의 풍속에는 임금을 교화황(敎化皇)이라 하며 혼인하지 않았기 때문에 후사가 없다. 그래서 어진 이를 골라 입후(立後)한다. 또한 우의를 중히 여기고(重友論), 사사로이 축재하지 않는다.[71]

'천주실의'의 소개는 조선의 공서파(攻西派)나 신서파(信西派)에 심대한 영향을 주었다. 일반적으로 서학수용에는 긍정적 반응을 보인 반면, 서교(西敎) 수용에는 거부 반응을 불러일으켰기 때문이다. 류몽인(柳夢寅, 於于堂, 1559~1623)은 "그들의 말은 도리에 합치하는바 많지만, 천당과 지옥이 있다는 말과 혼인하지 않는다(不事婚娶)는 말은 바르지 못한

「北學議序」.

70 李元淳, 『朝鮮西學史研究』, pp.99~107, 186.

71 李睟光, 『芝峰類說』, p.36, 권 2, 「諸國部 外國」.

사도(邪道)로 세상을 어지럽히는 죄(左道惑世之罪)를 면치 못할 것이다."[72] 라고 천주교 수용에 부정적 견해를 피력했다. 특히 류몽인은 혼인하지 않는다는 '불사혼취'는 유학의 인륜도덕과 상치하고 있다고 비판했다.

안정복(安鼎福, 順菴, 1712~1791)은 "요사이(1723~24) 젊은 재주꾼이 천주학을 부르짖으면서 마치 상제(上帝)가 강림한 것처럼 칙사같이 대하면서 이단의 종교(異教)로 돌아가고 있다."라고 천주교 신앙 확산을 경계하면서 "영혼이 죽지 않는다는 말은 불가(佛家)와 다를 바 없다. 우리 유가의 도리에 벗어나고 있다."[73]라고 개탄했다.

홍대용도 "그 학(西教)은 슬그머니 우리 유가의 상제의 이름을 도용하면서 거기에 불가의 윤회의 말로 겉치레하고 있으니 천박 비루하기 가소롭다."[74]라고 '천주실의'의 역불보유론(易佛補儒論)을 신랄하게 비판했다.

이처럼 강렬한 거부 반응에도 불구하고 1784(정조 8)년 이승훈(李承薰)이 천주교 입교 후 신자수가 날로 증가함에 따라 공서파와 신서파 간의 공방은 더욱 가열되기에 이르렀다. 집권 양반계층의 공서파는 천주교는 이적금수(夷狄禽獸)의 종교요, 아비와 임금을 업신여기며(無父無君), 인륜도덕을 어지럽히고(滅倫敗常), 나라를 팔아먹는 도(賣國之道)라고 규탄하고 있다. 뿐만 아니라 통색(通色: 남녀 차별하지 않고 혼재하는 것)과 통화(通貨: 자선 행위로 이웃에 재물을 나누어 주는 것)를 자행하는 반사회적 음사집단(陰邪集團)이라 규정하고 있다.[75]

---

72 柳夢寅, 『於于野談』「西教」.
73 安鼎福, 『順菴叢書』(성대 대동문화연구원 영인, 1970), 상, p.17, 「잡저 찬학고·천학문답」
74 洪大容, 『湛軒書』하, p.278, 外集 권2, 「 劉鮑問答」.
75 崔奭祐, 『전근대 전통 지식인의 대서양 인식』, p.60.

천주교 전래 초기에는 이단을 배격한다는(闢異端的) 척사운동에만 국한하다가 결국 척서(斥西)운동으로 확대 발전하기에 이르렀다. 공서파는 '서학=서교'라는 등식으로 이를 일괄 배척하는 상소를 올리더니, 1791(정조 15)년 11월 8일 신해진산사건(辛亥珍山事件)을 일으키고 말았다. 정부는 유학의 전통 전례(典禮)를 무시한다는 죄목으로 천주교 신자 윤지충(尹持忠)·권상연(權尙然) 등을 사형에 처하고 모든 서학서의 소장을 엄금하는 조치를 취했다.[76] 이어 4일 후 11월 12일 수찬(修撰) 윤광보(尹光普)의 상소에 따라 홍문관 소장의 모든 서학서를 불태워버리는 분서(焚書) 조치를 단행했다.[77]

일찍이 안정복은 "서양서(西洋書)는 선조 말년부터 우리나라에 전래되어 고관 석학들이 보지 않는 이가 없다"[78]할 정도로 서학은 널리 보급되어 지식인이 탐독했는데, 이제 신해진산사건을 계기로 북경으로부터 서학서의 무서(貿書: 구입)뿐만 아니라 부연사신의 개인적 휴대도 허용하지 않는 금서가 되었다. 공서파의 척사운동으로 결국 1801(순조 1)년 2월 신유사옥(辛酉邪獄)이 발생, 천주교와 서학서는 발본색원되었다. 이로써 태서문물에의 접촉마저 원천적으로 봉쇄되어 조선은 개항기까지 기나긴 쇄국 고립의 울타리에 갇히고 말았다. '은둔국 조선'이란 역사용어는 바로 이에 연유하고 있다.

서세동점기에 있어서 서구 세력의 아시아 진출 대상국은 중국과 일본이었다. 조선은 교섭 대상국에서 제외되었다. '폴랑치'라 일컫는 포르투갈인이 교역과 로마 카톨릭교 포교를 목적으로 중국 광동만에 입

76 『正祖實錄』 정조 15년 11월 기묘조.
77 『正祖實錄』 정조 15년 11월 계미조.
78 安鼎福, 『順菴叢書』상, p.372, 권 17, 「雜著 天學考(乙巳)」.

항한 것은 1517년이었다. 포르투갈은 마카오에 교역소를 개설, 이를 식민지로 확보했고, 이어 예수회 선교사 마태오 리치가 마침내 1582년 중국 입국 이후 처음으로 로마 가톨릭교를 포교하기 시작했다. 청은 아편전쟁 패전 결과 1842년 남경조약에 의해 5개항을 개항한 이래 "중국 본래의 유학을 중심으로 하여 서구문물을 받아 들인다"는 중체서용(中體西用)을 바탕으로 하여 서구 과학사상을 수용했다.

일본의 경우 예수회 선교사 사비에르(Francisco de Xavier, 方濟各)가 1549년 일본에 입국, 포교활동을 개시했다. 1543년 포르투갈인이 철포(조총)를 일본에 전래했는데, 그당시 일본은 전국시대라는 혼란기임에도 불구하고 장인정신(匠人精神)을 발휘하여 이를 국산화하는데 성공했다. 궁시(弓矢) 중심의 전쟁 방식이 총포 중심으로의 전법으로 전환하는 일대 변화를 일으켰다. 그 결과 일본은 조총을 가지고 한반도 침략전쟁(임진왜란, 1592)을 일으킨 것이다. 이어 1600년 영국인 아담스가 일본에 표착하자, 도쿠가와 막부(德川幕府, 德川家康)는 과감하게도 아담스를 외교고문에 고빙하면서 문호개방정책을 채택함으로써 서구문물을 적극 수용하였다.

일본은 전통적으로 신도(神道)사상을 고수하고 있었기에 외래 종교에 대한 거부감이 강했다. 가톨릭교 포교와 무역을 동시에 요구하는 스페인 포르투갈 구교국과의 관계를 단절하고, 1609년 포교를 요구하지 않고 오로지 교역만을 요구하는 네덜란드(和蘭)와의 통상교역을 허락했고, 그 결과 1641년 나가사키에 화란상관을 개설, 난학(蘭學)을 습득, 서구 문물을 적극 수용했다. 이리하여 나가사키는 서구문물을 받아들이는 문물교류 창구 역할을 수행했다. "일본정신을 바탕으로 하여 서양 과학을 수용한다"는 화혼양재(和魂洋才)에 의해 일본은 명치유신(1868)을 일으켜 근대화와 서구화에 성공을 거두었다. 이는 일본이 철저하게도 "서양 오랑캐에게도 배워야 한다"는 사이정신(師夷精神)을 존중, 실천화했기 때문에 가능한 일이었다.

서구 열강이 조선을 교역과 포교를 위한 교섭 대상국에서 제외한 이유를 분석해 보면, 첫째, 한반도의 지정학적 조건이다. 조선은 중·일에 비해 세계 해양 항로로부터 외진 동북아시아에 떨어져 위치하고 있다. 둘째, 정치적 요인이다. 조선은 전통적으로 "중국 큰 나라를 섬기고 이웃 일본과는 교류한다"는 사대교린(事大交隣) 외교정책을 고수하고 있었기에 중·일 이외의 어떤 서구 외국과는 일체 교섭을 하지 않는다는 해금(海禁)정책을 채택, 서구와의 교역을 법금(法禁) 또는 국금(國禁)으로 정하고 일체 교섭을 엄금하고 있다.[79] 따라서 이러한 해금정책 때문에 진취적 해양 활동은 위축될 수밖에 없다.

셋째, 경제적 제약성이다. 조선은 서구인의 경제적 욕구를 자극하고 충족시킬 만한 특정 상품이 없다. 몰루카(Moluccas, 인도네시아 제도)의 향료, 중국의 도자기, 차, 비단 같은 폭리 가능한 유인 상품이 없다. 뿐만 아니라 조선은 마르코 폴로의 동방견문록(東方見聞錄)에 소개되어 있는 '황금의 나라 지팡구(Zipangu, 일본)' 같은 환상적인 관심의 대상국이 아니라는 것이다.

조선 광해군 말기 서인계(西人系)는 인조반정(仁祖反正, 1623)으로 집권, 정묘호란(1627) 병자호란(1636)의 굴욕을 당하면서 철저하게도 "명나라를 숭배하고 청을 배격한다"는 숭명배청(崇明排淸) 정책을 고수했다. 효

79 『純祖實錄』, 순조 32년 7월 을축조.

종은 치욕적인 국치(병자호란)를 설욕하기 위하여 문인으로는 송시열(宋時烈) 무인으로는 이완(李浣)을 기용하는 등 "청을 치자"는 북벌책(北伐策)을 수립했다. 한편 부연사신을 중심으로한 북학파(北學派)는 숭명배청적 북벌책에 과감하게 도전, "조선 고유의 전통적 종교 사상을 고수하면서 서양 과학기술문물을 받아들여야 한다"는 동도서기론(東道西器論)을 바탕으로 한 채서(採西)사상에 의해 서구문물 수용을 채택한 것이다.

조선이 서양 과학사상을 수용할 중대한 호기가 도래했다. 첫 번째가 부연사신 정두원(鄭斗源)이 1631년 로드리게스로부터 서학서와 총포 등 과학기기를 받아가지고 귀국했다. 두 번째가 1645년 소현세자(昭顯世子)가 북경에서 아담 샬과의 교유를 통해 다량의 서학서(과학도서)를 받아가지고 귀국하면서 서양 과학문물을 적극적으로 수용하겠다는 의지를 밝혔다. 세 번째가 바로 하멜 일행의 표착이었다(1653~1666). 하멜 일행 36명은 과학기술 집단이다. 소현세자가 귀국하자마자 서인 집권세력에 의해 모살되었고, 그대신 효종이 등극하면서 무력의 뒷받침이 없는 허황된 북벌론을 주장했다. 소현세자의 변사로 말미암아 서학(과학)을 수용할 가능성은 무산되고 말았다.

이상 세 차례 도입된 서구 과학문물, 특히 총포 제작 기술은 북벌론을 결행하는 데 절대 결정적 원동력이 될 것임에도 불구하고 조선은 장인 정신이 없어서 이를 국산화하지 못했다. 조선 위정자 중 어느 누구도 서양 과학기술을 수용하기 위한 대책을 강구하지 않고 막연한 북벌론만 외쳐대고 있었을 뿐이었다. 무력의 뒷받침 없는 북벌론은 단순히 말로만 외치는 허황된 대의명분에 불과하다.

조선 위정자가 서구 과학기술 수용에 무관심한 것은 기술개발의 모티브인 장인정신(匠人精神)과 사이정신(師夷精神)이 없었기 때문이다. 조선왕조는 건국(1392) 이래 문치주의(文治主義)를 실현했다. 여기서 '문'이란 곧 유학(성리학)을 의미한다. 대의명분만 강조하는 고루한 유학자는 실학(實學: 採西思想)을 잡학(雜學)이라 비하·경시했고, 기술(장인정신)을 말기(末技)라고 천시했다. 몰락 양반 남인계의 북학파는 동도서기론을 바탕으로 한 채서사상을 역설했지만 유감스럽게도 이들 엘리트 진보사상가들은 재야 세력이었기 때문에 이를 정책적으로 추진할 동력이 없었다.

17세기 초부터 도입된 한역 서학서에 대한 '문화적 충격(cultural impact)'은 조선의 지식인에게 대서구 인식의 격변을 가져왔다. '소중화'로 자처하고 있는 조선 지식인은 중국 중심의 화이론적 세계관을 고수해왔는데, 서학서 접촉 이후에 "중국도 세계 속의 하나일 뿐이다"라는 화이일야(華夷一也)의 세계관으로 확대 발전하게 되었다. 조선은 서학(한역 서학서)에 대해서는 긍정적 수용을, 서교(西敎, 천주교)에 대해서는 부정적 거부 반응을 보였다.

서학(천문·지리 등 과학이론)에 대해서는 긍정적 반응을 보이면서 이를 수용하고 있다. 북학파의 채서사상의 확산으로 박지원·박제가 등은 개항을 통한 해외 통상론과 서사초빙책(西士招聘策)을 제안하기도 했지만, 이를 국가정책으로 채택 실시를 보지 못했다. 그러나 정부는 서양 역법의 정확성에 감탄, 1653년 시헌력(時憲曆)을 채택 실시했는 바, 이것이 서학 수용의 유일한 성과이다.

서교(西敎: 천주교)에 대해서는 시종일관 부정적 거부 반응을 보였고, 조상 제사 문제와 결부된 전례 문제(Rite Controversy)로 인해 결국 척서·

척사(斥西·斥邪)운동으로 확대·발전했다. 이리하여 1791년 신해 진산사건을 계기로 모든 한역 서학서는 불궤문서라 규탄하고 분서(焚書)조치를 단행하면서 금서(禁書)로 낙인 찍고 말았다. 1801년 신유사옥으로 모든 천주교와 관련 있는 서학 및 서교 서적을 발본색원하여 불태웠을 뿐만 아니라 한역 서학서를 통한 서양 과학사상의 접촉마저 원천 봉쇄하였다.

서기(西器: 화포 조총) 등 과학기술에 대해서는 그 실효성을 인정하면서 비상한 호기심을 유발했다. 1653년 표착한 하멜 일행은 우수한 과학기술 집단이었다. 숭명배청을 고수하면서 군사력의 뒷받침이 될 신무기 개발을 실행할 의지가 없었고 무력 배양책을 강구하지 않은 채 맹목적으로 북벌론만 외치고 있는 공론가 효종은 이 뜻밖의 불청객이 가지고 온 서양 과학기술에 경탄과 호기심만 보였을 뿐 실제 과학기술을 습득, 제작기술을 전수 받는 데 아무런 대응책을 강구하지 못했다.

이와 같이 조선은 서양 과학기술을 수용할 수 있는 절호의 기회를 놓치고 말았다. 조선은 임진·정유재란(1592~98)에 이어 정묘·병자호란(1627~1636) 등 빈번한 외세의 침구를 받아왔고, 더군다나 북벌을 외치고 있었기에 이러한 서기(과학 총포) 수용은 외세 침략을 격퇴하고 북벌을 실행하는 데 절실히 필요한 '신무기 개발'이 아닐 수 없다. 그럼에도 불구하고 서기수용을 통해 신무기를 제작·생산하여 '국방안보책'에 부응하려는 대응책을 강구하지 못했다. 이는 "오랑캐에게도 과학기술을 배워야한다"는 사이정신이 없었기 때문이다.

조선 집권 위정자는 일반적으로 모화(慕華)사상에 심취, 스스로 '소중화(小中華)'로 자처하면서 문화적 우월성만 뽐내면서 모든 서양인의 과학기술을 잡학(雜學) 또는 말기(末技)라 경시하는 삐뚤어진 대외관을 고수하고 있었다. 조선은 건국 이래 만주 여진족을 오랑캐로 정벌해 왔는데 만주족이 천하를 통일, 청조를 수립함에 따라 중화계의 정국이 대변동을 했음에도 불구하고 조선은 여전히 숭명배청정책을 고수했다. 이 때문에 조선은 정묘·병자호란을 자초했다. 그러나 조선은 표면적으로는 청에 신례(臣禮)를 행하면서도 내심으로는 경멸하는 굴절된 대청관(對淸觀)을 견지하고 있었다. 이리하여 조선은 청조의 연호(年號) 사용을 거부하고 끝까지 멸망한 명왕조의 연호인 숭정기원후(崇禎紀元後)를 사용했던 것이다.

대일관(對日觀)도 마찬가지다. 가령 신숙주(申叔舟)의 해동제국기(海東諸國記)에서 보듯이 조선통신사가 일본사행을 통하여 일본의 실상을 정확히 통찰하지 못하고 대일 문화 우월감에 사로잡혀 피상적인 안목으로 관찰했다는 것이다. "왜놈들은 맨몸에 훈도시를 걸치고 큰 칼 찬 야만인"이라는 왜곡된 대일관을 고수하고 있었다. 일본을 야만시하는 고정 관념은 임란 발발의 한 원인이 되었다. 임란 직전 조선통신사의 일본사행에서 일본의 내침병력의 실태를 파악하지 못하고, 오로지 문화적 우월감을 바탕으로 하여 일본은 '생쥐 같은 섬오랑캐(島夷)'로 깔보고 있었다. 이로 인해 조선은 임란을 자초하고 말았다. 이러한 삐뚤어진 대일 도이관(島夷觀)은 조선왕조 말기까지 변함이 없었다.

대남만관(對南蠻觀, 화란인)도 이와 다를 바 없다. 조선은 서양 과학기술 집단인 하멜 일행을 우대하면서 그들로부터 과학기술을 전수받기 위한 그 어떠한 수용책을 강구하지 않고 오히려 그들을 남만인이라 야만시하면서 죄인처럼 감금·유배 조치를 취하는 데 급급했다. 위에서 열거한 바와 같이 이러한 문화적 우월감을 바탕으로 한 '삐뚤어진 대외관'이 바로 서양 과학문물을 수용·채택하는 데 장애 요인으로 작용한 것이다.

하멜 일행은 여수·남원·순천 등지에 분산 유배생활을 하다가 하멜은 동냥 구걸로 모은 자금으로 조선 어선 한 척을 구입, 1666(현종 7)년 9월 4일 조선 억류 13년 28일 만에 일본 나가사키로 탈출하는 데 성공했다. 하멜은 네덜란드로 귀국 후 『난선제주도난파기』(蘭船濟州道難破記, Relation du Naufrage d'un Vaisseau Hollandois, 1668) 및 부록 『조선국기』(朝鮮國記, Description du Royaume de Coree, 1668)를 저술했는데, 한국에서는 이를 '하멜 표류기'란 이름으로 번역 출간되었다. 서구에서는 영·불·독어 3개 국어로 번역되어 유럽 세계에 처음으로 '한국(Coree)'의 존재를 알리게 되었다. 그의 이 저서 속에는 당시 조선왕조의 모든 지리·제도·풍속·문화·정치·군사·교육·교역, 그리고 사회생활상 등 전반에 걸쳐 기술되어 있어서 사료적 가치가 높이 평가받는 문헌이다.

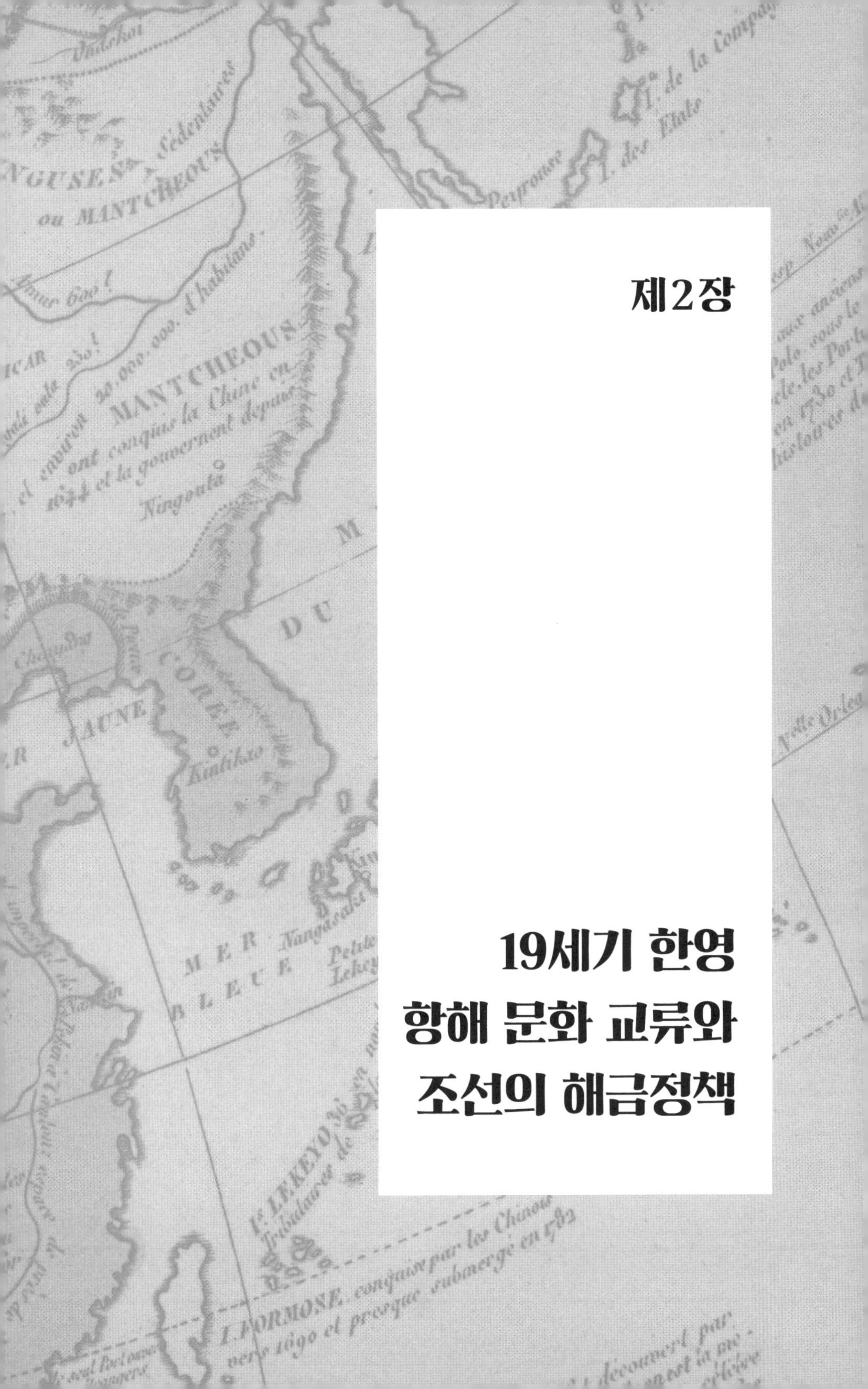

제2장

19세기 한영 항해 문화 교류와 조선의 해금정책

|1| 영국의 대한 통상교역 시도

1600년 12월 31일 설립된 영국 동인도회사는 통상 확대 정책의 일환으로 레반트 상인을 중심으로 영국 국왕으로부터 특허장(Charter)을 부여받아 인도 무역을 독점했고, 중국 광동으로 진출, 광동 무역 독점권을 누려왔다. 뿐만 아니라 일본으로 진출하더니, 1613년 8월에 히라도(平戶)에 영국상관(factory)을 개설, 대일무역을 개시했다. 이처럼 영국은 인도·중국·일본에서의 통상 무역 활동을 활발하게 전개해 왔지만, 한반도는 통상교역을 위한 교섭 대상에서 제외되었다. 그 이유를 분석해 보면,

첫째, 한반도의 지리적 위치이다. 조선은 중일에 비해 세계 해양교통 항로로부터 외진 동북아시아에 떨어져 위치하고 있다.

둘째, 정치적 요인이다. 조선의 대외 기본 정책은 사대교린(事大交隣) 정책이다. 중국에 대한 사대외교, 일본에 대한 교린외교가 전부이다. 따라서 조선은 중일 이외의 어떤 유럽 나라와 교섭하지 않는다는 해금정책(海禁政策)을 고수하고 있었기 때문이다. 18·19세기 한반도 근해에는 서양의 이양선(異樣船)이 출몰함에 따라 조선정부는 양이(洋夷)와의 교섭은 법금(法禁) 또는 국금(國禁)으로 대응하고 있다.

셋째, 경제적 제약성이다. 조선은 서구인의 경제적 욕구를 자극하고 충족시킬 만한 특정 상품이 전무하다는 것이다. 가령 몰루카(Molucas: 인도네시아 제도)의 향료, 중국의 도자기·차·비단 같은 폭리 가능한 유인 상품이 없다. 뿐만 아니라 조선은 마르코 폴로의 동방견문록에 소개되어 있는 '황금의 나라 지팡구(Zipangu, 일본)' 같은 환상적인 관심의 대상국이 아니라는 것이다.

서세동점 시대를 맞이하여 영국은 한반도 탐사 항행을 개시하였으니, 프로비던스호의 부산 내항(1797), 알세스트·리라호의 내항과 통상교섭(1816), 로드 애머스트호의 내항과 통상교역 시도 등을 통하여 한영 문화 교류가 이룩된 것이다.

한국에 대한 영국의 관심은 1600년 12월 31일 동인도회사가 엘리자배스 여왕의 특허장을 받아냄으로써 동방교역을 위하여 동인도회사(East India Company)를 설립하면서부터 시작되었다. 동인도회사의 창립 회원인 에드워드 미첼본(Edward Michelborne)은 국왕 제임스 1세(James 1)에게 한국을 포함하는 동아시아 여러 나라와의 통상교역을 할 수 있는 특허를 자신에게 부여해줄 것을 청원했다. 마침내 미첼본 경은 1604년 6월 18일 제임스 1세로부터 특허장(Charter)을 받아 동아시아로 출항했다. 그런데 이 특허장에 한국의 국명을 처음으로 '코리아(Corea)'라고 명기하고 있다.[1]

폴랑치(Folangchi, 佛郎機, 포르투갈)라 불리는 포르투갈 특사 안드라디(Fernão Peresd'Andrade)가 중국 광주항에 입항한 것은 1517년이었다. 이때 안드라디 특사를 태운 군함이 광주만을 입항할 때 정중하게 예포를 발사하면서 진입했는데, 이것이 서양 풍습에는 예포의 뜻이지만 광주 주민에게는 적대적인 군사적 공격 행위로 오해되어 추방되고 말았다. 그러나 포르투갈은 1557년 마카오(Macao: 澳門)에 교역소를 설치하면서 대중 무역을 독점하더니 마침내 마카오를 식민지로 확보했다.[2] 이어 예

1 E. Hoare, *Britain And Korea, 1797~1997*, British Embassy, 1997, p.4.

2 Wolfgang Franke, *China and the West, The Cultural Encounter, 13th to 20th Centuries*(New York and Evanston, Harper and Row Publishers, 1967), pp, 20~29; 金源模, 『東西文化交流史』(단국대출판부, 1995), pp.48~61, 180.

수회 선교사 마테오 리치(Matteo Ricci, 1552~1610)는 1582년 중국에 입국, 로마 가톨릭교를 포교하기 시작했다.

서구 여러 나라 가운데 제일 먼저 대중 교역의 길을 튼 포르투갈 상인은 한국 소식을 처음으로 유럽에 전했다. 지리상 발견과 대항해 시대를 연 포르투갈은 남아메리카를 정복·지배하더니 동아시아 여러 나라와의 통상교역을 활발히 전개했다. 16세기 초 포르투갈 상인은 말라카를 거점으로 하여 동아시아 여러 나라의 상선들과 교역을 했는데, 그 중에는 한반도로부터 도래한 한국 상선과 교역을 하기에 이르렀다.

1509년 포르투갈은 말라카를 점령하려다가 실패, 말라카에 포로가 된 아라우조(Rui de Araujo)는 1510년 2월 6일자 포르투갈 인도 총독 알부케르케(Affonso of Albuquerque, 1453~1515)에 보낸 편지에서 "고레스(Guores or Gores) 상인이 말라카에서 무역활동을 하고 있다"라고 보고한 바 있다. 이것이 고레스애 대한 최초의 서양 기술이다. '고레스'라 하면 '코리아高麗'를 연상되기 때문에 조선을 최초로 서구 세계에 전파한 기록으로 평가되고 있다. 피레스(Thome Pires, 1524)는 '東洋記'(The Suma Oriental of Thome Pires and the book of Francisco Rodrigues, 2 vols, 1944)에서 고레스 위치에 대해 "중국 사람들은 중국과 타타르(韃靼, Tatar) 사이에 있는 곳을 '고레스(Guores)'라 부르고 있다"라고 기술하고 있어서 고레스는 지리적 위치로 보아 중국보다 한반도로 비정(比定)하고 있다.[3]

한편 알부케르케의 아들(Blasius Albuquerque, 1500~1580)이 아버지의 전기를 편찬한 바 있는데, '알부케르케의 전기'(Commentaries de grande Alffonso d'Albuquerque, 1576)에서 "고레스가 살고 있는 섬을 '레케아(琉球,

3 韓相復,『海洋學에서 본 韓國學』(해조사, 1988), pp.129~130.

Lequea)'라 부른다."라 기술함으로써 고레스는 조선이 아니고 유구라고 단정하고 있다. 그러나 '전기'에서의 고레스 기사 내용을 정리해 보면 고레스는 유구보다는 '조선'이라는 견해가 설득력을 얻고 있다. 고레스 사람은 자기네 본거지에 대해 언급하지 않는다. 만약 어느 상인이든지 언약을 지키지 않으면 죄인 취급하고 신용거래를 중시한다. 그들은 1월에 말라카에 와서 중국인과 동업 무역 거래하다가 8, 9월에는 회항한다. 주요 교역품으로는 구리, 비단, 도자기, 보석함, 부채 등이다. 고레스는 노예를 매매하지 않으며 아주 좋은 풍습을 가진 사람이다. 그들은 기독교를 믿지 않는 이교도이며 중국 황제에 조공을 바치고, 항해 안전을 위해 처녀를 제물로 바다에 바치는(심청전에서 심청을 해신에게 바침) 우상숭배자이다.[4]

이상 기술을 종합 정리해 보면 결국 고레스는 중국·일본·유구·조선 중 어느 한 나라로 집약되고 있다. 이와 같이 확실한 고증에 의한 기술이 없기 때문에 한일 양국 학자는 고레스 비정(比定)을 엇갈리게 주장하고 있다. 한국 학자는 "조선에서 유구 방면으로 부착(浮着)한 사람들로서 유구를 근거로 남방 해상으로 진출 활동한 사람들이다."[5]라고 고레스는 조선 상인이라고 주장하고 있다.

1513년에 '고레스(Gores)'라 일컫는 조선 상인단이 레케아(Lequea) 나라로부터 말라카에 와서 포르투갈 상인과 교역을 개시했다. 1513년 6월 6일자 포르투갈 국왕 엠마누엘이 로마교황 레오 10세에 보낸 보고서에 의하면, "고레스 사람은 피부가 희고 의복은 법의(法衣)와 비슷하

4 상게서, pp.130~131.

5 洪以燮, 「Gores 試攷」, 『歷史學報』(歷史學會, 1952), pp.105~122.

고 몸에는 세검과 소도를 차고 있으며, 그들의 고국은 대륙의 일부라 하며, 1월이면 이곳에 와서 교역하다가 4월이면 돌아가는데 한 번 항행에 40일이 걸린다."[6]라 했다.

이어 동 보고서에서 "말라카에는 수마트라, 페구(Pegu: 미얀마), 자바, 고레스, 그리고 중국 동단으로부터 내도한 외국 상인들이 있었다."[7]라고 소개했다. 여기서 고레스에 대해 일본 학자는 유구인(琉球人)이라 주장했고, 한국 학자는 레케아는 유구, 고레스는 '고려(高麗)'의 대음(對音)으로서 조선인이라고 주장하고 있다.[8] 이와 같이 조선 상인들이 레케아의 남해 무역선을 타고 말라카 해역으로 진출, 포르투갈 상인들과 교역을 활발히 전개함으로써 조선이 서구 세계에 알려지게 된 것이다. 고레스가 영국 동인도회사에 전해지면서 비로소 조선의 국명은 'Corea'라 표기되기 시작했다.

1593년 12월 27일 스페인 예수회 신부 세스페데스(Gregorio de Céspedes, 1551~1611)는 한국 남해안 웅천성(熊川城)에 웅거하고 있는 독실한 천주교 신자 고니시 유키나가(小西行長) 진영에 도착, 약 1년간 한국에 체류하면서 조선 포로를 대상으로 종군 선교활동을 벌였다. 그는 한국 방문 최초의 서구인으로서 임진왜란의 전쟁 참상, 황금제 병풍 등 전리품과 문화재 약탈상, 전쟁으로 인한 죽음, 질병, 기아 등 꼬라이(Coray)의 실상을 서구 세계에 처음으로 전한 것이다. 특히 고니시—심유경(沈惟敬)과의 명일(明日) 강화교섭이 결렬되었음을 전했다.[9]

6 『六堂崔南善全集』(玄岩社, 1973), 권 3, pp.456~457.

7 洪以燮, 전게서, pp.105~122.

8 상게서, pp.105~122; 秋山謙藏, 「これすは琉球人である」, 『史學雜誌』39, p.3.

9 朴哲, 『예수회신부 세스뻬데스 한국방문 최초 서구인』(서강대 출판부, 1987), pp.37~103.

유럽 땅을 밟은 최초의 한국인은 안토니오 코레아(Anotonio Corea)이다. 이탈리아 상인 카를레티(Francesco Carletti, 1573~1636)는 임진왜란 당시 일본에서 조선 포로 안토니오를 데리고 1606년 7월 12일에 피렌체로 귀환했는데, 카를레티는 '나의 세계일주기'에서 "나는 이 중 한 명을 피렌체까지 데리고 왔는데, 그는 지금 안토니오라는 이름으로 로마에 살고 있다"[10]라고 회상했다.

그 당시 로마에 체재 중인 궁정 화가 루벤스(Peter Paul Rubens, 1577~1640)가 안토니오를 만나 1606~1608년 2년간 드로잉한 '한국인(Korean Man)'이 바로 안토니오라는 것이다. 루벤스는 그림 속 주인공이 먼 나라에서 왔다는(來渡人) 것을 강조하기 위하여 인물 하단 왼편에 작은 배 1척을 그려 놓았다는 것, 몽골리안 계통의 얼굴 모습이라는 것, 쓰고 있는 관모(冠帽)는 조선 양반 계층이 평상시 사용하는 방건(方巾)이라는 것, 의상은 조선시대 사대부에서 서민에 이르기까지 남녀 구별 없이 애용하는 철릭(天翼)을 입고 있다는 것 등이 한국인임을 입증해 주고 있다. 이는 서양 화가가 한국인을 서구세계에 처음으로 소개해 준 작품이다.[11]

한편 일본의 경우 예수회 선교사 사비에르(Francisco de Xavier, 方濟各, 1506~1552)는 1549년 일본에 상륙, 천주교를 전도했다. 1543년 8월 포르투갈 여행가 핀토(Fernão Mendez Pinto, 1509~1583)[12]는 일본 다네가시마(種子

---

10 곽차섭, 『조선청년 안토니오 코레아, 루벤스를 만나다』(푸른역사, 2004), p.140.

11 『루벤스-반다이크 도로잉전』(예술의전당, 2003), p.44; 곽차섭, 상게서, pp.10~11, 88~114. 루벤스의 '한국인(38.4x23.5cm)'은 1983년 런던 크리스티 경매장에서 사상 최고가인 32만4000파운드(약 6억6000만원)로 낙찰, 현재 미국 로스엔젤레스 폴게티 미술관(J. Paul Getty Museum)에 소장되어 있다. 이탈리아반도 최남단 '알비' 마을에 코레아(Corea) 씨족이 집성촌을 이루고 살고 있는데, 안토니오 코레아의 후손일 가능성을 제기하고 있지만 확증된 바 없다.

12 핀토는 포르투길 여행가로서 각국 해싱으로 힝행하다가 해적에 붙잡혀 노예로 팔리기

島, 九州 鹿兒島縣, 현 일본항공우주국)에 상륙, 철포(鐵砲) 두 자루를 전했다. 그 당시 일본은 전국시대임에도 불구하고 장인정신을 발휘, 이를 모델로 조총(鳥銃)을 개발하는 데 성공했다.

동아시아 진출의 선두 주자 포르투갈은 마카오에 교역소를 개설했고, 이어 17세기 초 네덜란드도 동아시아 방면으로 적극적인 진출을 개시했다. 1602년 네덜란드는 바타비아(Batavia, 인도네시아 자바 섬의 한 지역)에 아시아 진출 기지로 동인도회사를 설립, 일본으로 진출하자, 1609년 도쿠가와막부(德川幕府)는 화란인에게 통상을 허락하면서 히라도(平戶) 섬에 화란상관(和蘭商館)을 개설했다. 포르투갈은 대중 무역을, 화란은 대일 무역을 독점하게 되었다. 영국도 동인도회사 설립 직후 동 아시아 시장 쟁탈전에 뛰어든 것이다. 영국은 동아시아 여러 나라와 교역을 시도했으니 그것이 바로 1604년 미첼본의 상선이 동아시아로 항행을 시도했지만, 말레이반도까지 항진하다가 기상 악화로 인하여 동아시아 교역의 꿈은 무산되고 말았다.[13]

애덤스(William Adams, 三浦按針, 1564~1620)는 영국 켄트 주 출신으로서 1588년 영국 리차드 더필드(Richard Duhfield)호 함장으로서 스페인의 무적함대를 격파하는 데 일익을 담당했다. 전쟁이 끝난 뒤 애덤스는 네덜란드로 건너가 네덜란드 로테르담 회사에 입사, 동양 파견 원정함대에

도 했다. 1537년 동인도 도항선으로 인도로 건너가 아시아 각국을 유람하다가 일본을 네 번 방문하기도 했다. 1558년 리스본으로 돌아가 알마다에서 여생을 보내면서 '편력기'((Peregrinao, 1614)를 저술했다. 이는 21년간 동양 각국을 순방한 방랑 모험 기록이다. 특히 일본은 핀토로부터 철포를 전수받아 장인정신(匠人精神)을 발휘, 이를 개발 국산화함으로써 도요토미 히데요시(豊臣秀吉)의 한반도 침략전쟁(임진왜란, 1592)의 무기로 위력을 발휘했다.

13 Hoare, *Britain And Korea*, p.4.

가담했다.[14]

애덤스는 1598년 초여름 네덜란드 상선 리후데(Liefde)호를 비롯하여 5척으로 구성된 네덜란드 동양원정함대 함장 마후(Jacob Mahu)의 수로안내인 겸 항해사로 가담, 리후데호를 타고 로테르담(Rotterdam)을 출항, 동아시아 해역에로의 탐험 항행에 나섰다. 탐험 함대가 마젤란 해협을 통과하면서 함대는 사방으로 헤어지게 되었는데, 애덤스가 탄 리후데호는 일본열도를 향해 항진하다가 우스키에 표착한 것이다. 일본 큐수(九州) 오이타현 우스키(大分縣, 臼杵, 豊後 佐志生) 해변에 상륙했다(1600. 4. 19)[15]

애덤스는 1600년 5월 12일 오사카성(大阪城)으로 도쿠가와 이에야스(德川家康)를 방문, 영국과 상품 교역 및 화친을 맺자고 제의했다. 애덤스는 도쿠가와에게 기하학, 수학 등 서양 과학지식을 전수했을 뿐만 아니라 서양형 함선 2척을 건조하기도 했다. 도쿠가와는 도요토미(豊臣秀家)군과의 대회전을 앞두고 대담하게도 개방정책을 채택, 애덤스를 외교고문으로 고빙했다. 1600년 9월 도쿠가와군은 세키가하라(關ヶ原) 대회전에서 도요토미군을 격파, 천하를 통일, 도쿠가와 막부시대를 열었다. 영국인 애덤스를 외교 고문으로 고빙한 이후 도쿠가와 막부는 로마 가톨릭교 포교와 무역을 일체화한 구교국 스페인과 포르투갈과의 관계를 단절하고 기독교 포교를 강요하지 않고 오로지 교역만을 요구하는

14 『歷代文化皇國史大觀』(朝鮮新聞社, 1936), p.309 '長崎と平戶'; 『英國ニユスタイジェスト』(2000. 1. 27), 「オランダに出島通り」. 1600년 4월 19일 네덜란드 상선 리후데호의 일본 도래일을 '日蘭 交流元年'으로 기념하고 있다. 2000년 日蘭交流400周年 기념 행사를 가졌다. 네덜란드는 1609년 히라도(平戶, 長崎縣北松浦郡平戶村)에 화란상관을 개설했는데, 1641년 나가사키 데시마(出島, 3969평)라는 작은 섬으로 이전했다.

15 岡田章雄, 『ウィリアム·アダムスの生涯·三浦按針』(창원사, 1949), p.5; 『國史大辭典』(吉川 弘文館, 1995), 권 1, pp.233~234;

신교국 네덜란드·영국과의 통상교역을 허락한 것이다.[16]

애담스는 일본에 영주하면서 네델런드 동인도회사(1609), 영국 동인도회사(1613)와 일본 대외무역을 경영하여 그 자신이 주인선(朱印船)을 타고 시암(Siam: 태국) 코친(Cochin: 인도 케랄라주) 통킹(Tongking: 東京, 베트남 북부 東岸)과의 무역의 길을 열면서 이른바 '주인선무역(朱印船貿易)'을 경영했다.[17]

1613년 영국 동인도회사는 일본과의 교역을 위해 사리스(John Saris, 1579~1643)를 파견했다. 사리스는 영국 제임스 1세의 통상을 요구하는 국서와 일본 장군에게 바칠 예물 등을 준비하고 일본 항행에 나섰다. 사리스 사령관은 크로프호를 비롯하여 3척으로 구성된 무역상선대를 이끌고 히라도에 입항했다. 사리스 사령관은 코크스(Richard Cocks, 1624)와 애덤스를 대동, 에도(江戶)에 도착, 일본 장군(德川秀忠)을 배알하면서 영국 국서와 예물을 바쳤다. 마침내 일본은 1613년 8 월 영국과의 통상교역을 허락했고, 그 결과 히라도에 영국상관(factory)를 개설했던 것이다. 코크스는 히라도 상관장(平戶商館長)에 임명되고 도쿠가와 막부로부터 주인장(朱印狀, 통상허가증)을 얻게 되면서 즉각 조선 중국과의 교역 범위를 확대하려고 시도했다. 1614년 코크스 상관장은 조선과의 통상 가능성을 탐색하기 위하여 위컴(Richard Wickham)을 에도에 파견하면서 "조선과의 통상무역 가능성 희망이 있는지를 보고하기 바람"[18]이라고 강조했다.

1614년 10월 14일 영국 동인도회사 소속 상선 1척이 전라도 흥양

16 강재언, 『서양과 조선』(학고재, 1998), p.93.

17 岩波, 『西洋人名辭典』(岩波書店, 1956), p.31, William Adams.

18 『岩波 西洋人名辭典』, p.775; 『韓國海洋史』(해군본부 전사편찬실, 1955), pp.370~371.

(興陽) 앞바다에 내도했다.[19] 영국 동인도회사 소속 사리스 선장(Captain Saris)은 대마도에 가있는 에드먼드 사리스(Edmund Saris)를 조선으로 파견, 영국 직물(cloths) 판매 시장을 타진하도록 했다.[20] 조선 최초의 영국선 내도 사실은 '조선왕조실록'에는 기록된 바 없고, 이수광의 '지봉유설'에만 기록되어 있다. 이수광은 영국의 국호를 '영결리국(永結利國)'이라 표기하면서 이렇게 소개하고 있다.

"영결리국은 극서 외양에 있는데, 배로 집을 삼아 배 안에서 생활하며, 사중(四重)으로 배를 건조하였는데, 철판대기로 배 안팎을 감싸고, 선상에는 돛대(檣竹) 수십 개를 세워 놓고, 선미에는 바람 내는 기계 즉 통풍기(生風之機)를 설치하고 철쇄(鐵鎖) 수백 개로 엮어 만든 닻줄(碇索)이 있다."[21]라고 영국은 해양국이고 배 안에서 생활하며, 이렇게 튼튼한 대형 선박을 건조해서 해양 활동을 하기 때문에 아무리 폭풍과 험한 파도가 몰아쳐도 배는 끄떡없이 파손되지 않으며, 배 안에는 대포를 장착하고 있어서 어느 나라도 영국 선박에 항거하지 못한다고 소개하고 있다.

---

19 李能和, 『朝鮮基督教及外交史』(조선기독교 창문사, 1928), 하편, p.67. 이능화는 "宣祖 시대에 영길리선이 흥양에 표도했다."라고 막연히 선조시대에 전라도 흥양에 영국선이 내도했다고 주장하고 있다. 그러나 선조시대가 아니라 광해군 시대(광해군 6, 1614)에 내도한 것이다. 그 이유는 다음과 같다. 첫째, 히라도에 영국 상관이 개설된 것은 1613(광해군 5)년이었다. 영국 상관은 한반도에로의 통상 탐색을 위하여 그 이듬해에 상선을 파견했다. 둘째, 영국 상선 '흥양 표도 사실'은 이수광(李睟光, 1563~1626)의 '지봉유설(芝峰類說)'에 기록되어 있는데, 이는 선조대가 아니라 광해군 시대에 저술되었기 때문이다. 『朝鮮史』(제6편 제3권, pp.113~114)에 "興陽縣 草島"라 기록하고 있는데, 현 麗川郡 三山面 草島里의 섬이다. 그러므로 영국선은 초도와 平日島(현 莞島郡 金日邑 主島) 사이에 내박한 것으로 추정된다.

20 Allen, *A Chronological Index*, p.148(Oct. 14, 1614); 金源模, 『近代韓國外交史年表』(단국대학교 출판부, 1984), p.85(1614. 10. 14).

21 李能和, 『朝鮮基督教及外交史』하편, pp.67, 130.

이수광은 1614년 10월 14일 전라도 흥양 앞바다에 영국 상선이 내도한 사실을 상세히 기록하고 있다. “요사이 일본으로부터 이양선 1척이 흥양 지경에 표도하니 그 배의 규모가 극히 높고 커서 여러 층으로 지은 큰 집과 같다. 우리 군사가 싸움을 걸어 이 배를 공격해서 격파할 수 없어서 이 배가 스스로 떠나가도록했다. 배가 떠난 후 왜사(倭使)에게 물어보니 이 배의 선원은 영결리인임을 알게 되었다.”[22]

여기서 이양선에 대한 반응이 한일 양국에게 다르게 작용했다는 사실이다. 1600년에 최초로 내도한 화란상선에 대해 일본은 사이정신(師夷精神)을 발휘, 애덤스로부터 서양 선박 건조 기술을 전수받아 대형 선박을 만드는 등 서양문명을 적극 수용한 반면, 조선은 철저하게도 서양 오랑캐에 대한 적대 반응을 보였다는 것이다. 조선은 이양선 영국 상선을 ‘공파(攻破)의 대상’으로 간주했다는 사실이다. 선진 서양 과학문명을 수용하려는 자세가 아니라 적대적인 격퇴정신으로 영국배를 물리치려고 했다. 그러나 그 거대하고도 중무장한 영국 상선에 대한 무력적 공격 능력이 없는지라 스스로 물러가게 했다는 것이다.

코크스 상관장은 애덤스와 3년간 고빙 계약을 체결했다. 이로부터 애덤스는 주인선주(朱印船主)[23]가 되어 시암, 코친차이나, 통킹(東京) 등

22 李睟光, 『芝峰類說』(영인본, 경인문화사, 1970), 권 2, p.36, 諸國部 外國; Allen, *A Chronological Index*, p.148(Oct. 14, 1614); 金源模, 『近代韓國外交史年表』, p.85(1614. 10. 14). 頃年 自日本漂到興陽之境 其船極高大 如層樓大屋 我軍搏戰 不能攻破 致令脫去後 問倭使 知其爲永結利人也. 이수광은 이 기사에서 절대연대를 기록하지 아니해서 연대 고증에 다소 혼선이 빚어지고 있으나, 여기서 “영국 상선이 일본으로부터 표도했다”는 기록은 ‘알렌의 연표’ 기사와 일치하고 있기에 1614(광 6)년 10월 14일에 표도한 것이 확실하다.

23 『アジア歷史事典』(平凡社, 1967), 권4, pp.274~275. 도요토미(豊臣秀吉)가 천하를 통일, 1592년 남방 도항선에 朱印船을 내린 이후 에도(江戶)시대에 이 제도가 확립, 도쿠가와는 주인선에 도항무역의 편의를 제공했다.

지로 교역을 활발히 전개했다. 뿐만 아니라 조선과의 교역 가능성을 타진하기도 했다. 때마침 1617(광해 9)년 조선통신사(정사 吳允謙, 부사 朴梓, 종사관 李景稷) 일행이 교토에 이르자 애덤스는 한영간 무역 관계 수립을 교섭하려고 시도했다.[24]

코크스 상관장은 조선통신사 일행이 일본에 온다는 소식을 듣고, 조선과의 통상 교섭을 벌일 절호의 기회가 도래했다고 판단, 애덤스를 동반하고 조선통신사를 만나기 위하여 오사카로 상선을 타고 항행했다. 조선통신사 일행은 애덤스 일행보다 먼저 오사카에 도착했다. 코크스 일행이 탄 영국 상선이 도중에서 누수가 심해서 침몰 위기를 당했기 때문이다. 조선통신사 일행은 교토로 가는 도중 성대한 환대를 받으며 교토에 도착, 대덕사(大德寺) 숙소에 여장을 풀었다.

코크스·애덤스 일행이 교토에 도착하니 거리에는 조선통신사의 행렬을 구경하러 나온 구경꾼이 인산인해를 이루었다. 당시 두쿠가와 장군(德川秀忠)은 복견성(伏見城)에 머물고 있었다. 일본정부는 조선통신사 일행을 영접하느라 너무나 분망하므로 코크스 일행은 조선통신사와 접촉할 수 있는 기회를 얻지 못했다. 마침내 1617년 8월 26일 일본 장군은 복견성에서 조선통신사 일행을 인견했다. 그 당시 조선무역을 독점하고 있는 대마도주(宗義成)는 코크스 일행과 조선통신사와 접촉하면 대조선 교역 독점권이 영국에게 박탈될까 염려되어 이들의 접촉을 봉쇄했기 때문에 결국 영국의 대조선 통상 교섭 시도는 좌절되었다.[25]

---

24 岡田章雄, 『ウィリアム·アダムスの生涯·三浦按針』, pp.226~227.

25 상게서, pp.227~228.

이와 같이 코크스 상관장은 애덤스와 제휴하여 조선과의 통상 확대 교섭을 위해 노력했으나, 대마도주의 적극적인 방해 공작으로 말미암아 조선통신사와의 통상교섭 시도는 무위로 끝나고 말았다. 그러나 코크스는 주인장(朱印狀)을 얻어서 시암(Siam: 태국), 코친 차이나(交趾支那), 통킹(東京) 등지로 무역선을 파견하면서 활발한 무역 활동을 전개하는 등 화란상관과 경쟁을 벌였지만 무역 손실이 심했고, 뿐만 아니라 히라도 관리와 그곳 거주인 중국인 두령(李旦)에게 빌려준 대부금 회수가 뜻대로 되지 않아 이 문제로 책임을 지고 상관 개설 10년 만인 1623년 히라도 영국 상관을 폐쇄하였다.[26]

1653년 8월 16일 네덜란드 상선 스페르웨르(Sperwer)호가 제주도에 표착했다. 하멜(Hendrik Hamel, 1630~1692) 일행은 조선에 상륙한 첫 서양 과학기술 집단이다.[27] 하멜은 13년간 억류 생활 끝에 1666년 조선배를 타고 탈출, 나가사키 화란상관에 귀환, '하멜 표류기'를 남겼다. 따라서 '하멜 표류기'는 조선의 실상과 문화, 한민족의 장점과 단점을 서구 세계에 처음으로 알린 역사적 문헌이다.

병자호란(1636) 이래 효종의 시대정신은 배청숭명(排淸崇明)정책과 북벌(北伐: 병자호란에 대한 보복) 계획이었다. 그러나 효종은 하멜로부터 서양 과학기술 수용 정책을 강구, 무력 강화를 통한 북벌론을 추진하지 못하고, 아무런 무력 준비 없이 오로지 허망한 북벌만 구두선으로 공허하게 외치다가 그의 북벌 계획은 무산되고 말았다.

이에 비해 일본은 서양 오랑캐에게도 배워야 한다는 사이정신(師夷精

26 岩波, 『西洋人名辭典』(岩波書店, 1956), p.530, Richard Cocks 영국 平戶商館長.

27 成海應, 『硏經齋全書』권 56, 草榭談獻, "蠻人多技術最精曆法醫方"; 姜在彦, 『조선의 西學史』(민음사, 1995), p.75.

神)을 살려 난학(蘭學, Rankaku, Dutch Learning)을 일으켜 서양의 선진 과학기술을 적극 수용함으로써 일본 근대화의 초석이 된 것이다. 그러나 조선은 서양 과학 수용 찬스를 놓친 것은 일본과 같은 사이정신이 없었기 때문이었다.[28]

일본 도쿠가와막부(德川幕府)는 1600년 영국인 애덤스를 외교 고문으로 채용, 과감하게도 문호개방 정책을 채택하면서 나가사키에 화란상관(和蘭商館)을 개설(1609), 국제무역 항구로 육성했다. 일본은 서양 오랑캐에게도 배워야 한다는 사이정신(師夷精神)을 발휘, 란가쿠(蘭學)를 일으켜 서구 선진 과학문명을 적극 수용함으로써 명치유신(1868)에 의해 근대화에 성공, 아시아의 제패국(制覇國)이 된 것이다.

조선은 병자호란(1636) 발발로 청에 항복, 종래의 의례적 조공관계에서 한청간 실질적인 속방체제에로 전환된 것이다. 이에 따라 조선은 '번신은 외교권이 없다(藩臣無外交)'는 종속관계를 준수하지 않을 수 없었다. 조선은 문호를 개방하고 서구 과학문명을 수용할 절호의 기회가 도래했음에도 불구하고 이같은 호기를 살리지 못했다.

그 첫 번째가 1653년 하멜 과학자집단이 제주도에 표착했을 때이다. 조선은 서구의 선진 과학문명을 수용할 어떤 대응책을 강구하지 못한 채 오히려 하멜 일행을 오랑캐 범죄집단으로 취급했다. 효종은 일본처럼 사이정신을 발휘, 하멜 과학집단으로부터 서구 과학문명을 수용할 대응책을 강구하지 않고 병자호란의 치욕을 설욕하기 위하여 공허한 북벌론(北伐論)만 외치고만 있다가 근대화의 호기를 놓치고 말았다.

28 Gari Ledyard, *The Dutch Come To Korea*(Royal Asiatic Society, 1971), pp.26, 31~32; 李丙燾, 『하멜 漂流記』(一潮閣, 1954), pp.5~9; 강준식, 『다시 읽는 하멜 표류기』(웅진닷컴, 2002), pp.5~13, 216~301.

두 번째가 19세기 전후기에 세 차례(1797, 1816, 1832) 영국 함대의 통상 교역 강요이다. 과감하게 문호를 열어 제치고 서구문명을 수용할 기회를 이용하지 못하고 오히려 해금정책을 더욱 강화, 스스로 쇄국 고립정책에 함몰되어 근대화의 호기를 놓치고 말았다.

| 2 | 영국 탐험선 프로비던스호의 부산 용당포 내박(1797)과 한영 문화 교류

1613년 영국 동인도회사가 일본 나가사키 히라도에 상관을 개설한 이듬해인 1614년 10월 14일 한국 최초의 영국 상선이 조선과의 통상 교역을 위해 전라도 흥양(興陽) 앞바다에 내도했지만 이때 영국인은 한반도 땅에 상륙조차 못한 채 나가사키로 되돌아가고 말았다. 히라도의 영국 상관은 10년간 존속했지만, 1623년 상관을 철수하면서 영국은 1797년 영국 항해가 브로우톤 함장이 이끄는 프로비던스호가 부산 동래 용당포 앞바다에 표도할 때까지 무려 183년간 영국 상선은 한반도에 내도한 일이 없었다.[29]

세계지도를 바꾼 발견의 선구자는 포르투갈인 바스코 다 가마(Vasco da Gama, 1469?~1524), 에스파냐인 콜럼버스(Christopher Columbus, 1456?~1506), 포르투갈인 마젤란(Ferdinand Magellan, 1480?~1521), 영국인 쿠크(James Cook, 1728~1779) 등인데, 이들은 탐험 항해로 지구 구형설(球形說)을 입증했고, 신항로 발견에 획기적 기여를 했다. 18세기 후반기로 접어들면서 동아시아 대항해는 영국과 프랑스 항해가들 사이에 치

29 Hoare, *Britain And Korea, 1797~1997*, p.5.

열하게 경쟁적으로 전개되었다. 영·불간에 국가적 명예와 통상 우위(Commercial Supremacy) 확보를 놓고 대탐험 항행이 전개되었는데, 프랑스 항해가 라 페루즈(La Perouse, 1741~1788)는 1787년 한반도 해역 탐사를 전개하면서 조선 본토에 상륙을 시도했지만, 폭풍과 선원의 안전 우려 문제로 결국 한반도 땅에 상륙하지 못한 채 귀항했다.

브로우톤(William R. Broughton, 1762~1821) 함장은 영국 해군 대령 출신으로 일찍이 어린 나이에 해군에 입대하여 미국 보스턴항에 근무하던 중, 미국 독립전쟁에 참전했다가 포로가 된 최초의 영국인 포로 가운데 한 사람이었다. 독립전쟁이 미국의 승리로 끝나자 그는 포로에서 석방되어 북미 대륙의 해안 측량에 종사하였다. 이때 과학적인 해양 탐사 기술을 터득했다. 그는 1778년 동인도회사에 파견되어 근무하다가 1790년에는 군함 밴쿠버(Vancouver)호의 북태평양 탐사대 일원으로 선발되어 군함 차탐(Chatham)호를 지휘했고 자매 탐사선 디스커버리(Discovery)호와 함께 북미 연안도 탐사했다.

1793년 영국으로 귀환한 그에게 해군부는 그해 10월 3일 400톤급 스쿠너형 포함 푸로비던스호 함장에 임명하여 이를 지휘하게 하였다. 이 포함 프로비던수호(대포 16문 장착)을 인수받은 브로우톤 함장은 1795년 2월 15일 다시 장기 탐사 항해에 올랐는데, 이번 탐사는 그가 함장이 되어 떠나는 두 번째 항해였다. 그리고 그의 부산 용당포 기항은 이 탐사 항해 중에 일어났다. 2차 탐사 항해 중 불행히도 모선이 난파되어 슬루프(Sloop)형 종선 1척에 대원도 불과 35명으로 부산에 기항했던 것이다.[30]

30 金在勝, 『近代韓英海洋交流史』(仁濟大學校出版部, 1997), pp.31~32.

1797년 4월 11일 브로우톤 함장은 400톤급 스쿠너선 프로비던스(Providence)호를 이끌고 북태평양 탐험 항행에 나섰는데, 프로비던스호에는 승무원 115명, 함재 대포 10문을 탑재하였고, 2년간 항해 가능한 대형 범선이었다. 그런데 프로비던스호는 북상 항행 중 5월 17일 유구(琉球: 오키나와)에서 좌초, 일단 마카오 기지로 귀환했다. 브로우톤은 탐사대 규모를 대폭 축소·개편하여 승무원 35명을 종선 87톤급 슬루프(Sloop)형 프로비던스호에 태우고 6월 17일 동북아시아 해역 탐사에 나섰다. 슬루프형 프로비던스호는 유구, 대만, 남중국 연안을 거쳐 일본 해역을 탐사한 후, 9월 1일 쓰가루(津輕)해협을 통과, 사할린으로 진입하면서 이를 탈탄만(Gulf of Tartary)이라 명명했다. 10월 3일 청진(淸津) 근해를 탐사하고 영흥만(永興灣)에 이르러 이를 자신의 이름을 따서 '브로우톤만'이라 명명했다. 브로우톤은 동해안을 끼고 일로 남해쪽으로 항진, 마침내 10월 13일 부산 동래(東萊) 용당포(龍塘浦)에 입항한 것이다.[31]

브로우톤의 한반도 동해안 탐사는 큰 성과를 거두었다. 그는 일찍이라 페루즈가 탐사하지 못한 해역을 탐측했다는 것, 한반도 동해안 연안을 지리적 측량을 벌였다는 것, 처음으로 한반도 땅에 상륙, 지방 주민과의 대화를 나누었다는 것이다. 그 결과 그의 해도(海圖)에는 원산만(元山灣)을 자신의 이름을 딴 '브로우톤 베이(Broughton Bay)'라 표기했다.[32]

---

31 William Robert Boughton, *A Voyage of Discovery To The North Pacific Ocean*(London, 1804), pp.322~345; 金在勝, 『近代韓英海洋交流史』(인제대출판부, 1997), pp.24~32, 159~191. 특히 김재승의 저서에는 브로우튼의 항해기 제7장 한국 관계 항해기 원문과 역문이 게재되어 있어서 초기 한영 해양 교류사 연구의 개척적 연구 성과로 평가되고 있다.

32 "Britain's Virgin Voyage Into Korea in 1797", *The Korea Times*, March 7, 1998; Allen, *A Chronological Index*, p.150(October 1799); 金源模, 『近代韓國外交史年表』, p.89(1799. 9). 여기서 알렌은 프로비던스호의 부산 표도일을 '1799년 10월'이라 잘못 기

1797(정조 21)년 10월 13일 (음 8. 27) 부산 동래 용당포 앞바다에 이양선 1척이 나타났다는데, 이를 처음으로 발견한 귀봉(龜峰) 봉군(烽軍)은 이국선 표도 사실을 동래부사 정상우(鄭尙愚), 부산첨사 박종화(朴宗和)에 보고하였다. 이에 두모포(豆毛浦) 만호(萬戶) 박진황(朴震晃)은 별차(別差, 일본어 통역관) 박치검(朴致儉)과 함께 문정(問情)하기 위하여 그 배에 올라갔다. 높고 낮은 궤자(櫃子, 상자처럼 생긴 의자)에 앉아서 대화를 나누게 되었다. 문정해본 결과 언어 불통으로 말미암아 어느 나라 사람인지 몰라서(不知爲何國人之人也) 막연하게 '이국선(異國船)'이라 표기하고 있다. 역학(譯學)은 국호(國號) 및 표류해온 연유를 중국어(漢語), 만주 여진어(清語), 일본어(倭語), 몽고어(蒙古語) 등으로 문정해 보았지만 도무지 알 수 없어서 붓을 주어 글씨를 쓰게 했더니 글자 모양새가 구름과 산과 같이 그려놓아서(形如雲山圖畵) 의사소통이 전연 불가능했다. 배 안을 살펴보니 선원은 모두 50여 명임을 확인했을 뿐이다.[33]

삼도통제사(三道統制使) 윤득규(尹得逵)의 장계에 의하면, 두모포 만호 박진황, 별차 박치검 등이 프로비던스호에 올라가 문정해본 결과 이국인의 코는 높고 눈은 파랗다는 것, 머리를 땋아 뒤로 드리우고 머리에는 백전립(白氈笠)이나 등(藤)으로 엮은 삿갓을 쓰고 있었는데 마치 우리나라 전립(戰笠)과 같다. 그래서 얼굴 모양으로 보아 이들은 '서양 나라 사람(西洋國人)'과 같다고 생각했다. 옷차림은 석새(三升) 흑전의(黑氈衣)를 입고 있었다. 그 모양새가 상의는 우리나라 소매 좁은 동달이(夾袖)와

록하고 있다. Schooner선은 통상 돛 2~4개 달린 대형 범선이고, Sloop선은 돛 1~2개 달린 소형 범선이다.

33 『日省錄』 정조 21년 丁巳, 9月 10일 丙子; 李能和, 『朝鮮基督敎及外交史』하편, pp.69~70. 今八月二十七日 卯時 異國船一隻 漂到於東萊龍塘浦前洋.

같았으며, 하의는 단고(單袴) 홑바지를 입고 있었다. 이국인은 소지하고 있는 물건을 꺼내 보여주었는데, 유리거울(石鏡), 유리병, 망원경(千里鏡) 구멍 없는 은전(無孔銀錢) 등 서양 물화였다. 언어와 필담으로 문정해 보았지만 그들의 말을 한마디도 알아들을 수 없었다. 다만 '낭가사기(浪加沙其)' 네 글자의 발음으로 '長崎島'임을 알 수 있었다. 그래서 이 이국인은 상선(商賈船)으로서 나가사키를 출항, 각지로 무역하다가 폭풍을 만나 이곳 동래 용당포에 표도한 것으로 판단했다.[34]

경상도 관찰사 이형원(李亨元)이 달려와서 적어 올리기를 "이상한 나라의 배 한 척이 동래 용당포(龍塘浦) 앞바다에 표도해서 닿았는데, 배 안에는 50명이 승선하고 있었고(사실은 35명) 모두가 머리를 묶거나 뒤로 넘겼으며 머리에는 하얀 담요와 같은 삿갓을 쓰기도 하고, 혹은 등나무로 깃을 만들었는데 그 모습이 마치 우리나라의 전투용 삿갓과 같습니다. 몸에는 세 개의 흑담으로 된 의복을 입었는데 모습은 마치 우리나라의 협수(夾袖: 동달이)와 같았습니다. 속에는 얇은 바지를 입었습니다. 그 사람들은 모두 코가 높고 눈이 파랬습니다. 그들에게 국호(國號)와 표도하여 오게 된 연유를 물어보았는데 한어(漢語: 중국어) 청국어(滿洲語) 왜어(倭語: 일본어) 몽고어를 알지 못했습니다. 붓을 받아 글을 썼는데 그 글의 모양이 구름이 낀 산과 같아 알 수가 없었습니다. 배의 길이는 18把(발)이고 폭은 7파로 좌우 아래에는 삼나무 판이고 모두 동과 철 조각으로 덮었으며 야물고 치밀하고 정교하여 완전해서 물에 넣어도 새지 않았습니다."라고 하였다.

삼도통제사 윤득규(尹得逵)가 달려와서 적어 올리기를 동래부사 정상

34 『日省錄』 正祖 21년 丁巳 9월 10일 丙子.

우(鄭尙愚)가 알리는 소리를 듣고서 용당포로 달려가서 표도한 사람을 보니 코가 높고 눈이 파란 것이 서양사람 같았습니다. 또한 싣고 있는 화물을 보니 유리병, 천리경, 구멍 없는 은전(銀錢)이 모두 서양산이었습니다. 언어와 목소리를 한결같이 알 수 없었는데 '浪加沙其'라는 4자만 알 수 있었는데 이것은 곧 일본말로 나가사키(長崎)를 뜻하는 것입니다. 아마도 이 상선은 나가사키 섬으로부터 전전하여 표도하여 여기에 온 것 같습니다. 우리를 대하고 손으로 대마도(對馬島) 근처를 가리키면서 입으로 바람을 내불었는데 이는 순풍을 기다려 돌아가겠다는 뜻이다. 그들의 소원대로 순풍을 기다려 보내도록 했다(候風依願卽速發送事).[35]

'항해기' 첫머리에 용당포에 표도한 푸로비던스호를 다음과 같이 기술하고 있다.

프로비던스호는 1797년 10월 6일 마침내 용당포에 입항했다. "코리아 해안과 일본 사이에 위치한 대마도를 지나감. 코리아 해안에 위치하고 있는 쵸산(Chosan: 龍塘浦 주민과의 접촉에서 언어불통으로 인하여 '부산항'을 '조선항'으로 착오하여 기록한 것임)에 도착하여 항구 조건과 주민, 육지, 경작법, 생산물 등을 관찰하고, 우리가 떠나기를 바라는 원주민들의 걱정, 그리고 경도 등을 관찰 함."

1797년 10월 6일

흔들바람과 옅은 안개가 낀 날씨였고, 우리가 해안으로 접근하자, 정

35 『正祖實錄』 正祖 21년 丁巳 9월 6일 壬申; 『朝鮮史』(朝鮮史編修會, 1937), 제5편 제10권, p.922. 1把는 營造尺으로 5척이며, 1隻은 30.65cm, 1把는 성인 남자의 '한발' 길이로 약 1.53m이다. 따라서 프로비던스호의 규모는 길이가 27.54m, 너비는 10.71m이다.

오에 관측한 두 지점 사이에 하나의 만(灣)을 형성하고 있는 육지를 보았다. 석양 무렵 우리는 끝부분이 남에서 북동 22도 방향으로 위치하고 있는 만안으로 방향을 돌렸다. 그러나 50페텀(1페텀은 6피트)짜리 측심기(測深器)로는 측량을 하지 않았다. 전에 관측했던 높은 산들은 만의 북쪽에서 끝나는 것처럼 보였고, 그리고 서북서 방향에 해안선이 들어가 있었는데 조그마한 만이 있어 정박하기에는 아주 좋은 곳인 것 같았다.[36]

10월 12일

일출 전에는 우리는 남서쪽 방향에서 육지를 보았고, 일본과 코리아 해안 사이에 있는 것이 대마도(對馬島)라는 것을 알게 되었다. 코리아의 해안은 북서 33도에서 북서 50도까지 사이에 9리그 거리에 있었다. 대마도는 남서 44도에서 북쪽 50도 사이에 4, 5리그 거리를 두고 보였고, 조그마한 높은 섬이었으며, 조법장치에서만 볼 수 있었고, 남동 24도 쪽에서 10~12리그 거리로 추정된다. 21시 30분에 우리는 북서 68도 방향으로 3, 4마일 거리로 섬을 붙어서 나아갔다. 이 지점 밖으로 몇 개의 암석이 있었다. 아침 일찍, 여러 곳에서 불빛이 보여, 이 섬에는 사람이 살고 있다는 것을 알게 되었다. 이것은 즐거운 광경이다. 타타르 해안에서 자주 보던 것이었다. 우리는 또 섬 아래 서쪽 방향에서 4척의 일본 정크선이 조업하는 것도 보았다. 이 섬은 높이가 알맞았고, 중앙에는 높은 지대도 있었다. 계곡은 경작하고 있었고 나무는 언덕 위로 조금 흩어져 있었다. 동쪽 해안에는 바위가 많았고 파도가 거세게 해안

36 *A Voyage of Discovery*, pp.322~323; 金在勝, 『近代韓英海洋交流史』, p.179.

을 몰아쳤다.[37]

10월 13일 일몰 전에 플로비던스호는 장기간 항행 탐사한 끝에 이 항구(부산 동래 용당포)는 '피항지(Shelter)'로서 최적지이며 이곳에서 휴식을 취하고 담수와 음식물을 공급받기 위하여 용당포에 입항한 것이다.[38] 10월 13일부터 10월 21일 까지 9일간 용당포에 머물면서 주민과 동래 지방관과의 교섭이 이루어졌다.

10월 13일 이국선이 용당포에 내박했다는 소문을 듣고 인근 주민들이 구경하러 몰려 왔다. 이른 아침부터 호기심에 찬 주민들은 조선배 수척에 나누어 타고 프로비던스호를 포위했다. 그런데 이들 구경꾼 가운데 젊은 여자는 한 사람도 없고, 모두 남자들이었다. 여자들은 나이 많은 노파나 어린 여자아이뿐이었다. 주민들은 상투머리에다 누비옷과 헐렁한 두루마기를 입고 있었고, 여자는 치마저고리를 입고, 남녀 모두 짚신을 신고 있었다. 영국 승무원은 아침에 담수를 얻기 위하여 육지로 상륙하자 주민은 우물로 안내, 물 긷는 작업을 도와주었다. 마을 입구에 이르렀을 때 정지당해 더 이상 진입이 금지되었다. 영국인은 항구 주변을 관찰하면서 돌담이 둘러있는 마을(子城臺)을 관측했다. 오후에 부산 첨사 박종화 일행이 함정을 방문했다. 수염을 길게 늘인 박 첨사는 지름이 3피트나 되는 큰 갓을 쓰고 부채와 긴 담뱃대를 들고 배에 올라 문정하기 시작했다. 그러나 언어불통으로 말미암아 문정

37 *Ibid.*, p.325; 金在勝, 상게서, pp.181~182.

38 Broughton, *op cit.*, October 13, 1797, p.326; 金在勝, 전게서, 182, 1797년 10월 13일, pp.166~167.

은 실패했다.[39]

10월 13일

북쪽에서 큰 파도가 밀려오고 건들바람이 불고 날씨는 맑았다. 바람이 같은 방향에서 불어왔다. 그래서 우리들은 강한 해류를 타고, 바람과 큰 파도가 오는 방향으로 돛을 고정하고 섬으로 나아갈 수가 있었다. 북쪽 지점에서 섬은 남서 60도 방향 6~8마일에 위치에 있었고, 그리고 거기서부터 남남서 방향으로 몇 개의 작은 섬들이 북쪽 지점 밖에 위치해 있었고, 그곳과 암초 사이 통로를 나와 수로를 통해 정크선이 지나갔다. 오후 1시에 남서 56도 방향 2마일 지점에 암초가 있었다. 그래서 이런 상황에서 해수가 갑판 위로 올라오고 그리고 해류도 거세져 우리는 편차가 없는 수심을 측정하기가 어려웠다. 1시부터 북서 41도 22마일 방향을 항해하고 나아가자 우리는 코리안 해안에 가깝게 되었다. 그 끝은 북동 20도에서 남서 67도까지 뻗어 있었고, 북서 약 3마일 거리에 개활지(開豁地)가 있었다. 그리고 대마도 섬은 남에서 남동 23도 사이에 8~9리그 거리를 두고 위치해 있었다. 밤은 온화했고 우리는 쉬운 항해를 했다. 해뜰 녘에 우리는 해류가 상당히 동북동으로 바뀐 것을 알게 되었다. 우리는 서쪽으로 향해서 항해했다. 육지가 가까워지면서 우리는 해안을 따라 산재해 있는 몇 개의 마을을 관측하였다. 해안은 굴곡이 심했고 피항지(避港地)가 있는 것처럼 보였다. 그리고 외부의 광경은 다소 황량한 경치를 보여 호감을 주지는 않았다.

---

39 Broughton, *ibid.*, October 14, 1797, pp.328~330; 金在勝, 상게서, 1797년 10월 14일, pp.168~170, 183~185. ibid., pp.326~327; 金在勝, 상게서, pp.182~183.

정오 이후 곧 우리는 고기잡이배들을 보았고 그리고 그들 중 하나가 우리 배가 오도록 손짓을 하였다. 그들의 손짓으로 우리는 북서 방향의 트인 곳으로 들어가는 것이 적격이라는 것을 알았고, 그 방향으로 향해 들어갔다. 입구 북쪽 지점에서 우리는 해안에서 약간 떨어져 있는 몇 개의 큰 바위(현재의 五六島)를 보았다. 우리는 그곳에서 케이블 반 정도 거리를 두고 통과하였고, 수심은 약 30페텀 정도에 바닥은 뻘로 되어 있었고, 점차로 15, 10, 5페텀으로 수심이 얕아졌다.

남쪽 입구 안에는 높이 솟은 바위 섬 하나가 있었다(현재 한국해양대학교가 소재해있는 朝島). 이 지점의 북쪽에는 모래灣(현 신선대 東釜山 컨테이너 부두 안쪽)이 있어 큰 마을 하나가 관측되었다. 그리고 경작지가 그곳을 에워싸고 있었다. 비와 안개 속에서 서쪽 방향으로 우리들은 여러 개의 바위들이 돌출해 있는 것을 보았다. 그래서 모래灣(신선대)이 있는 쪽으로 바람 방향을 따라가, 어두워지기 전에 닻을 내렸다. 수심은 모래바닥에서부터 4페텀이고 해안으로부터 반 마일 거리였다.[40]

10월 14일(부산항 입항)

이른 아침에 이상한 배(프로비던스호)를 보기 위하여 호기심이 난 남자, 여자, 어린이들을 배에 가득 태우고 와서 우리 배를 둘러쌌다. 그들은 누비거나 이중 천으로 되어 있는 옷을 입었고 몇몇은 헐렁한 두루마기를 입고 있었다. 여자들은 바지에다 치마를 입고 있었고, 남녀 모두 베로 만든 신발(버선)과 짚으로 만든 샌들(짚신)을 신고 있었다. 남자들의 머리는 중앙에 상투를 틀어 꽂았고, 여자들은 머리카락을 꼬아서 머리

40 Broughton, *ibid.*, pp.326~327; 金在勝, 상게서, pp.182~183.

위로 땋아 올렸다.

이 사람들의 특징과 안색은 중국 사람을 닮았는데 특히 작은 눈이 그렇다. 전체적으로 보아 우리를 찾아온 사람들은 거의 평민들이었다. 그러나 주목할 것은 이들 중에 젊은 여자는 하나도 없었으며, 여성은 모두 나이 많은 노파들과 어린 여자아이들로 구성되어 있었다.

아침에 우리는 담수(淡水)를 찾아 해안으로 상륙하여 사람들이 살고 있는 마을로 갔다. 거기서부터 주민 중에 한 사람이 우리가 보기에 아주 편리한 곳에 위치해 있는 물이 흘러내리는 곳으로 안내해 주었다. 우리는 나무와 물이 필요하였는데, 이 나라에는 나무가 아주 부족해 보였다. 관측용 고도를 측정하고 경도상 거리를 관측하고 나서 우리가 산책을 할 때에는 많은 마을 사람들이 우리를 따라다녔다. 우리가 보기에는 이 항구는 우리가 들어올 때 보았던 바위의 서쪽으로 상당히 들어가 있었다. 그리고 이 바위의 북동쪽과 남서쪽 방향으로 모든 바람을 잘 막아 주는 피항처인 작은 만(灣)들이 형성되어 있었다. (부산)항구 주변에는 여러 마을들이 산재해 있었으며 북서쪽으로는 포 구멍(銃眼)이 보이는 돌담으로 둘러싸인 하나의 큰 마을이 관측되었다(현재의 子城臺). 몇 척의 정크선들이 부두를 보호하면서 그곳에서 가까운 계선장(繫船場)에 정박해 있었다. 또 다른 방파제인가의 계류장이 다른 쪽의 남서 방향에서 나타났다. 거기 가까이에는 크게 축조된 흰 집들이 나무숲에 둘러싸여 있었다(현재 용두산 공원 동측 일대의 草梁倭館 건물).

마을에는 사람들이 많은 것처럼 보였고, 그리고 부두에는 가득히 작은 배들이 각기 다른 일을 하며 다니고 있었다. 이 배(帆船)들은 중국 배와 세공면에서 비슷해 보였고 노와 누빈 돛을 사용하고 있는 점이 그렇다.

우리가 가까이 있는 다른 마을에 갔을 때 정지를 시켰고 더 이상 나아가지 못하게 해서 우리들은 그들의 요청에 따랐다. 돌아오는 길에 몇 개의 무덤을 보았는데 주민들은 그곳을 가리키며 우리에게 설명하기를 동서 방향으로 묻었고, 그 위에 흙을 덮었다고 했다. 나무들이 반원(半圓) 모양으로 이들 무덤 주위에 심어져 있었고 일반적으로 돌을 다듬어놓아 이곳을 식별할 수 있게 했다.

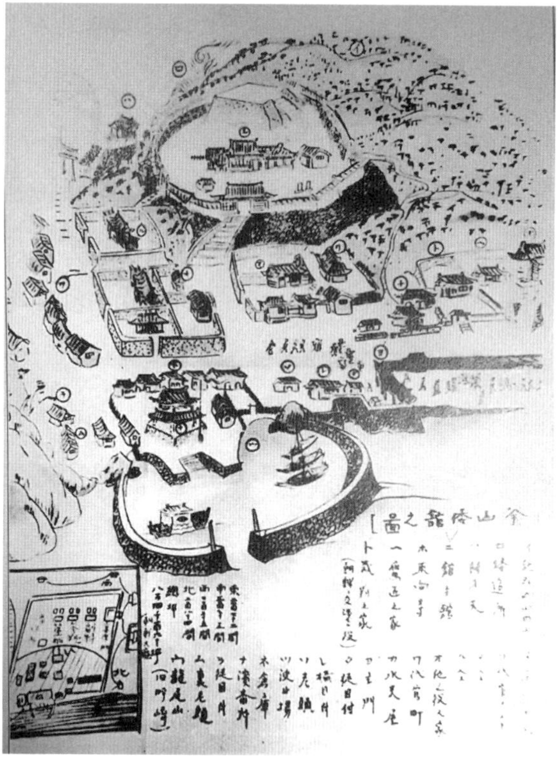

1876년 이전 부산 초량왜관

배로 돌아와 점심을 먹고 나서 오후에는 높은 사람(지방 고위관리)들이 우리를 방문하였는데 이들은 (부산)항구의 위쪽에서 왔다. 이들은 크고 헐렁한 두루마기 같은 옷(道袍)을 입었으며, 일반인들은 이들에게 대단한 존경심을 표시했다. 이들은 머리 중앙에 높이 솟은 커다란 검은 모자(黑笠·갓)를 썼고, 매우 빳빳하고 강해서 말(馬) 머리털과 같지 않은 이상한 망사(網紗)로 만들어져 있었다. 이들은 갓끈으로 이를 턱에 매었고, 이 모자(갓)들은 우산 역할도 해서 지름이 3피트 정도나 되었다.

방문객(지방관)들은 향료를 담은 조그마한 세공된 상자가 연결되어 있는 부채를 가지고 있었고, 손잡이가 멋지게 된 칼을 허리에 차고 있었다. 담뱃대(長竹)를 담당하는 한 소년이 지방관을 수행하였는데, 그의 주임무는 이들의 옷을 펴주는 것이었다. 그들의 대부분이 수염을 길게 기르고 있었다.

(지방관과 영국함장간의 問情이 시작되었다) 그들의 질문은 무엇 때문에 자기 나라 조선에 왔는지에 대해 알고자 하는 것처럼 보였다. 그러나 우리는 서로가 의사소통이 되지 않아 그들을 만족하게 해주지 못한 것이 안타까웠다. 아마도 우리가 그들을 맞이해준 데 대해 감사해 하는 것처럼 보였고 그리고 그들은 곧 떠났다(언어불통으로 문정은 더 이상 할 수 없었다. 그들 영국인 중 漢字를 아는 인사가 있었으면 筆談으로 대화할 수 있었다).

우리는 가까이 있는 남쪽 높은 언덕으로 오르기 위하여 상륙해서 거기서 방위각을 측정했다. 산(용두산) 위에서 우리가 볼 수 있는 시야는 매우 넓어 항구의 모든 부분을 명확히 관측할 수 있었다. 산이 가지고 있는 자력(磁力) 때문에 자력이 강하게 작용하여 나침반 바늘은 북쪽 대신에 동쪽을 가리키고 있어 방위각 측정이 불가능했다. 이 언덕은 높고 바위가 많았으며 측면에는 억센 풀들이 많이 자라고 있었고 소들이 풀을 뜯고 있었으며 낮은 곳에는 논이 있었다.

저녁에 배로 돌아와 보니 배 위에는 많은 방문객들(구경꾼)이 타고 있었는데 어두울 때까지 쫓아낼 수 없어서 어렵게 강압적으로 그들의 배로 돌아가게 하였다. 그래서 그들은 상륙했다. 날이 어두워지자 곧 배들이 이번에는 남자들을 가득 태우고 육지를 출발하여 우리 배에 승선하려고 하여 놀랐다. 나는 그들의 승선을 허락하지 않았으나 그들은 우리 배에 붙어서 닻을 내렸다. 우리는 그들의 뜻을 알 수 없기 때문에 그들의 행동이 의심스럽다고 판단하고 최악의 경우에 대비하여 모든 대원을 정위치에 배치했다. 얼마 안 되어서 육지로부터 횃불을 가지고 와서 미리 와 있던 사람들에게 횃불을 각각 나누어주었다. 얼마 동안 의논을 하더니 그들은 닻을 올려 마을쪽 육지로 노를 저어 돌아갔다.[41]

브로우톤 함장은 우리나라 배에 대해서도 비교적 상세하게 기술하고 있는데 어떤 배는 5, 60명이 탈 수 있는 정도의 크기로 나무 닻과 거적으로 만든 돛을 달고 있으며, 배의 중앙에는 진흙으로 만든 네모난 화덕이 있었다고 밝히면서, 조선 배와 일본 배를 다음과 같이 비교하고 있다.

우리가 관찰할 기회를 가졌던 일본 배는 적재량이 30톤에서 300톤급으로 모두가 같은 구조를 가지고 있다. 그들은 하나의 돛을 가지고 있고, 무명천으로 만든 조그마한 돛을 올려 항해하고 있다. 날씨 관계를 제외해도 일반적으로 우리가 타고 있는 스쿠너선이 훨씬 빠르게 항

41 Broughton, *ibid.*, pp.328~330; 金在勝, 상게서, pp.183~185.

해한다.

그들은 침로(針路)를 좌우로 이동하는 것도 불가능하고 그래서 잠시 동안은 선수(船首)가 바람이 불어오는 쪽으로 돌려지게 된다. 그들은 쇠를 굽혀 닻으로 쓰고 있었으며 방향타는 중국 배 구조와 같았다. 닻은 기중기 장치로 끌어올렸으며 판자의 이음 부분은 고물을 보호하기 위하여 구리로 덮었다.

선창은 항상 열려 있었는데 그 속에는 탱크 또는 식수를 저장하는 물통이 놓여 있었다. 돛은 몇 개의 전나무 조각으로 만들어졌는데 튼튼하게 테두리를 하고 있다. 바닥, 늑골재, 황량, 방향타의 주요 부분은 참나무로, 그 외에는 소나무로 되어 있다. 우리는 배에 페인트를 칠한 것을 본 일이 없다.

조선 배는 크기가 크고, 돛이 하나만 있다. 배 모양은 중국 배와 비슷했는데 특히 항해하는 방법이 유사하다. 그들은 일본 배에서는 사용하지 않는 나무로 된 닻을 사용한다. 남해안에서 본 배는 두 개의 돛을 가진 것도 있다. 돛은 거적으로 만들어져 있고, 중국 배처럼 대나무로 서로 엇갈리게 해 두지는 않았다.

배의 중앙에는 진흙으로 만든 네모난 화덕이 있다. 그들은 이곳에 항상 불씨를 살려두고 있었는데 아마 담뱃불을 붙일 때 사용하기에 편리하게 하기 위함인 듯했다. 또 그들은 중국 사람들이 쓰는 차일 같은 것은 덮지 않았으나 마른풀(가마니를 의미하는듯)로 만든 엉성한 덮개를 덮고 있었다. 배는 전나무로 만들어졌으며 정수리 부분은 참나무나 물푸레나무로 건조되어 있고, 조선 사람들은 배를 아주 민첩하게 조정했다.

어떤 배는 5, 60명이나 타고 있었으나 속력은 무척 빨랐다.[42]

10월 15일 동래부사 정상우가 영국인을 조난자(遭難者)로 간주, 유원지의(柔遠之義: 먼 나라 사람을 화목하게 대우하는 도리)에 의한 인도적 구휼(救恤)의 차원에서 절인 생선, 쌀, 김 등을 가지고 영국 함정에 올라갔다. 전날 부산 첨사보다 고위직 지방관리인지라 화려한 옷차림에다가 마노, 호박 등 구슬끈으로 장식한 큰 갓(통영갓)을 쓰고 좌우에는 창을 든 군졸들이 경호하고 있었다. 동래부사는 어서 빨리 떠나가기를 희망하면서 필요한 것이 있으면 공급하겠다고 말했다. 이에 그들은 그동안 장기간 항행 중 육식을 전연 하지 못해 쇠고기를 먹고 싶다는 의사를 표명하면서 언덕 위에서 한가로이 풀을 뜯고 있는 황소를 가리키면서 잡아달라고 요청했다. 그랬더니 동래부사는 농경사회에서 가장 소중한 한우(韓牛)를 잡아줄 수 없다고 대답했다. 영국인은 금화를 주면서 소를 구입하고 싶다고 했으나 동래부사는 영국 금화의 가치를 몰라 이를 거절하고 말았다. 그래서 날마다 황소를 쳐다보면서 실망감을 감추지 못했다. 이 대목에서 영국인은 왜구(倭寇) 처럼 약탈행위가 일체 없었다는 사실이다. 영국 장병은 오랫동안 육식을 못해 소를 잡아달라고 애원했지만 이를 거절하자 영국 금화로 소를 구입하고 싶다고까지 신사적인 행동을 한 것이다. 영국인이 물을 길어 오기 위하여 상륙하자 마을 주민들은 일제히 항아리 물동이에 물을 퍼담아서 프로비던스호까지 날라다 주었다. 이러는 가운데 마을 주민들은 영국인의 행렬에 따라다니면서 인산인해를 이루자 지방관은 민

42 金在勝, 『近代韓英海洋交流史』, p.28.

간인 구경꾼의 영국 군함 접근을 금지했다.[43]

10월 15일

아침 식사 후까지 아무런 조선배도 보이지 않다가 두 척의 배가 방문객(동래부사 일행)을 가득 태우고 왔는데 이들은 지금까지의 어떤 지방관보다도 화려한 옷을 입고 있었다. 각 조선배에는 작은 창을 가지고 있는 몇 명의 군인들이 있었는데 수행원들은 색깔로 구별되는 듯, 푸른색 천으로 된 바탕에 노란 글씨로 된 문양이 표시되어 있었다. 군인들의 모자(戰笠)는 꿩털로 된 장식이었다. 그들은 소금에 절인 생선, 쌀, 그리고 김 등을 나에게 선물로 주었다.

그들은 우리에 관련된 많은 질문을 하였고, 우리가 보기에는 그들은 우리가 빨리 떠나주기를 바라는 듯 했다. 그래서 나는 나무, 물 그리고 신선한 식료품이 필요하기 때문에 갈 수 없다고 그들에게 설명했다. 그들은 즉시 무엇이 필요한지를 말하라고 해서 나는 육지에서 풀을 뜯고 있는 황소를 가리키면서 잡아 공급해 달라고 했지만 그들을 설득할 수 없었다. 돈도 아무런 가치가 없었고 그들을 이해시킬 아무런 방법이 없었다. 우리는 구입할 수 없는 황소를 매일 쳐다보면서 실망감을 감수해야만 했다.

이 높은 사람들(동래부사)은 우리가 종전에 보았던 다른 지방관과 같은 형태의 옷을 입고 있었으나 그 의상은 매우 섬세하고 외투는 옅은 하늘색 옷이었다(모시 도포). 턱 아래로 크고 검은 모자를 맬 때와 마찬가

43 Broughton, *ibid.*, October 15, 1797, pp.331~332; 金在勝, 상게서, 1797년 10월 15일, pp.171~172, 185~187.

지로 그들은 마노나 호박인지 검은 나무인지 큰 구슬 알로 된 끈으로 묶었는데 오른쪽 귀 아래로 활대같이 둥글게 묶고 있었다. 몇몇의 모자는 은색으로 상단부를 돌아 기울어져 있었다. 수행원들과 근무 중인 사람들은 갑판쪽 아래에서 쳐다보며, 이들 높은 분들이 말을 하거나 질문을 하면 항상 허리를 굽힌 자세로 경의를 표시하였다.

이 사람들은 어제 저녁 일몰경 찾아왔을 때 우리가 승선을 거절했던 사람들이라는 생각이 들었고, 우리가 의심한 것은 이렇게 늦게 오게 된 점이 단순히 호기심이 있어서 보다는 우리에게 고마운 어떤 제안을 가지고 있다는 생각이 들었다. 이 새 친구들의 도착은 많은 방문객들이 우리를 괴롭히지 못하게 하여 만족스러웠다. 그러나 불행하게도 육지에서 걸어 다닐 수 없게 통행금지 조치가 내려졌다. 하지만 천체 관측을 하거나 물을 길어 오는 것까지는 금지시키지는 않았고 사람들이 너무 많이 몰려와서 실제는 우리가 업무를 수행하는 데 영향을 주었다. 그래서 군중을 몰아내기 위하여 군인이 배치되었고, 때때로 가장 효과적으로 큰 대나무 막대로 사람들(구경꾼)을 때려서 쫓아내기도 했다.

오후에 그들은 항아리와 물통에 물을 담아 우리에게 공급해 주다가 나중에는 좀더 빠르게 공급하기 위하여 우리 배에 있는 물통으로도 날라주었고 물은 육지에서 배로 질서정연하게 잘 공급되었다. 통솔 임무를 가지고 있는 것처럼 보이는 군관이 각 배에 한 사람씩 일정하게 배치되어 있었다.[44]

44 Broughton, *ibid.*, pp.331~332; 金在勝, 상게서, pp.185~187.

10월 17일

바람은 같은 방향으로 불었으나 좀더 약해졌다. 그리고 오후에는 우리가 출항할 수 있을 정도로 나무와 물을 충분히 공급받았는지를 알아보기 위해서인지 높은 사람(동래부사)들의 대리자들이 우리를 방문했다. 나는 그들에게 3일 동안은 출항 예정이 없다고 말했다. 그들은 2일간으로 해달라고 종용했지만 나는 동의하지 않았다. 다과를 들고 난 후에 그들은 우리의 답변을 전하기 위하여 육지로 나갔다. 이 대리자들은 밝은 색의 아주 보기 좋은 옷을 입었고, 그들의 외투는 주로 짙은 초록, 연한 하늘색, 회색이며, 광택이 나고, 면으로 직조된 것이나 정교하지는 않았다. 그들은 모두 은빛과 금빛 조각이 장식되어 보기 좋은 가죽신을 신고 있었다. 그들은 상냥하고 대화하기에 편한 사람들이었다.

우리는 위도(緯度)를 측량하기 위하여 배의 반대편으로 상륙하였다. 그 순간 마을에서 경비병이 와서, 배에 다시 승선할 때까지 우리 행방을 주시하고 있었다. 오후에도 우리에게 나무와 물이 공급되었다.[45]

10월 19일

북동쪽으로부터 건들바람이 불고 비가 계속 내리고 있었다. 우리의 출항을 살피기 위해서 또 다른 대표자들이 왔다. 그러나 비가 계속 내리고 있어서 위도 관측을 언제 할 수 있을지 몰라서 대화는 성공하지 못했다.

이 사람들은 비를 피하기 위해 그들의 모자(갓)에 들기름 먹인 종이

45 Broughton, *ibid.*, p.333; 金在勝, 상게서, p.187.

모자(갈모)를 덮어 쓰고 있었으며, 같은 종류의 우산(삿갓)들도 가지고 있었다. 비가 아직도 그치지 않고 계속 내리고 있어서 그들로부터 성가신 간섭을 받지 않기를 바라는 희망을 가지고 포구 안쪽으로 한번 답사를 해보아야 하겠다는 생각이 들었다. 이 친구들은 우리 행동을 관찰하는 것을 태만하지 않았는데 그것은 바로 두 척의 배가 우리 뒤를 따르는 것을 보았기 때문이다. 그들은 우리가 돌아올 때까지 만나지 못했고, 날씨가 더욱 나빠서 그들은 우리 가까이 접근하지도 않았다.[46]

10월 20일

그들은 허락하지도 않았는데 우리가 어제 보트로 답사한 것에 대해 이야기 했으며, 만약에 항내의 위쪽 흰색 집(子城臺) 있는 곳으로 상륙하면 험한 대접을 받을 것이라며 이것을 지키지 않으면 사형당할 것이라고 설명하는 듯했다. 그리고 우리에게 보트를 타고 더 이상 다른 곳으로 가지 말라고 간청했다. 그들이 육지로 돌아간 후, 우리의 의도를 아직도 의심하고 있어서인지 그들은 즉각 각 배에 군기를 가진 군인을 태운 배 4척을 보냈다. 내가 우리 배에 가까이 오지 못하게 하니, 그들은 우리 배의 앞뒤에 경계용 보트로 닻을 놓았다. 저녁이 되자 그들은 우리 곁을 떠났다. 우리는 육지로 가서 물을 더 가지고 왔는데, 이것은 반대하지 않았다. 밤새 바람은 적었고 날씨는 좋았다. 짙은 구름은 점차 사라졌고 아침이 가까워지자 주위가 깨끗해졌다.[47]

46 Broughton, *ibid.*, p.334; 金在勝, 상게서, p.188.
47 Broughton, *Ibid.*, pp.334~335; 金在勝, 상게서, p.188.

10월 21일(부산항 출항)

흔들바람이 불고 날씨는 아주 좋았다. 해가 뜨기 전에 나는 코리안 감시병의 눈을 피해 배를 떠나서 항구의 모습을 그린 그림(港泊圖)을 완성하기 위해 내항으로 들어갔다. 해가 뜨자 우리는 가까운 마을에서 나는 불빛을 보았는데 추측컨대 우리 보트와 관련된 신호의 표시로 보였다.

남쪽 해안에 상륙하여 우리는 항구의 그 지역을 계속 조사하고 그들에게 들키지 않았다. 주변에는 주민들이 없었으며 아침 식사를 하기 위하여 배로 돌아왔다. 우리가 잠적해 버리자 마을 사람들은 크게 당황해 하는 것처럼 보였고 우리를 찾기 위해 배를 여러 방향으로 보냈지만 우리는 이들을 모두 피해 나갔다. 아침은 순조로워 우리는 마지막 고도 측정을 했다. 조금 지나자 우리 친구 4명 중의 하나(조선 지방관)가 우리를 찾아와 출항 준비를 하는 것을 보고 대단히 기뻐하는 것처럼 보였다. 나는 그가 가지고 싶어 하는 물건인 망원경과 총을 선물로 주었다. 우리는 서로가 만족스럽게 헤어졌다. 곧바로 수로를 따라 항구 밖으로 나와 출항했다. 수많은 코리안 친구들은 기쁜 마음으로 근처 산으로 올라가 우리의 출항 모습을 지켜보고 있었다. 어떠한 보상도 바라지 않고 우리에게 나무와 물을 공급하여준 이들에게 깊은 감사를 느꼈다.

주민들은 이 항구(釜山)를 '툐산(Tshosan)' 혹은 '쵸산(Chosan)'이라 부른다. 쵸산(부산)은 위도 북위 35도2분, 경도 동경 129도 7분, 코리아 해안의 남동쪽에 위치해 있다. 그리고 대마도(對馬島)의 북쪽 남남동, 북부서 방향에 10리그 거리에 있다. 안전한 출입구를 가지고 있으며 상륙한 후에도 위험한 점은 감지할 수가 없었다. 항구 입구 북쪽에 있는 검은 바위(五六島)에서 서쪽으로 2마일 거리에 높게 돌출되어 있는 곳이 있어, 나침반 바늘에 영향을 미쳤기 때문에 나는 "자력(磁力)의 머리(Magnetic Head)"라 이름을 붙였다. 이 "자력의 머리" 북쪽으로는 정박하기에 좋은 모래로 된 만(灣)이 있는데(광안리 해수욕장), 여기서 우리는 머물러 있었고, 나침반의 두 지점 사이에 바다가 열려 있어 그 사이로 대마도를 뚜렷하게 볼 수가 있었다. 해도(海圖)가 이 항구를 상세히 설명해 줄 것이며, 최대한으로 정확하게 가장(假裝)되지 않게 그렸으므로 어떠한 목적에도 항해사들에게 그 해답을 줄 것이다. 우리가 머물렀던 시간 내에 여러 가지 제한된 여건 속에서 만들어졌으나 좀 더 상세한 것은 도면에 표시되어 있다.

그들이 우리와 접촉을 가능한 피하려고 하였기 때문에 이 사람들의 생활 풍습과 태도를 기록할 기회는 매우 적었음을 알 수 있을 것이다. '인수'(Insoo·臺灣)와 '리우치우'(Lieuchieux islands·琉球) 두 섬에서도 그러했듯이 이 대접은 일반적으로 우리가 많이 경험할 수 있는 것이었다. 그들의 행동으로 미루어보아 낯선 외국 사람들과는 어떠한 교류도 바라지 않고 있는 것으로 보였다. 그들은 우리를 아주 무관심하게 쳐다보는 것처럼 보였으나 생각해보니 아마 우리 배의 중요성을 모르기 때문일 것이다. 아마도 우리가 어느 나라에 속하는지도, 무엇을 추구하는지도 모르며, 아마 우리가 해적일지 모른다는 의심 때문에, 또는 우리가 예상할 수 없는 다른 어떤 이유로, 우리가 어서 떠나줄 것만을 요구했다고 본다.

항구를 에워싸고 있는 육지는 곳곳에 매우 높은 산이 솟아 있어 항구를 격리시켜 주고 있고, 일반적으로 나무와 초목이 부족하다. 그러나 어떤 곳에서는 소나무들이 듬성듬성 서 있었다. 반도의 남쪽 부분은 나무가 더 많이 자라고 있고 소나무 사이에 무슨 종류의 나무인지 모르지만 사철 푸른 나무가 있었다. 그러나 사람들의 엄중한 경계심 때문에 이 나라의 생산물에 대한 지식을 얻을 수가 없었다. 어떠한 경우에도 그들은 우리의 탐사를 허용하지 않았다.

항구 주변에는 몇몇의 큰 마을들이 산재해 있었는데 이 마을에는 주민들이 많은 것처럼 보였으며, 대체로 좋은 위치에 자리 잡고 있었고 집들 속에서는 나무들이 산재해 있었다. 집들은 모두 작고, 단층에 초가집이었다. 땅은 논에 물을 대기 쉽게 할 수 있도록 언덕의 높낮이를 두어 계단식 논을 만들어 일본과 같은 방법으로 경작했다. 우리가 많이 필요했던 말, 돼지, 닭, 그리고 검은 황소들을 보기는 하였으나 구입할 수가 없었다. 유럽 동전(銅錢)에 대해서 그들은 전혀 그 가치를 몰랐으나 금·은으로 세공되어 장식된 칼들을 가지고 있어 금과 은에 대한 가치는 알고 있었다.

그들은 총과 화약, 무기에 대해 잘 알고 있었으나 우리는 그들 중에 공격용 무기를 가진 것은 전혀 볼 수가 없었고, 우리가 보유하고 있는 얼마 안 되는 무기에 대해서도 그들은 전혀 모르는 것 같았다. 그들의 관심은 하루 속히 우리가 떠나주기만을 바라는 것이었고, 영국에서 제작된 여러 가지 물건들에 대해 호기심이 많았고 특히 우리의 모직(毛織)천에 관심이 많았다.

하나의 상업국가로서 물론 이들도 교역(交易)에 대해 잘 알고 있었으며 이에 대한 이야기도 하였다. 그러나 우리가 가지고 있는 물건들이 그들이 보기에는 가치가 없었기 때문에 교환은 원하지 않는 것처럼 보였다. 참으로 우리가 입고 있는 의상 외에는 그들의 관심을 끌고 호기

심을 충족시켜 줄 것은 아무 것도 없었다.[48]

1797년 10월 부산 용당포에 기착한 영국 해군 탐사선 프로비던스호의 조선 해역 탐사활동은 부산포를 중심으로 극히 제한적인 범위에서 이루어졌다. 부산항 항박도(港泊圖)를 처음 작성했다는 역사적인 의미 외에는 조선 해역의 해양탐사로서 큰 업적을 남겼다고는 할 수 없다. 브로우톤 함장 일행은 87톤급 소형범선 한 척에 대원도 35명의 소규모였고, 부산항 안으로 들어가 상륙하여 자세히 실측한 것이 아니라 선상이나 구명정에서 탐사, 측량한 것이라 영도(影島)가 육지로 조사하는 등 오류가 적지 않았다. 그러나 부산항 항박도가 그의 '항해기'에 도판으로 삽입되어 1804년에 출판되었으므로 서구 열강의 많은 군함, 탐사선, 상선, 포경선들이 부산항의 항구 조건을 인지(認知)하게 되었다. 따라서 서구의 각종 선박들은 장기 항해 도중 식수, 땔감, 채소, 육류와 같은 식품 보급이나 대원들의 휴식, 또는 피항(避航) 목적으로 이곳을 자주 찾아 들게 되는 계기가 되었다. 자연히 부산포 주민들과 서양인들과의 접촉이 자주 발생하게 되었다. 따라서 부산포는 조선의 변방(邊方) 한 해안으로 이양선에 대해서는 민감한 반응을 보이는 곳이 되었다.

그가 귀국하고 나서 영국 해군 수로부에 제출한 도면에는 "Sketch of Chosan Harbor in the S. E. Coast of Corea(코리아 남동해안의 朝鮮港 스케치)"라 기록되어 있지만 여기에서 '조선항'은 '부산항'을 의미한다. 이 부산항 항박도를 보면 부산포 주민 부락이 4곳으로 나타나 있다. 초

48 Broughton, *ibid.*, pp.335~337; 金在勝, 상게서, pp.189~190.

량(草粱) 지역에 두 곳, 감만동 지역, 그리고 용당포 지역이 표시되어 있고, 자성대(子城臺)와 부산 왜관(倭館: 용두산공원 남측 동광동 일대)도 선명하게 표시되어 있다. 한 가지 특이한 점은 영도가 섬이 아닌 육지로 그려져 있다는 점이다. 이것은 탐사대가 용당포 일대를 중심으로 부산항을 측심(測深)하면서 부산항의 서남부 해안과 영도는 직접 상륙하여 현장을 답사하지 않고 스케치 도면을 작성했기 때문이다.[49]

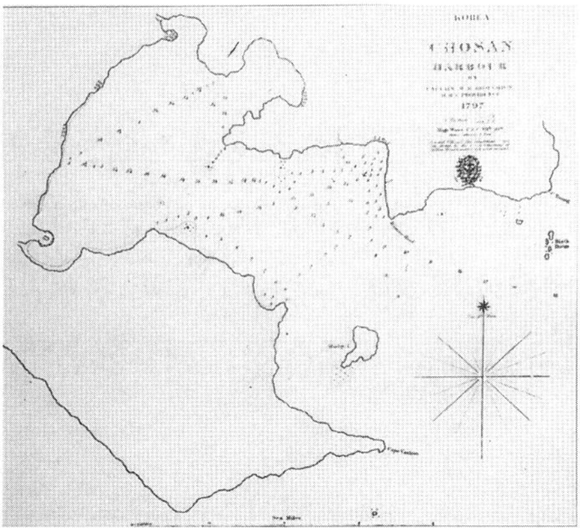

William R. Broughton 함장이 작성한 1797년 조선항(부산항) 정박도

브로우톤 함장은 중국인 통역을 대동하지 않고 부산항에 들어왔다는 것, 부산에 대한 정보를 입수하지 못한 채 용당포에 입항했기 때문에 용당포가 지금의 부산항이라는 사실을 알 까닭이 없었다. 그래서 손

49 金在勝, 『近代韓英海洋交流史』, pp.26, 29~30. 브로우톤 함장의 중요 사관으로 1등사관은 Zachary Mudge, 2등사관은 G. J. F. Young, 3등사관은 James G. Vashon임. 함장은 이들의 노고를 치하하는 뜻에서 影島 朝島(아치섬)을 Mudge Island로, 五六島 북쪽해안 곶(岬)을 Cape Young으로, 현재 태종대 등대가 있는 곶(岬)을 Cape Vashon으로, 이들의 이름을 따서 명명했다.

짓 발짓으로 이 항구의 지명을 묻자, 주민들은 어느 나라인가고 묻는 줄 알고 '조선(Tshosan, Chosan, Tchosan)'이라 대답해서 부산항이 '조선항'으로 해도에 기입하게 되었다. 브로우톤은 10월 20일 용당포 항구 내외로 항행하면서 부산항 항박도(港泊圖)를 완성했다. 여기에 조선항(부산항)을 'Chosan Harbour'라 표기하고 있다.[50]

10월 19일 비가 내리자 주민들은 갓을 쓴 채 그 위에 들기름 먹인 종이모자 즉 갈모를 쓰고 영국인을 따라다니면서 감시했다. 10월 20일 영국 군함이 출항 준비를 하는 것을 보고 주민들은 비로소 안도하는 듯 무척 기뻐했다.[51]

그동안 용당포 주민과의 접촉을 통해 언어불통으로 원만한 교섭은 이루어지지 않았지만 용당포 주민과의 접촉 대화를 통하여 조선어 어휘 38단어를 '항해기'에 채록하였다. 이로써 한영간 언어 문화 교류가 이루어졌다는 점에서 대단히 의미 있는 성사라 하지 않을 수 없다.

<한영 언어 문화 교류>

한영 어휘

영어	한국어 발음 영문 표기	한글
1. One	Hannah	하나
2. Two	Tool	둘

---

50 Broughton, *ibid.*, Chapter Ⅶ, Chosan(Pusan) Harbour in 1797, p.322, Drawn by Capt. William R. Broughton, RN; 金在勝, 상게서, 朝鮮港(釜山港) 港泊圖, pp.179, 262. 최초의 부산항 항박도에는 영도(影島)가 섬이 아니라 육지에 붙어 있는 것으로 제도되어 있다. 이 해도는 프로비던스호의 3등사관 바숀(James G. Vashon)이 작성했다.

51 Broughton, *ibid.*, October 19~21, 1797, pp.334~337; 金在勝, 상게서, 1797년 10월 19~21일, pp.188~190.

3. Three	Soe	셋
4. Four	Doe	넷 * 대(다섯)으로 오기
5. Five	Tassah	다섯
6. Six	Yessah	여섯
7. Seven	Yerogo	일곱
8. Eight	Yaltai	여덟
9. Nine	Aho	아홉
10. Ten	Ysel	열
11. The Sun	Hah	해(日)
12. Moon	Tareme	달님, 달(月)
13. Stars	Curome	별(星) * 별을 구름으로 오해
14. The Eye=Brow	Noonship	눈썹
15. The Nose	Kace	코(鼻)
16. The Mouth	Yeep	입(口)
17. Teeth	Yee	이(齒)
18. Hair	Muree	머리(髮)
19. The Beard	Shuame	수염(鬚髥)
20. Arm	Pul	팔(腕)
21. Hand	Sone	손(手)
22. Fingers	Socora	손가락
23. Leg	Tantangee	장딴지
24. Thigh	Cheenumchee	치눔치, 가랑이
25. A Hat	Kat	갓

26. A House	Chap	집(家)
27. Fire	Pool	불(火)
28. Water	Mool	물(水)
29. Wind	Parrum	바람(風)
30. Land	Moc	뭍(陸地)
31. A Man	Sanna	사내(男子)
32. A Woman	Kageep	계집(女子)
33. The Eye	Noon	눈(目)
34. A Tree	Sonamo	소나무(松)
35. Silver	Oon	은(銀)
36. Gold	Koon	금(金)
37. A Bullocks	She	쇠, 소(牛)
38. A Hog	Towyee	돼지(豚)[52]

이리하여 경상도 관찰사 이형원(李亨元) 삼도통제사 윤득규(尹得逵)는 이국선의 소원대로 폭풍이 멎기를 기다려 안전하게 떠나가도록 조처했다. 이국선이 나가사키 쪽으로 떠난 뒤에 동래 왜관인(倭館人)이 천리경을 가지고 높은 언덕에 올라가서 이국선의 출항을 관찰하면서 "이 배는 대마도 근처로 갔다"고 전하면서 관왜(館倭)는 "이들은 아란타 사람(阿蘭陀人)이고 그 배는 도시 보물선이다"라고 언급했다. 이와 같이 일

52 Broughton, *ibid.*, p.391; 金在勝, 상게서, pp.30~31; 韓相復, 『海洋學에서 본 韓國學』(해조사, 1988), pp.34~35. 영국 선원이 구름낀 별을 보고 스타(Stars)라고 하자 조선 문정관은 구름을 가리킨 줄 알고 구름 (Curome)이라 해서 이같은 오기를 한 것으로 추정된다. 넷(Four)를 다섯으로 알고 대(Doe, 다섯)으로 오기한 것을 제외하면 조선어 발음 표기에 근사치 음사(音寫)임을 확인할 수 있다.

본인도 도무지 어느 나라사람인지 몰라서 아마도 나가사키의 화란상관 소속 상선이 부산 동래에 표도한 것으로 짐작하고 있다.[53]

이와 같이 언어불통으로 말미암아 이국선의 정체를 전연 파악하지 못했고, 다만 이국선이 나가사키로 떠난 후 관왜의 말에 따라 그 배는 네덜란드 상선으로만 알았을 뿐이다. 이국선이 8월 27일(양 10. 13)에 부산 동래 용당포에 내박한 이래 문정기록이 9월 10일(음)까지 계속되었다는 것, 브로우톤의 '항해기'에 의하면 출항일이 10월 21일이라 기록된 점으로 보아 9일간 부산항·용당포에 머문 것으로 확인할 수 있다.[54]

브로우톤은 그의 '항해기'에서 부산 동래 지방민의 반응을 이렇게 기록하고 있다. "부산 동래 용당포에 외국 배가 나타나자 지방 주민들은 우려를 자아냈고, 어서 빨리 돌아가기만 바랐다. 돌아가지 않자 지방주민은 선장과 선원의 동정을 감시하기 시작했고, 심지어 경비병을 파견, 선원이 움직일 때마다 따라다니면서 감시했다." 프로비던스호가 장기간 동래에 정박하고 있는 동안 동래부사는 영국 선원들이 요구하는 대로 먹을 양식과 연료(柴糧)뿐만 아니라 담수와 채소·생선 등을 공급했다. 이것 모두 아무런 대가없이 무상으로 공급했다. 브로우톤은 "조선인은 총포에 대해 잘 알고 있었다. 우리를 공격할 무기도 보이지 아니했다. 우리가 보유하고 있는 소규모 군대에 대해서도 우려하지 아니했다. 조선인은 오로지 빨리 떠나기만 바라고 있을 뿐 유럽 상품에 대해 별로 관심조차 없었다. 심지어 모직물 의복조차 호기심을 유발시

53 『承政院日記』 正祖 21년 丁巳 9월 6일 壬申; 『備邊司謄錄』 正祖 21년 丁巳 9월 6일 壬申; 『朝鮮史』 正祖 21년 丁巳 9월 6일 壬申; 李能和, 전게서, 하편, p.70. "館倭又言 是阿蘭陀人이니 其船은 都是寶物云이리라"

54 『日省錄』 正祖 21년 丁巳 9월 6일 壬申; Broughton, *op cit.*, p.335, October 21, 1797; 金在勝, 상게서, p.189, 1797년 10월 21일.

키지 못했다."[55]

브로우톤은 조선에 대한 정보를 사전에 입수한 일이 없었기 때문에 부산항에서 제작한 항박도에 부산항을 'Corea Chosan(Tshosan) Harbour'라 표기하면서 조선과 부산항을 혼동하고 있다. 그러므로 브로우톤의 '항해기'에는 조선어 38개 단어를 처음으로 채록하여 유럽에 전했고, 뿐만 아니라 초롱꽃, 진달래, 파, 이끼 등 26종의 식물 명칭을 채집 소개하고 있다. 이는 서양인 최초의 조선어 어휘 채집, 식물 수집 기록이 된다. 프로비던스호는 10월 21일 부산을 출항, 여수(麗水)를 거쳐 10월 27일에는 제주도에 도착, 2일간 탐사 활동을 벌이면서 제주도는 화산섬임을 확인했다.[56]

브로우톤은 조선인과 교섭해본 결과 조선은 '대외 불교섭 폐쇄국'이라고 다음과 같이 결론을 내리고 있다.

그들은(조선인) 우리와 접촉을 가능한 한 피하려고 하였기 때문에 이 사람들의 생활 풍습과 태도를 기록할 기회는 매우 적었음을 알 수 있을 것이다. 인수(Insoo, 臺灣)와 리우치(Lieuchieu, 琉球) 두 섬에서도 그러했듯이 이같은 대접은 일반적으로 우리가 많이 경험할 수 있는 것이었다. 그들의 행동으로 보아 낯선 이국 사람들과 어떠한 교섭·교류도 바라지 않고 있는 것처럼 보였다. 그들은 우리 일행을 아주 무관심하게 쳐다보고만 있었는데 이는 생각해보니 우리 배의 중요성을 몰랐기 때문일 것

55 "Britain's Virgin Voyage Into Korea in 1797" *The Korea Times*, March 7, 1998.

56 Broughton, *op.cit.*, pp.322~338; 金在勝, 상게서, pp.24~32, 159~191; 韓相復, 「북태평양 항해기(1804)」, 『朝鮮日報』(1996. 6. 28). 프로비던스호는 10월 3일 淸津 근해 도착, 10월 13일까지 동해안 탐사, 10월 13~21일 부산 용당포 정박, 10월 21~28일 제주도 탐사 활동, 모두 25일간 한반도 해역 탐사 활동을 벌인 셈이다.

이다. 아마 우리가 어느 나라 사람인지, 무엇을 추구하는지, 우리가 해적일지 모른다는 의구심 때문에, 또는 우리가 어떤 예상할 수 없는 사단(事端)을 일으킬지 모른다는 우려 때문에 어서 바삐 떠나주기만 요구하고 있다. 조선 관리가 찾아와 우리가 출항 준비를 하는 것을 보고 대단히 기뻐했다. 나는 그가 가지고 싶어 하는 물건인 망원경(천리경)과 총을 선물로 주었다. 어떠한 보상도 요구하지 않고 우리에게 나무와 식량 담수를 공급하여 준 조선인에게 깊은 감사를 느꼈다.[57]

| 3 | 황사영 백서사건과 대박청래 운동(신유사옥1801)

영국 탐험선 프로비던스호의 동래 용당포 내박으로 동래 지방민과의 접촉을 통해 조선에 심각한 문화적 충격을 주었다. 그 지방민 가운데 천주교 신자가 있었으니 신자들이 이 '거대한 서양선박(大舶)'을 목격하고 이를 구원의 사자로 인식하기에 이르렀고, 때마침 신유사옥(辛酉邪獄, 1801)을 계기로 황사영백서사건(黃嗣永帛書事件)의 발단이 된 것이다. 비록 1791년 신해 진산(辛亥 珍山)사건으로 중국으로부터의 서학무서(西學貿書·서학구입) 금지조치, 그리고 서교(西敎)관계 교리서적 등의 분서(焚書)조치로 천주교 신앙을 금지하는 조처를 단행했지만, 1800년 전후기에 있어서 천주교 신자수는 서울 경기 기호지방을 중심으로 1만 명을 추산하기에 이르렀다.[58]

57 Broughton, *op.cit.*, October 21, 1797, p.336; 金在勝, 전게서, 1797년 10월 21일, pp.189~190.

58 金源模, 「黃嗣永帛書와 서양선박 요청사건에 나타난 신자들의 태도」, 『한국 천주교회사에 관한 대희년 심포지엄』(한국 천주교회 중앙협의회, 1999. 11. 6), pp.24~29.

이에 정조는 "우리의 도(道)를 크게 밝히고 정학(正學)이 크게 나타나면, 이와 같은 사설(邪說)은 저절로 자멸하고 말 것이다."[59]라고 하면서 천주교를 박해하지 않고 관용 정책을 고수했다.

순조가 즉위하고 정순(貞純)대비가 섭정하면서 노론 벽파(辟派)는 공서파(攻西派)와 결탁, 남인(南人) 시파(時派)의 신서파(信西派, 천주교신자)를 박해하기 시작, 마침내 1801년 신유사옥이 발생했다. 약 200~300명이 정부의 대금압 정책에 의해 희생되었다.[60] 황사영(黃嗣永, 1775~1801)은 신유사옥이 발생하자 충청도 제천(堤川) 배론(舟論)으로 피신했다.[61]

황사영은 이곳에서 피신 중 중국 교구장 구베아 주교에 구원을 호소하는 황사영백서를 작성한 것이다.[62] 동래 출신 천주교 신자 현계흠(玄啓欽)이 1797년 영국 탐험선 프로비던스호를 목격하고 서양 함정의 엄청난 '큰 배의 규모(大舶)'를 황사영에게 상세히 알려주면서 황사영으로

59 李能和, 『朝鮮基督教及外交史』 상편, p.54. "上曰 予意 則使吾道大明하야 正學丕闡하면 如此邪說은 可以自起自滅이니"

60 安應烈·崔奭祐, 『韓國天主教會史』(분도출판사, 1979), 상, p.616.

61 山口正之, 『黃嗣永帛書の硏究』(日本 京都, 전국서방, 1946), pp.87~88; 河聲來, 「黃嗣永의 교회활동과 순교에 대한 연구」, 『敎會史硏究』13(1998), p.101. 山口正之는 1936년 제천 배론 답사 시 황사영이 백서를 작성한 토굴을 확인했다. 堤川郡 鳳陽面 九鶴里 646번지 崔在鉉 집 부엌 뒤에 있는 토굴인데 황사영은 바로 이 토굴에서 帛書를 썼던 것이다.

62 方相根, 「황사영 '帛書'의 분석적 이해」, 『敎會史硏究』13(1998), pp.153~154; 배은하 엮음, 『역사의 땅 배움의 땅 배론』(성바오로출판사, 1992), p.53; 山口正之, 『黃嗣永帛書の硏究』, pp.5~6; 이진천, 「조선후기 천주교인들의 교회 재건 및 신앙자유 획득방안에 관한 연구」, 『한국 천주교회사에 관한 대희년 심포지엄』(1999. 11. 6), p.20, 각주 (63). 帛書는 62X38cm의 비단천에 가는 붓글씨로 작성되어 있다. 백서는 122행, 총 13,384자의 대문서로서 작성자는 황사영이지만, 서명자는 황심(黃沁)이고, 작성 일자는 1801년 10월 29일이다. 백서 원본은 황사영 체포와 동시에 義禁府에 보관되어 오다가 1894년 의금부 고문서를 소각할 때 발견되어 제8대 뮈텔(G. C. Mutel, 閔德孝, 1854~1933) 주교는 1925년 7월 조선 순교자 79위 시복식(諡福式) 기념으로 이 문서를 로마 교황청에 보내어 현재 로마 교황청 민속박물관 문서고에 보관되어 있다. 여기서 1936년 배론성지를 처음으로 답사한 山口正之는 "백서는 13,311자"라고 고증한 이래 정설로 내려왔는데, 최근 방상근은 백서를 면밀히 고증한 결과 13,384자라고 발표했다. 73자의 차이가 난다.

하여금 대박청래(大舶請來)로 조선 천주교 신자를 구원하고 조선에서의 신앙의 자유를 구현해 보고자 황사영백서를 작성케 한 것이다.[63] 황사영은 당시 전해진 서학서를 통해 서양 선박의 위용을 알고 있었다.

황사영은 구베아(Gouvea) 주교에게 보낸 백서(帛書)에서 서양 범선을 이렇게 청래(請來)하고 있다.

> 만약 대박(군함) 수백척과 정병 5~6만을 얻어 큰 배에 태우고 대포 등 날카로운 병기를 싣고 글을 잘 아는(能文解事) 중국신사(신부) 3~4명을 동반하고 조선 해안에 이르러 조선국왕에게 우리는 서양의 전교(傳教)하는 배이다. 자녀의 옥백(玉帛)을 탐내어 온 것이 아니고 교황의 명을 받들고 이 지역의 생령(生靈)을 구원하러온 것이다. 귀국에서 한 사람의 선교사라도 기꺼이 받아들인다면 우리는 더 이상 많은 것을 요구하지 않을 것이다. 우리는 반드시 총 한 발 화살 한 개라도 쏘지 않을 것이며, 귀국의 풀 한 포기도 해치지 않고 영원토록 화호(和好)를 맺고자 한다. 만일 천주(天主)의 사자(선교사)를 받아들이지 아니하면 마땅히 주님의 벌을 집행하고 죽어도 발꿈치를 돌이키지 않을 것이다. 조선국왕은 한 사람을 받아들임으로써 전국의 벌을 면하겠는가, 아니면 한 사람을 받아들이지 아니해서 전국을 잃어버리겠는가. 양자택일하기 바란다.[64]

황사영은 백서 작성 시 당시 전해진 서학서를 통하여 서양 선박의 실체를 어느 정도 파악하고 있었을 가능성이 있다. 김건순(金建淳)의 공초(供招)에 의하면 일찍이 페르비스트(Ferdinand Verbiest, 1623~88, 南懷仁)의 곤여전도(坤輿全圖, 1672)를 본 일이 있었는데, "곤여전도 중에 구라파국

63 이진천, 상게서, pp.1~23; 車基眞, 「朝鮮後期 천주교 신자들의 聖職者迎入과 洋舶請來에 대한 연구」, 『教會史研究』13(1998), pp.19~71.

64 『黃嗣永帛書』 109~112행; 山口正之, 「譯註黃嗣永帛書」, 『朝鮮學報』2(1951), pp.121~154.

이 그려져 있고, 그 나라에는 배를 3층으로 건조하고, 배 안에는 군량 1천 석과 장졸 총사(총포로 무장한 군사) 3백 명을 수용할 수 있고, 무기(戎器)도 구비하고 있다."[65]라고 전하고 있다.

그러나 황사영에게 서양 선박의 실체를 알려준 이는 동래 천주교 신자 현계흠(玄啓欽)이다. 현계흠은 동래 출신 교우로서 1797년 10월 영국 탐험선이 동래 용당포에 내박했을 때 대포 16문을 장치한 이 거대한 프로비던스호에 올라가서 자세히 살펴보고 "이 배 한 척이면 우리나라 전선 100척을 대적할 수 있다."[66]라고 황사영에게 보고했던 것이다.

신해 진산사건(1791) 이후 천주교 신자들은 대박도래를 구세주(선교사) 출현과 동일시하면서 대박청래(大舶請來)를 갈구하고 있었다. 천주교 대박해로 절망감과 구제받을 수 없는 위기 상황에 처한 천주교 신자는 '대박도래=메시아(Messiah: 선교사)출현'이란 등식의 사고방식(frame of mind)을 신앙처럼 굳게 믿고 있었고, 그것은 머지않아 조선왕조의 시운이 다하는 시점에 이르면 조선에서의 신앙의 자유가 실현될 것으로 확신했다. 박해받고 있는 천주교 신자를 구원하고 조선에서의 신앙의 자유를 구현할 천사는 서양 선교사밖에 없다고 확신했다.[67]

현계흠의 이같은 프로비던스호의 목격담은 박해받고 있는 천주교신자들에게 대박청래운동으로 확산되기에 이르렀다. 류관검(柳觀儉)은 공초(供招)에서 "우리나라에는 천주교를 믿는 사람은 대개 한미하고 조정에도 혹 신자가 있기는 하나 믿을 만한 사람은 없다. 이 어찌 개석(慨惜)

---

65 『推案及鞫案』(아세아문화사, 1978), 권 25, p.363, 순조 1; 金源模, 『東西文化交流史』, pp.95, 100.

66 山口正之, 「譯註黃嗣永帛書」, p.152.

67 金源模, 「黃嗣永帛書와 서양선박 요청사건에 나타난 신자들의 태도」, pp.24~29, 한국천주교회사에 관한 대희년 심포지엄(한국천주교 중앙협의회 한국사연구소, 1999. 11. 6), pp.24~29.

하지 않겠는가. 만약 대박을 맞이해 온다면 나라의 천주교 금지(國禁)가 반드시 해이해질 것이고 우리의 천주교는 진작될 것이다."[68]라고 대박 청래의 이유를 밝히고 있다.

한편 윤지헌(尹持憲)도 "조선에는 성교(聖教)를 보호해줄 사람이 없다. 만약 대박을 맞이해 온다면 신부들이 이곳에 안접할 수 있고 성교는 크게 진작될 것이다."[69]라고 주장했다. 이와 같이 천주교 신자들의 대박 청래의 간절한 소망을 명심하고, 황사영은 "대박을 불러오려는 마음은 천주교 신자 모두가 가지고 있다. 서양 선박을 불러오는 일은 천주교 신자들 모두의 소원이다."[70]라고 증언하고 있다.

프로비던스호의 동래표도를 계기로 동래 주민들은 서양 선박을 구경하게 되었고, 따라서 이를 자세히 살펴본 지방민에게 엄청난 문화적 충격을 주었던 것이다. "연전에 서양 선박이 동래에 표도했을 때 어떤 교우 한분이 그 배에 올라가서 자세히 살펴보았다는데, 소위 배에 올라간 교우는 누구인가. 공왈 현계흠입니다."[71]라고 황사영은 공초에서 서양선박 정보를 전해준 이가 바로 교우 현계흠이라고 밝히고 있다. 황사영은 대박청래는 프로비던스호의 규모에 대한 문화적 충격에서 비롯되었음을 다음과 같이 분명히 밝히고 있다.

---

68 『邪學懲義』, 柳觀儉 供招, p.235; 『推案及鞫案』권 25, p.541. "至於我國 則愛敬此學者 多在寒微 朝者或有之 而無可恃之人 豈不慨惜乎 若邀致大舶 則國禁必弛而吾道可揚矣."

69 『邪學懲義』, 尹持憲 供招, p.240 "我國無聖教顧護之人 若邀致大舶 則神父可以安接聖教可以廣揚."

70 『推案及鞫案』권 25, 黃嗣永 供招, pp.832~834. "大舶請出之心 矣身徒黨 皆有之 洋舶出來事 卽邪黨之所共願."

71 『推案及鞫案』권 25, pp.733, 819~820. "問曰 年前西舶漂到東萊 有一教友登舟細見 所謂登舟教友誰歟 供曰 卽玄啓欽也."

문왈: 장차 무엇을 하고자 대박을 불러오려고(請來) 했는가.

공왈: 대박을 청래한 것은 중국처럼 성당을 짓고 서학을 크게 일으키고자 함이다.

문왈: 대박 수백척과 군사 5~6만을 불러오게 된 것은 무슨 뜻인가.

공왈: 허장성세를 보여 마땅히 서학이 행해져야 함을 깨우쳐 주려 함이고, 또한 정부로 하여금 서학을 금하지 못하도록 하기 위함이다.[72]

현계흠이 프로비던스호에 올라가서 자세히 살피고 돌아와서 황사영에게 서양 선박의 위용을 전해준 것인데, 배의 규모, 배에 탑재한 대포, 그리고 승무원들이 휴대하고 있는 조총(화승을 사용하지 않고 발사하는 총포) 등 정보를 제공한 것이다. 현계흠은 "이 배 한 척이면 우리나라 전선 1백 척을 대적할 수 있다"[73]라고 피력했다.

황사영은 북경 교구장 구베아(Alexandre de Gouvea, 湯士選) 주교에 보낸 백서에서 다섯 가지 조건(五個條)을 제시하고 있다.

첫째, 조선의 성교(聖敎)를 부지하고 교인을 구제하기 위하여 재정 원조를 제공할 것(救援懇請).

둘째, 국경지대의 책문(柵門) 안에 중국인 교우 한 사람이 개점(開店)하여 북경 천주당과 조선간의 통신 연락 장소로 이용할 것(柵門通過 方策, 책문은 단동(丹東) 북쪽 120리 지점 변문 조선인 마을에 있는데, 이를 변문(邊門) 또는 고려문(高麗門)이라 한다. 사실상 한청간 국경 검문소이다).

---

72 『推案及鞫案』권 25, 黃嗣永 供招, p.732. "問曰 請來大舶將欲何爲 供曰 請來大舶欲如中原之建堂設敎樣大行西學也 問曰 大舶數百艘軍士五六萬請來何意 供曰 欲爲張其聲勢 西學當行無至設禁之計也."

73 山口正之, 「譯註黃嗣永帛書」, p.152.

셋째, 로마 교황이 청국 황제에게 요청하여 조선 국왕이 천주교 신앙을 용인하도록 칙서로 권고할 것(圖得皇旨).

넷째, 청국 황제는 친왕(親王: 황태자)을 파견, 조선을 청국의 감국(監國)으로 삼을 것(內復·監護策).

다섯째, 서양의 큰 선박 수백 척에 5~6만의 정예 대군사와 대포를 탑재해서 이를 전교선(傳敎船)이라 칭하며 조선에 와서 조선 국왕으로부터 포교(布敎)의 자유를 보장받을 것(西洋 大船請來)[74]

황사영의 '서양 대박청래'는 어디까지나 그 자체가 목적이 아니라 조선에서의 천주교 신자를 구원하고 신앙의 자유를 획득하기 위한 최종 수단으로 제시한 비원(悲願)의 자구책이 아닐 수 없다.[75] 황사영은 "만약 배 수백 척에다 정병 5~6만과 대포 등 날카로운 무기를 많이 적재한 '서양 선교사 배(傳敎船)'를 조선에 파견해주면"[76] 총 한방 쏘지 않고도 평화로이 화호(和好)를 맺어서 이땅에 신앙의 자유가 실현되리라고 전망하고 있다.

황사영은 이같은 대규모의 군사 동원이 어렵다면 차선의 방법까지 제시하고 있다. "서양 배와 병력수가 말한 대로 동원할 수 있다면 좋겠지만, 만약 그럴 힘이 모자라서 동원할 수 없으면, 수십 척 배와 군사 5~6천 명만 보내주어도 쓸 수 있을 것이다."[77]

---

74 『純祖實錄』 순조 원년 12월 甲子; 李能和, 『朝鮮基督教及外交史』상편 pp.150, 156; 河聲來, 전게서, pp.107~143; 강재언 지음, 이규수 옮김, 『서양과 조선』(학고재, 1998), pp.191~193. 황사영백서는 三條凶謀 또는 二條凶謀 등으로 분석하고 있지만, 백서를 면밀히 분석해보면 5개 조건으로 분류해볼 수 있다.

75 趙珖, 「黃嗣永帛書의 사회사상적 배경」, 『史叢』21·22합집(1977), pp.365~370.

76 『黃嗣永帛書』 110~111행. "倘得海舶數百艘 精兵五六萬 多載大砲等利害之兵器…吾等西洋傳敎船也"

77 『黃嗣永帛書』 112행. "船數人數 能如所說則大善 若力不及 則數十艘五六千人 亦可用矣"

황사영이 대박청래를 호소하는 백서를 작성한 당시에는 이미 평화적인 방법에 의하여 신교의 자유를 획득할 가능성이 없는 절망 상태였다. 그러므로 그 어떤 비상 수단을 강구하지 않는 한 조선 정부의 대박해로부터 구원받을 길은 암담한 것이었다. 이러한 절박한 위기 상황을 맞이하여 황사영은 1797년 10월 영국 군함 프로비던스호의 부산 내항에 문화적 충격을 받아 이같은 대박청래라는 비상 수단을 강구한 것이다.

1797년 10월 14일 영국 프로비던스호가 부산 용당포에 내항, 10일간 체재하면서 최초의 부산 항박도(港泊圖)를 제작했고, 부산 주민과의 대화를 통하여 조선어 38개 단어를 채록했으며, 26종의 식물표본을 채집하는 등 한영 문화교류의 성과를 거두었다. 10월 20일 출항 시 영국은 망원경과 영국제 총포를 주고 이한하면서 조선은 '대외 불교섭 폐쇄국'이라 규정했다. 프로비던스호의 부산 내항은 당시 해금정책을 강화하고 있는 조선 사회에 엄청난 문화적 충격을 주었다는 점에서 영국의 한반도 항해 탐사의 의미는 크다 할 것이다. 그것은 바로 1801년 신유사옥(辛酉邪獄)이 발생하자 황사영은 프로비던스호의 군함의 위용에 문화적 충격을 받아 서양 병선을 청해 오려는 이른바 대박청래(大舶請來) 운동이 일어난 것이다. 서양의 병선을 청해 와서 박해받고 있는 천주교도를 구원하고 신앙의 자유를 구현해 보고자 이른바 황사영백서(黃嗣永帛書)사건 발단의 원인이 되었기 때문이다.

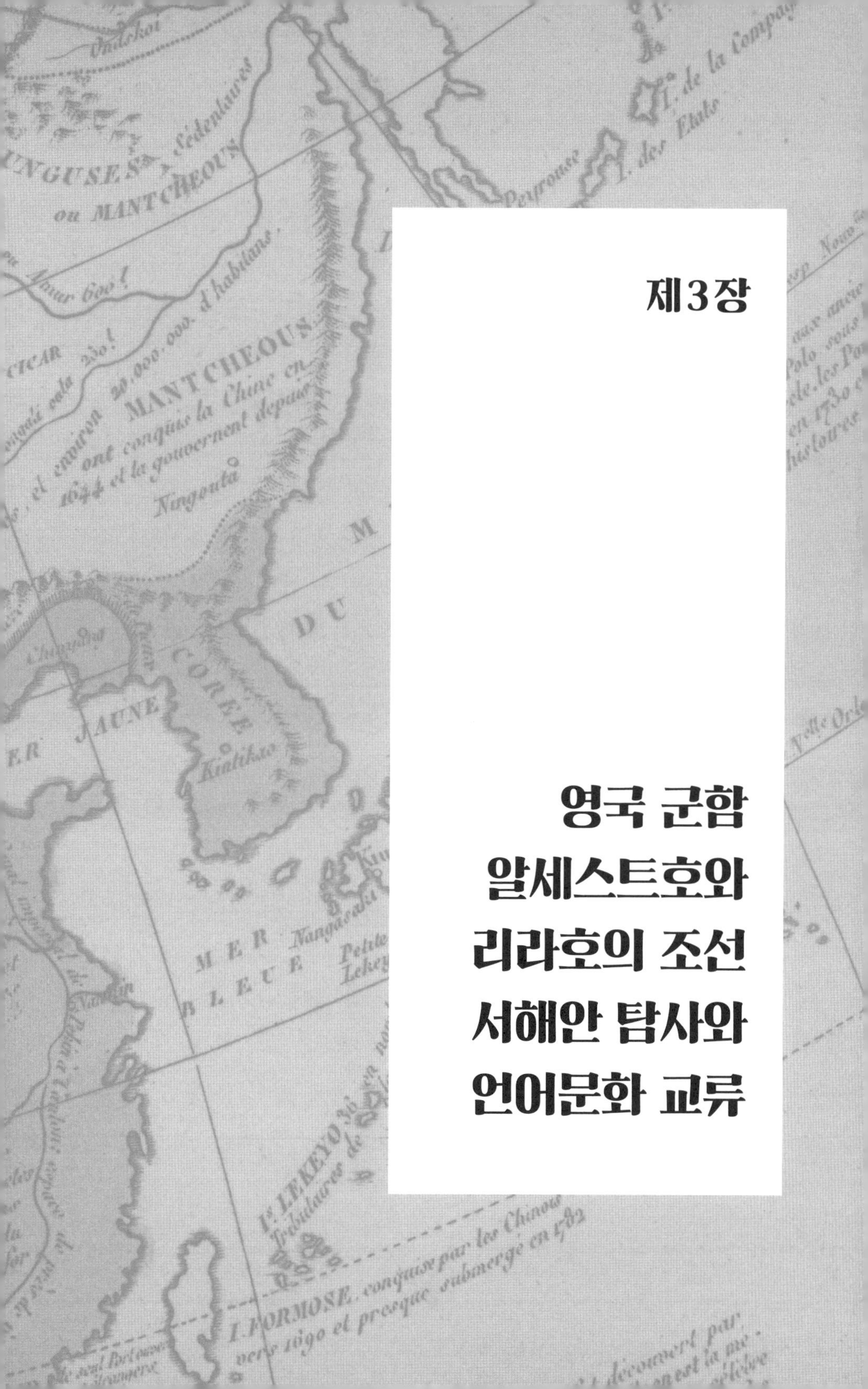

제3장

영국 군함 알세스트호와 리라호의 조선 서해안 탐사와 언어문화 교류

| 1 | 알세스트호와 리라호의 조선 서해 5도 탐사(1816)

브로우톤 함장이 처음으로 1797년 부산 용당포를 탐사한 이래 1882년 한미수교로 구미 열강에 문호를 개방, 개항할 때까지 수많은 서구 이양선 중에서 해양 탐사 목적으로 조선 해역에 나타난 선박은 대개 영국 해군이 파견한 군함이었다. 16세기 이래로 세계 해양을 지배해온 영국은 지리 해양 탐사에 많은 국가적 노력을 투입해온 것은 널리 알려진 사실이다. 그야말로 대영제국의 세계 지배의 영광을 구가하고 있다. 그리하여 월터 롤리(Walter Raleigh, 1552~1618)경의 명언대로 영국은 세계를 지배하기 위해 해양 개척에 국력을 과감하게 집중했다.

중국 주재 영국 대사인 맥스웰(Muray Maxwell, C. B.) 대령은 앰허스트(Count Amherst) 백작의 지시에 따라 리라(Lira)호와 알세스트호(Alcste)를 이끌고 한국 서해 5도(Sir James Hall Group) 탐사를 단행했다.

영국의 조선 서해 5도 탐사는 1816년(순조 16) 7월 영국 해군 바실 홀(Basil Hall)·맥스웰 함장이 지휘하는 군함 알세스트(Alceste)호와 리라(Lyra)호가 승무원 90여 명을 태우고 중국 광동으로 항해하다가 그해 9월 조선 서해안 탐사차 조선 해역으로 들어온 것이다.[1]

'조선 서해 탐사기'에 의하면, 중국 주재 영국 대사인 맥스웰(Muray Maxwell) 대령·선장은 1816년 9월1일 리라호와 알세스트호를 이끌고

1 Basil Hall, *Voyage of Discovery to the West Coast of Korea And the Great Loo-Choo Island*(John Murray, London, 1818, reprinted by RAS Kyung-In, 1975), pp.1~57; John McLeod, *Voyage of His Majesty's Ship Alceste, Along the Coast of Corea to the Island of Lew Chew, with an Account of Her Subsequent Shipwreck*(John Murray, London, 1818), pp.38~55; George Paik, "The Korean Record on Captain Basil Hall's Voyage of Discovery to the West Coast of Korea," *Transactions of Korea Branch of the Royal Asiatic Society*, No. 24, 1923, pp.15~19.

마량진에 입항하여 바실 홀(Basil Hall) 탐사팀은 서해 5도(Sir James Hall Group)탐사를 10일 동안(9월 1~10) 진행했다.

마량진(馬梁鎭)에 정박하자 맥스웰 탐사팀은 상륙하여 한국인 마을을 탐사하기 시작했다. 바실 홀은 한국인의 첫 인상을 상세히 적어놓고 있다.

우리가 막 정박하고 난 직후에 5~6명 토착민을 태운 보트 하나가 해안으로부터 나와 범선의 50야드 이내쯤에서 멈췄다. 그들은 신호에는 아무런 관심을 보이지 않은 채 호기심과 못 미더워하는 표정을 보이면서 우리를 쳐다보고 있었다. 그들은 우리가 배로 그들에게 다가갔을 때, 아무런 놀라움도 보이지 않았고 또 우리가 해변 쪽으로 배를 저어 고을 근방에서 상륙할 때까지 우리를 따라왔다.

주민들은 우리가 지금까지 보아왔던 것과는 여러 면에서 다른 묘한 떼거리를 지으며 우리를 보려고 몰려왔다. 그들의 피부는 짙은 구릿빛이었고 그들의 외모는 험상궂고 약간 야만스러웠다. 나머지 다른 사람들보다 상급자인 것으로 보이는 몇 사람들은 다른 사람들과 달리 직경이 거의 3피트나 되는 테를 두른 모자와 높이가 약 9인치가 되고 끝을 자른 원추형의 모양을 한, 머리를 거의 덮는, 큰 관(갓)을 쓰고 있었다. 이 이상한 모자의 피륙은 잠자리 날개 같은 아름다운 투시세공(透視細工)으로서 겉은 말총으로 꾸며져 끈으로 턱 밑에 묶여 있다.

그런데 그 끈은 거의가 흑백이며 가끔 빨갛고 노란 구슬이 꿰어져 있다. 몇몇 노인들은 그들의 머리 위에 빳빳한 비단으로 된 모자를 쓰고 있었는데 그것은 머리 꼭대기에서 높다란 원추형 매듭 모양을 하고 있었다.

그들의 옷은 헐렁하고 넓은 바지와 거친 풀로 만든 천으로 거의 무릎까지 닿을 정도로 길었고, 위아래가 달린 것이었으며 발에는 짚신을 신고 있었다. 짚신은 중간 크기로 아주 잘 만들어졌으며 튼튼해 보였다.

처음에 그들은 우리의 의복을 살펴보고는 놀라는 것 같았으나 곧 우리가 가진 모든 것에 별로 관심을 보이지 않았다. 그들의 주된 불안은 가능한 한 빨리 우리를 몰아내는 것이었다. 이러한 뜻은 그들의 태도에서 너무나 분명히 나타나 오해의 여지가 없었다. 왜냐하면 우리가 마을로 들어가려고 하자 그들은 처음에는 다른 길로 우리가 가도록 가르쳐 주었고, 우리가 계속 가려고 고집하자 거칠게 팔을 잡고 우리를 밀쳐 냈다. 그들을 달래고 싶은 마음이 간절했으므로 우리는 그들의 이러한 대접을 참았다. 그러나 우리들의 인내심도 아무런 효과가 없었다. 우리 자신을 이해시키려고 수차 헛되이 노력하다가 우리는 그들의 태도에 기분이 상해 그곳을 떠났다. 우리와 동행한 중국인도 소용이 없었다. 왜냐 하면 그는 한국인들이 그에게 써준 글이 비록 한자였지만 읽을 수 없었으며 그들이 하는 말을 한마디도 알아듣지 못했다. 그래서 저자 바실 홀(Basil Hall)은 한국인은 '비사교적인 사람들(민족), unsociable people)'이라 정의하고 있다.[2]

맥스웰 일행을 만난 사람은 마량진(馬梁鎭) 첨사(僉使) 조대복(趙大福)과 비인현감(庇仁縣監) 이승렬(李升烈)로 되어 있다. 당일자 순조실록에 실린 충청수사(忠淸水使) 이재홍(李載弘)의 장계에는 다음과 같이 기록되어 있다.

2 Basil Hall, *ibid.*, pp.2~4, 57; 『조선 서해 탐사기』, p.15~17, 56.

마량진(馬梁鎭) 갈곶(葛串) 밑에 이양선 두 척이 표류해 이르렀습니다. 그 진(鎭)의 첨사(僉使) 조대복(趙大福)과 지방관 비인현감(庇仁縣監) 이승렬(李升烈)이 연명으로 다음과 같이 보고했습니다.

표류하여 도착한 이양선을 인력과 선박을 많이 사용하였으나 끌어들일 수 없었습니다. 그래서 14일 아침에 첨사와 현감이 이상한 모양의 작은 배가 떠 있는 곳으로 같이 가서, 먼저 한문으로 써서 물었더니 모른다고 머리를 젓기에, 다시 언문으로 써서 물었으나 또 모른다고 손을 저었습니다. 이와 같이 한참 동안 힐난했으나 마침내 의사를 소통하지 못하였고, 필경에는 그들이 스스로 붓을 들고 썼지만 전자(篆字)와 같으면서 전자가 아니고 언문과 같으면서 언문이 아니었으므로 알아볼 수가 없었습니다.

그들이 좌우와 상하 층각(層閣) 사이의 무수한 서책 가운데에서 또 두 권을 끄집어내어, 한 권은 첨사에게 주고 한 권은 현감에게 주었습니다. 그래서 그 책을 펼쳐 보았지만 역시 전자도 아니고 언문도 아니어서 알 수 없었으므로 되돌려주자 굳이 사양하고 받지 않기에 받아서 소매 안에 넣었습니다. 책을 주고 받을 때에 하나의 작은 진서(眞書: 한문)가 있었는데, 그 나라에서 거래하는 문자인 것 같았기 때문에 가지고 왔습니다.

사람들은 모두 머리를 깎았고 머리에 쓴 모자는 검은 털로 만들었거나 노끈으로 만들었는데 모양이 동로구(銅爐口: 구리로 만든 거푸집)와 같았습니다. 의복은 상의는 흰 삼승포(三升布)로 만들었거나 흑전(黑氈)으로 만들었고 오른쪽 옷섶에 단추를 달았으며, 하의는 흰 삼승포를 많이 입었는데 행전(行纏) 모양과 같이 몹시 좁게 지어서 다리가 겨우 들어갈 정도였습니다. 버선은 흰 삼승포로 둘러쌌고, 신은 검은 가죽으로 만들었는데 모양이 발막신(發莫)과 같고 끈을 달았습니다.

가진 물건은 금은환도(金銀環刀)를 차기도 하고 금은장도(金銀粧刀)를 차기도 하였으며, 마른거북(乾靈龜)을 차거나 천리경(千里鏡)을 가졌습니다. 칸칸마다 가득히 실어서 사람의 수는 자세히 계산하기 어려웠으나, 80~90명에 가까울 듯하였습니다. 또 큰 배에 가서 실정을 물어보았는데, 사람의 복색, 패물, 소지품이 모두 작은 배와 같았고, 한문이나 언문을 막론하고 모두 모른다고 머리를 저었습니다. 사람의 숫자는 작은 배에 비하여 몇 갑절이나 될 것 같은데, 배 위와 방 사이에 앉아 있기도 하고 서 있기도 하였으며, 가고 오는 등 매우 어수선하여, 하나 둘 세어 계산하기 어려웠습니다. 서책과 기물(器物)은 작은 배보다 몇 갑절이나 더 되었습니다.

큰 배와 작은 배를 물론하고 그 제도가 기기괴괴하며, 층이나 칸마다 보배로운 그릇과 이상한 물건이 있었고, 기타 이름을 알 수 없는 쇠와 나무 등의 물건이 이루 다 셀 수 없을 정도로 많았습니다. 그중에는 여인이 있었습니다. 눈앞에서 본 것은 단지 한 명뿐이었는데, 흰 베로 머리를 싸매고 붉은색 치마를 입었습니다. 두 배에 모두 대장간이 설치되었는데 만드는 것은 모두 대철환(大鐵丸), 화살촉 등의 물건이었습니다.

첨사와 현감이 배에 내릴 때 그 가운데 한 사람이 책 한 권을 가지고 굳이 주었는데 작은 배에서 받은 두 권과 합하면 세 권입니다. 그러는 사이에 서북풍이 불자 크고 작은 배가 불시에 호포(號砲)를 쏘며 차례로 돛을 달고 바로 서남쪽 연도(煙島) 밖의 넓은 바다로 나갔습니다.

그래서 첨사와 현감이 여러 배를 지휘하여 일시에 쫓아갔으나 마치 나는 새처럼 빨라서 붙잡아 둘 수 없었으므로 바라보기만 하였는데, 앞의 배는 아득하여 형체가 보이지 않았고 뒤의 배는 어슴푸레 보이기는 하였으나 해가 이미 떨어져서 바라볼 수가 없었습니다." 두 배에 있던 여러 가지 물건들을 검열·조사한 목록과 작은 배에서 얻은 한 폭의 진서 편지를 모두 베껴 쓴 다음, 첨부하여 올려보냅니다."라고 하였습니다.

작은 배에서 얻은 한 폭의 편지(書箱) 내용에 영길리국(英吉利國, 영국) 수사관원(水師官員)에게 사정을 적은 글을 보내니 해당 관헌이 잘 알고 있을 것입니다.

금년 윤 6월 초순 사이에 우리 영길리국에서 5척의 배로 우리 영국왕이 파견한 사신(맥스웰)과 수행한 사람들을 보내어 천진(天津) 북연하(北蓮河) 입구에 도착하여, 지금 왕의 사신 등이 모두 북경에 나아가 황제(萬歲爺)를 뵈었으나 천진 외양(外洋)의 수심이 얕은데다가 큰바람까지 만나 배의 파괴를 면할 수 없기 때문에 각 선척이 그곳에 감히 정박하지 못하고 지금 월동(粵東: 廣東의 별칭)에 돌아가서 왕의 사신이 돌아오기를 기다려 귀국하려고 합니다.

이에 이곳을 지나게 되었으니, 해당 관헌은 음식물을 사도록 해주고 맑은 물을 가져다 마시고 쓰도록 해 주십시오. 왼쪽에 우리 왕께서 보낸 사신의 인장(印章)이 찍혀 있으니 증거가 될 것입니다. 가경(嘉慶) 21년(1816년, 순조 16년) 월 일에 씁니다라고 하였습니다.[3]

9월 1일 조선 백령도 군도(白翎島群島)에 영길리국 수사(水師) 관원이

3 『純祖實錄』 순조 16년 丙子 7월 19일 丙寅; 『日省錄』 순조 16년 丙子 7월 19일 丙寅; B. 홀 지음, 신복룡 역주, 『조선 서해 탐사기』(집문당, 1999), pp.26~27.

두 척의 군함을 이끌고 나타났다. 앞서 1797년 프로비던스호의 동래 용당포 표도 시에는 언어불통으로 말미암아 이양선의 소속국(國籍)조차 끝내 알 수 없어서 막연히 '이국선'이라고만 기록했으나, 이번에는 영국 함장이 조선 지방관에게 전한 편지에서 '영길리국(英吉利國)'이라는 국명을 최초로 명기했다는 점에서 영국의 실체를 아는 데 일대 전기가 되고 있다.

1816년 영국은 견청(遣淸) 사절단을 청나라로 파견했다. 견청특명전권대사에 애머스트(William Pitt Amherste, 阿美士德, 1773~1857), 부대사(특별전권공사)에 스톤턴(George Thomas Staunton), 서기관에 엘리스(Henry Ellis)를 파견한 것이다. 견청 사절단을 태우고 중국에 갈 영국 해군 원정 함대 사령관에 맥스웰을 임명했 다. 영국 해군 군함 프리깃함 알세스트(Frigate Alceste, 함장 맥스웰·Murray Maxwell, 1775~1831)호와 슬루프형 범선 리라(Sloop of war Lyra, 함장 바실 홀·Basil Hall, 1788~1844)호는 1816년 2월 8일 영국 견청사절단을 태우고 영국을 출항, 중국으로 항행, 거의 반 년 만인 8월 11일 중국 천진(天津) 북쪽 연하구(蓮河口, Pei-ho River)에 도착했다. 애머스트 사절단은 맥스웰·홀 함장들에게 북경사행 임무를 완수한 후 광동으로 돌아갈 터이니 함대를 광동만(廣東灣)에 대기하라고 지시하고 북경으로 향발했다.[4]

4 Basil Hall, *Account of A Voyage of Discovery To The West Coast of Corea*, pp.1~15; 園田庸次郎, 「英艦 'アルセスト'及び'リラ'の東航」, 『青丘學叢』18(1934. 11), pp.123~157. 리라호 함장 홀의 항해기는 모두 3장으로 구성되어 있다. 이 중 제1장에는 10일간 조선서해안 탐사기록이고 나머지 2, 3장은 유구(琉球, 현 오키나와)열도의 탐사기록이다. 특히 제1장에는 도판이 두 장 있는데, 하나는 맥스웰 함장이 조선 서해안 탐사 항행하면서 제작한 해도(Track of Alceste Lyra)이고, 또 하나는 9월 4, 5일 비인만(庇仁灣)에서 마량(馬梁) 첨사 조대복(趙大福)과의 문정 장면을 스케치한 채색화이다(Corean Chief and his Secretary).

영국 동인도회사가 대중(對中) 통상무역을 시도하게 된 것은 1792년 영국 정부가 매카트니(George Macartney, 1737~1806)를 제1차 견중 사절에 임명하면서부터 비롯되었다. 매카트니 특사는 1793년 열하(熱河)로 가서 건륭제(乾隆帝, 재위 1736~1795)를 알현하면서 통상을 요구했다. 이에 건륭제는 "중국은 땅이 넓고 물산은 풍부하여 없는 것이 없다(地大物博)"라고 말하면서 무엇이든지 있고 자급자족이 가능하므로 통상무역은 필요 없다는 것이다. 매카트니 특사는 동인도회사의 대중 무역상의 여러 가지 제한철폐, 무역항구의 확보 등을 요구했으나 모두 거부되고 말았다. 견중사행 임무에 실패한 후 매카트니 특사는 1794년 귀국했다.[5]

영국 정부는 대중 통상 확대 정책의 일환으로 제1차 대중교섭이 실패한지 20여 년 만인 1816년 애머스트를 견중 전권대사에 임명했다. 애머스트 사절단의 견중 사행의 주목적은 동인도회사의 요청에 따라 광동무역의 안정된 기반을 확립하고자 직접 청국 황제로부터 영국 상인의 무역활동의 보호와 보증을 확보하는 것이었다. 애머스트 전권대사는 북경에 도착, 청국 황제를 알현했는데, 청국 정부는 영국은 서양오랑캐(洋夷) 나라이므로 조공국(朝貢國) 사신이 행하는 삼궤구고두례(三跪九叩頭禮)를 행할 것을 강요했다. 이는 한 번 무릎을 꿇고 세 번 머리를 조아리는 예를 세 번 되풀이하는 조공국 사신이 청국 황제에게 올리는 최고의 예법이다. 이에 애머스트 대사는 영국은 결코 청국의 조공국이 아니기때문에 대등한 국교를 주장하면서 삼궤구고두례를 거부했다. 이에 청국은 영국의 통상교역 개선 요구를 거부하는 동시에 애머스트 대

5 『アジア歴史事典』(平凡社, 1967), 권 8, p.343.

사에게 퇴거를 명했다. 결국 애머스트 대사는 광동 무역 개선을 위한 사행 임무를 완수하지 못한 채 귀국하지 않을 수 없었다.[6]

맥스웰(Murray Maxwell, 1775~1831)·홀(Basil Hall, 1788~1844) 함장은 애머스트 대사가 북경 사행 임무를 완수하고 광동으로 돌아오면 사절단을 태우고 본국으로 귀항해야 하므로 광동항에서 대기해 있어야만 했다. 그러나 사절단 일행이 북경 사행 임무를 완수하고 광동으로 돌아오려면 적어도 2개월 정도는 걸린다고 보고, 그동안 무료하게 광동에만 머물러 있으면서 허송세월만 보낼 것이 아니라 모험심이 강한 두 함장은 이 대기 기간을 이용, 조선 서해안을 중심으로 북태평양 탐사 항행을 결행하기로 결정했다. 맥스웰 사령관은 영국을 출항하면서 이미 조선 해역 탐사에 깊은 관심을 가지고 출항한 것이다. 이리하여 두 함장은 박물학자 아벨(C. Abel)과 군의관 맥리드(John McLeod)를 대동하고 알세스트호와 리라호를 이끌고 조선 서해안으로 항진한 것이다. 광동항을 출항할 때 조선인과의 접촉과 교섭에 대비, 통역으로 광동인 한 사람을 동반하고 출발했다. 드디어 영국 군함은 9월 1일 백령도에 입항했다.[7]

홀 함장의 조선 서해 해역 탐사는 10일간 계속되었다. 이를 날짜별로 정리해 보면 다음과 같다.

---

6 상게서, 권 1, pp.80~81.

7 Joseph H. Longford, *The Story of Korea*(T. Fisher Unwin, London:Adelphi Terrace, Leipsic, Inselstrasse 20, 1911), p.225; Allen, *Korea:Fact And Fancy*, p.151(September 1~10, 1816); 金源模, 『近代韓國外交史年表』, pp.89~90(1816. 9. 1~10); 金在勝, 『近代韓英海洋交流史』, pp.32~33. 백령도군도(白翎島·大青島·小青島)를 처음으로 탐사한 홀 함장은 자신의 아버지 영국 왕립 에든버러 지리학회(Edinburgh Geographical Society) 회장인 제임스 홀(James Hall, 1761~1832)의 이름을 따서 '백령도군도(Sir James Hall's Group)'라 명명하면서 이를 해도에 기입하였다.

1816년(순조16)

9월 1~2일. 백령도군도(Sir James Hall's Groupe) 백령도, 대청도, 소청도

9월 3일. 격렬비도(Clifford Isd.), 외연도(Hutton's Isd.)

9월 4~6일. 비인만(Basil's Bay), 충청, 마량진 첨사·비인 현감 문정

9월 6일. 연도(Helen's Isd.)

9월 7일. 고군산 군도(Amherst Isles), 선유도(Windsor Castle), 고군산군도 소해협(Murray Sound), 상조도(Montreal), 비안도(Lyra Isd.), 무녀도(Craig Harriet)

9월 8일. 우이군도, 외병도로 이동, 조선어 단어 채집, 한영 언어문화교류

9월 9일. 거차군도, 상조도, 조선어 단어 채집, 한영 언어문화교류

9월 10일. 맹골군도, 병풍도, 대흑산도, 제주도(Quelpaert)[8]

9월 1일 영국 함대는 소청도(小靑島) 소청리 예동(禮洞)에 정박했다. 여기서 맥스웰 함장 일행은 처음으로 상륙을 시도, 육지로 접근하자 섬 주민들은 목에 손을 대어 목 잘리는 시늉을 보이면서 만약 서양 오랑캐의 상륙을 허용한다면 문죄(問罪)를 당한다는 동작을 보였다. 동반하고 온 중국인 통역과 언어소통이 전연 안 되었다. 게다가 중국인 통역은 글을 모르는 문맹인(文盲人)이어서 필담(筆談)도 불가능했다. 결국 마을로 진입하지 못했는데 섬 주민 가운데는 부녀자는 한 사람도 보이지 아니했다. 이 섬에서 지질 조사를 실시했고 주민들은 한시 바삐 물러갈

8 Hall, *op.cit.*, pp.1~57, Track of His Majesty's Ship Alceste and Lyra Sloop along the Western Coast of the Peninsula of Corea by Captain Basil Hall R. N.

것을 바라고 있었다. 2일간 탐사를 한 후 9월 3일 영국 함대는 격렬비열도(格列飛列島, Clifford Isd.)를 탐사한 후 외연도로 이동했다.[9]

9월 3일 영국 함대는 외연도(外烟島)를 탐사한 후 길산열도(吉散列島)를 거쳐 대궁시도(大弓矢島), 녹도(鹿島) 주변에 정박했다. 녹도에서 섬 주민과 다소의 교섭이 이루어졌다. 섬 주민은 영국 해군이 입고 있는 해군복장과 구두를 보고 놀라운 표정을 지었고, 특히 회중시계를 보고 감탄했다. 해군 병사가 권총을 발사하자 그들은 기겁을 하면서 땅바닥에 엎드리기도 했다.[10]

9월 4일 드디어 비인만으로 입항 했다. 3일간 이 비인만(庇仁灣)에서 머물면서 조선 지방관원과의 접촉, 본토 상륙으로 지방민과의 대화 등 집중적인 교섭을 벌이게 되었다.[11]

영국 군함 2척이 9월 4일 마량진(馬梁鎭) 갈곶(葛串) 밑 비인만에 이르러 정박하자, 마량진 첨사 조대복(趙大福), 지방관원 비인현감 이승렬(李升烈) 등은 군인과 장정을 동원하여 영국 군함을 비인만 안으로 예인하려고 했지만 함정이 워낙 커서 끌어들일 수 없었다. 이에 첨사 일행은 드디어 문정차 역학(譯學: 문정통역)과 수행원을 거느리고 조선 배 수척에 나누어 타고 영국 군함 중 소선 리라호로 접근했다. 조대복 일행은 지방관의 위엄을 갖추느라 배에는 유기(旒旗: 깃술이 달린 깃발)로 장식하고

9 Hall, *ibid.*, pp.2~7, September 1, 1816. 리라호의 사관 클리포드(Herbert J. Clifford) 해군 소령의 이름을 따서 격렬비열도를 'Clifford Isd.'라 명명했다. 外烟島는 충남 保寧郡 鰲川面 외연도리에 위치, 홀 함장은 이 섬을 영국 지질학자 허튼(James Hutton, 1726~1797)의 이름을 따서 'Hutton Isd.'라 해도에 기입했다.

10 Hall, *ibid.*, pp.7~12, September 3, 1816.

11 Hall, *ibid.*, pp.12~14, September 4, 1816. 비인만은 충남 서천군 비인읍에 소재한 좁고 긴 만이다. 홀 함장은 비인만을 자신의 이름을 따서 'Basil's Bay'라 명명하고 해도에 기입했다.

취타(吹打: 군악)를 울리면서 리라호로 접근, 등선했다.

대형 청색 양산 밑에 수염을 기다랗게 늘어뜨린 풍채 좋은 조선 관리가 청색 도포를 입고 머리에는 채양이 넓은 큰갓을 쓰고 허리에는 각대(角帶)를 두르고 단도를 차고 자못 위엄이 있었다. 그리고 손에는 권위를 상징하는 활을 쥐고 있었다. 마량진 첨사 조대복 일행이 접근해 오기에 맥스웰·홀 함장은 조선배에 내려가서 인사하니 첨사 일행은 영국 함장을 친절하게 맞이했다. 이어 간단한 문정이 진행되었는데 언어불통으로 말미암아 의사소통이 불가능했다. 심지어 통역으로 데리고온 광동인(廣東人)과 대화를 나누어 보아도 조선 문정관은 광동 방언과 영어를 알 까닭이 없었다. 홀 함장이 먼저 육지 쪽을 가리키면서 본토 상륙 의사를 표명하자, 첨사는 대선 알세스트호를 가리키며 등선하고 싶다는 시늉을 했다. 이에 홀 함장은 마량진 첨사 일행을 알세스트호로 안내해서 갑판에 올랐던 것이다.[12]

맥스웰 함장은 알세스트호 갑판으로 첨사 일행을 안내해서 올라간 후 의자를 정렬해서 관직 직위순으로 앉으라고 하자, 첨사는 의자에 앉기를 거부하고 수행 군인에게 돗자리를 가져오라고 지시해서 돗자리를 갑판 바닥에다 펴고 좌정했다. 마량진 첨사 조대복, 비인 현감 이승렬, 역학, 돗자리 들고 다니는 수행원, 수행군관 등 모두 5명이 돗자리에 좌정했다. 영국 함장은 대화 분위기를 화기롭게 하기 위하여 첨사와 현감에게는 블랜디(cherry brandy: 버찌를 넣어 만든 블랜디)를 대접했고, 기타 수행원에게는 럼주(rum: 사탕수수 당밀로 만듦)를 대접했다. 조선 관원은 이때 처음으로 양주를 맛보게 되었다. 한어(漢語), 왜어(倭語) 등으로 문정

12 Hall, *ibid.*, pp.12~27, September 4~5, 1816: 『純祖實錄』 순조 16년 丙子 7월 19일 丙寅.

했으나 도무지 의사 소통이 불가능했다. 광동인 통역을 시켜 대화를 해 보아도 광동 방언이 통할 리 없다. 광동에서 데리고 온 사람은 문맹인 화 통역에 도무지 아무 쓸모가 없었다. 조선 문정관은 영어와 광동어(Cantonese dialect: 廣東方言)를 알아 듣지 못해서 언어소통이 불가능했다.

우리가 보기에 그(조대복 첨사)는 회의를 공개하는 것을 반대하는 것처럼 보였으며, 처음에 당황하고 불쾌해하는 것 같았으나 우리는 그 이유를 알 수가 없었다. 드디어 그는 그의 담요(방석) 위에 앉고서는 아주 무게 있고 침착한 목소리로 말하기 시작했다. 그러나 얼굴에는 전혀 아무런 표정도 없었고 우리는 그가 말하는 것을 단 한마디도 알아들을 수 없었다. 물론 우리는 그의 말을 중단시킬 생각은 없었으므로 그가 한가하게 이야기 하도록 내버려두었다. 그러나 그의 말이 끝났을 때 그는 우리가 대답하도록 잠깐 멈추었고 우리는 영어로 똑같은 무거운 목소리로 대답했다. 그는 이것을 참지 못하고 우리가 잘 못 알아듣는 말로 열변을 토했다.

아무튼 그는 아마 우리가 읽을 수 있도록 하기 위해 서기(역관)를 불러 글을 받아쓰게 하기 시작했다. 서기는 정중하게 그의 앞에 앉아서 돌 위에 있는 벼루를 문질렀다. 그리고는 붓을 꺼내고 그의 무릎 위에 기다란 두루마리 종이를 놓고 쓰기 시작했다. 그 글은 일부는 조대복 첨사의 지시를 받고 또 일부는 그 자신의 생각에 의해 또 가끔 그의 주위에 서있는 사람들의 이야기를 듣고 하여 마침내 완성되었다. 그런 후 서사(書士·역관)는 글 쓴 부분을 찢어 그에게 넘겼고 그는 그것이 잘 전달되리라는 것을 의심하지 않으면서 그것을 나에게 넘겨 주었다. 그러나 그가 우리들의 학식을 과대평가했다는 것을 알자 그의 노여움과 실망은 극도에 달했다.

문이 열리자 첨사는 담요를 진 사람과 다른 주요한 네 사람을 불렀다. 우리 모두가 갑판 위에 어느 정도 앉자, 그는 서기에게 쓸 것(紙筆墨)을 준비하도록 지시했다. 그는 전과 똑같은 방법으로 구술(口述)을 받아 적었다. 현감은 필담 종이를 보여주는 것이 필요한 예의라고 생각하는지 아니면 이번에는 전보다 좀더 이해되기를 진심으로 바라는 것인지를 알 수가 없었다. 그러나 맥스웰 대령이 그를 깨우쳐 주기 위해 택한 방법은 명확했다. 그는 즉시 종이를 요구하고 그 위에 영어로 "나는 당신이 하는 말을 한마디도 모르겠다"고 써서 이번에는 그에게로 행해졌던 모든 형식과 의식을 갖춰 필담(筆談) 용지를 돌려주었다. 그것을 받은 첨사는 주의해서 글자를 살펴보았다. 그리고는 전혀 이해할 수 없다는 표시를 하며 종이와 맥스웰 대령을 알 수 없다는 표정으로 번갈아 쳐다보았다. 다만 맥스웰 대령이 그의 손에 들고 있는 필담 용지에 대해서 꼭 같은 표정과 몸짓을 되풀이하는 것을 보자, 그는 우리가 어색한 궁지에 빠졌다는 것을 알았다.[13]

홀 함장은 '조선 서해안 탐사기'에서 조선인의 의관(衣冠)과 복식(服飾)의 특이성을 사실적으로 기술하면서 조선의 후진 농업문화와 서구 선진 과학문화의 조우를 대비하여 분석적으로 기술해 놓고 있다.

이들의 옷은 헐렁한 하얀 옷(白衣)이었고 천으로 만든 신발(버선)을 신

13 B. 홀 지음, 신복룡·정성자 역주, 『조선 서해 탐사기』(집문당, 1999), pp.28~33.

고 있었으며 몇 사람은 앞에서 이야기한 넓은 모자(갓·黑笠)를 쓰고 있었다. 대부분 머리는 머리 꼭대기에 원추형으로 높이 묶었으나(상투) 몇 사람들은 그냥 풀어헤친 채로 있어 약간 야만스럽게 보였다. 어떤 사람들은 조그만 그물 띠(gauge band: 망건)로 그들의 짧은 머리를 조였고 한쪽에는 상투 쪽으로 별을 달아 머리를 장식했다(갓끈). 그들의 턱수염과 구레나룻은 분명히 한 번도 깍은 적이 없었고 그들의 부채와 기다란 담뱃대(長竹), 그리고 이상한 언어와 태도는 모든 사람들에게 괴상한 분위기를 주고 있어 글로 표현하기가 불가능하다.

그들은 우리 주위를 둘러싸고 계속 소리를 지르면서 우리의 의복의 천과 모양에 대한 놀라움을 나타냈다. 그러나 시계를 보자마자 다른 모든 것은 내버려두고 그것을 자세히 살펴보게 해달라고 졸랐다. 그들은 시계를 처음 본 것이 분명했다. 그들 중의 몇몇이 초침을 보자 마치 그것이 살아있는 것처럼 바라보았다. 그들의 관심은 시계로부터 도장과 열쇠로 옮겨졌다. 그들은 그들의 손에 도장 찍는 시늉을 함으로써 그들이 도장에 익숙해 있음을 보여주었다. 우리가 소총을 한 방 쏘자 그들의 관심은 시계로부터 멀리 떨어져 나갔고 몰려 있던 사람들은 몇 발자국씩 물러났다.[14]

1816년 9월 4일 알세스트호 함상에서 마량진 첨사 조대복과 맥스웰 함장 간에 필담이 성사되었다. 대화가 안 되면 대개 한문(漢文)으로 필담(筆談)을 하는 것이 외교 관례이다. 한자문화권에서는 언어가 불통하면 한자로 의사소통이 가능하다. 그러나 광동인 통역은 일자무식의 문

14 상게서, p.23.

맹인(文盲人)이어서 필담을 할 수 없었다. 먼저 한문을 써서 물어보았으나 그는 모른다고 머리를 젓기에 다시 언문으로 써서 물었더니 또 모른다고 손을 내저었다.

이와 같이 한참동안 문정하였으나 결국 의사를 소통하지 못하자, 영국 함장은 "나는 당신이 하는 말을 한마디도 이해하지 못합니다(I do not understand one word that you say)"라고 쓴 종이쪽지를 건네주었다. 이에 조대복 첨사는 영어로 쓴 쪽지를 한참 동안 뒤적이면서 들여다보았으나 그 글씨는 전자(篆字) 같으면서도 전자가 아니고, 언문(한글) 같으면서도 언문이 아니어서 구름처럼 산같이 갈겨쓴 영문 필기체를 알 까닭이 없었다. 이에 첨사는 문정관에게 필기 준비를 지시하자 벼루에다 먹을 갈기 시작했고, 문정관은 첨사가 부르는대로 한지에 붓글씨로 한문을 받아쓰기 시작했다. 이렇게 한문으로 쓴 문정 쪽지를 영국 맥스웰 함장에게 전해주었으나 광동인 통역도 한문을 몰라 전연 의사소통이 안 되었다. 이들이 광동으로 돌아간 후 모리슨 씨(Mr. Morrison)에게 이 글을 주고 번역을 부탁하였더니 다음과 같았다.

모리슨은 마량진 첨사가 적어준 쪽지 내용을 영어로 번역했는데, 첨사는 다음 세 가지를 질문하고 있다.[15]

1. 여러분은 어느 지방 어느 나라 사람들입니까?
2. 무슨 일로 당신들은 이곳에 왔습니까?
3. 저 배 안에는 이 필담 쪽지에 무슨 말이 씌어있는지를 완전히 이

15 광동인 통역은 한문(Classical Chinese)을 전연 모르는 문맹인이다. 대개 동양 한자문화권에서는 언어가 불통하면 필담으로 의사소통이 가능하다.

해하고 설명할 수 있는 식자(識者·literary men)가 있습니까?[16]

홀 함장을 문정하고 있는 조대복 마량진 첨사

이날 홀 함장과 마량진 첨사 조대복과의 문정 광경을 리라호의 그림을 잘 그리는 사관(士官)이 채색 그림으로 그린 풍속화 '조선 지방관과 이속도(吏屬圖)' 한 폭이 전해지고 있다. 사진보다도 더 사실적(寫實的)으로 실감나게 스케치한 채색화이다. 홀 함장이 조선에서의 탐사 임무

16 Hall, *op.cit.*, pp.23~24; 李琦錫, 「한국의 서해안과 대유구섬 탐험항해기」, 『朝鮮日報』(1996. 7. 19), 마량진 첨사가 쓴 질문서는 광동에서 영국 스코틀랜드 장로교 선교사 모리슨(Robert Morrison, 馬禮遜, 1782~1834)이 영어로 번역했다. "This paper, presented by the Corean Chief, has been translated by Mr. Morrison at Canton, and is as follows: "Persons, of what land of what nation(are you)? On account of what business do you come hither? In the ship are there any literary men who thoroughly understand, and can explain what is written?"

를 완수하고 귀항 길에 1817년 8월 11일 대서양상의 외로운 섬 세인트 헬레나 섬에 기항했다. 홀 함장은 이곳에 유배 중인 나폴레옹을 예방하기 위해서였다. 홀 함장의 아버지와 폐제(廢帝) 나폴레옹과의 친분 관계를 생각해서 예방한 것이다. 홀 함장은 나폴레옹에게 유구·조선 항해 탐사를 설명하면서 9월 4일 알세스트호 함상에서 마량진 첨사와의 문정 장면을 그린 채색 그림 한 폭을 보여주었다. 나폴레옹은 이 진기한 그림을 보더니 "큰 모자(黑笠·갓)를 쓴 백발 노인이로군, 긴 담뱃대(長竹)를 가졌네, 중국식 돗자리와 복장이군, 측근자(문정관)가 앉아서 무엇을 받아쓰고 있군, 천연스럽게 그린 그림이다. 참으로 걸작이다."[17]라고 감탄했다는 것이다.

의사소통이 안 된 상황에서 첨사 일행은 하선하면서 생전 처음 마신 양주에 취기가 도도하여 '좋아 좋아(ho ya, ho ya)'를 연발하면서 내려갔다. 이튿날 9월 5일 아침 일찍 첨사 일행은 조선 배를 타고 리라호를 재방문했다. 영국 함장은 아침 식사를 준비해서 조선인에게 처음 서양요리를 대접했다. 이는 최초의 서양요리 조찬이었다. 첨사 일행은 해시(hash, 잘게 썬 고기요리)를 맛있게 먹었다. 더군다나 조대복 첨사는 평생 처음 서양요리를 먹는데도 나이프, 포크, 스푼 등을 전연 어색해하지 않고 자연스럽게 사용하면서 식사하지 않는가. 심지어 영국인이 젓가락을 주면서 식사하라고 해도 첨사는 젓가락을 사용하지 않고 포크로 아침식사를 했다. 이를 지켜본 영국 함장은 "이런 점으로 보아 첨사는 여러 가지 면에서 서양(영국) 풍습에 잘 적응하는 것처럼 보였다."[18]라고

17 Hall, *ibid.*, '조선 지방관과 吏屬圖'(Corean Chief and Secretary, 22.5×20.5cm), p.16; 『韓國海洋史』, pp.382~383; 『朝鮮史』제6편 제1권, 純祖 16년 7월 14일 辛酉.

18 Hall, *ibid.*, September 5, 1816, pp.27~41.

회상했다. 식사가 끝난 뒤 중국차를 내놓자 첨사는 오히려 밀크와 슈거를 달라고 했다.

아침 식사 후 영국 함장은 첨사 일행을 갑판 곳곳으로 안내하며 구경하게 했다. 첨사로서는 처음 보는 서양 풍물이었다. 첨사는 지구의(地球儀)를 돌려보기도 하고, 천리경(안경)을 끼고 사방을 둘러보기도 했다. 홀 함장은 선상 층각 사이에 무수한 책자 가운데 양서 두 권을 끄집어내어 한 권은 첨사에게 한 권은 현감에게 주었다. 첨사는 완강히 받지 않겠다고 해도 억지로 맡기므로 할 수 없이 받아 보았더니 역시 전자(篆字)도 아니고 언문도 아니어서 도무지 알 수 없었다. 책을 받아서 도포 소매 속에 집어넣었다. 리라호에 승선한 선원수가 얼마인가를 물어보았더니 모두 8~90명이라 했다. 선원들의 옷차림을 보니 머리를 짧게 깎았고 머리에는 동로구(銅轤臼) 모양의 모자를 썼고, 상의는 검은색 흑전의(黑氈衣)를 입었고, 하의는 흰색 바지를 입고 있었다. 버선은 흰 삼승포로 감쌌고 신은 검은 가죽으로 만들었는데 그 모양이 조선 발막신(發莫)같이 보였다. 그들의 소지품을 보니 금은 장도를 차기도 하고, 건령귀(乾靈龜: 나무곽으로 만든 나침판)와 천리경을 가지고 있었다. 리라호를 다 구경한 후 영국 함장은 대선 즉 알세스트호로 안내했다.[19]

|2| 맥스웰 함장과 조선 지방관과의 교섭

1816년 7월 19일 충청수사(忠淸水使) 이재홍(李載弘)은 다음과 같이 장계(狀啓)를 올리고 있다. 한청일 3국은 자기 나라 말로 의사소통을 하지

19 『純祖實錄』 순조 16년 丙子 7월 19일 丙寅; 『日省錄』 순조 16년 丙子 7월 19일 丙寅.

못하지만 한문(漢文)을 써서 의사소통은 가능하다. 그런데 영국 리라 함장이 동반하고 온 중국인 통역관은 한자(漢字)를 쓸 줄 모르는 일자무식한 엉터리 통역관이어서 필담이 불가능하다. 그래서 영국인과 조선관리 사이에는 수화(手話)로만 했기에 교섭이 원활하게 이뤄지지 못했다.

리라호를 내려오면서 영국 함장은 육지 쪽을 가리키면서 상륙 의사를 표명하자 첨사는 머리를 늘어뜨리고 목이 잘리는 시늉을 하면서 상사가 알면 무사하지 못할 것이라고 말하고 상륙 간청을 거절했다. 알세스트호에 등선한 첨사 일행은 함상 선실 내부를 샅샅이 두루 살펴보았다. 조선 속리(屬吏) 두 사람은 줄자를 가지고 갑판의 넓이를 재고 갑판에 비치한 대포 소총 색구 등을 계산하고 승무원수를 헤아리기도 했다. 대선(알세스트)의 선원수는 소선 리라호의 몇 갑절이나 되어 보였다. 승무원들이 갑판 위로 어수선하게 왕래하고 있어서 그 정확한 인원을 파악할 수 없었다. 그러나 선실의 집기 소지품 등은 소선과 대개 비슷했고, 다만 다른 점이 있다면 여인 한 명이 있었는데, 흰 베로 머리를 싸매고 붉은 색 치마를 입고 있었다. 또한 대장간이 있었는데 여기서 대포알 포탄과 화살촉을 직접 만든다고 한다. 대선을 구경한 후 하선할 때 영국 함장은 책 한 권을 주니 작은 배(리라)에서 받은 것과 합해서 양서는 모두 세 권이었다.[20]

영국 함장은 본토 상륙의사를 표명하면서 상륙을 허가해달라고 졸랐다. 마량 첨사는 서울에서 파견된 경차(京差) 문정관이 와서 문정할

20 상게서, 순조 16년 丙子 7월 19일 丙寅; Hall, *op.cit.*, September 4, 1816, pp.12~27. 함상의 여인은 장범장(掌帆長)의 처 로이 부인(Mrs. Roy)이다. 마량진 첨사 조대복은 리라호에서 2권, 알세스트호에서 1권 모두 양서 3권을 받았는데, 上使·巡營·兵營에 각 1권씩 나누어 주었다.

때까지 영국인의 본토상륙을 허락하면 "이를 잘 단속하지 아니했다(不善管束), 방어와 수방을 소홀히 했다(不勤防守)"는 중죄로 견책을 당할 것이라고 하면서 한사코 만류했다. 그러나 영국 함장은 상륙하더라도 결코 마을 안으로 들어가지 않을 것이며 단지 해안 길을 따라 산보할 뿐이라고 설득한 끝에, 첨사는 마침내 읍으로부터 1마일 지점으로 한정하고 상륙을 허가한 것이다.

마량 첨사는 상륙허가를 단행한 후 얼굴이 창백해지며 이제 죽게 되었다고 흐느껴 울면서 수행 종자의 어깨에 머리를 기대고 길가 바위 위에 주저앉고 말았다. 영국 함장은 사관들에게 더 이상 전진을 중지시키고 말았다. 영국 선원들이 마을 입구로 다가가자 마을 주민은 모두 도망치고 말았다. 선원들은 높은 언덕에 올라 천리경으로 주민의 생활상을 면밀히 관찰했다.[21]

우리가 상륙하자마자 주민은 아우성이나 고함을 지르면서 온갖 손짓 몸짓으로 이곳을 빨리 떠날수록 좋다는 표시를 했다. 우리가 상륙한 곳은 높이 200피트의 단애(斷崖)인데 주민은 이 절벽 위에서 어서 떠나라는 함성을 질러대고 있었다. 그러나 그들은 돌멩이를 던져 쫓아내려는 짓은 하지 아니했다. 마을 주민은 우리에게 전혀 적대적인 반응은 보이지 아니했다.[22]

큰 배 알세스트호에서 하선할 때 영국 장교 한 사람이 마량 첨사의

21 Hall, *ibid.*, September 5, 1816, pp.27~41; 園田庸次郎, 전게서, p.141.

22 "Korea's Xenophobia Tamed by British Voyagers," *The Korea Times*, March 27, 1998.

옷소매를 잡으며 손에 손을 잡고 내려가는 모습은 한영 양국인에게 좋은 호감(good humour)을 심어주었다. 첨사는 주민들을 해산시키면서 영국 선원들과의 접촉을 금했다. 외국인에게 상륙을 허용했다는 소문이 돌면 견책(譴責)을 받을 것이기 때문이다. 마침내 그 마을에 있는 비인현감 집에서 환영 파티가 열렸다. 영국은 와인 등 양주를 내놓아 마음껏 양주를 마시게 했다. 마을 주민은 유리컵에 가득 채운 포도주를 단숨에 마시고는 '좋다(Hota, Hota)'를 연발했다.[23]

9월 6일 아침 서북풍이 불자 영국 군함은 불시에 호포(號砲)를 쏘면서 비인만을 출항, 연도(烟島)[24] 쪽으로 항진하기 시작했다. 첨사와 현감이 일시에 장정을 동원, 조선 배에 나누어 태운 뒤 쫓아가 보았으나 영국 군함은 나는 새처럼 빨리 항진해서 따라잡을 수 없었다. 영국 군함이 비인만을 출항한 후 그들이 준 세 권의 책을 면밀히 검토하던 차에 책 갈피 사이에서 '한자로 쓴 편지(眞書牋)' 한 장을 발견했다. 그 '진서전'에 이르기를,

영길리국 수사관원은 다음과 같은 사정을 적어서 해당 관원(조선 지방관)에게 보내니 잘 알아주길 바랍니다. 금년 윤 6월 초순 사이에 우리 영길리국에서 5척의 군함으로 우리 영국 국왕이 차정(差定)한 사신(使臣)과 사절단 수행원 일행을 태우고 천진(天津) 북쪽 연하구(蓮河口) 입구에 도착하자, 지금 영국 왕의 사신 등이 모두 북경에 나아가 청국 황제(萬歲爺)를 알현하러 갔습니다. 천진 외양(外洋)의 수심이 얕은데다가 큰 바

23 *Ibid.*

24 Hall, *op.cit.*, pp.41~43, September 6~7, 1816. 烟島는 전북 옥구군 미성읍 서해상에 위치한 섬으로서 홀 함장은 이를 'Helen's Isd.'라 해도에 기입했다.

람까지 불어서 배의 파손을 면할 수 없기 때문에, 각 선척이 이곳에 오랫동안 정박할 수 없어서 지금 월동(粤東: 廣東의 별칭)으로 이동하기로 했습니다. 광동에서 영국 사절단 일행이 사행(使行) 임무를 완수하고 돌아오기를 기다려 귀국하려고 합니다. 이에 영국 군함은 광동을 출항, 그곳(조선)을 통과하게 되었으니, 해헌(該憲: 해당 지방관)은 음식물을 사도록 해주고 맑은 물을 가져다 마시도록 조처해 주기 바랍니다. 왼쪽에 우리 왕께서 보낸 사신의 인장(印章)이 찍혀 있으니 증거가 될 것입니다. 가경(嘉慶) 21(1816)년 월일에 씁니다.[25]

| 3 | 한영간 교환(交驩)과 언어 문화교류

9월 6일 영국 군함이 비인만을 출항하자 정부는 마량 첨사 조대복과 비인현감 이승렬이 양이(洋夷)들과 교섭했다는 이유로 파출(罷黜) 조치를 취함으로써 강경대응책을 강구했다. 파출 이유는 영국선을 예인해서 물리치지 못하는 등 양이를 잘 단속하지 못했다는 것, 방어와 수방(守防)을 소홀히 했다는 것, 더군다나 비인현감 집에서 영국 사관(士官)들을 불러들여 환영 식사 파티를 여는 등 방자한 교섭을 벌였다는 것, 뿐만 아니라 신유사옥(1801) 이래 금서(禁書)인 서학서(西學書) 성경(Bible)

25 George Paik, “The Korean Record On Captain Basil Hall’s Voyage of Discovery On The West Coast of Korea,” *Transactions of The Korea Branch of The Royal Asiatic Society*, vol. 24, 1935, pp.14~19; 『純祖實錄』 순조 16년 丙子 7월 19일 丙寅. “英吉利國水師官員 下書爲陳明事 送該憲知悉 據本年閏六月初旬間 有我英吉利國五隻船 送我英國王差定從各人 到天津北蓮河口 今王差等俱進京朝見萬歲爺 因天津外洋水淺 遇有大風 免不得壞船 故各船不敢在彼處碇泊 今要回粤東候 王差回國 玆經過此處 請該憲給以買食物 自取淸水飮用也 左有盖我王差印爲據矣 嘉慶二十一年 月日書”

을 받는 등 척사(斥邪: 서양종교 배격)정책을 위반한 이유로 이들에게 파출 조치를 단행했다는 것이다.[26] 이는 조선의 단호한 해금정책(海禁政策) 강화를 의미한다. 충청수사 이재홍(李載弘)의 장계(狀啓)에 의하면,

이양선 2척이 큰 바다가 아니고 육지에 가까운 거리에 유정(留碇)한 것은 폭풍이 멎고 파도가 잔잔해지길 기다리기 위함이다. 많은 장정과 배를 동원하여 있는 힘을 다한다면 어찌 이양선을 만(灣)쪽으로 끌어들일 길이 없겠는가. 이양선이 수중에 머물러 있게 방치하다가 마침내 이양선은 문득 바깥 바다로 내빼는 막중지사가 발생한 것이다. 다른 사람을 거쳐 물어보아도 이같은 일은 전에 없었던 몹시 놀라운 일이다. 이는 곧 변정(邊情: 변경의 형편과 사정)을 중대시하는 도리이므로 마량 첨사 조대복과 비인현감 이승렬을 그대로 둘 수 없기에 우선 파면 조치하고 그들의 죄상을 해당 관청에 아뢰어 처리케 했다.[27]

9월 6일 고군산군도(古群山群島)로 항진, 연도(烟島)를 경유, 남하하기 시작했다. 영국 함장은 이 일대에 많은 섬이 산재해 있다 해서 '조선 다도해(Corean Archipelago)'라고 명명, 해도에 표기했다. 영국 함대는 고군산군도 서쪽을 돌아 일로 남하 항행, 송급도(松葺島), 임자도(荏子島)를 거쳐 조도(鳥島) 남북 사퇴(沙堆)에 이르렀다.[28]

26 Hall, *ibid.*, September 5, 1816, pp.27~41; 園田庸次郎, 전게서, p.141.

27 『日省錄』 순조 16년 丙子 7월 19일 丙寅. "而二隻船留碇之處 不在大洋 既在近陸之地 則待其風息浪靜 多發人船 盡力挽回 何無曳入之路 而始焉任其逗留於水中 終使倏然還去於海外 致令莫重之事 憑問無階事未前有萬萬驚駭 其在重邊情之道 不可仍置 馬梁僉使趙大福 庇仁縣監李升烈 爲先罷黜 其罪狀令攸司稟處"

28 Hall, *op.cit.*, September 6~7, 1816, Track of Alceste and Lyra, pp.41~44. 古群山群島는 전북 옥구군 미성읍 소재의 군도로서 'Amherst Isles'로, 고군산 소해협은 'Murray Sound'

영국 함대는 9월 7일 아침에는 비금도(飛禽島)와 칠도(七島) 사이를 통과, 멀리 대흑산군도(大黑山群島)가 바라보이는 지점인 우이군도(牛耳群島)로 이동했다. 우이군도에서 영국 선원들은 섬 주민들이 키에다가 탈곡한 곡식을 담아 높이 쳐들고 바람에 날리는 극히 원시적인 선곡(選穀) 작업을 목도했다. 이날 저녁 외병도(外竝島) 서쪽에 정박했다.

9월 8일 영국 함대는 우이군도 외병도 전면으로 이동하면서 내·외병도를 세심하게 탐사하기 시작했다. 클리포드 소령은 갑판 위에서 망원경으로 섬주민의 생활 상태를 관찰했다. 특히 부녀자의 옥외생활, 노동생활 등을 관찰했다. 오후 5시에 섬에 상륙, 마을로 진입했을 때 섬주민은 모두 피난 가고 마을은 텅 비어 있었다. 아무도 제지하는 사람이 없어서 자유로이 민가로 들어가 가옥의 구조와 배치 상태, 가구, 주방가구, 가족의 일상생활에 이르기까지 철저히 조사했다. 섬 주민과의 대화에서 그들이 가리키는 품명(品名)을 영어로 가르쳐주니 섬 주민은 재빨리 이해하고 있어서 섬 주민의 외국어 모방성이 탁월함을 확인했다.[29]

9월 9일 영국 함대는 거차군도(巨次群島: Thristle Is.)로 이동했다. 섬 수가 120여 개가 된다는 기술로 보아 조선 최대 규모의 다도해역에 이르렀다. 영국 선원들은 '제일 높은 섬' 상조도(上鳥島) 돈대산(敦臺山)에 올라가서 거차군도 전체를 관망했다. 섬 주민들과 접촉했다. 한 여인이 고목에 금색을 치고 제단을 진설해 놓고 기도하는 조선 토속적인 민간 무속신앙인 샤머니즘을 목격했다. 섬 주민을 초청해서 간단한 양

로 해도에 표기했다. 선유도(仙遊島)는 'Windsor Castle'로, 신시도(新侍島)는 'Monttreal Is.'로, 비안도(飛雁島)는 'Lyra Isd.'로, 무녀도(舞女島)는 'Craig Harriet'로 각각 표기했다.

29 Hall, *ibid.*, September 8, 1816, pp.44~51. 牛耳群島는 전남 新安郡 都草面 牛耳里에 소재한 다도해역이다. 내병도(內竝島)를 'Thistle Id.'로, 외병도(外竝島)는 'Shamrock Id.'로 명명, 해도에 표기했다.

주 파티도 열었다. 이 자리에서 섬 주민은 담뱃대에다 담배를 넣고 불을 붙여 영국 선원에게 주면서 피우라고 했고, 영국 선원은 시거 담배(tobacco)를 주어 피우라고 했다. 일종의 물물교환의 장면을 연출했다. 이렇게 조선 담배와 양담배의 교환과 포도주와 와인 블랜디 등을 대접, 파티장은 더욱 화기애애해졌다.[30]

우리가 앉아서 점심을 먹은 지 한 시간 지났을 때 섬 주민 한 사람이 어떤 급격한 충격을 받은 듯 일어나더니 우리 쪽으로 걸어내려 와서 아주 소박한 태도로 불붙인 담뱃대를 주면서 피워보라고 하지 않는가. 우리는 담뱃대로 담배를 피우며 친절하게도 포도주 한잔을 주며 마셔보라고 권했더니 그는 홀짝 마시고는 '좋다 좋다'하고 연발했다. 이같은 감탄의 외침이 울려 퍼지자 언덕에 모여 앉아 있던 섬 주민 모두가 일제히 우리의 좌석으로 몰려와서 자리를 같이하게 되었다. 우리는 그들에게 포도주를 나누어주면서 마음껏 마시게 했다. 그들은 취기가 올라 기분이 좋아서 대화가 무르익었고, 우리가 가리키는 사물(事物)에 대해서 섬 주민은 조선어로 가르쳐 주었고, 우리들도 그들의 질문에 응해서 우리가 입고 있는 의복의 이름을 영어로 가르쳐 주었다. 한영간 언어문화교류는 이렇게 화기애애한 분위기에서 이루어졌다.[31]

리라호 사관 클리포드(H. J. Clifford) 소령은 9월 8~9일에 우이군도의 외병도와 거차군도의 상조도 등지에서 섬 주민들과 대화하면서 조선

---

30 Hall, *ibid.*, September 9, 1816, pp.51~56.

31 Hall, *ibid.*, September 9, 1816, pp.55~56.

어 어휘를 채록했다. 섬 주민들과 대화하는 과정에서 섬주민이 어떤 품명(品名)을 가리키며 조선어로 말하면 영국 사관은 영어로 말하고, 영국 사관이 품명을 영어로 말하면 섬 주민은 조선어로 대답하는 문답식 대화로 조선어 어휘(語彙) 28단어를 채록했다.[32]

韓英 語彙(크리포드 사관이 외병도와 상조도에서 채집함)

영어	한구어 발음 영문 표기	한국어
1. No	Poodong, Booldon	부동(不同)
2. Water	Bool, Mool	물(水)
3 . A pipe	Dewton, Dation	담뱃대, 대통(煙管)
4. Hair	Bodee, Mir-ri	머리(首 , 髮)
5. Eyes	Doon, Noon	눈(目)
6. Mouth	Jeep, Ip	입(口)
7. Nose	Ko	코(鼻)
8. Hand	So-an, Son	손(手)
9. Beard	Shee-om, Sooyeem	수염(鬚)
10. Tongue	Chay, Hyee	혀(舌)
11. Ear	Quee, Guee	귀(耳)
12. Teeth	Jee, Ee	이(齒)
13. Tree	Phang na moo, Namoo	박달나무, 팽나무(木)
14. Grass	Phee, Sai	새(피·띠·억새)
15. Good	Hota, Jota	좋다(好)

32 Hall, *ibid.*, September 8~9, 1816, pp.44~56; 金在勝, 전게서, pp.32~33.

16. Earth	Khool, Dan Hurk	흙,땅 굴(地, 窟)
17. Knife	Khul, Khal	칼(刀)
18. Jacket	Chouksa, Chouksam	적삼(赤衫, 單衫)
19. Trowsers	Choongay	고의, 중의(中衣)
20. Shoe	Poschien, Poshun	버선(襪)
21. Stockings or boots	Hunginn, Hain-jun	행전(行纏)
22. Tobacco pouch	Samb-jee, Sam-ji	쌈지(草匣)
23. Rice(food)	Pa-ap, Vap	밥(飯)
24. Fan	Pootsa, Boochai	부채(扇)
25. Stove	Tok, Dok	독, 질그릇(甕器)
26. White hat	Pan-a-ee, Para(n)i	패랭이(平凉笠)
27. Black hat	Kat, Gat	갓(黑笠)
28. A Cock	Tac	닭(鷄)[33]

상조도 야외 파티에서 섬 주민은 자유로이 마음껏 양주를 마셨고, 서로가 유쾌한 분위기에서 마음 놓고 대화를 나누었는데, 유리컵으로 와인 한잔을 마시자마자 섬주민들은 '좋다, 좋다(Hota! Hota!)'를 연발했다. 영국 선원이 가리키는 물건에 대해서 섬 주민은 조선어로 일일이 물건이름을 대어주었다. 섬 주민들은 영국인이 입고 있는 복장 이름에

33 John McLeod, *Voyage of His Majesty's Ship Alceste, Along the Coast of Corea to the Island of Lew Chew, with an Account of Her Subsequent Shipwreck*(John Murrray, London, 1818), pp.38~55; 園田庸次郎, 전게서, pp.156~157; 金在勝, 전게서, p.33. 소노다(園田)는 申奭鎬·李錫烈 등이 조선어 어휘 고증과 校照를 도와주었다고 밝히고 있다. 여기서 구두(Shoe)를 버선으로, 난로 또는 화로(Stove)를 독(옹기)으로 잘못 채록하고 있다. 한영 양국인 간에 언어소통이 얼마나 어려웠다는 것을 알 수 있는 대목이다.

대해서 문의하면 영국인은 일일이 이름을 영어로 알려주었다. 그러나 조선인은 그들이 생각하는 근본 목적만은 잊지 않고 있었다. 그들은 해안에 정박하고 있는 영국 함정을 가리키면서 우선 배가 어서 빨리 떠날 것을 희망하고 있다는 것이다.[34]

9월 10일 영국 함대는 거차군도에서 맹골군도(孟骨群島)로 남하, 병풍도(屛風 島)를 경유, 제주도(Quelpaert)를 멀리 바라보면서 한반도 해역을 벗어나서 유구(琉球)열도로 항진했다. 영국 선원은 그동안 10일간의 조선 서해안 탐사 기간 중 조선인과의 접촉·교섭을 통하여 느낀 공통적 소감은 조선민족은 이방인을 믿지 아니하며 '비사교적 국민(unsociable people)'이라는 결론을 내리게 되었다. 이는 서양 오랑캐 나라와는 일체 교섭하지 않겠다는 해금정책을 취하고 있다는 말이다.[35]

1816년 9월 1일 알세스트·리라호 영국 군함 2척이 서해 백령도에 내박, 서해안 일대를 정밀하게 탐사하면서 문화적 접촉을 통하여 조선어 28개 단어를 채록했다. 영국 함장과 마량첨사·비인현감과의 교섭 장면을 그린 채색화 한 폭을 세인트 헬레나에 유배 중인 나폴레옹에게 보여 주었더니 감탄했다는 것이다. 10일간 체류하면서 책 3권을 주면서 조선인은 '비사교적 국민(unsocial people)'이라 결론을 내리고 있다.

34 "Korea's Xenophobia Tamed by British Voyagers," *The Korea Times*, March 27, 1998.
35 Hall, *op.cit.*, September 10, 1816, pp.56~57.

제4장

영국 로드 애머스트호의 통상교섭 강요와 귀츨라프의 한글문화 서구세계 전파

| 1 | 영국 로드 애머스트호의 조선 서해안 탐사 항행(1832)

19세기 전반 영국 상선들의 동북아 해역 출현은 동인도회사 소속 상선이 주류를 이루었다. 1600년 12월 31일 동인도회사를 설립한 영국은 동북 아시아 지역에로의 진출을 활발히 전개하기 시작했다. 영국이 주로 중국과 일본을 대상으로 통상교역을 전개하는 과정에서 조선도 'Coray'라는 국명으로 포함되어 있었다. 1604년 영국 국왕 제임스 1세(James)는 미첼본(Edward Mitchelbourn) 경에게 중국, 일본, 캄보디아, 조선 지역에 대한 무역권을 부여하면서 동 아시아 지역에의 시장 개척에 큰 관심을 보였다. 1611년부터 1614년까지 4년간에 걸쳐 실시된 살리스(John Sarlis) 선장의 제8차 탐사 항해는 일본과의 교역으로도 유명하고, 동인도회사의 활동 영역이 중국 일본에까지 확장되자 그 여파는 조용히 조선 해역에도 미치기 시작했다. 그러나 영국의 주된 교역지역은 여전히 중국과 일본이었으나, 이를 계기로 영국 해군의 조선 해역 탐사 활동이 본격화되기에 이르렀다.[1]

19세기 초에 서구 열강 간에는 은둔국 한반도는 '극동의 나봇 포도원(the Naboth's Vineyard of the Far East: 꼭 갖고 싶은 사물)'[2]으로 간주되고 있었다. 극동 아시아에로의 적극적인 통상교역을 추진하고 있는 영국은 한반도에 대한 통상교역 가능성을 타진하고자 상선을 파견하기로 결정했다. 이리하여 1832년 영국 동인도회사는 '조선에 대한 통상탐색(Commercial exploration to Korea)'을 위해 로드 애머스트(Lord Amherst, 安利

1 金在勝,『近代韓英海洋交流史』, p.40.
2 John W. Foster, *American Diplomacy in the Orient*(N. Y.:Paragon Book Gallery, LTD., 1903), p.307.

號)호를 파견하게 되었다. 이는 영국이 조선 당국과 통상교역을 위한 최초의 공식 교섭 시도이다.[3]

동인도회사 소속 로드 애머스트호를 동아시아 통상 확대를 위해 파견을 결정할 때 로버트 모리슨(Robert Morrison, 馬禮遜, 1782~1834) 영국 스코틀랜드 장로교회 목사는 귀츨라프(Karl F. A. Gützlaff, 郭實獵, 1803~1851)를 "중국어 통역, 선의(船醫), 선목(船牧)"으로 추천하면서 자신이 번역한 중국어 성경 및 선교용 책자를 다량 주어서 귀츨라프로 하여금 많이 배포하도록 했다.[4]

귀츨라프는 1832년 한반도에 파견된 최초의 개신교 목사이다. 파견 목적은 "북부 중국의 항구들의 점차 개항 가능성과, 영국과의 통상교역에 가장 적당한 항구를 조사할 것과 또 그 지방관원들과 주민들이 통상교역에 어느 정도의 호의와 이해를 가지고 있는가를 탐색하는 것이었다."[5]

3 Charles O. Paullin, *Diplomatic Negotiations of American Naval Officers, 1778~1883*(Gloucester, Mass., Peter Smith, 1967), p.283.

4 N. C. Whittemore, "Notes on the Life of Rev. Karl F. A. Gützlaff, First Protestant Missionary to visit Korea," *The Korea Mission Field*, vol. 16, No. 1(January, 1920), pp.17~19.

5 Harry A. Rhodes D. D., "The First Protestant Missionary to Korea-1832," *The Korea Mission Field*. Vol. 27, No. 11(November, 1931), pp.223~228; M. Broomhall, *Robert Morrison, A Master-Builder*(New York, George H. Doran, 1924), p.195; 白樂濬,『韓國改新敎史 1832~1910』, (延世大學校 出版部, 1973), pp.41~44.

중국 푸젠성 어부 복장을 한 귀츨라프

로드 애머스트호는 507톤급 상업용 3범선으로서 린제이(H. H. Lindsay, 胡夏米) 화물 총감독(chief and supercargo), 선장 리스(Captain Thomas Rees) 그리고 승무원 총 67명이 탑승하고 있다. 귀츨라프는 개신교 선교사로서는 최초로 한반도에 복음을 전하고, 조선과의 통상 가능성을 타진하기 위하여 로드 애머스트호에 탑승하였다.[6]

6 Arthur J. Brown, *The Mastery of The Far East, The Story of Korea's Transformation And Japan's Rise to Supremacy in The Orient*(N. Y., Charles Scribner's Sons, 1921), p.500; Brown, *One Hundred Years, A History of the Foreign Missionary Work of the Presbyterian Church in the U. S. A.*(N. Y., Fleming H. Revell Company, 1936), pp.408~409. 브라운은 여기서 두 가지 오류를 행하고 있다. 즉 귀츨라프는 네덜란드 선교회(Netherland Missionary Society) 소속 선교사라는 것, 애머스트 경과 함께 동승하고 조선에 왔다는 것이다. 그러나 귀츨라프는 이미 1828년 네덜란드 선교회를 사임했다는 것,

귀츨라프는 독일 포메른(Pommern) 지방의 작은 마을 피릿츠(Pyritz)에서 태생적으로 허약하게 태어났다. 계모 밑에서 온갖 학대를 받으면서 성장했고 결혼 후 아내와 두 딸마저 모두 잃어버린 가정적으로 불행한 혈혈단신의 몸이 되었다. 이로 인해 귀츨라프는 46세의 나이로 요절하는 인생의 비극을 지닌 몸이었지만 자신은 장차 목사가 되어 선교사역(宣教使役)에 일신을 바치기로 결심했다.[7]

이리하여 1826년 네덜란드 선교협회(Netherland Missionry Society)로부터 바타비아에 파견되어 주로 중국인 상대로 선교활동을 벌였다. 1828년 네덜란드 선교회를 사임하고 태국 방콕·마카오에서 독자적 선교활동을 전개하다가 1831년 중국에 입국했다. 중국인에 대한 선교활동을 위해 중국협회(Chinesischer Verein)를 창설해서 전도활동을 전개했다. 귀츨라프는 어학의 천재성이 있어서 5개 국어에 능통했다. 『新舊遺詔聖書』, 『大英國統志』(1834), 『東西洋考每月統記傳』(1833~1837) 전4권, 『貿易通志』(1830) 등 한역서학서(漢譯西學書) 61권, 일본어 2권, 시암어 1권, 네덜란드어 5권, 독일어 7권, 영어 9권 등 저서를 남겼다. 모리슨(Morrison) 후임으로 주청 영국 공사관 통역관·상무관이 되어 그의 조카 파크스에게 한영조약 체결(1883)에 큰 영향을 주었다. 특히 백락준은 그의 '한국개신교사'에서 귀츨라프의 방한연도(1832)를 한국 개신교 전도원년으로 명시하고 있다.[8]

애머스트는 한국에 온 사실이 없다.

7 『칼 귀츨라프와 함께 떠나는 고대도 여행』(충남문화산업진흥원, 2012. 8. 21), pp.18~38.

8 William E. Griffis, *Corea:The Hermit Nation*(New York:Charles Scribner's Sons, 1894), p.359; H. H. Underwood, *Occidental Literature On Korea*(Royal Asiatic Society, 1930), pp.9~10; Arthur J. Brown, *The Foreign Missionary, An Incarnation of a World Movement*(New York:Fleming H. Revell Company, 1907), p.168; L. George Paik, *The History of Protestant Missions in Korea 1832~1910*(Yonsei University Press, Seoul,

로마 교황청은 1828년 조선을 북경교구로부터 독립시키기로 결정, 1831년 조선교구를 설정했고, 1831년 9월 9일 초대 조선교구장에 브뤼기에르(Barthélemy Bruguière, 1792~1835)를 임명했다. 브뤼기에르 주교는 1832년 7월 25일 조선으로 향발했다.[9] 이와 같이 신구 양교의 주교와 목사가 복음을 전하기 위하여 동시에 한반도로 향발한 것이다.

1832년 동인도회사 소속 상선 로드 애머스트호가 리스 선장의 통상 탐색차(commercial exploration) 조선에 파견되었다. 이들은 7월 18일(음 6. 21) 황해도 장연현 몽금포 앞바다에 나타났다. 7월 22일(음 6. 25)에는 공충도(公忠道)[10] 홍주(洪州) 고금도(古今島) 해안으로 이동했다. 귀츨라프가 조선 서해안 항행 때 이용했던 '조선 서해안 지도'에 의하면, 귀츨라프는 1832년 7월 17일 조선에 왔다가 8월 17일 조선을 떠났으니 약 1개월간(7. 17~8. 17) 서해안 탐색 활동을 전개했다. 황해도(黃海道) 몽금포(夢金浦), 江華島(7. 17~7. 23), 사창리(社倉里), 서산(瑞山) 간월도(看月島, 7. 31~8. 1), 고대도(古代島, 7. 24~8. 17), 대원도(大元島, 8. 10), 불모도(佛母島·不毛島, 7. 23~7. 24) 등을 순항하면서 한국 최초의 개신교 선교 사업을 전개했을 뿐만 아니라 조선인에게 의료 사업을 실시했고, 가장 우리의 관심을 끄는 것은 한글을 서구 세계에 처음으로 전파한 위대한 업적을 이룩했다.[11]

Korea, 1971), pp.43~47; 白樂濬, 『韓國改新教史 1832~1910』(연세대 출판부, 1979), pp.40~44; 閔庚培, 『韓國基督教會史』(연세대학교 출판부, 1994), pp.133~136; 金在勝, 전게서, pp.40~41.

9 安應烈·崔奭祐, 『韓國天主教會史』(분도출판사, 1980), 중, pp.201, 234~238, 323~324. 브뤼기에르 주교는 1835년 10월 20일 西灣子를 떠나 조선 입국을 목전에 두고 병몰했다.

10 오늘날의 忠淸南北道는 1725년(영조 원년)부터는 洪忠道로, 1825년(순조 25)에는 公忠道로 부르다가 1834년(순조 34)부터는 다시 충청도로 개칭되었다.

11 李圭泰, 譯註, 「귀츠라프 西海岸航海記」, 『週刊朝鮮』490호(1978. 6. 11), pp.15~19; 리진호, 『귀츨라프와 고대도(古代島)-최초로 내한한 선교사와 고대도 전도』(감리교출판사, 1988), p.51.

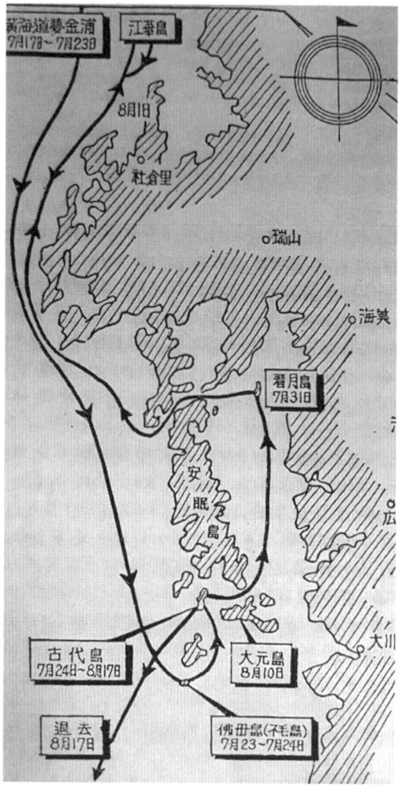

귀츨라프의 서해안 항해도(1832)

위의 '귀츨라프의 조선 서해안 항해도'에 나오는 대원도(大元島)는 바로 원산도(元山島)이다. 귀츨라프는 8월 10일에 원산도에 상륙했다. 이 원산도에는 선교사 카알 귀츨라프의 기념비가 있다.

〈선교사 카알 귀츨라프(MD) 기념비(화란 선교협회 소속 독일 선교사)〉

1803년 피릿츠 로다라니에서 출생 1851년 홍콩에서 소천. 카알 귀츨라프(의사) 선교사는 1832년 7월 17일 이곳에 도착하여 한문으로 된 전도지와 주기도문 그리고 감자 종자를 이곳 도민에게 전함. 그의 저서에서 그는 확신을 가지고 “보다 훌륭한 여명의 날이 한국에 빨리 이르기를 바람”이라고 언급함. —그가 오셨든 150주년을 기념하여 1982년 7월 17일 이를 세움— 한국기독교교회협의회(KNCC), 한국기독교 의료선교회(KCMEA), 주한서독대사관, 주한 화란대사관, 학교법인 송죽학원 지역사회개발위원회.

In Memory of the German Missionary Karl Gützlaff MD born in 1803 in Pyritz Pomerania and died in 1851 in Hongkong. He arrived at this place on July 17 1832 where he distributed Bible tracts and the Lord’s player. He wrote in his book the words of confidence “Let us hope that better days will soon dawn for Korea.” 17th July 1982, 150th Anniversary. National Christian of Churches in Korea(KNCC), Korea Christian Medico Evangelical Association(KCMEA), German Embassy in Korea, Nerherland Embassy in Korea, Songjuk Educational Community Foundation Community Development Committee.[12]

1832(순조 32)년 임진년에는 조선에는 폭풍우로 홍수의 범람이 극심해서 농촌은 피폐했다. 귀츨라프 목사는 홍수 피해로 고통 받고 있는 조선인에게 개신교의 복음을 전하기 위해, 영국의 직물 판매 시장을 개척하기 위해 한 손에는 성서 한 손에는 직물(fabrics)을 들고 조선행을 단

12 저자는 2017년 5월 16일 원산도(元山島) 답사, 귀츨라프의 원산도 상륙 기념비 전문을 필사했다.

행했다. 귀츨라프 목사가 알고 있는 한반도 인식은 국호는 조선(Chaou-seen, 朝鮮), 또는 고려(Keaou-le, 高麗)라는 것, 1년에 4회 정기적으로 중국에 조공을 바치는 조공국(朝貢國)이라는 것이 전부였다.[13]

동인도회사가 조선과의 통상교역을 목적으로 로드 애머스트호를 조선에 파견한 것은 1832년 3월 22일(음 2. 20)이었다. 중국 광동항에서 출항한 애머스트호는 1932년 7월 17일(음 6. 20) 황해도 장연현 조니진 몽금포(長淵縣 助泥鎭 夢金浦) 장산곶(長山串) 녹도(鹿島)에 나타났다. 녹도는 고요하고 인기척이 없으며 적막감이 감돌고 있었다. 해안에 이르자 볼품없는 조잡한 어선에서 돛대를 손질하는 두 어부를 보았다. 구두로 대화를 나눌 수 없어서 한문으로 써서 필담하기 시작했다. 귀츨라프는 어부들에게 복음서와 단추를 선물로 주었다. 장산곶에 상륙하자 두 세명의 섬 주민이 언덕에서 내려왔다. 모두 망건을 쓰고 중국옷과 비슷한 단추 없는 옷을 입고 있었다. 지팡이를 짚고 있는 한 노인이 좌(tshoa, 坐)라는 말을 되풀이했다. 이는 앉으라는 말이다. 노인은 마을로 출입을 막으면서 답례(答禮)로 담뱃대와 잎담배를 주었다. 최초의 한영 문화교류가 이루어졌다.[14]

귀츨라프는 조선인의 생활상을 생생히 전하고 있다.

산동(山東)에서 중국인들이 건너와서 경작이 가능한 유휴지를 개간

---

13 Charles Gützlaff, *Journal of Three Voyages Along The Coast of China, in 1831, 1832, & 1833, With Notices of Siam, Corea, And The Loo-Choo Islands*(London:Frederick Westley And A. H. Davis, 1834), pp.316~356; William E. Griffis, *Corea:The Hermit Nation*(N. Y., Charles Scribner's Sons, 1894), pp.316~356, 359~360.

14 Gützlaff, *ibid.*, July 17, 1832, pp.316~321; 楠田斧三郎, 「Gützlaff의 朝鮮沿岸航海記」, 『한국천주교회사논문선집』2(1979), pp.233~249. 楠田은 애머스트호의 첫 기항지를 昌善島로 비정하고 있다. 그러나 'Chwang-shan'은 창선도가 아니라 '長山串 鹿島'이다. 귀츨라프는 조선을 'Chaou-seen'이라 표기하고 있다.

하는 것을 허용하는 대신 조선인은 외국인과 상종하느니 차라리 소금에 절인 생선을 먹으려고 한다. 외부 민족들과 교류하는 것에 대해 이 백성들의 혐오감이 계속될 때에는 미개하고 무의미한 상태로 남게 될 것이다. 우리는 바실 만(Basil bay) 북쪽 장산곶(長山串)에 정박했다. 이곳은 사방으로 치명적인 황무지의 고요함이 지배하는 것 같았다. 우리는 해안가로 가는 것을 감행했고, 우리가 처음 만난 것은 반쯤 벗은 두 사람의 섬 주민이 타고 있는 고기잡이배였다. 우리는 그들과 방언(方言)으로 말할 수는 없었지만 그들은 우리가 적어준 한자를 이해했다. 우리는 노인에게 약간의 전도용 책들과 단추를 주었고 그는 매우 만족했다. 막 상륙하자마자 토착민 몇몇이 다가왔다. 그들은 말총으로 만들어진 공 모양의 모자를 썼고 중국식 저고리를 입고 있었다. 그중 한 명은 긴 연설을 했지만 우리는 알아듣지 못했다.

우리는 그들의 오두막을 보기 위하여 섬 안쪽으로 더 깊이 들어가려고 했고, 그들은 오두막으로 가지 못하도록 우리가 가는 길을 심각하게 막아섰다. 땅은 비옥한 것처럼 보였지만 우리는 경작의 흔적을 조금도 찾을 수 없었다. 단지 거기서 자라는 야생 장미와 백합 같은 것들만 여기저기서 보았다. 이튿날 우리는 어제 언덕에서 내려다보았던 마을로 들어갈 수 있었다. 주민들은 말쑥하게 옷을 차려 입었고 가장자리에 예쁜 장식을 단 검은 모자를 썼다. 모시로 짠 천 같은 것으로 만들어진 그들의 저고리는 무릎까지 왔고 양말과 예쁘게 붙여진 신발은 발을 감싸고 있었다.[15]

15 C. Gützlaff's Missionars der evangelischen Kirche, dreijähriger Aufenthalt im Königreich Siam nebst einer kurzen Beschreibung seiner drei Reisen in den Seeprovinzen Cnkinas in den Jahren 1831~1833(Basel:Felir schneiderr, 1835),

| 2 | 린제이 함장의 통상교역 청원서와 조선의 절대 빈곤상

린제이의 「조선항해보고서(1833)」에 의하면 애머스트호의 총감독 린제이는 조선 방문의 주목적은 조선과의 통상교역을 위한 것이라고 말하면서 7월 17일 다음과 같은 '통상교역청원서'를 작성했다고 보고하고 있다.

영국인 린제이(胡夏米)는 조선의 국왕 폐하 존전에 감히 다음과 같이 청원하나이다. 영국 상선 하나가 폐하의 영지 한 해안에 도착하여 정박하였으므로, 이 선박이 당도하게 된 경위를 감히 보고 드리는 것이 저의 의무라고 생각합니다. 이 배는 대영제국의 속국이며 중국제국의 남서 지방과 접경해 있는 인도에서 출발한 상선입니다. 선적한 화물은 양포(洋布), 우단, 옥양목, 시계, 망원경, 그 외 여러 상품인데, 이를 처분하여 은이나 이 나라에서 생산되는 물품과 교환하고 또한 법에 따라 관세를 지불하려고 합니다.

비록 대영제국이 귀국과는 한없이 먼 거리에 있지만, '사해(四海)의 모든 인류는 형제입니다.' 우리나라의 주군께서는 그의 신민(臣民)들에게 지구상의 모든 국가와 자유롭게 교역하는 것을 허용하였습니다. 그러나 우리의 법은 먼 외국과 교역함에 있어 변함없이 정직과 정의와 예의로 행동할 것을 명하고 있습니다. 그리하려면 먼 지역과 유대하면 우리의 결속이 증폭되고 통상을 통해 생기는 혜택이 널리 확산될 것입니다. 폐하께서 저희 영국인들에게 통상을 허용하여 주시는 것이 적절하

pp.245~246; 오현기, 『굿모닝, 귀츨라프, 한국에 온 최초의 개신교 선교사』(북코리아, 2014), 「동아시아 3차례 항해기」, p.374.

다고 생각하신다면, 은혜를 베푸사 이같은 내용울 밝히는 명령을 내려 주시길 앙망합니다. 그러면 그 명령을 받들고 돌아가 저의 국왕께 전달하겠습니다. 여기에 영국 정세에 관한 두 권의 소책자를 동봉합니다. 이는 중국에 보급하기 위해 쓴 것이지만 저희 나라와 관계된 주목할 만한 정보가 담겨 있습니다. 또한 폐하께서 저희 선박의 모형과 같은 몇 가지 하찮은 물품도 기꺼이 가납하여 주시기를 간청 드립니다. 폐하께서 거절하지 않으시길 소망하며 그 목록을 동봉합니다. 폐하께서 만수무강을 누리시고 귀국이 평화와 평온 속에서 계속 번영하기를 기도드립니다. 1832년 7월 17일.[16]

귀츨라프는 조선인은 게으르고 이가 득실거리는 더러운 옷을 입고 비참한 생활을 하며 가진 것이라곤 아무것도 없다는 것이다. 고립된 상태에서 외국과의 교류를 일체 거부하고 있는 한 절대빈곤을 극복할 수 없다고 진단했다.

우리를 찾아오는 관리들과 사람들의 태도가 뚜렷하게 달라졌다. 그들 모두가 신중하였고 어떤 질문에도 대답을 조심하였다. 전에는 우리가 잡다한 선물을 주면 기뻐하고 감사하며 받았는데 이제는 억지로 되돌려주려고 하였다. 수도 서울에서 모종의 금지 명령이 도착한 것으로 의혹이 갔지만 그 진상은 알 수가 없었다. 린제이 씨는 자신의 어휘력

16 Hugh Hamilton Lindsay, *Report of Proceedings on a Voyage to the Northern Ports China in the Ship Lord Amherst*(London:B. Fellowes, 1833), pp.217~218; 허호익, 『귀츨라프의 생애와 조선 선교활동』최초로 조선을 찾은 프로테스탄트 선교사 (한국 기독교 역사연구소, 2009. 10. 20), pp.193~194, 린제이의 '조선항해보고서(1833)'.

을 위해 매일같이 조선어 단어를 수집하여 왔으나 이제는 가장 짧은 문장을 알려주는 것도 거부하였다. 이는 우리가 그들의 언어를 배워 그들과 의사소통이 되면 건전한 정책을 채택하도록 영향을 미칠 것을 우려했기 때문일 것이다. 우리가 만난 많은 사람들은 그들의 피부가 대체로 때로 덮여 있었다. 수개월 동안 씻지 않은 사람도 많았고 이가 온 몸에 득실거렸는데 우리가 보는 앞에서 서슴지 않고 잡아 죽였다. 그들은 소유가 빈약하였다. 살림도구도 형편없었다. 그릇은 대부분 흙으로 빚은 것으로 대단히 조잡하였다. 가진 것이라곤 이것이 전부였다.

우리가 이곳에 있는 동안 단 한 개의 동전도 보지 못하였다. 고관들은 잘 차려입고 있었으며, 그들의 제한된 사회가 허용하는 한 모든 편의를 다 누리고 있었으므로 일반 백성들은 자기들의 비참함을 자각할 필요가 있을 것이다. 우리와 교제하는 동안 그들의 판단이 항상 매우 건전하다는 것을 보여주었다. 우리는 그들의 게으름을 탓할 수 없지만 그들에게 근면의 필요성에 대한 동기가 결핍되어 있는 것이 걱정스러웠다. 조정에서는 백성들이 노력의 대가를 누리는 것을 허용하지 않았기 때문이다. 그들은 최소한의 생필품 이상의 그 어떤 것을 소유하려는 생각조차 없어 보였다.[17]

한편 조선 지방 관리는 서구인의 용모와 옷차림의 특이성을 자세히 기록하고 있다.

용모(容貌)는 더러는 분을 발라놓은 것처럼 희기도 하고 더러는 먹물

17 Gützlaff, *The Journal of Three Voyages, 1834*, pp.344~346; 허호익, 『귀츨라프의 생애와 조선선교활동』, pp.181~182, 8월 1일 조선인의 생활.

을 들인 것처럼 검기도 하였으며(선원 중 흑인), 더러는 머리를 박박 깎기도 하였고 더러는 백회(百會: 정수리) 이전까지는 깎고 정상에서 조그만 머리카락 한 가닥을 땋아서 드리운 자도 있었다. 입고 있는 의복은 더러는 양포(洋布), 더러는 성전(猩氈, 붉은 모직물), 더러는 삼승(三升) 삼베로 된 것이었다. 저고리는 더러는 두루마기(周衣) 같은 모양이고, 더러는 소매가 좁은 모양이고, 더러는 적삼(赤衫)에 붉은 비단의 띠를 두르기도 하고, 단령(團領: 깃을 둥글게 만든 公服)의 오른편 섶에다 금단추를 옷깃이 합쳐진 곳에 달았는데 그 소매가 더러는 넓고 더러는 좁았다. 바지는 우리나라의 것과 모양이 같아 넓기도 하고 좁기도 하며 더러는 검고 더러는 희며, 작위(爵位)가 있는 사람은 무늬가 선명한 비단을 입었다. 머리에 쓴 것은 자작(子爵) 호하미(胡夏米: 린제이)는 푸른 비단으로 족두리(足道里)처럼 만든 것인데 앞쪽은 흑각(黑角)으로 장식하였고, 그 밖의 것은 혹은 홍전(紅氈) 혹은 검은 삼승으로 더러는 감투(甘吐) 모양같이 하고 더러는 두엄달이(두룽다리) 모양같이 하고 더러는 풀로 짠 전립(氈笠) 모양과 같이 하였다. 버선(襪子)은 흰 비단으로 만들기도 하고 백삼승(白三升)으로 만들기도 하였으나 등에 꿰맨 흔적이 없었고, 신은 검은 가죽으로 만들었는데 모양은 발막(發莫)과 같았다.

선체(船體)는 외(瓜)를 쪼갠 듯이 뱃머리와 선미(船尾)가 뾰족하고, 그 길이는 30발(把, 45m)이고 너비(幅)는 6발이다. 삼나무 쪽을 붙이고 쇠못으로 박았는데 못대가리의 폭 사이를 기름 섞은 회로 발랐다. 물에 잠기는 기둥과 판자는 모두 구리쇠 쪽을 붙이고 구리쇠 못으로 총총 박았으며, 치목(鴟木, 키)도 구리로 둘러싸 선미 밖에 붙였다. 상하 삼판(杉板)에 유리로 창문을 냈고, 좌우 삼판 위에 난간을 만들되 판목(板木)으로

칸을 가로질러 꾸몄으며, 뱃머리에는 취사장을 만들었다. 선미에 선관(船官)이 거처하는 방을 만들었는데 지극히 화려하게 꾸몄으며, 방 위에 판자를 깔고 사방에 놋쇠로 난간을 만들었다. 뱃머리에는 사람의 형상을 만들어 기름 섞은 회로 발라 꽂았는데 마치 멀리 바라보는 듯한 모양이었다. 또 긴 나무를 반쯤 눕게 꽂아 앞 돛(帆)의 끈을 매달았다. 선상의 허리 중앙에 닻(碇)이 닿는 데를 만들었는데 아래는 판자를 깔아 안정되어 흔들리지 않게 하고, 위는 장구 모양으로 하여 맷돌처럼 움직이게 만들었고 놋쇠(豆錫)로 장식하여 세워 두었다. 닻줄은 철사로 꼬았는데 크기가 서까래만 하다. 배 양쪽 머리에는 각각 건령귀(乾靈龜, 나침판)를 설치하고 배 좌우에는 쇠갈고리를 박아 돛 끈을 매달았다.[18]

영국 상선의 표도 사실을 알게 된 것은 조이진 만호(萬戶) 이민수(李民秀)의 보고였다. 7월 18일 어민 김대백(金大伯)·조천의(趙天義)는 고기잡이배를 타고 어로 중 어떤 중국선(唐船) 같은 배가 어선에 다가왔는데, 그 배에 귀츨라프가 올라와 은관필(銀管筆)과 당지(唐紙)를 꺼내어 필담을 하기 시작했다. 귀츨라프는 현지 주민을 통하여 "현재 수도 서울에는 유럽인은 한 사람도 없으며, 기독교라는 이름조차 모른다"는 사실을 확인했다. 귀츨라프는 선교용 복음서를 주민들에게 나누어 주었다. 이는 나라에서 금지하는 금서(禁書)인 이단좌설(異端左說)이라 '불가(不可, pulga)'라 외치면서 한사코 받지 않으려 했다. 귀츨라프는 조선 가축과 물물교환하고 국서(國書)와 성경을 포함한 예물을 조선국왕에게 전달하

18 金景善, 『燕轅直指』제1권 出疆錄 「英吉利國漂船記」(순조 32. 11. 25); 허호익, 『귀츨라프의 생애와 조선 선교활동』, pp.258~259, 金景善의 英吉利國漂船記.

기 위하여 지방관을 만나겠다고 통고했다. 국왕에게 보내는 국서 내용을 묻자 국왕전 상서를 어찌 신하에게 알리겠는가 하였더니, 지방관은 예물과 친서를 국왕에게 바치겠다고 약속했다.[19]

애머스트호는 7월 22일 장산곶을 출항, 녹도(鹿島) 동소도(東小島)를 경유, 7월 23일 충남 홍주(洪州) 고대도(古代島) 안항(安港)으로 이동, 7월 25일 고대도에 입항했다. "1832년 7월 25일. 우리는 그가 알려준 안전한 선착장을 찾으리란 희망으로 항해한 끝에, 폭풍과 안개 속에서 무사히 고대도에 도착할 수 있었다. 이곳은 정박하기에 알맞은 곳이며 바람막이가 잘된 곳이었다. 고대도에 정박하자 곧 양(梁)이라는 사람이 방문하였다."[20]

영국선이 고대도에 정박하자, 홍주목사 이민회(李敏會), 수군우후(水軍虞侯) 김형수(金瑩綏) 등이 역학 오계순(吳繼淳)과 함께 문정하러 영길리국선에 접근했다. 언어가 통하지 않지만 필담으로 의사소통이 가능했다. 그들은 영길리국 런던(蘭墩)의 흔도사담(忻都斯擔)에서 왔다고 말하면서 영길리국(英吉利國: 잉글랜드), 애란국(愛蘭國: 아일랜드), 사객란국(斯客蘭國: 스코틀랜드)를 합쳐서 한 나라를 이루었기 때문에 '대영국(大英國)'이라 칭하며 국왕은 위씨(威氏, 윌리엄 4세, 재위 1830~1837)라고 소개했다. 런던에서 북경까지의 거리는 수로로 4만 리, 육로로 3만 리 합해서 7만 리이며, 조선까지의 거리도 모두 7만여 리에 이른다고 소개하고 있다. 귀츨라프

---

19 『純祖實錄』·『日省錄』, 순조 32년 壬辰 8월 11일 乙酉; 『朝鮮史』(朝鮮史編修會, 1935), 제6편 제2권, pp.416~420, 순조 32년 6월 21일 丙寅; Gützlaff, *ibid.*, July 18, pp.322~327. 귀츨라프는 복음서를 준 후 주민의 '불가(Pulga)'라는 말은 '불태워버려(fire, or burn it!, 焚書)'라고 해석하고 있다. 그러나 이는 이단서(異端書)를 못 받겠다는 '不可'의 뜻이다.

20 『東亞日報』(2012. 12. 22), 「조선 첫 선교사 독일인 귀츨라프, 1832년 고대도서 감자 재배 기술 전수」; 『칼 귀츨라프와 함께하는 고대도 여행』(충남문화산업진흥원, 보령시 , 2012).

는 지방관에게 국서(통상청원서)와 헌상품(獻上品: 예물)을 국왕에게 전달할 것을 요구하면서 국왕의 비답(批答)을 기다리겠다고 전하자, 지방관은 우호관계를 유지하기 위하여 국서와 예물 전달을 약속했다.[21]

영국선의 규모를 보니 길이가 30발(把), 너비는 6발이며, 3층으로 된 돛대 3개를 세워놓은 삼범죽선(三帆竹船)이었다. 선수와 선미에는 각각 건령귀(乾靈龜, 나침반, 지남침)를 설치해놓았고, 급수선(汲水船: 물 긷는 배) 4척을 매달아 놓고 있었다. 선중에는 각종 병기가 갖추어져 있었는데, 환도 30자루, 총 35자루, 창 24자루, 대화포(大火砲) 8좌가 비치되어 있었다. 함장은 호하미(胡夏米·린제이)이고 선원은 모두 67인이었다. 여기서 홍주목사의 최대 관심은 영국의 정체이다. 귀츨라프는 영국은 나라 크기와 국세(國勢)가 대청국과 동등하다고 강조하면서 영국은 대청국에 조공을 바치지 않는다는 것(不進貢), 청국과 군신관계가 아니라는 것(無君臣之分), 영국 사신이 북경에 가도 계하(階下)에서 머리를 조아리지 않는다는 것(不叩頭)을 밝히고 있다.[22]

귀츨라프는 홍주목사에게 내항 목적을 다음과 같이 밝히고 있다.

21 『純祖實錄』 순조 32년 壬辰 7월 21일 乙丑; 『日省錄』 순조 32년 壬辰 8월 7일 辛巳; 『同文彙考』(國史編纂委員會, 1978), 권 4, pp.3655~3656, 禮部抄錄漂人回國咨; 李能和, 『朝鮮基督教及外交史』 하편, 咨文, pp.133~134; Gützlaff, *ibid.*, July 23~25, 1832, pp.327~331. 여기서 실록에는 영국선의 洪州 古代島 내박일을 '6월 25일', 咨文에는 '본월(6) 26일', 일성록에는 '二十八日纔到古代島'로 기록하고 있어서 차이가 나서 혼선을 빚고 있다. 일성록의 6월 28일은 양력으로 7월 25일이므로 귀츨라프의 항해기와 완전 일치한다.

22 『日省錄』 순조 32년 壬辰 7월 8일 壬子. 로드 애머스트호의 규모는 길이가 45.90m, 너비는 9.18m이다.

今年二月二十日 逢西南風來此 以國王命 奉文書禮物 上奉貴國千歲階下 只候批回 因公貿易設約 以洋布大呢羽毛綃琉璃器時辰表等貨買貴國金銀銅大黃等藥材[23]

금년 3월 22일(음 2. 20) 서남풍을 만나 이곳에 왔는데, 우리 국왕의 명을 받아 귀국과 우호친선관계를 맺고 교역하기 위하여 문서와 예물을 귀국 천세폐하(국왕)에게 올리고 비답(批答)이 내리기를 기다리겠다. 우리는 귀국과 공무역(公貿易)을 체결하는 대로 서양 베, 우단, 털로 짠 얇은 비단, 유리그릇, 시계 등 물품을 가지고 귀국의 금, 은, 구리와 대황 등 약재를 사고자 한다.

상기 '순조실록'의 홍주목사(洪州牧使) 이민회(李敏會)와 귀츨라프와의 통상교섭의 키포인트를 정리해 보면, 영국 국왕은 국서와 성경을 포함한 예물을 조선 국왕에게 헌상하겠다는 것, '公貿易設約' 즉 한영간 우호통상조약을 체결하겠다는 것, 그것은 한영간 '貨買' 즉 양국간 상품을 교역하겠다는 것을 언명하고 있다는 것이다. 그러나 홍주목사는 외교관계가 없는 나라로부터 국서와 예물을 받는 일은 전례에 없는 일이라면서 한사코 이를 접수하지 않으려 하자 귀츨라프는 이것들을 억지로 홍주목사에게 전달하면서 조선 국왕에게 전달을 재삼 간청했다. 이리하여 마침내 영국과의 교섭은 해금정책에 위배되는 처사라며 이민회 홍주목사는 파면되고 말았다.

애머스트호는 7월 25일(음 6. 28) 공충도 홍주목 불모도(不毛島)로 이동,

---

23 『純祖實錄』 순조 32년 壬辰 7월 21일 乙丑; 『日省錄』 순조 32년 壬辰 7월 8일 壬子; 李能和, 『朝鮮基督教及外交史』 하편, pp.130~133, 英吉利人 來請交易.

충청도 안면도(安眠島) 해안 일대의 지방 주민들과 접촉을 시도했다. 7월 26일 애머스트호 갑판에서 조선 국왕에게 바칠 예물을 포장했다. 신구약성서 한 질과 복음서 다수를 예물에 포함해서 포장하고 한자로 쓴 국서(國書)는 비단보에 싸들고 마을로 진입, 공식적으로 홍주목사에 전달했다. 지방관은 답례로 돼지 두 마리, 소량의 생강 및 쌀을 제공했다. 민가 출입을 허용하고 국서와 예물을 접수한 것은 우호의 표징(表徵)이 아닐 수 없다. 홍주목사는 이와 같이 국서와 예물을 조선 국왕에 바치고나서 국왕으로부터 비답(批答)을 받으려면 적어도 한 달이 걸릴 것이라고 대답했다.[24]

예물 목록에는 "우단(大呢) 최상품 4필, 색상 다양 우모(羽毛) 6필, 색상 다양 양포(洋布) 14필, 망원경(千里鏡) 2점, 유리그릇(琉璃器), 향수병, 꽃병 등 6점, 사자무늬 단추(花金紐) 12타스, 다양한 책자(선교용), 성경 한역본(漢譯本) 2질, 지리 천문 과학 책자 2질 등"이라고 기록하고 있다.[25]

조선 국왕에게 바친 성경은 모리슨이 밀느(W. Milne)의 협력을 받아 1819년에 신구약 전권을 한문으로 번역한 신천성서(神天聖書, Morrison and Mlne's Verson of the Holy Scripture)이다.[26]

귀츨라프는 이같은 푸짐한 예물과 통상교역을 요구하는 친서(국서)를 홍주목사에게 전하면서 조선 국왕에게 전달해 줄 것을 거듭 간청하면서 이에 대한 비답을 기다리겠다고 언명했다. 그러나 홍주목사는 국서

24 Gützlaff, *ibid.*, July 26, 1832, pp.331~336.

25 Hugh Hamilton Lindsay, *Report of Proceedings on a Voyage to the Northern Parts China in the Ship Lord Amherst*(London:B. Fellowes, 1833), p.228; 허호익, 『귀츨라프의 생애와 조선선교활동』, p.204, 「린제이의 조선항해 보고서 1833」.

26 리진호, 「神天聖書와 古代島」, 『現代牧會』 제16호(1983. 8), pp.156~161; 「중국 파송 선교사 모리슨과 한국성서 2」, 『現代牧會』제26호(1984. 6), pp.120~128.

(통상청원서)와 예물을 받는 일은 전례에 없는 일이라고 말하면서 접수를 거절했다. 그러나 귀츨라프는 주문(奏文) 1봉, 예물 3봉, 소책자 3권 등을 강변에 던지고 가버렸다. 이에 홍주목사는 하는 수 없이 주문과 예물은 동소임(洞任: 동장)에게 맡기고 책 3권은 영문(營門) 수영(水營) 병영(兵營)에 각각 바쳤다. 공충감사 홍희근은 외교관계가 없는 나라로부터 받은 문서는 사서(私書)로 간주, 수군우후 김형수와 홍주목사 이민회를 파출(罷黜) 조치하고 말았다. 영국 국왕이 조선 국왕에게 바칠 상헌예물(上獻禮物)은 다음과 같다. 홍색 우단 1필, 청색 1필, 흑색 1필, 포도색 1필, 홍색 털로 짠 얇은 비단 1필, 청색 비단 1필, 포도색 1필, 검붉은색 1필, 황색 1필이며, 서양 베 14필과 천리경 2개, 유리그릇 6개, 꽃무늬 놓은 금단추 6벌, 본국 도덕서(道理書) 26종 등이다. 도리서는 모리슨이 준 한역서학서 및 복음서이다.[27]

백낙준 박사는 귀츨라프 개신교 선교사는 한국에 개신교를 선교한 1832년을 한국 개신교 전래 원년으로 했다는 점에서 그 역사적 의미는 크다고 하겠다.[28] 귀츨라프는 신구약성경, 다량의 복음서 그리고 예물을 조선 국왕에 진상하며 한영 무역통상조약을 체결하자는 것이었다. 특히 영국 국왕의 국서는 별도로 비단 보자기에 싸들고 당시 홍주목사(洪州牧使) 이민회(李敏會)에 전달하면서 이를 조선 국왕에게 진상해줄 것을 신신당부했다. 이에 이민회는 조약체결의 비답을 들을려면 약 한달이 걸릴 것이라고 했다. 그러나 쇄국양이(鎖國攘夷)정책을 강행

27 『日省錄』 순조 32년 壬辰 7월 8일 壬子, 7월 9일 癸丑, 7월 10일 甲寅, 7월 11일 乙卯.
28 白樂濬, 『韓國改新敎史 1832~1910』(연세대 출판부, 1973).

하고 있는 조선이 귀츨라프의 통상조약체결 제의를 받아들일 가능성은 없다.

귀츨라프의 1832년 7월 27일자 일기에서 "우리들은 자꾸 권유한 끝에 양이로 하여금 한글 자모를 써받는 데 성공하였으며, 귀츨라프는 한자로 주기도문을 써주고 읽으면서 그것을 한글로 베끼게 하였다. 그러나 양이가 이렇게 베낀 후에는 자꾸 목을 베는 시늉을 하였다. 만약 관헌들에게 발각되면 자기의 목이 달아난다는 암시였다. 그는 두려워하는 표정이었다."[29]

귀츨라프의 한국 방문은 극히 짧은 기간이었기 때문에 뚜렷한 성과는 볼 수 없다. 그러나 한반도를 방문한 이 최초의 프로테스탄트 선교사는 굳센 믿음으로서 이러한 말을 남겨두었다. "어쨌던 이는(그의 방문) 하나님의 역사(役事)였다. 이 땅에 뿌려진 하나님의 진리의 씨가 소멸되리라고 나는 믿지 않는다.[30] 하나님의 영원한 섭리로써 그들에게 하나님의 자비가 미칠 날이 오고야 말 것이다. 우리는 이 날을 기다리고 있다. 한편 이날을 오게 하기 위하여 십자가의 도(道)를 애써 전파하지 않으면 아니될 것이다. …하나님께서 이 미약한 첫 방문 사업도 축복할 수 있다고 성경은 가르치고 있다. 우리는 한국 땅에 광명의 아침이 찾아오기를 기다려야 한다."[31]

29 C. Gützlaff, *Journal of Three Voyages along the Coast of China*, p.239; 白樂濬, 상게서 p.43. 여기서 양이란, 인명 끝자에 붙이는 것이다. 가령 예를 들면, 홍길동이, 김순각이, 박정양이이라고 표기한다.

30 *Ibid.*, pp.339~340.

31 *Ibid.*, p.355; 白樂濬, 전게서, pp.43~44.

| 3 | 조선 통상교역 거절과 귀츨라프의 선교활동

7월 27일 역관 오계순 등이 내방하자, 귀츨라프는 처음으로 선교 활동을 개시했다. 만물의 신인 예수 그리스도는 조선인에게 구세주(Redeemer)라고 설명하면서 한역 서학서 및 복음서를 나누어주었다.[32] 7월 30일 북상 항행, 서산 간월도(看月島)에 이르렀다. 김형수 우후는 유과, 국수, 꿀, 돼지고기, 수박, 생채요리, 식초 및 쌀밥 등 저녁상을 차려 놓고 귀츨라프 일행을 초대했다. 귀츨라프는 김형수 우후의 후의에 보답, 초대에 기꺼이 응했다. 이는 영국인에 베푼 최초의 향응이었다. 오후에는 섬 주민들에게 감자를 심어 주고 재배 방법을 가르쳐 주었다.

야생 복숭아와 산포도를 보고 포도주 양조법을 가르쳐 주기도 했다. 그러나 섬 주민은 조선법에는 외국 작물(作物)을 금수하기 때문에 받아들일 수 없다고 거절했다. 8월 1일 조선어 어휘집을 만들기 위하여 날마다 조선어 단어를 채집했는데, 이날은 향응까지 베풀면서도 가장 짤막한 단어마저 일러주지 아니했다. 생각건대 한영간 어구가 통하게 되면 자연히 교섭이 이루어져서 해금정책 고수에 영향을 줄 것이라고 판단했기 때문이다. 관습에 젖어있는 조선인의 절대빈곤과 불결성(filth and poverty)을 보고 개탄했다. 땅은 기름지지만 태만 때문에 황야를 에덴동산(낙원)으로 바꿀 수 없다고 지적하면서 "복음을 받아들이소서, 진리로써 받아들이는 곳에 빈곤은 반드시 없어지리라"라고 기도했다.[33]

8월 2일 귀츨라프는 섬 주민에게 의약품을 나누어주고, 독감에 걸려

32 Gützlaff, *op.cit.*, July 27, 1832, pp.336~340.

33 Gützlaff, *ibid.*, July 30, July 31, August 1, 1832, pp.340~346.

신음하는 노인 60명을 약물 치료해주었다. 서산군수 이수익(李守益)은 영국 배에 올라가 선중 화물과 집기를 적간(摘奸)하겠다고 제의했다. 그러나 귀츨라프는 조선이 영국에 교역을 허가하지 않는 한 절대로 보여줄 수 없다고 적간을 거부했다.[34]

간월도에서 지방 주민과의 접촉을 한 후 애머스트호는 8월 7일(음 7. 12) 태안(泰安) 주사창(舟師倉) 앞 포구로 이동했다. 8월 9일 국왕 사자가 내방, 앞서 조선 국왕에 전달해 달라는 친서(奏文)와 예물 등을 모두 반환하려 했다. 국왕 사자는 반환 이유를 이렇게 밝히고 있다.

8월 9일 역관 오계순(吳繼淳)이 앞서 린제이로부터 받은 통상청원서와 예물을 반환하기 위하여 린제이를 찾아왔다. 린제이는 오계순과의 대화에서 조선인들은 모든 외국과의 통상교역을 거부하는 원칙을 고수하고 있다는 것을 확인할 수 있었다. 마침내 린제이-오계순의 대화가 이루어졌다.

오계순: 바다를 건너오는 동안 위험과 곤경을 겪으셨을 것입니다. 진심으로 위로를 드립니다. 여러분들이 어떤 부상도 입지 않았기를 바랍니다.

린제이: 그렇게 말씀해주셔서 고맙습니다. 하늘의 보살핌으로 무사히 도착하였습니다.

오: 무슨 까닭으로 멀리서 찾아왔습니까.

린: 이미 통보해 드렸듯이 우리나라와 귀국과의 우호적인 통상교섭

---

34 Gützlaff, *ibid.*, August 2, 5, 1832, pp.346~348; 『日省錄』 순조 32년 壬辰 7월 14일 戊午, 7월 16일 庚申, 7월 18일 壬戌.

체결을 희망하며 귀국의 국왕께 서한과 예물을 진상하기 위해서입니다.

오: 우리나라는 지금까지 청나라를 섬겨 왔습니다. 청나라는 우리의 상국(上國)입니다. 감히 신국(臣國)이 어떻게 은밀히 외국과 통상교섭을 할 수 있겠습니까.

린: 시암(태국)과 코친차이나(베트남)는 중국에 조공(朝貢)을 바치고 있습니다. 조선도 이들 두 나라와 똑같은 조건하에 있습니다. 그러나 중국과 이 나라들은 우리 선박과 통상하는 것을 승인하고 있습니다. 귀국은 대영제국과 통상을 하지 않는 유일한 나라입니다. 왜 다른 나라들처럼 하지 않습니까.

오: 우리나라는 중국과 국경을 접하고 있습니다. 그러므로 중국의 명령과 승인 없이는 큰일이든 작은 일이든 감히 스스로 새로운 관례를 세울 수 없습니다.

린: 시암과 코친도 중국과 국경을 접하고 있지만 외국인과 통상을 하는 것을 거절하지 않습니다.

오: 우리나라는 그렇게 행동하지 않습니다. 옛날부터 지금까지 우리는 중국의 결정을 따르고 있습니다. 당신들의 사안에 대해서는 분명히 말하지만 우리는 결코 당신들의 요청을 허락할 수 없습니다.

린: 사정이 그렇다면 국왕 폐하께서 제 통상 청원에 답변해 주실 것을 간청합니다. 저로서는 그 결과를 저의 상급자에게 보여주어야 합니다. 이는 모든 국가의 관습에 따른 것입니다.

오: 우리나라의 관습은 그런 것을 허용하지 않습니다. 지방관리가 감히 이 일을 수도에 보고할 수 없습니다. 수도에 있는 관리들도 국왕께 그 문제를 감히 보고할 수 없습니다.

린: 그러면 우리는 국왕이 아니라 관리들이 거절한 것으로 알겠습니다. 그런데 관리들은 국왕에게 모든 일이 보고되어 결정된다고 계속해서 우리에게 확인하였는데 어떻게 이처럼 서로 다른 주장을 일치시킬 수 있겠습니까.

오: 이 사안은 국법에 어긋나기 때문에 고위 관리들이라도 감히 국왕께 보고할 수 없습니다.

린: 그러나 이 사안이 국왕에게 보고되었으니 국왕의 결정을 기다리라는 긍정적인 통보를 받았습니다.

오: 누가 당신에게 그런 통보를 하였습니까.[35]

린제이는 귀츨라프가 한문으로 작성한 「국왕의 조사를 위한 비망록」(A Memorial for the Inspection of the King, 胡夏米與朝鮮官員書)를 소중하게 보관하면서 이를 린제이의 '조선항행보고서'에 영문으로 번역해 놓고 있 다. 린제이는 이 문서를 보관하고 있다가 옥스퍼드대학 도서관에 기증했다.[36]

공자는 "친구가 멀리서 찾아오면 즐거운 일이 아닌가"(有朋自遠方來不亦樂乎) 라고 하였습니다. 영국 선박이 수만 리 떨어진 먼 곳에서 서한(통상청원서)과 예물을 싣고 찾아왔는데 당신들은 이를 기뻐해서는 안 되는 것입니까. 우리 영국인들이 귀국의 변방인 장산(長山)에 도착했을 때

---

35 Lindsay, *Report of Proceedings on a Voyage*(1833), pp.245~247; 허호익, 『귀츨라프의 생애와 조선 선교활동』, pp.220~222, 린제이의 조선항해보고서(1833).

36 『大韓예수教長老會百年史』(대한예수교장로회 한국교회백주년준비위원회, 1984). pp.29~34. 옥스퍼드대학의 보드리안 도서관(Bodleian Libray)에 중국의 羅忘希의 『尺牘類函呈文書達衷集卷』이란 희귀 문서 속에 귀츨라프가 작성한 「胡夏米上朝鮮王奏章」과 「胡夏米與朝鮮官員書」 원본이 소장되어 있다.

우리는 평민들만 만났을 뿐, 어떤 관리들과도 교섭할 수 없었습니다. 그래서 우리는 거기에 머무르지 않고 녹도(鹿島)로 갔습니다. 거기서 관리들이 우리를 찾아와서 고대도(古代島)로 들어가게 했습니다. 거기서 우리는 김가(金哥)라는 관리들을 만나 우리의 서한과 예물을 전하고 그것을 국왕 폐하께 보내 달라고 정중하게 요청했습니다. 그들은 이것을 약속했습니다. 우리가 오랫동안 바다에 머물렀기 때문에 우리에게 필요한 물품을 공급해 달라고 요청했습니다. 관리들은 그렇게 하겠다고 약속했습니다. 며칠 후 연락관들이 배로 찾아와서 서한과 예물이 수도로 발송되었다고 알려왔습니다. 우리가 어떻게 의심할 수 있었겠습니까. 위임받은 관리들이 계속해서 찾아와 우리 배에 관한 특별한 사항을 조사했고, 우리나라와 관련된 여러 가지 일을 물었습니다. 관리들은 이것이 국왕 폐하께 보고할 정보라고 말했고, 명확한 답신이 내려올 것이라고 했습니다. 그들은 떠날 때마다 우리의 청원에 대한 답변을 조용히 기다리도록 우리에게 지시했습니다. 이제 수석 역관(오계순)이 우리 배로 찾아와서 다음 사항을 전해주었습니다. "첫째, 조선은 중국의 속국(屬國)이며 중국 황제의 명령에 복종해야 한다. 둘째, 이 나라의 법은 중국을 제외한 모든 외국인과 교섭하는 것을 금지하고 있으므로 관리들은 감히 국왕 폐하께 그 내용을 보고할 수 없었다."

첫 번째 사항은 오류입니다. 당신들은 귀국의 지위를 공연히 낮추고 있습니다. 조선 왕국은 그 자신의 법률과 자신의 국왕에 의해 통치되고 있다는 것을 우리는 잘 알고 있기 때문입니다. 조선은 결코 외국 통치자의 명령에 복종하지 않습니다. 중국의 통계문서에 따르면, 조선과 샴(태국)은 조공국(朝貢國)일 뿐 그 이상은 아닙니다. 그러나 코친차이나(베트남)와 샴(태국)은 조선과 마찬가지로 중국에 조공을 바치고 있지만, 우리는 이들 나라와 통상관계를 유지하고 있습니다. 왜 조선과는 이것이 안 되는 것입니까. 우리는 또한 조선이 일본과 무역하고 있다는 것을 알고 있습니다. 일본은 외국인이 아닙니까. 그러나 여러분은 중국을 제외한 모든 외국과 무역하는 것은 불법이라고 주장합니다. 고관들은 자신들은 이를 감히 보고할 수 없다고 말합니다. 그러나 귀국의 수도는 그리 멀리 떨어져 있지 않기 때문에 외국 선박이 도착했다는 이례적인 상황에 대한 소문을 국왕 폐하께서 들은 적이 없었다는 것은 어렵습니다. 그리고 만일 국왕 폐하께서 이 소식을 들었는데도 관리들이 그 상황을 보고하지 않았다면 더욱 이상한 일입니다.[37]

오계순이 통상청원서와 예물을 반환하려 하자 린제이는 완강히 이를 거부하면서 돌려받지 아니했다. "귀국의 친서와 예물을 접수하는 것은 조선 국법상 위법 행위이다. 귀하의 주문(통상청원서)을 국왕에 전달할 수 없으니 돌려준다. 조선 왕국은 중국의 속국(a dependent state of China)이다. 우리는 중국의 칙허(勅許) 없이는 아무것도 할 수 없다. 이것이 우리의 법률이다. 여태까지 우리는 외국과 교섭한 일이 없다. 어떻게 지금까지 없었던 교섭을 감히 할 수 있단 말인가."[38]

이같은 국왕 사자의 통상교역 거절 이유에 대해 귀츨라프 목사는 조

---

37 Lindsay, *Report of Proceedings on a Voyage*(1833), pp.253~255; 허호익, 『귀츨라프의 생애와 조선 선교활동』, pp.100~103, 226~228; 「胡夏米與朝鮮官員書」, 『尺牘類函呈文書達衷集卷』, p.76.

38 Gützlaff, *ibid.*, August 7, 9, 1832, pp.348~350.

선에 오게 된 근본 동기를 다음과 같이 해명하고 있다.

> 우리가 여태까지 조선에 장기간 체류하는 것은 국왕으로부터 친서(통상청원서)에 대한 비답(批答: 국왕의 답서)을 받아보기 위해서였다. 조선은 만주 여진족(Mantchou Tartars), 중국, 일본을 제외하고 다른 외국과 교섭하지 않는다는 것은 사실이다. 그러나 우리가 이처럼 교섭을 추구하는 목적은 한영 양국 간의 상호 이익을 도모하기 위하여 조선을 방문한 것이다. 조선은 중국의 속국이 아니라 조공국(朝貢國)일 뿐이다. 조선은 독자적인 법률이 있기에 결단코 청제국(Celestial Empire)의 칙령(勅令)에 의해 지배되는 것은 아니다.[39]

귀츨라프는 조선은 중국의 '속방론'을 반박하면서 "안남(安南: 베트남)과 섬라국(暹羅國: 태국)도 귀국과 마찬가지로 중국의 조공국이지만 우리는 이들 나라와 교역하고 있다. 우리는 중국과 200년간 교역하고 있는데, 영국 국기를 단 상선이 광동(粤)에 출입하는 것만도 연간 6~70척이나 된다. 영국과 대청국이 무역하고 있는데 어째서 귀국과 교역하지 못한단 말인가."[40]라고 조선과의 교역 당위성을 강조하고 있다.

이같은 항의를 받은 홍주목사는 8월 12일(음 7. 17) 조선 국왕의 비답을 대신해서 영국과의 '통상불가'의 입장을 다음과 같이 개유(開諭)하고 있다.

> 我國自來 服事大淸國 旣有上國 則藩國豈敢私自交易乎 以藩邦事體 固不當與他國私交 況我本國 密邇甸服 事無巨細 悉經奏知 不敢

39 Gützlaff, *ibid.*, August 9, 1832, pp.349~350.

40 『日省錄』 순조 32년 壬辰 7월 18일 壬戌.

擅便 爾們旣無上國可據之文憑 强要前代未有之市易 事涉乖當 理難曲從 地方官何敢告京司 京司亦何敢轉達云爾[41]

우리나라는 대청국을 상국으로 섬기고 있는 속국으로서 어찌 사사로이 교역할 수 있겠는가. 번방(藩邦)의 사체(事體)로는 다른 나라와 사사로이 교린(交隣)할 수 없다. 그러므로 우리 마음대로 처단할 수 없다. 너희들이 상국의 근거할 만한 문빙(文憑)도 없이 지금까지 없었던 교역을 강요하는 것은 매우 부당한 일이니 교역 요구에 응할 수 없다. 일개 지방관이 어떻게 경사(京司)에 고할 것이며, 경사에서도 또 어떻게 감히 국왕께 전달할 수 있겠는가.

당시 조선의 대외무역은 한청 국경 지대에서 정기적으로 열리는 관시(關市)가 있었을 뿐이다. 청과의 교역을 위하여 봄가을에 정기적으로 열렸던 시장으로서 이를 호시(互市)라고도 한다. 한청 양국 상인들은 서쪽으로는 중강(中江), 북쪽으로는 회령(會寧)에서 열리는 관시에서 물물교환 거래를 행하고 있었다. 조선 당국은 이 관시에서 이언(異言) 즉 유언비어를 살피면서 단속하기도 했다. 조선은 청과의 관시 이외에는 다른 나라와의 교역을 일체 금지하고 있다. 그런데 1832년 영국 로드 애머스트호가 나타나서 이같이 교역을 강요하니 조선정부 당국으로서는 난감하지 않을 수 없다.

8월 9일 태안군수 권달준(權達準)은 앞서 받은 문서(奏文)와 예물을 돌려주려고 영국 배에 접근했다. 그러나 영국 선원 수십 명이 태안군수

41 『純祖實錄』 순조 32년 壬辰 7월 21일 乙丑; 『日省錄』 순조 32년 壬辰 7월 18일 壬戌.

와 짐(예물)을 진 교리(校吏)를 에워싸고 배 위로 오르지 못하도록 밀쳐내고 말았다. 태안군수는 일개 지방관이 이같은 문서와 예물을 경사(京司)에 올릴 수 없었고, 경사도 국왕에게 전달할 수 없다는 사정을 말하면서 반환하려 하자 영국 선원들은 한사코 이를 접수하지 않고 책자 4권을 포구 모래사장에 던지고 출항했다. 동민들이 배를 타고 뒤쫓았으나 영국 배는 화살같이 빠르게 가버렸다. 태안군수 권달준은 이국선을 성실히 방수(防守)하지 못했다는 죄(不勤防守罪), 불법책자(不經之文字)를 접수했다는 죄로 문책을 당했다.[42]

애머스트호가 장기간 주사창 포구에서 정박하자 지방관에게 양식과 반찬거리를 공급해줄 것을 요구하는 물종단자(物種單子)를 지방관에게 제출했다. 이에 정부에서는 유원지의(柔遠之義)에 의해 식량과 반찬거리를 그들의 요구대로 제공하는 대신 앞서 받아놓은 주문과 예물을 돌려주기로 방침을 정하고 경역관을 급파했다. 8월 11일 경차역관 오계순(吳繼淳)이 주문(통상청원서)과 예물 그리고 양찬(糧饌)을 조선 배에 싣고 영국선에 접근하자 그들 10여명이 조선 배에 내려와서 양찬만 받아가고 주문과 예물은 한사코 받지 아니했다. 이에 오계순은 물종단자의 양식과 반찬거리를 제공하면 주문과 예물을 받겠다 해놓고 양찬만 받아가고 주문과 예물을 인수하지 않은 것은 약속 위반이라고 항의했다. 지방관은 영국 문서와 예물을 여러 차례 반환하려고 시도했지만 끝내 반환은 실패하고 말았다.[43]

42 『日省錄』 순조 32년 壬辰 7월 18일 壬戌.

43 Gŭtzlaff, *op.cit.*, August 10, 11, 1832, pp.351~355; 『日省錄』 순조 32년 壬辰 7월 19일 癸亥, 7월 20일 甲子. 영국에 제공한 양찬은 소 2마리, 돼지 4마리, 닭 80마리, 절인 생선 4

8월 5일 우의정 김이교(金履喬)는 영국 상선이 한 달 동안 머물면서 통상교역을 강요하는 사태가 벌어졌는데 이를 물리치지 않으면 청국으로부터 사사로이 교섭했다(私交)고 문책을 당할 염려가 없지 않다고 판단했다. 우리나라 사정이 사전에 청국에 전해질 염려가 있으니 불가불 조선정부에서 먼저 자문(咨文: 청국 예부로 보내는 외교문서)을 찬출해서 보고함이 문책 후환을 방지하는 데 최선책이라 판단하고 승문원(承文院)에 자문 찬출을 명했다.[44]

咨文(淸 禮部로 보낸 외교문서, 1832. 9. 1)

藩臣無外交 關市譏異言 尤係守邦之彝典 小邦粗知義分 恪遵侯度 雖逐年互市之在例 應行者猶必待勅咨指揮 今次英吉利國 地勢敻絶 與小邦 水路相距不知爲幾萬餘里 而妄托交隣强求市易 大非事理所宜 實出圖慮之表

번신은 외교가 없고 관시(關市)에서 이언(異言: 유언비어)을 살피는 것이 나라를 지키는 이전(彝典)에 속하고 있다. 우리나라는 의리와 분수(分義)를 대충 알고 있을 뿐만 아니라 제후국의 법도를 정성껏 지키고 있느니만큼 비록 해마다 서로 물건을 사고팔고 하는 일을 의례히 행할 수 있다고 하더라도 반드시 지시하는 칙서나 공문을 기다려서 행하고 있습니다. 이번에 영길리국은 지리상으로 동 떨어지게 멀리 있는 나라로서 우리나라와는 수로의 거리가 몇 만 리가 되는지 모르는 처지에 망령되이 교린을 핑계삼아 교역을 강요하고 있으니 이는 사리에 타당한 바가

짐, 각종 채소 20근, 생강 20근, 파 20근, 마늘 20근, 고추 10근, 백지 50권, 양곡 4짐, 밀가루 1짐, 꿀 50근, 술 100근, 양담배 50근 등이다.

44 『日省錄』 순조 32년 壬辰 7월 10일 甲寅.

아니고 염려되는 표시에서 나온 것입니다.[45]

"조선정부는 영국 상선이 와서 교역을 강요하였으나 이치에 의거하여 교역을 조선과 무역을 하려고 하였으나 그 나라 지방관이 '번신은 외교권이 없다는 의리(藩臣無外交之義)'를 말하면서 여러 차례 타일러서 상선이 비로소 물러가게 하였으며, 그 나라 국왕은 근실하게 번봉(藩封)을 잘 지켜 대의를 크게 밝히고, 정경(正經)에 의거하여 종시(終始)토록 변함이 없으니, 그 정성이 가상하므로 후한 상을 내리노라."라고 물리쳐 보냈다는(斥送) 것을 기리며 조선국왕을 후하게 표창했다는 것이다.[46]

이와 같이 조선 국왕은 자문에서 첫째, 번국은 외교를 할 수 없다(藩臣無外交)는 것, 둘째, 청국의 문빙(文憑: 교역 칙허장)이 없이는 함부로 교역을 허락할 수 없다는 것, 셋째, 영국은 조선과 너무 멀리 떨어진 서양나라로서 교린을 핑계로 교역을 강요함은 사리에 어긋난다는 것 등 세 가지 통상불가 3원칙을 천명하고 있다. 그러나 한청간 외교관계(朝貢體制)를 충분히 이해하고 있는 귀츨라프는 조선 지방관에게 "조선은 영국의 교역 제의를 거절하기 위하여 조선이 스스로 청의 식민지(속국)로 격하하고 있다"고 비난하면서 "조선은 청의 속국(dependent state)이 아니라 의례적 조공국(tributary)일 뿐이다. 조선은 독자적인 법령을 가지고 있으며, 결코 청국 황제의 칙령(Imperial decree)에 의하여 지배되지 않는다"라

45 『純祖實錄』 순조 32년 壬辰 7월 21일 乙丑; 『同文彙考』권 4, 咨文, 道光 12년 9월 초1일, pp.3655~3656.

46 『純祖實錄』 순조 32년 壬辰 12월 25일 丁卯. 英吉利商船 欲在該國地面交易 該國地方官告以藩臣無外交之義 往復開導商船始行開去 該國王謹守藩封 深明大義 據經奉法終始不移誠款可美 宜加優賚賜該國王. 조선국왕에 내린 賞品을 보면, 망단 2필, 섬단 2필, 금단 2필, 소단 2필, 수자단 20필 등이다.

고 언명하고 있다.[47]

린제이 함장은 귀츨라프가 작성한 통상청원서를 이민회(李敏會) 홍주목사에게 전하면서 조선 국왕에게 전달해줄 것을 간청했지만 지방관은 국왕에게 보고하지도 않고 일방적으로 통상교역 요구를 거부하고 있다는 사실을 감지하고 배신감과 실망감을 감출 수 없었다. 이에 린제이는 조선과의 통상교역을 포기하면서 그 대안으로 홍주목사 이민회와 조난선원구휼협약을 체결했다. 이에 홍주목사는 조난선원 구제 대가를 받지 않는다는 조건으로 조난선원구휼협약(遭難船員救恤協約)에 동의했다.[48]

앞으로 어느 영국 선박이든 식량이 필요하여 이곳에 당도한다면 지체없이 공급해 주시기를 간절히 바랍니다. 불행을 당한 영국 선박이 귀국의 해안에 난파하게 되면 선원들의 목숨을 구해 주고, 따뜻하고 친절하게 대우하고, 그들을 북경으로 보내 거기서 본국으로 돌아갈 수 있게 해 주기를 간절히 바랍니다. 그렇게 함으로써 자신의 백성들의 생명을 소중하게 여기는 대영제국의 황제께서 여러분에게 큰 은혜로 보답할 것입니다. 어떤 경우일지라도 이런 선행(善行)을 베풀어 주시길 진심으로 바라는 바입니다. 우리는 이제 아무 보람 없이 시간만 허비한 채 이곳을 떠나려 합니다. 여러분 모두의 번영과 행복을 기원합니다. 린제이, 귀츨라프. 서명. 道光 12년(1832) 음력 7월 15일(양 8. 10).[49]

---

47 Gützlaff, *op.cit.*, August 9, 1832, p.350; *The Korea Times*, April 13, 1998.

48 Gützlaff, *ibid.*, August 11, 1832, p.352.

49 Lindsay, *Report of Proceedings on a Voyage*(1833), pp.252~257; 허호익, 전게서, pp.103~104; 「胡夏米與朝鮮官員書」, 『尺牘類函呈文書達衷集卷』, pp.80~81; 『대한예수교장로회백년사(1984)』, pp.32~33. "大英國之船至此之時 以糧食物常時送之 不合之澤遲 但不幸破船 在貴國海邊 救命濟困持危 本局之人往到北京 大英國之皇上報此恩"

홍주목사로부터 이같은 통상불가 3원칙을 듣고는 로드 애머스트호는 조선과의 통상교역 교섭을 단념하고 8월 17일 조수를 타고 남쪽으로 철수하고 말았다. 귀츨라프는 제주도를 목격하고 이곳에 상관(factory)을 개설하면 일본, 조선, 만주 달탄, 중국 등 여러 나라와 손쉽게 통상교역을 할 수 있을 것이라고 전망하면서 제주도에 선교 기지 건설을 구상하기도 했다. 귀츨라프는 1개월간 조선 지방민과 어울리면서 가난, 불결, 폭음 등 퇴화상(退化相)에 깊은 부정적 인상을 받고 조선인에게 절대 필요한 것은 '비누와 성서(soap and bibles)'라고 결론을 내리고 있다.[50]

귀츨라프의 1개월간 조선에서의 활동에서 이룩한 공적을 다음 세 가지로 정리해 볼 수 있다.

첫째, 귀츨라프는 한반도에 도래한 최초의 개신교 선교사로서 선교활동을 통해 하나님의 복음을 전한 개척 선교사이다. 1866년 제너럴 셔먼호를 타고 대동강을 거슬러 평양까지 올라가서 전도 활동을 시도하다가 순교한 영국 선교사 토머스(R. J. Thomas, 崔蘭軒)보다 34년, 1884년 9월에 입국한 장로교 의료 선교사 알렌(Horace N. Allen, 安連)보다 52년, 1885년 선교사 언더우드(Horace G. Underwood, 元杜尤), 아펜젤러(H. G. Appenzeller, 亞扁薛羅), 스크랜턴(William B. Scranton, 時奇蘭敦)보다는 53년이나 앞서 선교하기 위해 조선에 입국한 최초의 개신교 선교사다. 그러기에 백낙준(白樂濬)은 영국 개신교 선교사 귀츨라프가 한국을 방문하여 선교한 1832년을 '한국 개신교 선교 원년'의 해라고 정

50 Gützlaff, *ibid.*, August 17, 1832, pp.355~356; Griffis, *op.cit.*, p.360.

의하고 있다.[51]

귀츨라프는 서양 종교의 황무지에 하나님의 복음을 전하기 위해 조선에 도래했다. 더군다나 신유박해(황사영백서 사건, 1801) 이래 수천 명의 천주교도가 처형되고 서양 종교를 사교(邪教)로 낙인찍고 일체 이를 금지하고 있는 조선의 금압정책이 엄혹하에 실시하고 있는 시대 상황에서 입국한 귀츨라프는 조선의 기독교 전래에 대해 "우리가 수집한 모든 자료에 의하면 수도에는 현재 유럽인은 전혀 없고 기독교(천주교)는 그 명칭조차 알려져 있지 않다. 조선의 기독교인(천주교인)들이 당한 박해와 영웅적인 굳건한 믿음으로 인내한 자세한 내용에 대하여 얼마만큼 믿어야 할지 잘 모르겠다. 전하여 내려온 것처럼 수천 명이 신앙을 가졌다는 이유로 처형되었다면 기독교는 적어도 금지된 신조의 내용으로도 주민의 기억 속에 생생하게 남아 있을 것이다. 그런데 그 자취를 찾을 수 없다."[52]라고 보았다.

귀츨라프는 마침내 주기도문을 한문으로 써서 조선인에게 주어 이를 한글로 번역케 함으로써 첫 복음을 전하는데 성공했다. "우리들은 자꾸 권유한 끝에 '양이'로 하여금 한글 자모(字母)를 써받는데 성공하였다. 귀츨라프는 한자(漢字)로 주기도문을 쓰자, 그(양이)는 한글로 토를 달고 그리고 한글로 번역하였다. 그리고 난 후에는 그의 손으로 목 자르는 표시(시늉)를 반복하면서, 만약 관헌(官憲)들이 이 사실을 알면 자신

51 L. George Paik, *The History Protestant Missions in Korea 1832~1910*(Yonsei University Press, Seoul, Korea, 1971), pp.43~47; 白樂濬, 『韓國改新敎史, 1832~1910』(延世大學校出版部, 1973), pp.40~44; 金源模, 『近代韓國外交史年表』(단국대학교 출판부, 1984), pp.15, 95, 119.

52 Gützlaff. *The Journal of Three Voyages*, p.323~324; 허호익, 『귀츨라프의 생애와 조선 선교활동』, p.165, 귀츨라프의 조선선교여행기.

의 목이 달아날 것이라고 암시하였다. 그는 그 종이를 없애달라고 간청하였다. 그의 염려를 진정시키기 위하여 그가 보는 앞에서 그 종이를 상자 속에 넣어 잠그고 누구도 볼 수 없도록 하겠다고 확인시켜 주었다."[53]

귀츨라프는 선교용 책자를 나누어 주면서 종교가 없는 조선인에게 하나님의 복음을 전하는 전도 활동을 적극적으로 전개하면서 자신이 뿌린 하나님의 진리가 사라지지 않고 약속된 땅에 들어갈 수 있도록 허락하실 것을 기도했다.

영혼불멸에 대한 신념을 공언하면서도 중요한 요점은 설명을 못하였다. 그러나 그처럼 위로가 되는 교리에 대하여 진지한 생각을 전혀 갖지 않는 것에 의심을 표하자 우리에게 화를 냈다. 우리는 저들의 집에서 우상의 흔적을 찾을 수 없었을 뿐더러 종교의식을 행하는 것도 목격하지 못하였다. 이 모든 점에서 볼 때 저들은 아주 비종교적인 사람들이며 삶과 죽음에 대한 위로를 제공하는 좋은 교리를 구태여 알려고 하지도 아니하였다. 그들에게 인류의 구세주(Savior)에 관하여 이야기해줄 기회가 많았으며, 그 때마다 기독교 시대가 시작된 내력을 설명해 주었다. 예수 그리스도와 전능하신 하나님이 또한 그들의 구원자(Redeemer)라는 것을 들려주고 읽어 주었지만 그들은 별 관심을 보이지 아니하였다. 그러한 무심함은 조선인들의 특성으로 보이는 정신적 냉담의 정도가 극심한 것을 말해주는 것이었다. 나는 기꺼이 복음을 받

53 Lindsay, *Report of Proceedings on a Voyage*, p.239; 허호익, 상게서, p.215, 린제이의 조선항해 보고서(1833).

아들이는 사람에게는 책자를 나눠주었는데 그들은 관심을 가지고 내용을 살펴보겠으며 책자를 주의 깊게 잘 간수하겠다고 약속하였다. 나를 슬프게 한 것은 그 후 우리를 방문한 이들이 어떤 다른 책자나 다른 어떤 물품도 받으면 안 된다고 관리들이 금지했다는 사실이다. 그래서 그들은 단추 하나라도 받지 않으려고 하였다. 그러나 이 명령이 내리기 전에 이미 모든 관리와 서기들이 생명의 말씀(성경)을 받았다. 이와 더불어 역사와 지리에 관한 소책자도 함께 나누어주었다. 나는 이 금지령으로 인해 오히려 그 가치가 높아져 이 책들을 읽고자하는 열망이 고조될 것으로 확신한다.

이 모든 사건들을 내가 하나님의 은총과 돌보심을 기도로 늘 간구한 것을 하나님께서 이루어지신 것이라고 믿는다. 조선에 뿌려진 하나님의 진리가 사라질 것인가? 나는 그렇지 않다고 믿는다. 주님께서 예정하신 때가 되면 어떤 결실이 있을 것이다. 가장 낮은 계층에 속한 사람들도 글을 읽을 수 있고 또한 읽기를 좋아하는 것을 알게 되어 아주 흥미로웠다. 그들은 다른 종교가 들어오는 것을 시기할 만큼 자신의 것에 아주 편협한 것 같지 않았다. 고관들이 책자를 받는 것을 목격하고는 사람들이 같은 선물을 받으려고 밀려왔다. 이 모든 사실은 외관상 어떤 종교도 없는 것으로 보이는 이 나라에 복음을 전파할 방법을 다시 한 번 궁리하도록 우리에게 용기를 불러 일으켰다. 전능하신 하나님께서는 이러한 정치적 장벽을 제거하시고 우리들이 이 약속된 땅에 들어갈 수 있도록 허락하실 것이다.[54]

54 Lindsay, *ibid*, pp.337~340; 허호익, 상게서, pp.176~177.

귀츨라프는 조선 국왕께 통상청원서와 예물을 진상했는데, 특히 예물 속에 성경을 포함시켰다는 사실이다. 이 성경은 모리슨이 한문으로 번역한 한역(漢譯) 신천성서(神天聖書, Morrison and Mine's Verson of the Holy Scripture)이다. 귀츨라프는 홍주목사 이민회(李敏會)와 수군우후 김형수(金瑩綏)에게 성경을 주면서 조선 국왕에게 전달해줄 것을 당부하면서 "하나님이여 이 귀한 선물이 왕에게 전달되어 외로운 나라의 제왕이 하나님 말씀을 정독하여 유익하기를 바랍니다. 아멘"이라 기도했다.[55]

귀츨라프는 조선 선교를 끝내고 오키나와를 거쳐 광동(廣東)으로 돌아간 후 1832년 9월 24일자 영국 성공회에 보낸 편지에서 조선 국왕과 지방관에게 성경을 전해준 것을 감격하면서 이 일로 인해 하나님의 말씀이 조선에서 뿌리를 내릴 수 있는 근거를 얻게 되었다고 보고했다. "조선 국왕 폐하에게 성경 한 질을 전해준 것이 너무 감격스럽습니다. 국왕이 이를 받기를 거절했지만 이미 마음을 바꾸었을 것입니다. 그렇지 않았다면, 그의 관리들도 이 측량할 수 없는 보배를 받았을 것이므로 하나님의 말씀이 조선에서 뿌리 내릴 근거(footing)를 얻게 될 것입니다."[56]

귀츨라프는 8월 17일 고대도를 출항, 제주도에 이르러 제주도에 선교본부를 설치할 것을 희망하였다. "중요한 지점인 제주도에 선교본부

55 리진호,「神天聖書와 古代島」,『現代牧會』제16호(1983. 8), pp.156~161.

56 Karl F. A. Gützlaff, *The Journal of Two Voyages along the Coast of China in 1831 & 1832; The First in a Chinese Junk; The Second in the British Ship Lord Amherst with Notices of Siam, Corea and Loo Choo Island; and Remark on the Policy, Religion, etc, of China*(New York:John Haven, 1833), vii; 허호익, 상게서, p.59.

를 세운다면 무익한 저들의 쇄국정책에 큰 충격을 주지 않을까?"[57]

로드 애머스트호는 7월 17일 황해도 장연 장산곶에 내박한 이래 8월 17일 조선해역으로부터 철수하기 까지 1개월간 서해안을 순항했다. 7월 22일 장산곶 녹도 동소도를 경유, 충청남도 불모도(拂母島, 不毛島, 7. 23~24), 고대도(古代島, 7. 25~30), 서산 간월도(看月島, 7. 31~8. 7). 테안(泰安) 주사창(舟師倉, 8. 7~9), 대원도(大元島, 元山島, 8. 10), 고대도(8. 11~12) 등지를 순방하면서 개신교 전도활동을 전개했다. 귀츨라프가 조선국왕에게 보낸 상헌예물(上獻禮物) 가운데 '도리서 26종(道理書二十六種)'이라 명기되어 있는데, 이 도리서란 성경을 의미하며, 따라서 이는 바로 자신의 한역(漢譯) 신구유조성서(新舊遺詔聖書)를 포함하여 선교용 책자 26종을 가리키고 있다. 귀츨라프는 지방 주민들과의 접촉에서 이같은 선교용 책자를 다량으로 배포하면서 복음을 전하기도 했다. 조선은 신유사옥(辛酉邪獄, 1801) 이래 천주교 금압정책을 강화하고 있었던 만큼 복음서를 '이단좌설(異端左說)'로 낙인, 선교용 책자 모두를 불태우라는 분서(焚書)조치를 강화했다.[58]

| 4 | 귀츨라프 한글문화 서구 세계에 첫 전파

귀츨라프의 두 번 째 큰 공적은 한글을 서구 세계에 처음으로 전파했다는 사실이다. "한국이란 나라에 한국 사람들이 가지는 훌륭한 글자

57 Gütalaff, *The Journal of Three Voyages*, p.355; 허호익, 전게서, p.189.
58 『日省錄』 순조 32년 壬辰 8월 11일 乙酉.

가 있다."고 하면서 한국은 고유의 문자 한글을 가진 문화적 정체성이 있는 문화 민족임을 서구 세계에 널리 알린 것이다.

"어느 날 아마도 27일에 오랜 설득 끝에 우리는 '양이(Yang-yih)'로 하여금 한글 자모 일체를 쓰도록 하는데 성공하였다. 귀츨라프가 한문으로 주기도문을 쓰자, 그는 한글로 토를 달고 그리고 한글로 번역하였다. 이날 나는 여러 한자에 해당하는 한글을 입수하는 데 성공하였다."[59]

이와 같이 귀츨라프는 7월 27일 조선인 '양이'로 하여금 '한글자모 일체'를 쓰도록 해서 비로소 조선에는 고유한 문자 한글이 있다는 사실을 알게 되었다. 귀츨라프는 중국에서 활동한 선교사로서 중국어 저서 수십권을 비롯해 5개국 언어로 저서를 남긴 어학의 천재이다. 그러므로 한글이 자모와 모음을 합쳐 철자되는 과학적 문자로서 귀츨라프는 즉석에서 한글을 자습한 것이다. 이로써 조선인이 써준 '한글 음절문자'(The Corean Syllabary) 168자를 붓으로 써서 작성한 것이다.

귀츨라프는 1832년 8월 17일 조선에서의 활동을 마무리하고 중국 광동으로 귀환하면서, "가난한 나라, 조금도 자연의 혜택을 가꾸어 주지 못한 나라, 바로 이 나라가 하나님의 말씀대로 복음과 진리가 풍부해 지어라"라고 기도하면서 광동으로 귀환한 것이다.

귀츨라프의 조선 서해안 탐사 활동은 불과 1개월이지만, 그 짧은

59 Lindsay, *Report of Proceedings on a Voyage*, p.239; 白樂濬, 『韓國改新敎史』, p.43; 허호익, 『귀츨라프의 생애와 조선 선교활동』 p.215, 「린제이의 조선힝헤보고서 1833」. '양이'는 人名의 끝자에 '이'를 붙인 것이다. 인명 끝자에 받침이 있으면 '이'를 붙였으니, 가령 '박정양이' '홍길동이' '김순각이'라고 부르는 따위다. 끝자가 받침이 없으면 主格이 될 때에 '가'가 붙는다. '박규수가' '이민회가' 따위다. 이 書生의 이름은 'OO양'인데 'OO양'이라고 불려졌다. 서양인들이 끝자를 姓으로 알고 쓴 것이다. 金良善 씨의 '梁氏'說은 근거가 없다.

기간 재빨리 한글을 익히면서 누구보다도 먼저 한국말을 연구하였다. 따라서 서양 사람으로서 한글을 현대 언어학적 연구를 처음으로 성취한 선구자이다. 귀츨라프는 광동에 도착한 직후 "The Chinese Repository(支那叢報) 1832" 11월호 통신란(Communications)에 "Remarks on the Corean Language(한국말에 대한 단평)"이란 소논문을 발표했다. 이 소논문에는 구미 세계에는 한국어가 전연 알려지지 아니한 시대 상황에서 한글의 존재를 구미 세계에 알리게 된 첫 번째 사례이다. 그 당시 한국의 사정은 물론 '한국'이란 나라조차 전혀 모르는 서양 사람들에게는 "한국이란 나라에 한국 사람들만이 가지고 있는 훌륭한 고유한 문자 한글이 있다"고 널리 알린 것은 실로 놀라운 공적이 아닐 수 없다. 게다가 외국인으로서 귀츨라프는 한글 고유 문자를 자습하면서, 이같은 소논문을 통해 한국어의 우수성을 처음으로 소개한 것이다. 한국말과 한글의 계통, 한글 자모에 대한 음성학적 분류, 한글의 로마자화, 한국말의 특성, 한국어 문법, 한국어의 방언, 한국의 문화 정도 등을 체계적으로 정리해서 학술지에 발표하여 구미 세계에 처음으로 널리 알렸다는 점에서 한국어문학사에서 대단히 기념해야 할 성사가 아닐 수 없다.[60]

〈한국말에 대한 단평(1832)〉[61]

동아시아의 거의 모든 지역의 문명과 문학은 중국에서 기원했다. 먼

60 이응호, 「Gützlaff가 쓴 Remarks on the Corean Language의 연구」, 『명지어문학』제10호(1978), pp.50~60.

61 Charles Gützlaff, "Remarks on the Corean Language," *The Chinese Repository* (November, 1832), pp.266~277.

저 중국에서 글자가 사상을 표현하기 위해 만들어졌다. 중국의 덕이 많은 사람과 법률가들이 교육을 맡아 하였고, 다른 나라들은 중국으로부터 사회제도를 받아들였다. 이리하여 한국, 일본, 유구열도, 월남 및 통킹만 지역 국가들도 잇따라 교화(教化)되었다. 이 나라들이 중국의 글자의 표기 방법을 받아들였을 때, 중국 글자의 본래의 소리(발음)도 소개되었다.

그러나 그들의 발음기관의 구조가 중국의 그것과 상당히 달랐기 때문에 정확하게 발음할 수 없거나 그들 자신의 말에서의 익숙한 소리(음)와 혼동했다. 따라서 한자(漢字)를 표기의 수단으로 받아들인 나라들 사이에서 발음하는 방식이 크게 차이가 있음을 알 수 있다. 그럼에도 불구하고 각국의 궁중방언(언어)에 있어서의 중국말의 발음(이것이 참된 표준이다) 사이에는 유사성이 많이 있다. 문학이 발달할수록 이러한 구(句: 이은 말)의 사용이 방언의 회화에서도 보편화되어 갔다. 이리하여 처음에는 한자를 채용한 각국의 나라말이 중국말과는 전혀 달랐으나 점차 동화(同化)되었다.

이는 마치 로마제국을 멸망시킨 야만족들이 라틴의 단어와 구(句)를 받아들임으로써 그들 고유의 말이 점차 라틴화한 혼합방언으로 되어 간 경우와 아주 비슷한 것이다. 그럼에도 불구하고 학식이 없는 무식한 원주민에게 중국의 한자를 단순히 읽어 주기만 해서는(비록 발음이 그들 귀에 전혀 외국말로 생소하게 들리지는 않았지만) 의미를 알아듣게 할 수 없고 원주민의 토착어로 알맞게 설명해 주어야만 알아듣게 할 수 있었다. 이렇게 해서 두 종류의 말이 나타나게 되었는데, 하나는 표기 문자의 발음을 위한 것이고, 다른 하나는 생각을 말할 때 표현하는 것이다. 뒷 것을 위해 위에 열거한 여러 나라의 토박이는 그들의 발음기관에 맞는 글자를 발명해 냈다. 이러한 일반적 예는 한국말에도 완전히 적용된다.

대부분 한국 사람들은 중국글자(漢字)를 읽을 수 있지만 더 많은 편의를 위해서 그들의 말에 특별히 적합한 글자를 채택했다(이는 일본의 음절체계의 이론과 같은 것이다). 그 글자의 짜임새는 매우 간단하면서도 착상이 교묘하다.

15개의 일반음 또는 닿소리(子音)가 있는데 그 글자는 다음과 같다. ㄱ ka, ㄴ na, ㄷ ta, ㄹ lha, ㅁ mah, ㅂ pah, ㅅ tsa, ㅇ a, (또는 gna), ㅈ tsha, ㅊ cha, ㅋ k'ha, ㅌ t'ha, ㅍ p'ha, ㅎ ha, 오(ᄋ) wa. 이들 15자는 첫소리(初聲)로서 홀소리(母音) 및 겹홀소리(複母音)와 결합하여 168개의 다른 조합의 낱내(音節)를 이룬다. 다음은 11개의 홀소리(母音)이다. ㅏ a, ㅑ ya, ㅓ ö, ㅕ yö, ㅗ oh, ㅛ yoh, ㅜ oo, ㅠ yoo, ㅡ ü, ㅣ e, · ä. 닿소리는 발음이 상당히 변할 때가 종종 있다. 홀소리도 마찬가지로 변하지만 그 정도가 훨씬 덜하다.

이러한 변화는 전부는 아니지만 대개는 발음상의 편의를 위한 것이다. 한국말은 동아시아의 다른 언어들과 마찬가지로 어형변화·격변화(declension)나 동사의 활용(conjugation)이 없다. 한국말은 어형변화(inflection)의 대응으로서 언어의 위치에 관해서는 중국말과 정확히 일치한다. 한자의 발음이 한국 고유 언어와 완전히 혼합되어 있어서 현재의 구어체 언어는 대부분 합성어로 구성되어 있는데, 이같이 해서 하나의 개념을 표현하기 위해서 두 나라의 언어가 결합된 한중 복합어 단어가 사용된다.

이러한 이유로 한국말은 대단히 말수(數)가 길어진다. 얼핏 보기에는 그가 중국말과는 전혀 다른 것 같고 만주말(Mantchou)과 비슷해 보이지만 자세히 살펴보면 그 반대가 사실임을 깨닫게 된다. 중국말이 한국말과 완전히 뒤섞여지고 원주민의 언어구조에 맞도록 짜여져서 문장 전체의 의미를 삭여 보려면 토박이들이 한자를 읽는 발음에 익숙해진 다음에만 비로소 가능하다.

한국말과 일본말이 같은 점은 매우 두드러진 것이다. 한국 사람들은 고른 음조(音調)를 지나칠 정도로 주의하며, 이의 효과를 위해 종종 한 글자를 줄이거나 늘인다. 우리는 한국말을 매우 표현력이 풍부한 말이라고 말해도 좋을 것이다. 왜냐하면 한국말은 너무 거칠지도 부드럽지도 않다. 중국말은 외국 사람에게는 종종 알아듣기 힘드는데, 왜냐하면 중국말에는 겨우 절반밖에 발음되지 않는 수없이 많은 소리가 있기 때문이다. 한편 한국말은 완전히 발음을 낭랑하게 내며 따라서 알아듣기 쉽다. 한국 사람들은 L, m, n, r의 글자를 서로 섞어서 이리저리 바꿔 쓴다. 그들은 매우 엄숙한 국민이기 때문에 그들의 말을 매우 특이한 강조 형식으로 발음한다. 그들의 말이 표현력이 풍부하다고 한 것은 말을 통해 전달되는 그들의 개념의 수효가 많기 때문이 아니라(왜냐하면 토박이들의 사상은 빈곤하다) 그 말의 낭랑한 특성 때문이다. 이러한 예는 중국말의 추상개념어(抽象概念語)가 한국말 속에서 쓰이는 예에서 볼 수 있다. 그러나 이러한 개념어의 대부분은 한자의 발음에 지나지 않으며 그들의 고유의 말은 아니다.

중국말을 개발(발전)하는 데 큰 고통을 받은 것은 중국 사람들뿐만 아니라 중국에서부터 문명을 받아들인 모든 나라들도 마찬가지라는 것은 주목할 만하다. 그것을 연구하도록 북돋아주기 위해 문학적 명성을 갈구하는 사람에게나 높은 관직을 얻고자 노력하는 사람들은 한문(漢文)을 철저하게 아는 것이 의무로 부과되었다. 이 점은 한문을 쓰는 어떤 다른 나라에서와 마찬가지로 한국에서도 마찬가지였다. 문명 정도가 중국보다 훨씬 뒤지는 나라에서 한자가 널리 알려져 있는 것은 이 때문인 것이다(이러한 점은 일본에서도 마찬가지이다).

우리는 한국말 가운데에 다양한 방언(方言)이 있는지 알아 볼 수 없었다. 이러한 점은 다만 그들의 특성에서 추정할 수 있을 뿐이다. 우리는 그들 고유의 책들을 사려고 했으나 실패하였다. 그리고 그러한 책을 보는 것마저도 허락되지 못하는 형편이었다. 일본을 거쳐서 유럽에 흘러들어온 책들은 일본의 책들과 거의 비슷하였고 군데군데 가장 어려운 발췌문이 풀이와 더불어 적혀 있었다. 우리가 만났던 한국 사람들은 중국의 고전인 책들을 익숙하게 이해하고 있었고 이것이 그들의 지식의 모두(범위)인 것이다. 여기서 우리는 다음과 같이 단정을 하여도 괜찮을 것 같다. "한국 사람들은 중국으로부터 받은 작품들을 제외하고는 그들의 작품은 거의 갖고 있지 않다."[62]

모리슨(Robert Morrison, 馬禮遜, 1782~1834)은 영국 스코틀랜드에서 연합장로교회의 목사의 아들로 태어나, 런던선교회(London Missionary Society) 소속 목사로서 1807년 9월 중국에 파견된 최초의 개신교 선교사이다. 모리슨은 중국 광동을 근거지로 하여 선교활동을 하면서 신천성서(神天聖書)를 비롯하여 수많은 중국어 저서를 남겼다. 특히 그는 기독교 선교잡지 "The Chinese Repository(支那叢報)"를 1832년부터 편집책임자로서 발행했다. 1832년 귀츨라프가 영국 동인도회사 소속 로드 애머스트

62 Gützlaff, *ibid.*, pp.266~277, Remarks on the Corean Language By Charles Gützlaff; 이응호, 상게서, pp.60~68.

호를 타고 조선으로 파견할 때 모리슨은 자신의 한역성경(漢譯聖經, 神天聖書)를 비롯하여 선교용 책자를 다량 귀츨라프에게 주어 한국에 복음을 전하는데 크게 기여했다. 귀츨라프가 한국에서 1개월 동안 머물면서 7월 27일 마침내 한국 고유의 문자 한글이 있다는 것을 알고 한자에 해당하는 한글을 입수하는데 성공하였다. 이를 입수한 즉시 자음과 모음을 합쳐 글자를 표기하는 원리를 즉석에서 자습하고 '한글 자음표(한글字音表, The Corean Syllabary)' 168자를 붓으로 써서 작성하고 1832년 5월 중국 광동기지로 귀환했다.

그해 11월에 모리슨의 "The Chinese Repository"에 "Remarks on the Corean Language(한국어에 관한 단평)"[63]를 발표했다. 이때 귀츨라프는 '한글 자음표'를 모리슨에게 주면서 한글에 대한 자세한 설명을 했다. 모리슨은 귀츨라프의 한글 자음표를 기본으로 하여 연구하여 "The Corean Syllabary"를 "The Chinese Reposiotry(1833. 7)"에 발표했다. 이 소논문은 모리슨이 쓰기는 했지만 귀츨라프가 모리슨에게 '한글 자음표'(子母)를 주면서 한국어의 특성에 대해 자세하게 설명해 주지 않았다면 이러한 논문을 쓸 수 없었을 것이다. 왜냐하면 모리슨은 오로지 중국에서만 선교활동을 했을 뿐, 한국사람과의 접촉이 전무했고 한국 현지 여행을 한 사실이 없었기 때문이다. 모리슨은 한글 연구 논문을 집필할 때 자신이 바타비아에서 입수한 '한중일 어휘 발음 비교표'(Comparative vocabulary of Chinese, Corean, and Japanese with the pronunciation)를 참조했다고 밝히고 있다. 이는 바로 1789년 영국 브로우

63 *The Chinese Repository*(July, 1833), "The Corean Syllabary" pp.136~138. 숭실대학교 기독교 박물관 소장.

튼 함장이 부산 용당포에서 채록한 한영 어휘 38자, 그리고 1816년 영국 군함 알세스트호와 리라호의 함장이 조선 서해안 외병도와 상조도에서 채록한 한영 단어 28개 어휘 비교표를 가리키고 있다. 따라서 이 한국어 어휘를 보고 귀츠라프의 한글 음절표와 비교하면서 이 논문을 작성한 것이다.[64]

귀츨라프가 "The Chinese Repository(1832. 11)"에 '한국말에 대한 단평'을 발표하자 평소에 중국 선교와 아울러 한일 양국에 대한 선교에 관심을 가지고 있었던 모리슨은 귀츨라프의 소논문을 읽고 한국말에 대한 관심을 가지게 되었다. 이리하여 '한국어 음절표'(1833. 7)를 발표하게 된 것이다.

'한국어 음절표'는 우리의 글자(한글)를 거의 모두를 서양에 알림으로써 구미인으로 하여금 한글에 대한 정확한 지식을 갖게 했다는 점에서 한국어학사에 있어서 대단히 중요한 의미를 가질 수 있다. 첫 단락에는 한국말의 일반적인 특성과 아울러 한글 168자는 15개의 자음과 11개의 모음으로 결합되어 이루어지는 것을 말하였다. 그리고 '한글 음절표'를 얻은 경위를 말하였다. 둘째 단락에서는 168개의 결합을 '한글 자모표'에 기록된 차례에 따라 그 발음 현상을 각각 풀이하였다. 셋째 단락에서는 한글 글자 가운데 몇몇 특수한 발음을 갖는 글자가 있음을 적시했다. 그리고 이 글로 말미암아 한국이 서양 나라들에게 알려지기를 바라는 한편, 예수 그리스도가 한국에도 전파되기를 기원하고 있다.[65]

---

64 金源模, 「19세기 韓英 航海文化交流와 朝鮮의 海禁政策」, 『文化史學』제21호(2004), pp.947~993.

65 이응호, 「모리슨 목사의 The Corean Syllabary에 대하여」, 『국어교육』제37호(한국국어교육연구회, 1980. 12), pp.161~175.

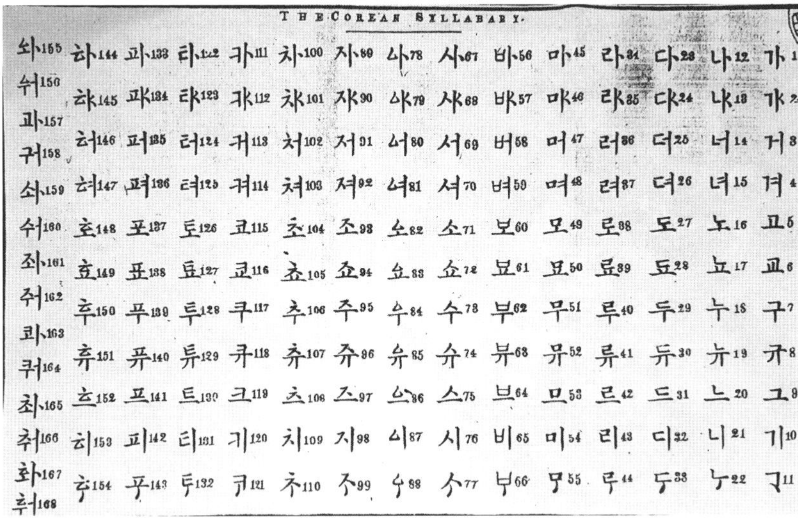
THE COREAN SYLLABARY.

하144	파133	타122	카111	차100	자89	사78	사67	바56	마45	라34	다23	나12	가1
햐145	퍄134	탸123	캬112	챠101	쟈90	샤79	샤68	뱌57	먀46	랴35	댜24	냐13	갸2
허146	퍼135	터124	커113	처102	저91	서80	서69	버58	머47	러36	더25	너14	거3
혀147	펴136	텨125	켜114	쳐103	져92	셔81	셔70	벼59	며48	려37	뎌26	녀15	겨4
호148	포137	토126	코115	초104	조93	소82	소71	보60	모49	로38	도27	노16	고5
효149	표138	툐127	쿄116	쵸105	죠94	쇼83	쇼72	뵤61	묘50	료39	됴28	뇨17	교6
후150	푸139	투128	쿠117	추106	주95	수84	수73	부62	무51	루40	두29	누18	구7
휴151	퓨140	튜129	큐118	츄107	쥬96	슈85	슈74	뷰63	뮤52	류41	듀30	뉴19	규8
흐152	프141	트130	크119	츠108	즈97	스86	스75	브64	므53	르42	드31	느20	그9
히153	피142	티131	키120	치109	지98	시87	시76	비65	미54	리43	디32	니21	기10
ᄒᆞ154	ᄑᆞ143	ᄐᆞ132	ᄏᆞ121	ᄎᆞ110	ᄌᆞ99	ᄉᆞ88	ᄉᆞ77	ᄇᆞ66	ᄆᆞ55	ᄅᆞ44	ᄃᆞ33	ᄂᆞ22	ᄀᆞ11

솨155 숴156 과157 궈158 솨159 숴160 좌161 줘162 콰163 쿼164 촤165 춰166 화167 훠168

귀츨라프의 붓으로 쓴 한글 음절표(고대도 교회 박원열 목사 제공)
한글문화의 서구 전파의 효시이다[66]

〈모리슨 목사의 한국어 음절문자표(The Corean Syllabary)〉

우리는 오늘까지 우리에게 거의 알려지지 않은 한반도의 말에 관한 귀츨라프의 편지 내용을 앞 책에 실었다(한국어에 관한 단평). 이 편지 내용에는 15개의 일반음 곧 닿소리(子音)와 11개의 홀소리(母音)로 이루어진 한국의 글자(한글)가 실려 있다. 이 글자의 배열에 대하여 말한다면, 한국말은 일본말과 다소 다르며(다른 여러 가지 점에서는 서로 밀접하게 닮은 점이 있기도 하지만), 이 글자는 168개의 결합음(字音)이나 맞춤으로 된 음절의 배열이며, 분리할 수 없는 고유한 홀소리(母音)를 각각 가지고 있다. 이러한 음절에 대한 완전한 양식(도표)으로 된 사본이 우리들에게 전해왔다. 이때 마침 우리 글자를 쓰는 한국의 서법에 대한 실례와 더불어 앞

66 저자는 2016년 10월 고대도 교회(충남 보령시 오천면)를 방문, 박원열 목사로부터 한글음절표를 받았고 귀츨라프 목사의 관련 자료를 입수했다.

에서 소개한 한국말에 대하여서 설명한 사항들을 일찍이 알리려고 하였었다. 그러나 우리가 그렇게 하지 못한 것을 후회하지 않는다. 왜냐하면 본인들은 최근 바타비아(Batavia: 네덜란드령 인도네시아 자바섬)에서 인쇄한 몇 개의 값어치 있는 발행물을 입수했기 때문이다. 여기에는 영어로 발음과 뜻을 나타낸 중국말, 한국말 및 일본말에 대한 낱말의 비교가 첨부되어 있었다.

이 낱말들은 방언의 다양성으로 말미암아 몇 가지 실례와 개개인의 발음 특성으로 말미암은 또 다른 실례로부터 일어나는 몇 가지의 글자의 발음의 변화에 관하여 본인들이 이미 가지고 있던 많은 의견들을 분명히 갖게 해주는 데 도움이 되었다. 이러한 낱말의 도움으로, 우리는 곧 음절문자의 배열순으로 수개의 글자에 대한 의미를 설명하는 것을 계속해 나갔다. 음절문자(Syllabary)에 대한 사본은 부록으로 붙이겠다. 차츰 알게 될 것이지만 모든 음절문자는 이미 설명한 바와 같이 한국의 글자를 구성하는 15개의 닿소리(子音)와 11개의 홀소리(母音)의 간단하고 손쉽게 결합되어 있다.

한국말의 음절 구성을 이루는 몇 개의 음절문자가 가지는 기능을 연구함에 있어서 분명한 것은 몇 개의 영어 글자들, 즉 f, v음, 2개의 j음, 그리고 x 겹소리를 빼고는 한국말의 음절문자를 거의 모두 표기할 수 있다는 점이다.

아울러 한국 사람들과 지내온 사람들의 말에 미루어보면 한국말의 발음법(euphony)을 대대적으로 연구하고 있는 경향이 있음을 알고 있다. 그리고 이러한 한국말은 더욱더 세밀한 연구를 할 만한 값어치가 있다. 그리고 이 글자의 형태는 매우 간단하면서도 거의 모든 소리를 자유롭게 잘 표현할 수 있다.

까닭에 우리는 가까운 장래에 한국이라는 나라가 우호적 경제적 접촉과 그리고 더욱 더한 것은 주 예수 그리스도의 같은 믿음 속에서의 교제에 따라서 서방 세계는 물론 세계 방방곡곡에까지 더 잘 알려지게 될 때가 오기를 간절히 바라고 있다.[67]

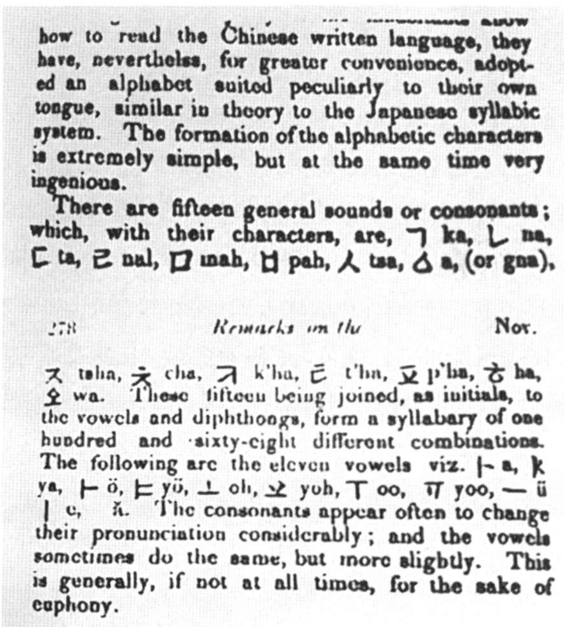

how to read the Chinese written language, they have, nevertheless, for greater convenience, adopted an alphabet suited peculiarly to their own tongue, similar in theory to the Japanese syllabic system. The formation of the alphabetic characters is extremely simple, but at the same time very ingenious.

There are fifteen general sounds or consonants; which, with their characters, are, ㄱ ka, ㄴ na, ㄷ ta, ㄹ nal, ㅁ mah, ㅂ pah, ㅅ tsa, ㅿ a, (or gna),

278 *Remarks on the* Nov.

ㅈ tsha, ㅊ cha, ㅋ k'ha, ㅌ t'ha, ㅍ p'ha, ㅎ ha, 오 wa. These fifteen being joined, as initials, to the vowels and diphthongs, form a syllabary of one hundred and sixty-eight different combinations. The following are the eleven vowels viz. ㅏ a, ㅑ ya, ㅓ ö, ㅕ yö, ㅗ oh, ㅛ yoh, ㅜ oo, ㅠ yoo, ㅡ ü ㅣ e, ㆍ ŭ. The consonants appear often to change their pronunciation considerably; and the vowels sometimes do the same, but more slightly. This is generally, if not at all times, for the sake of euphony.

중국의 보고(The Chinese Repository)라는 선교잡지에 발표한 한글 논문

귀츨라프가 서양에 선보인 최초의 한글 논문이다. 그는 조선 방문 시 조선인들을 통해 한글을 배웠다. 이 논문은 한글을 체계적으로 정리해 서양에 소개한 첫 번째 논문이었다. 그는 이 논문에서 한글의 우수성을 칭찬하였다.

67 "The Corean Syllabary" pp.136~138; 이응호, 상게서, pp.175~183.

| 5 | 귀츨라프의 감자 재배법 전수

귀츨라프의 세 번째 공적은 1832년 7월 30일 한반도에 최초의 감자 씨앗을 전해 주어서 한국인의 식생활 개선에 크게 기여했다는 사실이다. 이날 귀츨라프는 감자씨앗을 전해 주면서 재배 방법까지 자세히 가르쳐 주었다고 다음과 같이 기록하고 있다.

> 오늘 오후 우리는 해안에 감자(potatoes)를 심으러 갔으며 성공적인 감자 재배 방법에 필요한 후속 사항을 글로 써 주고, 파종(播種)하였다. 이같은 유익(有益)한 활동마저도 처음에는 완강하게 거부되었다. 이 나라 국법에 어떤 외국 농작물의 수입도 금하고 있었기 때문이다. 그러나 우리는 이 거부행위에 개의치 아니하고 '혁신(innovation)이 있어야 수익(benefits)이 있다'고 그들이 수긍할 때까지 열심히 설명하자 말없이 승복하였다. 이리저리 돌아다니며 감자에 대한 재배법을 설명하는 동안 찾아오는 주민의 접근을 막지 못한 이유로 그 임무를 맡았던 군졸이 우리가 앉아 있는 앞에서 체벌(棍杖)을 받게 되었다. 그러나 우리들의 간곡한 만류로 체벌은 집행되지 않았다. 이같은 행위는 그들의 엄격한 규율과 벼슬이 높은 사람이 얼마나 권력이 크며 무서운가를 외국인에게 과시하는 것같이 보였다.[68]

린제이의 조선항해보고서(1833)에는 귀츨라프가 감자씨앗 100여 개를 심어 주면서 그 재배 방법 기록물을 땅주인에게 전해 주고 자세히 설명했다. 이와 같이 귀츨라프는 감자를 직접 심어 주면서 "이 훌륭한 감자는 조선에 널리 확산될 것으로 기대 된다"(It may be hoped this fine

---

68 Gützlaff, *The Journal of Three Voyages*, pp.341~342(1832. 7. 30); 申昊哲, 『귀츨라프 행전』(양화진 선교회, 2009), p.219.

vegetable will be propagated in Corea)라고 전망하고 있다. 문익점(文益漸)이 1363년 원(元)나라로부터 목화씨앗을 가지고 와서 면화 재배의 원조가 되었다면, 귀츨라프가 감자 씨앗을 전해준 1832년을 한국 감자 재배의 원년으로 기록해야 한다. 그러기에 김인수는 "귀츨라프는 우리 민족에게 생명의 양식인 성경과 육신의 양식인 감자를 주고 간 고마운 선교사"[69]라고 평가했다.

오찬을 마친 후 우리 일행은 감자를 심기 위하여 상륙하였다. 귀츨라프는 감자 재배 방법을 자세히 기술한 내용을 미리 적어 왔다. 우리는 가능한 한 가장 좋은 땅을 선정하여 100개가 넘는 감자를 심었다. 수백 명의 주민들이 둘러서서 놀라운 표정으로 이를 지켜보고 있었다. 우리는 재배 방법을 기록한 종이쪽지를 땅주인에게 주었다. 그는 이것을 잘 관리하겠다고 약속하였다. 다음날 나는 그 주위에 울타리가 둘러쳐진 것을 보고 매우 기뻤다. 감자 재배의 방법(directions)대로 따른다면 이 훌륭한 농작물은 조선에 널리 확산될 것으로 기대된다. 조선의 토양과 기후는 감자 재배에 매우 적합해 보였다. 배로 돌아오자 고관들이 해안에 앉아 우리를 기다리고 있었다. 우리는 고관들과 함께 한자리에 앉아 포도주 한 잔씩 마셨다.[70]

'알렌연표'에서 "귀츨라프는 한국에 감자씨앗을 전하면서 그 파종 방법과 재배 방법을 전수했다(He planted potaoes and explained their use and

69 김인수, 『한국기독교회의 역사』(서울, 장신대출판부, 1997), p.100.
70 Rindsay, *Report of Proceedings on a Voyage*, p.236; 신호철, 상게서, p.218.

method of cultivation to the people)"고 기록하고 있다. "영국 상선 로드 애머스트호가 조선을 방문하였는데 동승한 네덜란드 선교사 귀츨라프는 전라도에 1개월간 머물면서 서적(선교용 책자), 의약품, 감자(potato) 종자를 배포하였다. 그는 전라도 주민에게 감자 씨앗을 전하면서 그 파종 방법과 재배 방법을 전수하였다."[71]라고 명기하고 있다.

고구마는 감저(甘藷·Sweet potato), 감자는 마령서(馬鈴薯·Potato)이다. 흔히 이를 혼동하기 쉽다. 고구마는 1764년 조선통신사 정사 조엄(趙曮)이 대마도로부터 한반도에 처음 도입했다. "지난해 대마도(佐須奈浦)에 처음 도착했을때 감저(고구마)를 보고 몇 말을 구하여 부산진으로 보내어 종자를 심게 하였는데, 이제 돌아가는 길에 또한 이것을 구하여 장차 동래(東萊)의 교리들에게 줄 예정이다. 일행 중에서도 몇 사람이 또한 그것(고구마)을 얻은 자가 있으니 이것들을 과연 다 살려서 우리나라에 널리 보급하기를 문익점(文益漸)이 목화를 퍼뜨린 것처럼 한다면 어찌 우리나라 백성에게 큰 도움이 되지 않겠는가. 동래에 심은 것이 만약 넌출을 잘 뻗는다면 제주도와 다른 섬에도 재배함이 마땅하다."[72]

감자의 원산지는 남미 페루인데 스페인 정복자가 1532년 유럽에 전파됐다. 유럽에서 식용작물로 가장 먼저 재배한 나라는 아일랜드이다. 그후 프랑스와 독일로 전파되어 유럽 전역으로 확대 재배되었고, 토머스 제퍼슨(Thomas Jefferson)이 프랑스 대사로 근무할 때 이 감자를 귀국

71 Dr. Horace N. Allen, "Korea and Fancy" *A Chronological Index*((Methodist Publishing House, Seoul, Korea, 1904), p.151(1832) ; 金源模, 『近代韓國外交史年表』(檀大 出版部 1984), p.90(1832).

72 趙曮, 『海槎日記(海行摠載)』(英祖 40. 甲申 7. 16, 음 6. 18). "昨年初到佐須奈浦 見甘藷求得數斗 出送釜山 鎭 使之取種 今於回路 又此求得 將a授於萊州校吏輩 行中諸人 亦有得去者 此物果能皆生 廣布於我國 與文綿之爲 則豈不大助於東民耶 萊州所種 若能蔓延 移栽於濟州及他島 似爲宜矣"

할 때 미국으로 감자를 전파하여 빠른 속도로 재배가 보편화되어 그가 대통령이 되어 백악관 손님들에게 감자요리를 대접했다. 아시아 대륙으로의 감자 전파는 17세기 후반 네델란드 선교사에 의해 중국에 전해졌다.[73]

조선 후기 실학자 이규경(李圭景, 1788~?)의 백과사전식으로 편찬한 오주연문장전산고(五洲衍文長箋散稿)에서 '북저변증설'과 '불모도 파종설'을 통하여 우리나라에 감자가 전해졌다고 기록하고 있다. 북저는 1824~25년 사이 북쪽 두만강을 건너 전래되었다 해서 북저(北藷)라고 명명했고, '불모도 파종설'이란 1832년 영국 선박이 불모도에 파종했다. "또한 일종 와언이 전하는 바, 임진년(1832년 순조 32)에 영국 선박이 홍주목(洪州牧, 충청도) 관내 고대도에 정박하였는데 불모도에 이 작물을 심어 우리나라에 들어왔다고 한다."[74]

이규경의 1832년 불모도 파종설은 1862년 김창한(金昌漢)의 원저보(圓藷譜)가 이를 뒷받침하고 있다. "1832년(순조 32)에 영국 상선 Lord Amherst호가 전북 해안에서 약 1개월간 머물고 있었는데 이 배에 타고 있던 네덜란드 선교사 귀츨라프가 의약 서적과 함께 민중에게 나누어 주고 재배법을 가르쳤다."[75]고 기록하고 있다.

귀츨라프는 산포도(머루)를 많이 발견했다면서 이를 포도주로 양조해 먹으면 조선인의 식생활에 변혁이 일어날 것이라고 전망하고 그 양

73 신호철, 전게서, p.226.

74 李圭景, 『五洲衍文長箋散稿』(1847), 萬物篇 草木類 穀種. 北藷辨證說, 不毛島播種說. "友有一種訛言 壬辰英吉利國船 泊於洪州牧古大(代)島也 漂萬種此物不毛島中 而入於我東"

75 이성우, 『韓國食經大典』(1862) 金昌漢의 圓藷譜, pp.448~449, 1981. 10. 25; 신호철, 전게서, pp.227~229.

조방법을 전수하기도 했다. “우리가 그곳에 머무는 동안 과수원이나 텃밭도 보지 못했다. 오늘은 숲속에 나는 복숭아(재래종 복사)를 발견하였으며, 며칠 후에는 산포도(머루)를 발견하였다. 주민들이 이 유용한 과목을 재배하지 않는 것이 놀라웠다. 우리가 산책하는 중에 사람 손으로 가꾼 복숭아나무는 하나도 보지 못하였다. 그들도 신맛이 나는 이 머루를 가끔 먹으면서도 머루주(wine)는 모르고 있었다. 나는 이 훌륭한 초목을 재배하는 법과 머루즙으로 맛있는 음료를 만드는 방법을 적어 주었다. 그들은 이것을 믿지 못했다. 저들이 갑판 위에서 마신 포도주는 달콤하였기 때문에 신 머루에서는 그런 것을 짜낼 수는 없다고 하였다. 대체로 이들에게 음식이 충분치 못한 것 같고 그래서 그런지 무엇이든 먹거리로 삼았고 그리고 게걸스럽게 먹어치웠다. 기후도 좋고 토질도 비옥하여 수천 명이 살 수 있을 텐데 겨우 몇 백 명만 있다는 사실이 대단히 안타까웠다.”[76]

귀츨라프는 머루넝쿨이 풍성하게 자라는 자연 조건이 좋은데도 이를 개발할 줄 몰라서 조선인은 절대빈곤에 허덕이는 원인은 바로 고립과 나태라고 진단하면서 자연의 주인인 조선인 스스로가 고립을 타파하고 자연적인 조건을 잘 이용한다면 한반도는 에덴동산이 될 것이라고 예언했다. “외국인과 교제하도록 허용했다면 그들의 현재의 상태가 지금과 같았을까. ‘고립’은 외국 문물의 수용을 차단하였고 또한 생활조건의 개선을 막았다. 이 비옥한 섬을 산책하면서 도처에 자라는 아름다운 야생화와 잡초와 덤불 사이를 휘감은 머루넝쿨을 보면서, 우리는

76 Gützlaff, *The Journal of Three Voyages*, pp.344~345; 허호익, 『귀츨라프의 생애와 조선선교활동』, p.180.

'자연의 주인'인 사람으로서 부끄러운 나태함을 비난하였다. 사람은 이 황무지를 에덴동산으로 바꿀 수 있기 때문이다. 복음의 말씀을 이 지역에 심어야 하겠다. 그래서 복음이 진리로 받아들여지기만 하면 이 비참한 생활은 종식될 것이다."[77]

귀츨라프는 로드 애머스트호의 통역 및 선의(船醫)의 임무를 지니고 조선에 파견됐다. 중국 광동에서 출항 시 다량의 선교용 책자와 의약품을 적재하고 조선에 왔다. 8월 2일 역관 오계순이 오자 수많은 주민들이 몰려왔다. 그런데 주민 다수가 감기로 고생하고 있음을 알아차리고 의약품을 나누어 주면서 복용을 권장했다. 서양 의약품을 처음으로 나누어 준 역사적인 인술을 베풀었다. "오늘은 그 어느 날보다는 방문객이 많았다. 그 중에는 매우 불손한 말을 쓰는 거만한 청년들도 있었다. 나는 지금까지 계속하여 약을 주어 왔는데 오늘은 심한 '감기'에 시달리고 있는 노인 60명에게서 충분한 양의 약을 달라는 요청을 받았다"[78]

오현기는 이같은 의약품을 나누어준 귀츨라프야말로 조선인에게 최초로 인술을 베푼 의료 선교사라고 극구 찬양했다. "이것은 단순한 의료 행위가 아니라 인술을 베푸는 것이 복음을 설교하는 것, 전도 서적을 배포하는 것과 언제나 조화를 이루기 때문에 그가 사용하는 선교 방법의 일환임이 분명하다. 이는 서양 선교사로서 근대 서양의 약을 처방하여 인술(仁術)을 베푼 최초의 역사적 기록이 될 것이다."[79]

77 Gützlaff, *ibid*., pp.346~347; 허호익, 상게서, p.182.

78 Gützlaff, *ibid*., p.347; 張琳,「郭士立的醫藥傳敎思想與實踐(The medical missionary of Gützlaff)」,『廣州大學學報』(社會科學報, 2005).

79 오현기,『굿모닝, 귀츨라프』, p.171.

제5장

영국 사마랑호의 제주도·거문도 탐측항행과 한영 언어문화 교류

| 1 | 사마랑호의 제주도 탐사항해(1845)

벨처(Edward Belcher, 1799~1877)는 1799년 영국에서 출생하여 1812년 13살의 어린 나이로 해군에 입대하였다. 1825년에는 해군 장교 비치(Beechy)가 지휘하는 군함 블러섬(Blossom)호에서 3년 동안 측량 장교로 근무하면서 해양탐사 기술을 익혔다. 1830년부터 4년간은 아프리카 대륙 서해안과 북부 해안을 탐사, 측량하면서 해양탐사와 해안선 측량의 권위자로 인정받게 되었다. 1836년에는 해군 측량선 설퍼호(HMS Sulpher, His Majesty's Ship의 약자로 영국 해군 군함의 敬稱)를 지휘하여 남북 아메리카대륙의 태평양 해안을 탐사, 측량하고 1839년 태평양을 횡단해서 귀국길에 올랐다.

그가 1840년 10월 싱가포르에 도착하자 중국 광동(廣東)에서 일어난 아편전쟁으로 본국 정부는 그에게 항로를 변경하여 이 전쟁에 참가하라는 명령을 내렸다. 약 1년간 아편전쟁에 종군하다가 전쟁이 영국의 압도적 전승으로 끝나면서 남경조약이 체결되기 직전인 1842년 본국으로 귀환하여 7년간 긴 해양탐사 활동을 마쳤다. 영국으로 귀환한 벨처 함장은 군함 사마랑(Samarang)호를 인수·지휘하라는 영국 해군성의 명을 받고 남경조약에 의해 개항한 중국 연안 5개항 측량 조사의 사명을 받고 1843년 1월 13일 다시 영국을 떠났다. 이번 항해의 주임무는 남경조약 체결로 개항된 중국 5개항에 영국 국적선들의 기항(寄港)을 돕기 위한 항로의 정밀 탐사와 해도 작성을 위한 항해였다. 그는 8개월간 긴 항해 끝에 9월 15일에야 영국의 극동함대 본부가 있는 홍콩에 도착할 수가 있었다.

홍콩에서 그는 본국 해군성으로부터 청국을 자극시키지 않게 광동이북의 중국 해안은 접근하지 말라는 탐사 지침을 받고는 광범위하게 탐사하고자 했던 본래의 계획을 수정하여 싱가포르, 보르네오, 필리핀 등 동남아 해역을 탐사한 다음, 1845년 4월 1일 다시 홍콩으로 귀환했다. 약 40일간의 휴식과 군함 정비, 보급을 받은 후 5월 9일 그는 다시 홍콩을 떠나 유구열도, 제주도·거문도 해역을 탐사, 측량한 다음, 일본 나가사키(長崎)에 입항, 물과 나무(薪水) 공급을 요구하였고, 이어 천체관측을 강행하다가 3일 만에 퇴거 명령을 받고 1847년 귀국했다.[1]

1840년 7월 청영간의 아편 밀수 문제로 말미암아 마침내 아편전쟁(1840~42)이 발발했다. 대영제국의 중국 대륙 침략이 본격화된 것이다. 아편전쟁이 한창 진행되고 있는 와중에 1841년 1월 22일 영길리국(英吉利國) 함정 2척이 40여 명의 승무원을 태우고 제주도 대정현(大靜縣) 모슬포(摹瑟浦) 가파도(加波島)에 내박했다. 영국 상선은 대포를 쏘아대며 공포 분위기를 조성한 다음 가파도에 상륙하여 소를 잡아가는 등 약탈 행위를 자행했다. 그런데 이 배가 아편전쟁에 가담한 영국 함대의 일부인지 혹은 순수한 교역선인지는 확실하게 규명할 수 없다. 영국 상선이 해적선으로 돌변한 것은 아편전쟁이라는 청영간의 교전 중이라는 제국주의적 침략전쟁과 무관하지 않다는 것이다. 중국 대륙에서는 전쟁 상태가 계속되고 있는 만큼 이같은 영국선의 약탈 행위는 조선 정부로서는 안보상 불안과 공포를 느끼지 않을 수 없었다. 이에 조선 정부는 적의 내습을 막지 못하고(禦侮) 국경수비를 강화하지(固圉) 못한 죄를 물어 제주목사 구재룡(具載龍)을 파출(罷黜)하는 조치를 단행했다.[2] 아편전

1 金在勝,『近代韓英海洋交流史』, pp.77~78.

2 『憲宗實錄』 헌종 6년 庚子 12월 30일 丙戌.

쟁이 종반으로 접어들면서 조선 정부는 "영길리국은 요즈음 토평(討平) 되었다니 다행이다."라고 안도하면서도 조선 연해에서 오랑캐 선박(夷船) 왕래가 빈번함을 경계했던 것이다.[3]

아편전쟁이 종식되고 남경조약이 체결되어(1942. 8) 청국의 5개항이 개항했다. 광주(廣州)·복주(福州)·아모이(厦門)·영파(寧波)·상해(上海) 등 5개항을 개항하고 홍콩(香港)을 영국에 할양하며, 조공-무역이란 관념을 타파하게 되었다.[4] 영국 정부는 아편전쟁을 끝내자마자 1843년 1월 13일 해군 대령(측량 장교) 벨처(Edward Belcher, 1799~1877)를 사마랑(Samarang)호 함장에 임명하면서 남경조약 체결로 개항한 청국의 5개 개항장(treaty ports)에 대한 정밀 탐측과 해도(海圖) 작성을 명했다. 벨처 함장은 약 2개년에 걸쳐 이들 5개항의 해로 탐측과 항박도(港泊圖) 작성 등 임무를 완수했다. 청제국을 굴복시킨 영국은 이들 5개항의 탐측 임무를 완수하자마자 즉시 눈길을 한반도로 돌려 장차 조선과의 통상교역의 준비 전단계로 조선 해역에 대한 탐측 활동을 전개하기로 방침을 정했다. 이리하여 벨처 함장은 1845년 5월 9일 광동을 출항, 조선 남해 탐측 원정 항행에 올랐다.[5]

사마랑호의 규모를 보면, 스쿠너(Schooner) 3범선으로서 돛대 3개가 달린 대형 범선이었다. 갑판 좌우에는 구멍을 뚫어 놓고 함재 대포를 비치해놓고 있으며 승무원은 200~250명이었다. 벨처 함장은 조선 역관과의 필담에 대비, 변발(辮髮) 차림의 청국인(廣東省 香山縣人) 오아순(吳

3 『憲宗實錄』 헌종 7년 辛丑 12월 6일 丙戌.
4 金源模, 『東西文化交流史』, p.139.
5 金在勝, 『近代韓英海洋交流史』(인제대출판부, 1997), pp.34~35; 韓相復, 『海洋學에서 본 韓國學』(해조사, 1988), pp.334~335.

亞順)을 동반하고 조선 해역으로 항진했다. 사마랑호는 1845년 6월 25일 제주도 정의현(旌義縣) 지만포(止滿浦) 앞 우도(牛島)에 내박했다. 사마랑호는 6월 25일부터 8월 1일 청국 광동기지로 회항할 때까지 총 37일간 제주도와 거문도를 비롯하여 조선 남해안 일대를 탐측 활동을 벌이면서 항로 탐측과 해도를 제작했던 것이다.[6]

1845년

6월 25일 제주도 정의현 지만포 앞 우도(牛島)에 내박.

6월 26일 정의현감 임수룡(任秀龍), 역관 이인화(李寅和) 문정.
우도를 영국 수로국장의 이름을 따서 '뷰포트(Beaufort)섬'이라 명명, 해도에 기입했다.

6월 30일 벨처 함장 제주목사 권직(權溭)과 회담. 제주성(濟州城) 입성 실패.

7월 3일 제주목사, 벨처 함장 조찬 초청, 조선군의 적대적인 군사 시위로 인해 벨처 함장 제주성(濟州城) 입성 실패.

7월 1일~14일 제주도 해역 탐측 활동. 한라산(漢拏山)을 영국 해군장관 Auckland 백작의 이름을 따서 'Mt. Auckland'라 명명했고, 한라산을 과학적 측량 기술로 한라산 고도를 6544피트(1995m)라고 해도에 기입했다.

7월 15일 사마랑호 북상 항행 거문도로 이동.

7월 16일~19일 4일간 거문도(巨文島) 탐측 활동. 거문도를 영국 해군성 차관의 이름을 따서 'Port Hamilton'이라 명명, 해도에 기입했다.

6 『同文彙考』(국사편찬위원회, 1978), 권 4, pp.3664~65, 請禁斷英夷船來往咨(乙巳).

7월 20일~24일 흥양(興陽) 초도(草島, 현 麗川郡 三山面 草島里) 탐측.

7월 25일 장흥(長興) 평일도(平日島) 강진(康津) 여단도(麗端島, 현 莞島郡靑山面 麗端里) 등 남해안 다도해 탐측.

7월 26일 제주도로 회항.

7월 27일~31일 제주도 일주 항행 탐측. 제주도를 Quelpart라 명명하고 해도 3장을 제도, 완성함.

8월 1일 제주도 출항, 청국 광동 해군기지로 회항.

1845년 6월 25일 영국 사마랑호가 제주도 정의현 우도에 내박하자 제주도 주민의 민심은 크게 동요하기 시작했다. 4년 전인 1841년 1월 22일 영국선이 대정현 모슬포 가파도에 올라오면서 대포를 쏘아 공포 분위기를 조성한 후 소를 잡아가는 등 약탈 행위를 자행한 일이 있었기에 제주도민의 공포감은 온통 영국선에 대한 경계심을 강화할 수밖에 없었다. 당시 추사(秋史) 김정희(金正喜)는 제주도 정의현에 유배 중이었다. 둘째 아우 김명희(金命喜)에 보낸 편지에서 영국선 내박으로 인한 제주도민의 민심동요의 실상을 생생하게 전하고 있다.

> 지난 스무날 이후에 영국(英吉利) 배가 정의현(旌義縣) 우도(牛島: 현 제주도 북제주군 舊左面 牛島)에 와서 정박하였는데, 이곳에서부터 한 200리 떨어져 있네. 그런데 이 배는 곧 별로 다른 목적이 없이 다만 한갓 지나가는 배이거늘 온 섬이 시끄러워서 지금까지 20일 남짓하여도 가라앉힐 수가 없네. 제주성(濟州城)은 마치 한 차례 난리를 겪은 것 같다는데 이곳은 겨우 일깨워 가르쳐 주어서 다행히 제주성과 같은 지경에 이르지는 아니하였지. 경득(景得)이를 곧 보내려고 하였으나 이로 말미암아서 배가 묶였었으므로

> 이제야 장계(狀啓)를 올린다고 하여 지금 서둘러 포구(浦口)로 내려 보내는데 좇아가 탈 수 있을지 모르겠네. 심히 걱정이 되는군.[7]

6월 26일 영국 사마랑호가 제주도 정의현 지만포(止滿浦) 앞 우도에 내박하자 정의현감 임수룡(任秀龍)이 역관 이인화(李寅和)와 함께 영국 배에 올라갔다. 이 배는 영국 국왕의 명을 받고 5월 9일 광동을 출항, 6월 26일 이곳에 도착하였는데 내항목적은 "산천을 그리기 위함이라(此爲摸畵山川云)"고 밝히고 있다. 이는 결국 육지에서 지세(地勢)를 측량하겠다는 것을 분명히 밝힌 것이다. 영국 함정에는 총계 200인의 선원이 승선하고 있다고 했다. 그 나라는 본시 조표(照票)가 없다는 것, 그들의 형모(形貌)를 보니 혹은 검고 혹은 누런 머리이고 양모(羊毛)와 같고, 상하 복장은 짙은 흑색이나 안쪽은 흰색이고 소매는 극히 좁고 작았다. 두 사람이 의자에 걸터앉았고 그 나머지 사람은 허리에 환도를 차고, 손에는 조총(鳥銃)을 들고 있었다. 총에는 삼인창(三刃槍)이 꽂혀 있었다. 새끼줄로 섬의 지세(地勢)을 재고 돌을 쌓고 회를 칠하면서 쇠못을 박고서 향을 사르고 절하면서 제사를 지냈다.

그 중에 문자(文字)를 알고 있는 한 사람은 머리를 땋아 뒤로 늘어뜨리고(辮髮) 용모와 의복이 그들과 다른 점이 있어서 물어본즉, "大淸國 廣東省 香山縣人"으로서 바로 영국 함정의 청국 통역(通事) 오아순(吳亞順)이라고 했다. 배의 규모는 전후가 평저(平底)하고 돛대 3개이고 돛

7 崔完秀 譯, 『秋史集(金正喜)』(玄岩社, 1976), pp.271~272. 去今後 英吉利船 來泊於旌義之牛島 距此爲近二百里 而彼船則別無他事 只是一過去船 而一島騷擾 不能底定 州城如經一亂 此中僅能開諭 幸不至如州矣 景得卽欲發送 而因此阻船 今始封啓云 玆今及及下浦 未知能趨及否也 甚庸關念.

대(桅上) 위에 3층으로 된 횡목(橫木)이 달려 있었다. 배 좌우에는 구멍을 파놓았는데 구멍수가 수십 개이고 구멍에는 대포를 장치하고 있다. 선중 집물(什物)을 일일이 그 수를 점검해 보려 했으나 다만 화약 대포 시량(柴糧)만이 있을 뿐이라 하면서 보여주지 않았다. 이 배는 보통 바람에 휩쓸려 표도한 상선과 다른 점이 있어서 억지로 보여 달라고 강박할 수 없었다.

영국 배가 우도에 와서 어등포(魚登浦) 외항에 이동, 우도에 상륙하여 돌을 쌓고 제상을 차리고 제례를 올렸다. 전번과 같이 영국 배는 바다 한가운데 정박하면서 혹은 동쪽 혹은 서쪽으로 이리저리 왔다갔다 해서 문정할 수가 없었다. 대정현감(大靜縣監) 한정일(韓廷馹)의 치계에 의하면 영국 배는 우도 앞바다에서 대정현 죽도(竹島) 앞바다에 있는 지사포(池沙浦)에 내도하여 무상으로 내왕해서 역시 영국 배를 쫓아갈 수 없었다. 이들은 홍모국(紅毛國)[8] 사람이라고 생각하고 있었다. 이처럼 영국인과 화란인을 혼동하고 있다. 이는 화란인은 17세기 전후부터 동인도회사를 바타비아(Batavia: 인도네시아 수도)에 설치, 아시아 여러 나라와 교역을 화발히 전개하고 있었기 때문에 대정현감은 이들 영국인을 화란인으로 오해하면서 과연 홍모국과 조선국과의 거리가 얼마나 되는지 모를 일이고, 언어마저 불통이라 드넓은 바다(重溟)로 격해 있어서 너무나 멀리 떨어져 있는 나라이기에 거친 파도를 헤치고 바람으로도 말과 소로도 갈 수 없는 나라라고 인식하고 있었다.[9]

8 金源模, 『東西文化交流史』, p.181. 홍모번(紅毛蕃, hung mao fan). 중국에서는 홍모인(紅毛人)을 네덜란드인(荷蘭·和蘭人)을 가리킨 이칭(異稱)이다. "네덜란드 속칭으로서 홍모번을 홍이라고 한다(荷蘭俗稱 紅毛蕃 亦曰紅夷)".

9 『同文彙考』(국사편찬위원회, 1978), 권 4, 헌종 11년 乙巳 7월 초4일; 『朝鮮史』(朝鮮史編修會, 1936), 제6편 제3권, 헌종 11년 乙巳 6월 29일 己未.

사마랑호의 벨처 함장의 우도 주위 해역에 대한 탐측활동은 6월 26일부터 본격화되었다. 6월 25일 우도에 정박한 사마랑호는 닻을 감아 걸고 보트를 타고 우도 상륙 준비를 하자 작은 어촌 섬 주민들이 몰려와서 우리를 맞이하면서 우리가 상륙하기 좋은 지점으로 올라오라는 시늉을 했다. 그들이 올라오라는 상륙 지점으로 올라가기를 주저하자 그들 어민 한 사람이 내가 탄 보트에 올라와서 내 어깨에 손을 대고 밀어 제치자 다른 사람들도 손을 흔들면서 암초가 없는 왼쪽으로 올라오라는 손짓을 했다.

우리의 중국어 통사 오아순은 섬 주민들과의 언어소통이 불가능했다. 그래서 어민들은 통사와의 언어소통이 안된 것은 우리가 상륙을 주저하고 있다고 오해하기에 이르렀다. 나는 더 이상 그들을 의심하지 않는 것이 낫겠다고 생각하고 승무원들에게 항만 안으로 진입하라고 지시하고 나는 먼저 연안 위로 올라갔다. 나는 총(musket)을 들고 선원들도 무기를 휴대하고 나를 따라 올라와서 작은 언덕(mound, 土壘)을 점령했다. 어민들은 우리를 함부로 다루어서 아니 된다고 직감하고, 우리 양자 사이에 상호 양해가 조성되었다. 한자(漢字)를 아는 한 노인장이 "來航目的"이라 써서 나에게 물었다. 이에 통사로 하여금 양지바른 곳에 올라가서 토지를 측량하기 위하여 왔다고 설명했지만 그들은 이 말을 알아듣지 못한 것 같았다. 우리가 일광욕(日光浴)을 하겠다고 손동작으로 의사를 전달하자 그들의 거부 반응을 완화하는 데 효과를 거두었다. 이리하여 어민들은 우리에게 친절하게 대했고, 우리 승무원들이 담수(淡水)를 길어오고 천막을 치는 일도 도와주었다. 화물을 실은 바지선이 연안에 도착하자 그들은 배 안을 보고 싶다고 했다. 바지선에는 놋쇠 6파운드 포(the brass six-pounds)를 보고는 제주도에는 이보다 더 큰 대포가 있다고 말했다. 우이는 현재 와 있는 섬 이름을 확인하려고 몇 차례 시도했지만 이 섬이 'O-tcheou-san' 이라는 것 이상 알 수 없었다.[10]

구경꾼들이 점점 불어나게 되자 그들은 꼬치꼬치 캐묻기 시작했고, 나는 아주 귀찮아서 마침내 보초를 세워서 그들의 접근을 허용치 않았다. 우리가 접촉한 어민들의 태도와 사람됨이 너무 지저분했기 때문에 그들을 멀리할 필요가 있었다. 그들은 호기심과 건방진 무례로 기본 예법의 한도를 넘어서서 행동하고 있었기에 백인들(white face foreigners)도 무기의 도움 없이도 그들의 체면 없는 행동을 응징할 수 있다고 가르쳐 주었다. 일몰 직후에 나는 경계령을 내리면서 우리 막사 주변의 경비를 두 배로 강화했다. 우도 항구에는 더 많은 바지선을 정박케 하면서 어떠한 공격이라도 물리칠 수 있을 만큼 경비를 강화했다.

그러나 자정 직후 구름이 끼어 있어서 별을 관찰할 수 없는 동안 잠시 선원들이 선잠을 자고 있었는데 우리 뒤쪽에서 함성 소리에 잠을 깨고 말았다. 이내 토착민(natives)들은 각기 횃불을 치켜들고 함성을 질러대며 우리 쪽으로 달려오고 있지 않는가. 이러한 돌변 사태는 우리 장병들에게 돌발 소동에 대응하는 데 좋은 시험 연습의 기회를 제공했다고 판단했다. 즉각 바지선에서는 대응 행동 개시 준비를 했다. 장탄한

10 Captain Sir Edward Belcher, Commander of Expedition, *Narrative of the Voyage of H. M. S. Samarang*, During the Years 1843~46; Employed Surveying the Islands of the Eastern Archipelago; Accompanied by a Brief Vocabulary of the Principal Languages. With Notes on the Natural History of the Islands, by Arthur Adams, Assistant-Surgeon, R.. N.(London:Reeve Benham and Reeve, King William Street, Strand, 1848), Vol. Ⅰ, pp.325~326.

머스킷 소총 18정에 총검을 장착하고 적의 내습을 기다리고 있었다. 횃불주민이 가까이 오면서 상호 오해는 발생하지 않았다. 우리 장병 다수는 한바탕 싸우고 싶었지만(eager for the fray) 우리는 적대 행위를 개시할 입장도 아니었고, 조선 주민들도 호전적인 의도로 우리 쪽으로 몰려온 것도 아님을 알게 되었다. 왜냐하면 그때 제주도에서 파견한 조선 장병 일행이 우리가 있는 우도 섬으로 올라왔다는 사실을 알게 되고 안도했다. 그들은 우리를 감시하는 것이 그들의 당연한 의무라고 생각하고 자기들은 아무 두려움이 없다는 제스처를 보여주었다. 우리의 경계 연습 시험은 크게 효과를 보았다. 우리가 냉정을 잃고 무슨 오해로 행동했더라면 하마터면 조선 주민 10여 명을 희생시킬 뻔 했다. 주민들은 횃불 시위를 하면 우리는 충분히 놀랄 만큼 약해질 것이라고 생각했었을지 모른다. 그러나 그들은 머스킷 총을 그들을 향해 겨누고 있음을 보고 깜짝 놀라서 조선 주민들은 앞으로 다가오지 않고 뒤로 물러나고 말았다.[11]

횃불 시위대 중에는 첨사(chief)가 있다고 언급했지만 그의 사행(使行, errand)의 성격에 대해서는 말이 없었다. 우리는 한자(Chinese characters) 필담으로만 의사소통이 가능했다. 그들은 제각기 집으로 돌아가서 해산해서 우리는 비로소 별을 관측할 수 있었다. 우리는 맞은 편 산꼭대기에 대한 경계 감시를 계속 유지하고 있었는데, 그곳 정사각형 요새지를 지키고 있는 보초병이 이리저리 움직이면서 경비를 서고 있었다. 정해진 시각, 일몰 무렵과 밤 동안 드디어 봉홧둑(烽火臺, 烽燧臺)에서 봉홧

11 Belcher, *Narrative of the Voyage of H. M. S. Samarang*, Vo. Ⅰ, pp.326~327.

불이 전달되었는데 그것은 사마랑호와 보트가 있는 가까운 곳에서 봉홧불(signal fires)이 일어나면 연속해서 다른 봉화대로 전달되었다.

낮에는 봉화 대신 연기(smoke)를 피워 연기가 신호로 전달되었는데 그것은 배와 보트가 있는 가까운 곳에서 봉화가 일어나면 연속해서 다른 봉화대로 전달되곤 했다. 연기를 피우는 방법도 아주 솜씨 좋게 얌전하게 피웠다. 볏짚을 아주 잘게 썰어서 이에 물을 먹이거나, 때로는 왕겨에 불을 붙여 놓으면 짙은 흰 연기가 끊임없이 피어오르고 있다. 우리는 그후 이같은 연기 신호를 모방해서 측량 신호로 이용했다. 우리 장교 몇 사람은 봉홧불의 형태(form)로 보아 그 불꽃의 상징적 의미를 구별할 수가 있다고 장담하고 있다. 그러나 나는 이를 식별할 수 없었다. 그들이 가지고 있는 쌍안경은 성능이 빈약하고, 우리가 휴대하고 있는 쌍안경은 최고의 품질이며, 그들의 판단은 추측에 불과하며 적어도 관찰 대상물간의 거리는 3마일이라고 고려한다면 나는 그같은 추정은 근거가 없다고 생각했다. 우리는 제주도 탐측을 시행할 준비를 했다. 나는 제주도 당국의 동의 없이 강제로 제주도 지세 측량과 해역 탐측 행위를 엄금한다는 훈령을 내렸다.[12]

6월 30일에 정의현감 임수룡(任秀龍)이 역관 이인화(李寅和)와 함께 우리 함정을 방문, 제주부(濟州府) 고위관원(Quelpart General)이 영국 함정을 방문할 것이라고 암시했다. 우리는 그들을 적절하게 환대할 준비를 했다. 정오 직전에 3척의 대형 선박이 제주도로부터 출항해서 이곳 우도로 온다는 통보를 받았다. 그러나 강한 바람이 불고 높은 파도가 남쪽

12 Belcher, *ibid.*, p.328.

으로 치기 때문에 그들의 행선(行船)은 더딜 수밖에 없었다. 가장 큰 배에는 제주 관원이 타고 있었는데 위의(威儀)를 갖추느라 요란한 취타(吹打) 소리는 귀에 거슬리는 불협화음을 내고 있었다.

드디어 배가 도착, 제주 관원은 사마랑호 갑판 위로 올라왔는데 그는 장교와 경비병의 영접을 받았고, 예포 3발의 환영 인사를 받았다. 이는 청국의 동급 관리에 행해지는 관례(customary compliment) 인사 예법이었다. 그는 깡마른 체격에다 키가 겨우 5피트 6인치가량의 작달막한 신장에 얼굴이 곱상하게 잘생긴 사람으로서 이마가 날카롭고 작은 눈을 가진 그리스인(Grecian) 같았다. 그러나 아주 지성적이고 그의 체격에 비해 발이 작았다. 그의 머리는 유구인(琉球人) 머리 스타일로 잘 다듬어 빗겨 있었다. 그러나 갈색 비단으로 짠 정교한 망건을 쓰고 있었다. 갓(hat, 統營갓)은 대나무 테에다가 성기고 얇은 천으로 짠 검은색 모자였다. 갓 테의 직경은 약 2피트이고 갓의 원뿔 모양의 길이는 9인치이고, 상투의 직경은 3인치, 그것은 약간 볼록하게 치솟아 있었다. 일종의 회전고리 부분에 한두 개의 공작 깃털을 달고 있어서 머리장식은 아주 우아해 보였고, 이는 군사적인 인물에는 어울리는 것이었다. 제주 관원은 군청색(群靑色)의 자기제품으로 된 구슬 알로 된 갓끈 목걸이와 칼라를 달고 있었다. 다른 하나는 귀 뒤를 묶어서 끝에 호박(琥珀)을 달고 있었다. 그의 손에는 흑색 나무에 6인치가량의 명주(明紬)끈이 달려 있었고, 끝에는 술 장식이 달려 있는 홀(笏, 手板, a wand of office)[13]을 들고 있었다. 관작의 상징물인 권표(權標: 직권을 표시하는 官杖)을 들고 있었다. 이

13 벼슬아치가 왕을 뵐 때 조복에 갖추어 쥐는 물건인데, 1품~4품까지는 象牙笏, 5품 이하는 나무로 된 홀을 가진다. 여기 제주부 고위 관원은 5품 이하의 관직이어서 나무로 된 홀을 들고 있다.

는 권표(official marks) 또는 관장(his official marks or of rank and office)을 의미한다.[14]

벨처 함장은 제주 관원의 의복 양식을 세밀하게 분석·관찰하고 있다. 그는 삼베 바지저고리를 입고 버선을 신고 가죽신(leather boots)을 신고 있었다. 종자(從者: 수행원)들은 유구인(琉球人) 옷차림을 하고 있었다. 종자들의 신발을 보면 모두 짚신을 신고 있었다. 길을 걸을 때 아랫도리를 가뜬하게 하기 위하여 각반(脚絆, gaiter) 같은 행전(行纏)을 치고 있었다.

우리 손님 제주 관원은 아주 편안해 보였다. 함정 안을 두루 돌아다니면서 호전적인 사람들의 흥미를 끌만한 물건 하나하나에 세심한 주의를 기울이며 살펴보았다. 대포의 규모, 포탄(砲彈, 탄환)의 무게, 쇠사슬 닻줄, 갤리선(galley: 함장이 타는 대형 보트) 안에 있는 주방도구 등이 그의 관심을 끌기에 충분한 것이었다. 동력(動力)의 인상(an impression of power)을 끌만한 물건을 고르라한다면 그것은 쇠사슬 닻줄이었을 것이다. 제주 관원은 여러 차례 쇠사슬 닻줄이 있는 곳으로 되돌아가서 자세히 살펴보았다. 서구문명에 대한 충격을 느낄 수 있는 대목이다. 역관의 말에 의하면 "강자만이 그런 일을 해냈다고 말했다(he say must have strong man do that work)"

그는 우리 함정 안에서 기르고 있는 양, 염소, 닭 등을 보고 아주 기뻐했다. "이곳은 모든 것이 갖추어 있어서 '우리집'이라 해도 꼭 들어맞는 말이다(he say all got proper house)." 아래층 갑판으로 내려가면서 선원

14 Belcher, *ibid.*, pp.328~330

들의 편안한 일상 선상 생활, 선원의 급식 상태들을 보고 찬탄하고 놀라는 모습은, 심지어 우리 영국인들도 완전 놀라게 했다. 제주 관원은 다른 세계를 발견하고 공포와 전율을 느낀 것이 아닌가고 의심하지 않을 수 없었다. 더 많은 사람들이 내려와서 이제 벨처 함장실(cabin)로 들어가 보길 원했다. 마침내 함장실에 들어가서 전축(a musical box)에서 울려나오는 음악 곡조를 듣고 무척 즐거워했다.

함장실에서 제주 관원은 사탕과자(sweet meats)와 포도주(wine) 대접을 받으면서 자기의 상사인 제주목사(濟州牧使, the commander of the forces)가 제주도에서 나를 만나고 싶다고 나에게 전해 주었다. 벨처 함장은 즉각 제주목사의 초청을 수락하고 제주도로 행선(行船)할 준비에 착수했다. 그래서 보트에 완전 무장한 장병을 태우고 제주도로 항진했다. 두 개의 사주(砂洲) 사이에 자리 잡은, 아주 상륙하기 편리한 지점으로 벨처 함장은 장병들을 거느리고 상륙했다.

우리는 초라한 천막 아래에 앉아 있는 제주목사 앞으로 인도되어 갔다. 이 군막(軍幕)은 우리 일행의 햇볕조차 가려주지 못했다. 이 군막 아래에 3면으로 펼쳐진 대형 병풍으로 에워싼 널찍한 곳에 제주목사 권직(權溭)은 좌정하고 있었다. 마치 조그마한 작은 사랑방처럼 꾸며놓았다. 그는 사전에 계획했을지도 모를 영접의 예법 절차를 완전 생략하고 그저 나에게 어서 좌정하라고 손짓했다. 나는 대등한 인간관계의 입장에서 스스럼없이 제주목사 가까이에 펼쳐있는 멍석(돗자리) 위에 좌정하면서 진짜 영국식 인사법으로 악수인사를 나누었다(shook him by the hand). 서로 맞절하는 조선 전통 인사 예법을 행하지 않고 영국식 악수인사를 행하자 그는 어느 정도 불안해하는 모습을 보였지만 이내 억지로 꾸민 엄숙한 태도는 사라지고 말았다.

의례적인 공식적 문정(問情)이 시작되었다. 제주목사 권직은 벨처 함장에게 다음과 같은 세 가지 질문을 했다.

1. 당신은 어느 나라 사람인가?
2. 무엇을 원하는가?
3. 언제 떠나서 어디로 가는가?

이같은 물음에 대해서 나는 일반적인 대답을 했다.

우리 함정이 안전하게 항행할 수 있도록 잘못 그려진 해도(海圖)를 바로잡기 위해 우리 빅토리아 여왕(Queen)께서 본인을 파견, 여러 나라를 방문하게 했다. 우리 함정이 연안에서 좌초 난파되지 않도록 여러 도서(島嶼) 주위에 숨어 있는 암초(위험물)를 파악해야 함은 중요한 항행 임무이다. 적절한 방법으로 최대의 효과를 거두기 위하여 태양과 별을 관찰하는 것이 필요하고, 그래서 섬 주위에 여러 언덕에 올라가 측량했던 것이다. 그러나 이같은 측량을 위해 섬 주민이 살고 있는 마을(towns)에 들어가 주민의 생활을 방해하고 싶지 않다. 그러므로 어떤 푯말(標抹)을 세워 측량을 방해하는 일이 없도록 엄격한 금지훈령(injunctions)을 내리고, 우리의 측량 작업 계획(operations)이 모든 나라와의 화합을 깨뜨리지 않기를 희망하며, 우리의 탐측 목적이 전 인류에 혜택이 되고 본인은 우리 주군(主君, Sovereign)의 종(從)일 뿐만 아니라 세계 모든 나라의 종이라 생각된다. 우리는 탐측 작업 임무를 완수한 즉시 조선으로 항진해서

(we should proceed to Korea) 통치권력(the ruling power)을 본 다음 일본을 방문, 음식물을 공급 받은 후 청국으로 돌아갈 것이다.[15]

나는 이와 같이 나의 세계 각국의 항행 목적이 국적을 불문하고 어느 나라 배라도 안전한 항행을 위해 각국의 해역을 탐측하면서 해도를 작성한다고 설명하고, 여러 도서에 올라가서 지세(地勢)를 측량하는 것은 세계 인류의 안전 항행을 위한 것이라고 밝히자, 제주목사는 내 설명을 이해한 듯이 보였다. 그래서 본인의 소원을 따르겠다는 명령을 내렸다. 이로써 사마랑호는 제주도 해역에 대한 탐측 활동이 허용된 것이다. 제주 관원은 조선과 영국과의 거리를 알아보기 위하여 세계지도(the map of the world)를 보고 싶다고 했다. 대영제국의 빅토리아 여왕은 세계 모든 인류에게 혜택이 되는 일을 수행하기 위하여 대전함(great war-ships)을 파견한 것은 대단히 친절한 처분이 아닐 수 없다. 벨처 함장은 제주부(濟州府)에서 제주목사(the Examiner, the de facto Governor of the Island)와 회합할 때 세계지도를 보여주겠다고 약속했다. 우리는 어떤 위대한 사람을 만날 수도 없고, 용기 있는 많은 조선 군인들을 만나게 되어 결국 내가 이들 조선 군인들에게 속아 함정에 빠지게 될까 경계했던 것이다.

우리와 조선인 사이에 벨처 함장의 제주부를 방문하는 문제를 두고 모든 교섭이 만족스럽게 합의되었다. 사탕과자와 일본술(Sake or Sam Schoo) 등이 나왔고, 그들은 우리가 알고 있는 의복, 제복에 대해 비상한 호기심을 가지고 보았다. 나는 우리 선원들에게 먹일 황소와 채소를 구

15 Belcher, *ibid.*, pp.330~333.

입하고자 물물교환 조건으로(a means of exchange) 여러 가지 종류의 나사(羅紗), 플란넬(綿), 면직물 샘플을 준비해서 제시하면서 우리가 원하는 물건(황소와 채소 등)을 얻을 수 있겠느냐고 물었다. 이와 같은 물물교환 방식의 교역이 만족스럽게 타결되어 우리가 작별하려 할 때, 나는 호기심 많은 한 구경꾼이 우리 쪽으로 무작정 밀어재치면서 달려들어 오는 게 아닌가. 너무나 저돌적인 침입으로 포졸(捕卒)도 이를 제지할 수 없을 정도였다. 캐묻기를 좋아하는 그는 호기심이 지나쳐 경비병을 무시하고 무례한 행동을 보였고, 결국 경비병은 크게 당황하여 예상보다 더 거칠게 그를 물리치고 말았다.

이러한 뜻밖의 돌변상황이 벌어짐에 그들 관헌들은 필요할 경우 위반자를 처벌할 수 있는 권한을 가지고 있다는 것을 입증해 주었다. 범인을 신문하는 절차나 전지군법회의(drum-head court martial)와 같은 형식을 빌리지 않고 제주관원(Provost)은 돌연 직무태만자(범법자, delinquent)를 체포하고, 건장한 네 포졸들에 의해 포도장(捕盜將, police magistrate)앞으로 연행되었다. 범법자는 모자를 벗은 채 머리를 풀고 무릎을 꿇고 앉게 했다. 한 선원은 그를 떠돌이(adrift)라고 말했다. 고집스런 사람들이 소중하게 고수하고 있는 이 머리 스타일은 중국인과 변발(辮髮)민족을 위해 근무하는 사람들의 머리장식이었다. 포도장이 죄상(罪狀)을 진술하자 아주 신속하게 판결이 내렸다.

할리퀸 어릿광대의 관장(官杖, Harlequin's wand)은 이러한 목적을 위해 사용된 도구로 큰 곤봉(a large bat)이나 할리퀸 어릿광대가 들고 다니는 나무칼에 비길만하다. 그러나 그 관장(官杖)[16]은 물푸레나무로 만든 길

16 笞杖(태형과 장형)은 두 가지가 있으니, 笞刑은 매로 볼기를 치는 형벌로서 10度에서 100

고 무겁고 긴 손잡이가 달린 관장으로서 자유로이 굽힐 수 있다. 사용자가 편안한 자세로 범법자에게 일격을 가해 무릎을 꿇릴 수 있게 하는 거리를 가늠하고 이 도구를 범인 머리 위로 휘둘러 무릎마디 바로 위 넓적다리 뒤쪽에 내리쳐서 도구의 유연성 때문에 수족을 부러뜨릴 만큼 힘껏 친다는 것이다.

나는 이같은 하찮은 경범죄인에 대한 장형(杖刑)과 고문은 비인도적인 처사임을 지적하면서 중지할 것을 호소했지만 내 소망은 소용이 없었다. 그러나 나는 거듭 내 소망의 타당성을 설명하자 그 무서운 곤장매질을 십여 차례 치고 나니 큰 상처를 입히고 말았다. 내가 보기에는 이러한 장형은 잔인한 형벌이라고 생각하였다. 나의 장형 중지 요청으로 범인은 풀려나자 그는 재빨리 옷을 치켜 입고 도망치고 말았는데 그는 이러한 형벌에 익숙해 있는 것처럼 보였다.[17]

7월 2일 제주 관원이 떠나자 우리는 우도 사마랑호로 귀환했다. 그 다음날 제주도 탐사 활동이 본격화되었다. 제주도 탐사 활동 중 시종 군 수비대(military guards)의 엄중한 경호를 받으면서 탐사 활동을 진행했다. 이는 질서를 유지하고 원주민과의 자유로운 통신을 하기 위해서다. 우리 함정이 조선 포대나 군 주둔소(military station)에 도착할 때마다 군기와 창 등의 대시위가 있었으나 상호간 교신(交信)은 없었다.

제주도는 여러 지역으로 구분되는데 각 현은 현감이 독자적으로 지

도에 이름. 杖刑은 곤장으로 볼기를 치는 형벌로서 60~100도 까지 친다. 곤장이란 도둑이나 군율을 어긴 죄인의 볼기를 치는 형구로서 버드나무로 넓적하고 길게 만든 몽둥이로 重棍, 大棍, 中棍, 小棍, 治盜棍 등 5가지 종류로 볼기를 치고 있다. 집장사령이 태장가지를 공중에 휘두르면서 내리쳐 물고(物故)를 낸다.

17 Belcher, *ibid.*, pp.333~334.

배 관장하고 있다. 그러므로 현감의 의향 여하에 따라 교섭은 원활화되기도 하고 지연되기도 한다. 탐사 활동 제3일째 되는 날에 우리는 보트를 타고 편안하게 낮잠을 잤다. 작은 포구로부터 떨어져 있고 4분의 1 마일 정도의 거리를 두고 정박해 있어서 안전했다.

이때 25세 정도의 좋은 인상을 풍기는 청년 명사(chief personage) 한 분이 우리 보트에 내방, 우리에게 잠을 깨라고 소리쳤다. 보트에서 잠을 자는 것이 내 의도인 것을 알고서 자기 집으로 와서 잠을 자라고 나를 설득했다. 나는 이 청년의 상냥한 말솜씨를 알아차리고 우리 일행 중 한 사람을 인질로 붙잡지 않을까 하는 의구심을 떨쳐버릴 수 없었다. 그러나 이번 기회에 원주민 집에 가서 원주민의 생활습관을 살펴보는 것도 좋을 것 같다고 생각해 봤지만, 결국 나는 그 청년의 호의를 거절하고 그와 작별하고 우리는 사마랑호로 귀환하고 말았다. 내 임무를 착실하게 수행하려면 그들의 행동을 면밀히 관찰하면서 어떤 경우를 고려해보면, 탐사함장 본인이 제 위치에 있어야 한다는 것(in his own person and place)이 인내(忍耐)의 모범이 되고 부하 장병이 즐길 수 없는 사치는 받지 말아야 한다는 것을 생각하고 원주민 청년의 이같은 사랑방 취침초청 호의를 거절하게 된 것이다.[18]

7월 3일 아침 마음씨 고운 젊은 청년 역관이 나를 찾아와서 촌장(chief)의 아침 식사 초청을 받은 것이다. 그러나 나는 이같은 식사초대 호의를 거절했다. 그 청년은 반찬이 든 반합이나 수통을 배에 싣고 온 것으로 보아 내 아침 식사 초청을 거절할 경우 나와 함께 가겠다는 의지

18 Belcher, *ibid.*, pp.335~336..

를 보였다. 그 속에 든 것은 생선, 채소류, 절인 생선, 쌀, 그리고 술 등을 아주 값진 자기그릇에다 담아왔다. 그러나 이러한 우호적인 행동으로도 우리의 의구심을 덜어주지 못했다. 그러나 정오경 약간 떨어진 내륙 쪽 약 5마일 정도 떨어진 해상에 거대한 조선 배 1척이 우리 주둔지로 다가오고 있지 않는가! 이 배가 와서 모든 뱃사람들이 우리들이 내륙 쪽을 꿰뚫어 관찰하는 것에 대해서도 편안한 자세로 앉아 바라보기만 했다. 나의 젊은 청년 역관과 나는 친해졌고, 그의 하는 말이 제주목사가 황소(Bullock) 한 마리를 선물로 나에게 보냈다고 전했다. 나는 제주목사를 만나기 위하여 공문서를 가지고 가고 싶다고 암시했다. 그러면서 제주부에서 나를 접견할 것이라고 암시했다. 나는 역관으로 받은 반찬이 든 반합을 되돌려주고 제주부에서 만나기를 약속하고 헤어졌다.

그날 저녁 4시경 과연 황소를 태운 조선 배가 도착, 나는 이를 인수하고 우리 보트에 옮겨 태우고 정박지에 있는 사마랑호에 보냈다. 사마랑호의 장병들은 장기간 해외 항행 탐측 활동을 강행하면서 얼마나 쇠고기를 먹고 싶었겠는가. 벨처 함장은 조선 역관에게 황소 한 마리를 주면 영국 장병들에게 오랜만에 쇠고기 맛을 즐기게 하겠다면서, 이 뜻을 조선 역관에게 전하자 제주목사는 벨처 함장의 간절한 요청을 받아들여 유원지의(柔遠之義: 먼곳 백성을 화목하게 대접하는 것)라는 전통적 인도주의 정신에 따라 황소 한 마리를 무상으로 선물한 것이다.

7월 3일 아침 나는 조선 역관으로부터 제주목사(a Senior Chief on the Great Island)의 아침 식사 조찬 초청을 받았다. 벨처 함장은 조선과 영국 사이에 외교적 우호관계가 이루어질 수 있는 호기(好機)가 도래했다고 직감하고 이를 즉각 수락했다. 벨처 함장은 제주부로 갈 준비에 착수했다. 보트에 완전 무장한 영국 장병을 태우고 제주도로 항진했다. 제주 이속(吏屬)들은 우리가 제주부를 방문하기에는 거리가 너무 멀다고 했다. 우리 보트는 안전하다고 생각되는 연안 가까이로 이동했다. 용골의 전반부가 바위에 약간 부딪치기도 했다. 청색 동달이(군복)를 입은 이속을 포함한 그들 영접 일행은 모두 30명, 수비병으로서 모두 무장을 하고 약 6명의 제주 관원이 인솔하고 있었다. 우리는 제주부 앞에 있는 해안으로 상륙했는데 상륙 지점에는 군기를 든 군졸을 포함하여 수천 명이 모여 우리 일행을 영접하고 있었다. 내 친구 조선 역관은 제주 관원 속에 볼 수 없었다. 군관의 지시로 군중은 이리저리로 움직이고 있었다.

드디어 멍석을 가져와서 펴고 군관과 나 자신이 마주 좌정했다. 나는 군관과 우리가 타고 갈 말과 시중을 들 종자(從者)의 수에 대해 몇 마디 상의의 대화를 나누었다. 이것은 아주 만족할 만큼 잘 준비된 행사였다. 그리고 우리가 타고 갈 말들은 잘 손질하여 모든 준비가 완료되었다. 약간 눈에 보이지 않는 어려움 때문에 군관들 사이에 불안이 발생하는 것 같았다. 그러는 동안에 제주부에서 파견한 연락 사자가 오고 갔다. 아마 우리 일행의 제주성(濟州城) 입성 문제를 전달한 것 같다.

나는 여기서 한숨 돌리고 제주도의 수부인 제주부(濟州府)에 대해 개략적으로 설명하겠다. 제주부는 제주도 북쪽 해안 중간 지점에 위치한 넓은 계곡에 자라잡고 있다. 동쪽에 평평한 넓은 언덕이 있고, 서쪽에는 작은 강과 개천이 흐르고 있다. 제주부는 사방이 메마른 언덕으로 둘러싸여 있다. 바다 쪽으로 면한 제주성(濟州城)은 길이가 약 500야드(약 457m)이고 7개 진보(鎭堡)에 총안(銃眼)이 나 있었다. 그러나 제주성 이

외에는 대완구(大碗口) 같은 대포는 눈에 띄지 않았다. 평행사변형으로 구축된 성벽의 길이는 약 200야드(182.6m)이다. 내륙 쪽에 있는 제주성 대문은 바다를 향해 우뚝 서 있었고 두 개 능보(稜堡: 낭떠러지 같이 모난 보루)로 구성되어 있고, 동쪽에 작은 문이 딸려 있었다. 성벽의 높이는 약 25피트(7.5m)이다. 이곳 구조물은 내륙 다른 성곽과 마찬가지로 유럽식 디자인이라고 확신하지 않을 수 없다. 이들 성벽은 중국 혹은 유구(琉球, Loo-Choo) 성벽의 구조와 전혀 다르고 방어술(the art of defence)을 알고 구축했다는 인상을 전해주고 있다. 되는대로 아무렇게나 수리한 점으로 보아 현재의 성벽 상태가 겉 모양은 보다 호전적인 국민이 디자인했다는 것, 현재 조선민족은 작전을 위해 이러한 방어 상태를 유지할 요령이 없고 화력이 뛰어난 대포를 보유하지 않았다는 것이 이를 확인해주고 있다. 조선민족의 병력이란 백병전(白兵戰)을 하는 병정의 수로만 셀 수 있을 뿐이다.[19]

이제 제주부로 떠날 모든 준비가 완료되자 한 시간 가량 지연되기는 했지만 나는 그들로부터 나를 접견할 준비가 되었다는 통보를 받았다. 말 탄 군관에게 말 공급을 지시했고, 군관은 무기를 어깨에 메고 있었고, 우리는 동문 쪽으로 향해 행군했지만 대문은 굳게 닫혀 있었다. 능보(稜堡) 위에는 구경꾼들이 인산인해로 모여 앉아서 우리의 행군을 지켜보고 있었다. 우리는 다른 상황하에서 대해 쪽으로 나있는 대문을 피하고 이같이 다른 문으로 들어가도록 일정을 변경한 것은 나의 자존심이 상해서 나는 우리 함정으로 되돌아가고 싶었지만, 나의 목적은 더

19 Belcher, *ibid.*, pp.336~339.

중대한 사항을 보기로 했다. 즉 내가 노리는 목적은 나는 그들의 제주성 안으로 들어가서 그들의 제주목사(濟州牧使)와 친구로 사귀고, 장차 조선과의 국가적인 중대 사항을 상호 교섭하고, 더군다나 이같이 불유쾌한 군사시위적 배열영접(排列迎接) 처사는 일부 소심한 관리의 우유부단한 행동의 결과일지 모른다는 생각이 들었다.

현감은 나에게 가능한 한 최대의 경의와 칭찬을 표하고 싶다는 것, 내륙 쪽으로 나 있는 제주성 대문으로 내가 당당히 걸어 들어가게 하고 싶다는 것, 영접 의식을 위해 관리가 파견되었다는 사실을 위협적인 언사로 알려주었다. 나는 그들에게 나를 인도하라고 말하고 우리 일행을 1마일 반의 간격 범위로 우리 일행을 호송하는 가운데, 우리는 내륙쪽 제주성 대문에 이르는 대도로에 이르렀다. 우리를 함정에 빠뜨리려는 음모를 꾸밀 용기가 있었다면 아마도 그들은 훌륭하게 꾸몄을 것이다. 진상을 말한다면 나는 그들과 정면 대결할 결심을 했고, 그래서 만일의 사태에 대비, 사마랑호의 함상에서 함포 사격할 사정거리 안에 제주부의 위치를 고려하기까지 했다.

사마랑호에는 야포와 콩그리브 로켓포 4문이 비치되어 있고, 60야드(약 54.8m) 제주성벽 안으로 발포하면 수천 발이 떨어질 수 있고, 내 자신이 엄선한 정예 장병을 지휘하고 있어서, 이들 제주도민들이 적대 행위를 도발할 만큼 천치바보의 무모한 공격 행위를 개시할 것이라고는 상상할 수 없었다. 제주성곽 본대문으로 나 있는 큰 길 너비가 10피트(약 3m)밖에 안 되어서 4열종대로 들어갈 수 없고 작전상 2열종대로 행군했다. 조선군이 대도로 양쪽으로 도열하고 있는데 왼편에는 점화할 화승이 달린 화승총(火繩銃, matchlocks) 48정이나 들어 있었다.

중무장한 조선군의 군사 시위는 자못 위협적인 공포 분위기가 감돌았던 것이었다. 조선군의 살벌한 군사적 시위와 영국 장병의 완전무장한 삼엄한 군사 퍼레이드, 이는 양국인 간에 상당한 오해를 야기하고 말았다. 양군의 이같은 적대적 대치 상황은 양국 간 군사적 충돌 직전의 공포 분위가가 조성되기에 이르렀다. 벨처 함장은 이러한 군사적 충돌 분위기에서 권직(權溭) 제주목사를 만나려 제주성 입성을 결행했다가는 최악의 경우 영국군 전원이 납치·구금될까 우려한 나머지 마침내 제주성 입성을 포기하고 사마랑호로 돌아가고 말았다. 양국 간 상호 우호적인 외교적 교환(交驩)의 호기는 무산되고 말았다.[20]

사마랑호는 7월 14일까지 정의현 우도에서 정박하고 있으면서 우도 일대와 제주도 해역에 이르는 광범위한 탐측 활동을 전개했다. 제주목사 권직(權溭)의 치보에 다음과 같이 기록되어 있다.

정의현(旌義縣) 우도(한牛島) 앞바다에 정박하고 있는 그들 배는 제주도 동쪽 해안으로부터 우도로 와서 죽도(竹島) 앞바다에 내박했다. 사마랑호는 바다 한가운데 정박하고 작은 배 즉 보트 4척이 먼저 죽도에 올라오면서 대포를 연속 발포하면서 상륙했다. 멀리서 온 오랑캐(遠外醜類)들이 이 섬을 에워싸면서 이르는 곳마다 돌을 쌓기 시작하고 때때로 대포를 쏘아대니 극히 놀라운 일이 아닐 수 없다. 죽도로부터 이곳 우도에 와서 도원포(桃源浦)에 닻을 내리고 정박했다.

그 보트에 탄 선원은 13명으로서 배에서 내려 나무 세 그루를 묶어

20 Belcher, *ibid.*, pp.339~340.

놓고 그 위에 거울판(鏡板)을 올려놓고 모두가 벌여 서서 절을 하며 제사를 지냈다. 7월 8일에는 종선 4척이 모슬포(摹瑟浦) 밑에 있는 마라도(麻羅島)에 이르렀는데 날이 저물어도 돌아가지 아니했다. 그들 배는 한 곳에 머물기도 하고 돌아다니기도 해서 수졸(水卒)을 가려뽑고 가벼운 배를 많이 징발해서 그들의 배쪽으로 전진하자 그들은 우리 배가 가까이 오는 것을 보고 대포를 연달아 쏘아대면서 동남 바다 쪽으로 달아났다.

7월 9일 마라도에 들어간 종선 4척 중 3척이 먼저 정의현 호도(虎島) 앞바다에 정박하고 있는 사마랑호를 뒤따라 가버렸다. 7월 10일 정의현감 임수룡(任秀龍)과 서귀진장(西歸鎭將) 안경서(安景瑞)의 치보(馳報)에 의하면, 그들 30여 명이 배를 타고 섬에 들어와서 섬의 지세를 살피기도 하고 혹은 땔나무를 베기도 하고 돌탑(石塔)을 만들어 흰색으로 칠하고 제사를 지내기도 했다는 것이다. 7월 14일에는 그들 대소 선척이 앞서거니 뒤서거니 하면서 우도로 돌아와서 하선하여 섬에 상륙하여 천막을 치고 있었다. 과학통사(課學通事)가 우도로 나아가 사정을 물어본 후 그들 배에 올라가 산천을 그린 까닭을 다시 물어보았다. 영국 사람은 호(號)를 쓰지 아니했다.

조선통사는 이들에게 타이르기를 이같은 행태는 우리 국법에는 위배되는 사례라고 지적하자, 그들은 이른바 이름을 적은 녹명지봉(錄名紙封) 및 여러 나라 지도(세계지도), 종려(棕櫚)부채 두 자루 등을 통사에게 주고는 돛을 올려 동북 방향으로 향해 가버렸다는 것이다. 그들 배가 어느 나라 배인지 모르겠지만 배의 모양과 사람들이 1841년에 내박한 자칭 영국인과 같았다. 소를 배에 싣고 가버린 것은 다를 바가 없다. 언어

문자로 서로 통하기 힘들고 그들의 생김새와 행동거지를 보면 성질이 급하고 사나우며 청인 통사와 필담해 보니 반드시 그 상관의 지휘하는 말을 듣고 대답한 것을 글로 써서 내었는데 그 내용이 극히 황란(荒亂)하고 실상의 거짓됨을 헤아릴 수 없다. 대포를 쏘고 칼을 휘두르면서 우리를 공갈 협박하는 것이 우리에게 겁을 주어 더욱 흉패(凶悖)했다고 한다.

사마랑호는 바다 한가운데 길게 정박해 있고 종선은 빠르기가 나는 새처럼 내왕하고 있어서 이 배를 따라 잡으려고 하면 날쌔게 달아나서 잡을 수가 없다. 이 사람이 범을 잡으려다 오히려 바다에 물고기를 놓아버린 꼴이 되었다. 관변(關邊)에 관계되는 사정의 죄를 그대로 방치할 수 없는 고로 정의현감 임수룡, 제주판관 송익렬(宋益烈), 대정현감(大靜縣監) 한정일(韓廷馹) 모두를 파출하고 진장 및 역학 통사 등은 제주감영에 엄히 징별했다. 그들 이름을 적은 녹명지와 세계지도와 종려부채 등은 밀봉하여 비변사에 상송했다.[21]

우도 동장 윤광수(尹光秀)의 치보에 의하면, 알 수 없는 배 한 척이 우도 연변에 와서 돛을 내리고 정박했는데 그들은 모두 30여 명으로 작은 배 3척에 나누어 타고 와서 배에서 내려 먼저 세 곳에 천막을 치고 그 중 두 사람이 상(床)에 걸터 앉았고 나머지 사람은 허리에 환도를 차고 각기 조총을 들고 있었는데 총 끝에 역시 삼인창(三刃槍)을 달고 있었다. 이들은 좌우로 벌여 섰는데 밤에는 순경(巡更: 밤에 도둑 화재 등을 경계하기 위하여 돌아다님)을 서고 있었다. 또한 작은 배 2척이 본선(사마랑호)으로부터 왔는데 역시 총에 칼을 꽂아 들고 있었다. 새끼나 노끈을 가지고

21 『日省錄』 헌종 11년 乙巳 7월 4일. 濟州牧使 權瀷 漂到問情.

섬을 두루 돌아다니면서 자로서 재고(尺量) 있었는데 매 100보마다 돌을 쌓고 회를 칠하고 3척이나 되는 쇠못을 돌무더기 위에 꽂고 제사를 지냈다고 한다.

또 대포 쏘는 소리가 그치지 않았고 때때로 들렸다. 이들의 동정을 알아보기 위하여 통사(通事)를 보냈다. 통사의 말이 섬에 남아있는 영국인은 겨우 4명이고 그들의 형상을 살펴보니 혹은 검은 머리, 노랑머리이고 마치 머리털은 양모(羊毛)와 같고 머리에 쓰고 있는 모자는 우리나라 동로기(銅爐器: 구리로 만든 화로)와 같았다. 그들의 의복을 보면 윗옷은 바깥은 검고 안은 흰색이고 소매는 극히 좁고 작았다. 그들의 배를 살펴보면 전후에 평평하게 낮은 갑판이고 돛대 세 개를 꽂은 삼범죽선(三帆竹船)이었다. 가운데 돛대는 가장 높았고 돛대마다 가룻대(橫木)를 3층으로 걸치고 있었다. 좌우 갑판에는 수십 개의 구멍을 뚫어놓았는데 구멍마다 큰 대포를 설치해 놓고 있다. 이러한 인물과 배의 규모는 처음 보는 바이다. 말로 글로 사정을 문답할 수 없어서 그대로 돌아왔다.[22]

| 2 | 사마랑호의 거문도 탐측항행

거문도(巨文島)는 본 지명보다 'Port Hamilton'이라는 영문 지명이 한자 문화권을 제외하면 더욱 잘 알려진 이름으로 지금도 서양의 문헌에는 이 영문 지명이 주류를 이루고 있다. 그러면 남해의 고도 거문도가 언제부터 서양에서는 'Port Hamilton'으로 불리게 되었고 조선 정

22 『日省錄』 헌종 11년(1845) 乙巳 7월 4일.

부가 귀양지로나마 쓰면서 거의 방치하다시피 버려진 섬, 거문도를 서구 열강은 언제부터 왜 관심을 가지게 되었는가?

이 섬을 'Port Hamilton'이라 명명하고 서방 세계에 처음 소개한 것은 영국인데 1845년 영국 해군 벨처 함장의 지휘로 이 섬을 탐색한 군함 사마랑호의 탐측에서 비롯된 것이다. 이 군함은 해양 탐사를 주 임무로 운항하는 관측선(觀測船)으로 제주도에서 거문도 해역까지 1개월간 해안 탐측을 한 후에 귀국하여 '사마랑호 탐사항해기(Narrative of the Voyage of HMS Samarang)' 2권을 출간했다. 그 중 거문도 해도에 'Port Hamilton'이라 표기함으로써 이때부터 서구 세계에 널리 알려지게 된 것이다.

조선 남해안 무수한 섬 중에서 유독 거문도가 서구 열강들의 관심의 대상이 된 것은 이 '항해기'가 서구 사회에 널리 보급되었기 때문이다. 사실 나폴레옹 전쟁 이후 세계무역과 해양을 지배해온 영국은 자국선의 안전 항해를 위해 해양 탐사에 많은 노력을 집중해온 바 있었다. 동북아 지역 양자강 이북 그러나 해역은 여전히 미탐사 해역으로 남아 영국 군함 사마랑호의 조선 남해안 탐사 보고는 동북아로 항해하고자 하는 각종 선박에게는 필독서가 될 만큼 널리 읽혀졌다. 특히 아편전쟁의 결과 중국 5개항이 서구 세계에 개방되었으니 영국은 자국의 함선이나 무역선들의 중국 진출을 위해 이 해역에 대한 탐사 활동이 시급한 과제로 등장했다.[23]

러시아의 동방정책에 따라 한반도의 군사 거점을 만들지나 않을까 하는 우려가 점증하는 가운데 영국 주일공사 파크스(Harry Parkes)가

23 金在勝, 『近代韓英海洋交流史』, pp.76~77.

1875년 본국 정부에 거문도 점거를 제의한 배경에는 그와 같은 러시아에 대한 경계 심리가 그대로 작용한 것으로 보인다. 거문도의 지형이 군사기지로서의 최적지라고 역설하고 있다.

> 중국 일본을 바다로 잇는 위치에 있는 거문도는 석탄, 기타의 보급기지로서 영국이 러시아, 중국, 일본, 그 밖의 어떠한 해양 국가와 대결하는 입장의 경우에는 그 군사적 중요성은 길게 설명할 것도 없이 분명하다. 영국이 동아시아에서 전쟁 상황에 말려들게 되고, 중국과 일본이 중립을 지키게 되는 경우, 영국은 홍콩 북쪽에서는 석탄 보급을 받을 곳도, 또 북동풍이나 폭풍을 피해 대피할 곳도 없게 된다. 이와 달리 러시아는 블라디보스토크나 포아세트 기지로부터는 물론 상해로부터도 해군 함정을 동원하면 어떠한 위험 지구로도 나흘이면 도착할 수 있게 된다. 이러한 사정에 비추어 보면 영국은 이 중요한 요충지인 'Port Hamilton'을 점령해야 하며, 또 다른 나라가 실행에 옮기기 전에 선제해야 한다.[24]

거문도는 1885년 영국의 거문도점거사건으로 군사 거점의 중요성은 더욱 유명해졌다. 이홍장이 파견한 묄렌도르프(Paul G. Moellendorff, 穆麟德)는 한국이 청일 양국의 틈바구니에서 자주독립을 보전하려면 제3세력인 러시아를 끌어들여야 한다는 이른바 인아책(引俄策)을 주창하고 나섰다. 이에 영국은 북으로 러시아의 남진정책을 저지하고 남으로 청일 양국의 한반도 침략을 억지하기 위하여 마침내 1885년 4월 거문도점거사건이 발생했다.

24 Hoare, James E., 「영국 극동함대에 의한 거문도 점령 시말기(1)」, 『런던신보』(1988. 1. 런던), p.31(런던신보는 영국교민을 대상으로 발간되었던 격월간지로 발행인은 朴重熙); 金在勝, 상게서, p.92.

이에 조선 정부는 엄세영(嚴世永)·묄렌도르프를 파견, 영국에 항의하면서 한미조약 제1조의 거중조정에 근거, 미국정부에 중재를 호소했다. 1885년 6월 29일자 포크(George C. Foulk) 공사는 국무부에 미국이 중재자(as in mediation)로서 거중조정을 행사하기를 요청했다. 이에 베이야드(Thomas F. Bayard) 국무장관은 일언지하에 이를 거부하면서 주영 미국공사 펠프스(Edward J. Phelps)로 하여금 한미외교관계의 특수성을 영국 정부에 설명하고, 과연 조선이 부당·압제(unjust or oppression) 상태에서 제3국으로부터 불공경모(不公輕侮)를 받고 있는지의 여부를 알아보라고 훈령하면서 지금으로서는 압제를 받았다고 결정하기는 어렵다는 이유로 한반도 문제에 개입을 회피했다.[25]

사마랑호는 7월 14일까지 집중적인 제주도 탐측 활동을 벌였다. 우도는 영국 수로국장의 이름을 따서 'Beaufort Islands'로, 한라산(漢拏山)은 영국 해군장관 Auckland 백작의 이름을 따서 'Mt. Auckland'라 명명, 각각 해도에 기입했다. 영국은 세계 최초로 산업혁명을 일으켜 산업화함으로써 대영제국의 영광을 누리고 있었는데 영국 측량사는 최첨단 과학적 측량 기술을 동원하여 한라산의 높이를 처음으로 측량했다. 아무도 한라산의 고도를 알 수 없었는데 영국 측량사는 한라산의 높이를 6,544피트(1,995m)라고 해도에 기입한 것이다.[26]

사마랑호는 7월 15일 북상 항행, 거문도로 이동했다. 사마랑호는 7월

---

25 Rosalie von Moellendorff, *p.G. von Moellendorff,Ein Lebensbild*(Leipzig Otto Harrassowitz, 1930).pp.67, 78; 李用熙, 英國의 巨文島占據 韓英修交100年史(韓國史硏究協議會, 1984), pp.69~105; Bemis, *The American Secretaries of State and Their Diplomacy*, p.85; Charles C. Tansill, *The Foreign Policy of Thamas F. Bayard*(Fordham University, Press, 1940), pp.413~449; 金源模, 『開化期 韓美交涉關係史』(단국학교출판부, 2003), pp.191~192, 219.

26 金在勝, 『近代韓英海洋交流史』, p.35.

16일부터 19일까지 4일간 거문도를 집중 탐측 활동을 벌인 끝에 거문도(巨文島)를 영국 해군차관의 이름을 따서 'Port Hamilton'이라 명명, 해도에 기입했다.[27] 영국이 처음으로 탐사한 거문도는 후일 영국 함대의 거문도점거사건의 원인이 되었다. 1885년 4월 15일 영국 함대는 러시아의 남진정책을 저지하기 위하여 거문도를 점거했다. 영국은 아프가니스탄 점령 이후 러시아 세력의 남진을 경계, 이에 맞서서 거문도를 점거했던 것이다. 조선 정부는 엄세영(嚴世永)·묄렌도르프(Moellendorff, 穆麟德)를 파견하여 영국에게 항의를 제기했다. 영국은 러시아로부터 한반도 문제에 간여하지 않겠다는 보장을 받고 나서야 1887년 2월 27일 거문도 철수를 단행했다.[28]

사마랑호는 거문도 해역의 탐측 활동을 완료하고 7월 20일 호남 남해 해역 탐사 활동에 돌입했다. 7월 24일까지 호남 흥양(興陽) 초도(草島)를 중심으로 남해안의 다도해에 대한 집중적인 탐측 활동을 전개하였다. 흥양현감 백낙현(白樂賢)의 치계(馳啓)에 의하면, 7월 20일 이양선 1척이 본현 소속 초도 앞바다에 내박하였는데 배의 규모는 심히 크고 또한 종선(從船) 4척을 거느리고 있었다. 그들이 이 종선에 나누어 타고 부근 여러 섬으로 왕래하면서 육지에 올라와서 돌을 쌓고 흰 깃발을 돌무더기에 꽂아 이를 표적으로 삼아 긴 새끼줄로 바다물 깊이(淺深)를 재는 등 그들의 동정이 자못 해괴하고 의심스러운지라, 그들이 이곳에 오게 된 내력을 물어보니 한자(漢字) 글씨로 '大英國船'이라 쓴 쪽지를 내보

27 金源模, 『近代韓國外交史年表』(단대출판부, 1984), p.91.; A chronological Index, p.151 (June, 1845).

28 李用熙, 「英國의 巨文島占據」, 『韓英修交100年史』(한국사연구협의회, 1984), pp.69~105; 金源模, 『開化期韓美交涉關係史』(단국대출판부, 2003), p.385; 김원모, 『한미외교관계100년사』(철학과현실사, 2002), p.190.

였다. 선중에는 250명의 선원이 있다고 말했다. 때마침 바람이 불더니 이들은 돛을 펴고 서쪽 바다를 향해 가버렸다.

또한 장흥부(長興府) 회령포(會寧浦) 만호(萬戶) 김용현(金龍顯)의 첩정(牒呈)에 의하면, 7월 25일에 이양선 큰 배 1척, 종선 2척이 본진 평일도(平日島) 동송리(東松里) 앞바다에 내박하였는데, 이곳에 오게 된 내력을 묻고자 할 때 그들은 대답도 하지 않고 돛을 올리고 조류를 타고 서남쪽 바다를 향해 가버렸다. 그들 배가 워낙 속도가 빨라서 쫓아갈 수 없다는 것이다.[29]

헌종실록에는 영국 배의 동정을 더 자세히 기록되어 있다. "이달에 이양선이 호남(湖南) 흥양(興陽)과 제주(濟州)의 바다 가운데에 출몰 왕래하면서 스스로 '大英國의 배'라 하면서 이르는 곳마다 곧 희고 작은 깃발을 세우고 물깊이를 재는 줄로 바다의 수심을 재며 돌을 쌓고 회를 칠하여 그 방위를 표시하고 세 그루의 나무를 묶어 그 위에 경판(鏡板)을 놓고 모두 벌여 서서 절하고 제사를 지냈는데, 역학통사(譯學通事, 역관)가 달려가서 사정을 물으니, 이름을 적은 녹명지(錄名紙)와 여러 나라의 지도(세계지도)와 종려로 만든 부채(棕櫚扇) 두 자루를 던져 주고는 드디어 돛을 펴고 동쪽으로 가버렸다."[30]

영국의 사마랑호의 세계 여러 나라에로의 항행 목적은 육지에서는 지세(地勢)를 측량하고 해상에서는 암초의 유무를 확인하고 안전한 정박을 위하여 바다 물깊이를 재는 것이었다. 조선인의 머리에는 이러한

29 『同文彙考』권 4, pp.3664~65, 請禁斷英夷船來往咨(乙巳).

30 『憲宗實錄』헌종 11년 乙巳 6월 29일 己未.

해상 탐측과 지상 측량 개념이 전연 없었기에 이들의 행태는 해괴하게 보였을 것이다. 그래서 영국인의 이러한 탐측 활동을 조선 전통적인 무속신앙(巫俗信仰) 개념의 시각으로 고사(告祀)를 지내는 것으로 오인하고 기술하였다. 이는 바로 영국의 선진 과학문명과 미개한 조선 토속신앙과의 문명충돌이 아닐 수 없다.

사마랑호는 거문도와 호남 해안의 다도해역에 대한 탐측 임무를 마무리하고 7월 25일 제주도로 이동 항행했다. 벨처 함장은 7월 26일부터 30일까지 제주도 일주 항행을 하면서 세밀하게 탐측 활동을 벌인 끝에 제주도 해도(海図) 3장을 완성했다. 이와 같이 한 달이 넘게 탐측 활동을 마무리하고 8월 1일 일본으로 가서 식품 공급을 받고 청국 광동 해군기지로 귀항하였다.

사마랑호가 제주도를 떠난 후 조선 정부는 영국 이양선의 제주도 내박 사실을 청국 예부(禮部)로 통보하는 것이 외교적 관례로 되어 있다.

> 이양선에 대해서 제주(濟州)에서 사정을 물었을 때에 받은 번물(蕃物: 서양 오랑캐 물건) 여러 가지는 그대로 봉하여 제주로 돌려보내 인봉(印封)해 두고 혹 뒷날 이것을 가지고 증거로 삼을 때를 기다리게 하였습니다. 이 배가 세 고을에 두루 정박한 것이 거의 한 달에 가까운데 상세히 사정을 묻지 못하였습니다. 번인(蕃人: 서양 오랑캐)의 행적은 멀리서 헤아리기 어려운데, 일찍이 선조(先朝) 임진년(壬辰年, 1832)에 영국 배(로드 에머스트호)가 홍주(洪州)에 와서 정박하였을 때에 곧 돌아갔어도 그때 곧 이 연유를 예부(禮部)에 이자(移咨)한 일이 있었고, 그 뒤 경자년(庚子年, 1840)에 또 저들의 배가 제주에 와서 정박한 일이 있으나 잠깐 왔다 빨리 가서 일이 매우 번거롭기 때문에 버려두고 논하지 않았습니다. 이번은 임진년의 일보다 더 이정(夷情: 서양 오랑캐의 사정)을 헤아릴 수 없는 것이 있고 사정을 묻는 가운데

청나라 통사(通事)가 있다 하니, 사전의 염려를 하지 않아서는 안 될 듯합니다. 임진년의 전례에 따라 역행(曆行) 편에 예부에 이자하고 황지(皇旨)로 광동(廣東)의 번박소(蕃泊所: 서양배 정박지)에 칙유(勅諭)하여 금단(禁斷)하게 하도록 청하소서.[31]

조선의 대외 외교관계는 사대교린외교(事大交隣外交)이다. 청나라에는 사대외교, 일본에 대해서는 교린외교이다. 외교 문서도 청나라 예부에 보내는 것은 자문(咨文)이라 하고, 일본에 보내는 것은 서계(書契)라 부르고 있다. 조선 정부는 청국 예부에 영국 배의 제주도 탐측 사실을 이자(移咨)한 바 있거니와 일본 도쿠가와 막부에도 이 사실을 통보하지 않을 수 없다. 일본과의 외교관계는 교린외교 (交隣外交)가 근간을 이루고 있다. 그래서 이와 같이 영국 배가 한 달 이상 조선 제주도에 머물면서 탐측 활동을 한 사실을 일본 도쿠가와 막부(德川幕府)에 통보하지 않을 수 없다. 이에 일본 정부에 이 사실을 통보하게 된 것이다.

접때 영국 배에 관한 일 때문에 이미 예부(禮部)에 자보(咨報)할 것을 우러러 청한 바 있었습니다. 그런데 일본은 강화(講和)한 이래 무릇 변정(邊情: 변방의 사정)에 관계되는 것이 있으면 서로 통보하고 종적을 헤아릴 수 없는 이양선일 경우 더욱더 엄히 막아 변방의 걱정을 함께 돌볼뿐더러 혹 사법(邪法: 요사스런 서양종교)이 전파될세라 염려하여 여러 번 이 때문에 서계(書契)가 왕복하였으니, '동문휘고'에 실려 있습니다. 이번에 양선(洋船)이 순식간에 출몰한 것은 비록 그 요령은 알지 못하나 신의로 교린(交隣)하는 의리로써 사실에 의거하여 서로 통보해야 할 듯합니다. 또 그들이 들어서 알고 통보하지 않았다고 우리에게 책망한다면 대답하기 어려울 것이고, 혹

31 『憲宗實錄』 헌종 11년 乙巳 7월 5일 甲子.

그 배가 저들의 지경으로 옮겨 가서 저들이 먼저 통보한다면 우리로서는 찐덥지 않을 것입니다. 신의 생각으로는 예조(禮曹)로 하여금 이양선이 왕래한 상황을 상세히 갖추어 동래왜관(東萊倭館)에 서계를 보내고 동무(東武: 日本 江戶幕府)에 전보(轉報)하게 하여 변방(邊防)을 경보하고 전에 한 약속(前約)을 이행하는 뜻을 보이는 것이 좋을 듯합니다.[32]

벨처 함장의 '사마랑 항해기' 권 2에는 박물학자 아서 에담스(Arthur Adams) 박물학자답게 전반적로으 세밀히 관찰하고 기록한 것이 수록되어 있다. 조선족의 민족적 특성을 자세히 기술하고 있다. 조선인(Chsou-Seen)의 생김새와 특이성, 복식, 예절, 무기, 선박 그리고 제주도의 자연적 풍경을 자세히 기록하고 있다. 제주도민의 괴상한 묘비(grotesque tombstone)와 분묘의 특이성을 소개했을 뿐만 아니라 조선족은 세계 민족 중 담배를 가장 많이 피우는 민족, 긴 담뱃대로 줄담배를 피우는(great smokers, almost continually smoking) 민족이라고 규정하고 있다. 조선인의 풍속을 소개하는 가운데 봉수대(烽燧臺)에서 올리는 봉화불, 형벌로 원시적인 태형(笞刑)과 장형(杖刑)을 자세히 기술하고 있다. 특히 우리가 주목할 것은 에덤스는 1개월간 제주도의 동식물을 채집했다는 것이다. 식물 46종, 조류 26종, 어류 7종, 곤충 19종, 거미 14종, 조개 29종, 해파리 2종 등을 조사·채집하였다.[33] 에담스는 귀국 후 단독으로 '사마랑 항해 동물지'를 1850년에 발간했다.[34]

32 『憲宗實錄』 헌종 11년 乙巳 9월 15일 癸酉.

33 Edward Belcher, *Narrative of the Voyage of H. M. S. Samarang*, Vol. Ⅱ, pp.444~470.

34 Arthur Adams, *The Zoology of the Voyage of H. M. S. Samarang*(London, 1850).

| 3 | 한영 언어문화 교류

벨처 함장은 영국을 떠날 때 방문국 언어 채집을 위해 언어학자 어네스트 에담스(Ernest Adams)를 동반하고 항행 원정에 나선 것이다. 에담스는 12개국 어휘를 채록했는데 그 중 조선어 어휘는 약 590여 개를 채록하였다. 조선어 어휘 채록은 '에담스-청국 통사-조선 역관' 3자 사이에서 한문필담(漢文筆談)으로 진행했다. "에담스 'Heaven'→청국 통사 '天'→조선 역관 '하날'→에담스 'hă năr'로 채록." 이런 순서로 조선어 어휘 590여 개를 채록했다. 여기서 조선 후기까지만 해도 '하늘'이 아니라 '하날 天'이라 말해 왔음을 확일할 수 있다.[35]

조선어 어휘집(Vocabulary) 592 단어

영어	조선어 발음 영문 표기	조선어
1. Abdomen	pai	배(腹)
2. Able	noŏng hăr	능(能)할
3. Above	ôôs	위(上)
4. Abundant	mă oŏr	많을(多)
5. Acid	swîr	씰(쓸)(酸)
6. Act (to)	hăr	할(爲)
7. Aged	noŏr koŏr	늙을(老)
8. Alike	hăn kă tsî	하나같이(同一)
9. Alive	미채록	살아있는

35 Belcher, *Ibid.*, Vol. II, pp.540~571.

10. All	môô roǒt	무릇(凡)
11. Alone	hoǒr	홀로(孤)
12. Also	ttǒ	또(又)
13. Always	myôn myôn	영영(永永)
14. Anchor	tǎt	닻(碇)
15. Anchor (to)	p'hǒ tyông	포정(浦碇)
16. And	mǎr nî oǒr	말이을(而)
17. Anger	poôn hǎr	분할(憤)
18. Approach (to)	lîm hǎr	임할(臨)
19. Arm	p'hǎr	팔(腕)
20. Arrive	tǎ tǎ roǒr	다다를(到)
21. Assist	poôt toôr	붙들(扶)
22. Bad	mǒ tsîr	모질(毒)
23. Bamboo	tǎî	대(竹)
24. Bay	moôr kôô poôî	물굽이(灣)
25. Bed	sǎng	상(床)
26. Before	ǎrp	앞(前)
27. Behind	tooi	뒤(後)
28. Behold	por	볼(見)
29. Believe	sîn t'hyong	신정(信情)
30. Belly	pǎî pǒk	배복(腹)
31. Below	ǎrǎî	아래(下)
32. Better	ts'hǎr rî	차라리

33. Bird	săî	새(鳥)
34. Black	kô moôr	검을(黑)
35. Blood	p'hi	피(血)
36. Blue	tsok	초록(綠)
37. Boil (to)	săr môôr	삶을(蒸)
38. Bone	spyô	뼈(骨)
39. Both	toô	두(二兩)
40. Boy	syŏ tŏng	소동(小童)
41. Bread	măn toô	만두(饅頭)
42. Break (to)	p'hă hăr	파할(破)
43. Breast	kă săm	가삼(胸)
44. Bring	ît koôr	이끌(引)
45. Brother	ă ă, măt	맏아이(兒)
46. Bullock	syŏ ôô	소(牛)
47. Burn	poôr pôot t'hoŏr	불붙을(燒)
48. Butter	미채록	버터
49. Buy	săr	살(買)
50. Calf (of leg)	미채록	송아지 다리
51. Calico	yoon p'ho	윤표 옥양목
52. Call	poô roŏr	부를(呼)
53. Calm	kŏ yŏ	고요(靜)
54. Cape	미채록	곶(串)
55. Careless	toŏ moŏr	꾸물거리다

56. Carry	mer	멜(負)
57. Cat	kŏî	괘(猫, 고양이)
58. Catch	tsăm oôr	잡을(握)
59. Chain	미채록	사슬(鎖)
60. Change (to)	pyôn hăr	변할(變)
61. Channel	미채록	해협(海峽)
62. Cheap	ts'hyôn hăr	천할(賤, 값싼)
63. Cheat (to)	sŏ kôr	속을(詐)
64. Chief	kwî syôo	괴수(魁首)
65. Child	hăî ă	해아(孩兒)
66. China	Tsîn nă	지나(支那)
67. Choose	kăr hîr	가릴(選)
68. City	syông	성(城市)
69. Clean (to)	ssi soŏr	씻을(洗)
70. Clean	tsŏ hŏr	좋을(好)
71. Clever	ŏ tsôr hyôn	어질(賢)
72. Coal	sôor	숯(炭)
73. Coarse	koôr koŏr	굵고 거친
74. Coast	moŏr kă ts'yô	물가(潮)
75. Cock	tărk	닭(鷄)
76. Cocoa-nut	미채록	코코넛 열매
77. Coffee	미채록	커피
78. Cold	sŏ noŏr	서늘(凉)

79. Colic	kwǎk tǎn	곽란(癨亂)
80. Come	ôr	올(來)
81. Conduct	hîr	할(行)
82. Cook (to)	sǎr moôr	삶을(烝)
83. Copper	koô lî	구리(銅)
84. Cough (to)	미채록	기침하다
85. Cover (to)	kǎî tsî	덮을(蓋)
86. Cramp	미채록	경련(痙攣)
87. Crooked	koô poǒr	굽을(曲)
88. Cry (to)	oôr	울(鳴)
89. Current	미채록	해류(海流) 조류(潮流)
90. Customary	미채록	습관적인
91. Cut (to)	sǎ kîr	사길(새길刻)
92. Daily	미채록	매일(每日)
93. Danger	oôô ts'hǎî	위태할(危殆)
94. Dark	myông myông	어두울(冥)
95. Daughter	nyǎ sîk	여식(女息)
96. Day	nǎr îr	날(日)
97. Day (to-day)	koǒm îr	금일(今日)
98. Dead	tsoôk oǒr	죽을(死)
99. Deaf	koǒi mok oǒr	귀먹을(啞)
100. Dear	koôî hǎr	귀할(貴)
101. Deceit	sǒ kîr	속일(詐)

102. Deep	kîp hŏr	깊을(深)
103. Deer	să săm	사슴(鹿)
104. Demand (to)	kăr	목마를(渴)
105. Desire (to)	wôn hăr	원할(願)
106. Detain	mô mŏor	머물(留)
107. Devil	koôî sîn	귀신(鬼)
108. Die	tsoôk oŏr	죽을(死)
109. Different	tă roŏr	다를(異)
110. Difficult	ŏ ryô ŏr	어려울(難)
111. Dig	p'hăîr	팔(掘)
112. Dirty	tô rô oôr	더러울(垢)
113. Disperse	koŏt roŏr	흩을(散)
114. Dive	moô tsă mî	무자미(무자맥질)
115. Divide	poôn kăn	분간(分揀)
116. Do	hăr	할(爲)
117. Doctor	wî wôn	의원(醫員)
118. Dog	kăî	개(犬)
119. Door	moôn	문(門)
120. Dream (to)	skoŏm	꿈(夢)
121. Drink (to)	mă sîr	마실(飮)
122. Drown	spă tsîr	빠질(沈)
123. Drum	pôok	북
124. Drunk	ts'hyoôî hăr	취할(醉)

125. Dry	mă rŏr	마를(燥)
126. Duck	ŏ rî	오리
127. Dumb	pông ô rî	벙어리(啞)
128. Dysentery	syôr syă	설사(泄瀉)
129. Each	kăk	각각(各)
130. Ear	koŏî	귀(耳)
131. Early	îr oŏr	이를(早)
132. Earth	ttă tî	따(地)
133. Earthquake	tî tsîn	지진(地震)
134. Easy	soŏî ŏr	쉬울(易)
135. East	tŏng nyôk	동녘(東)
136. Eat	môk oŏr	먹을(食)
137. Egg	ăr	알(卵)
138. Embark	미채록	배를 타다
139. Enemy	tăi tyôk	대적(大敵)
140. Enough	tsyŏk hăr	족할(足)
141. Enter	toŏr	들(入)
142. Equal	p'hyông hăr	평평할(平)
143. Evening	nă tsŏ	낙조(落照)
144. Every	măî yăng	매양(每樣)
145. Excellent	ă lăm tă ŏr	아름다울(美)
146. Exchange (to)	să p'hîr	바꿀(換)
147. Excuse (to)	tsyôp oŏr	접을(恕)

148. Explain	tsoô năîr	주낼(註, 설명)
149. Eye	noôn	눈(眼)
150. Face	năt	낯(顔)
151. Fall (to)	tsîr	떨어질(落)
152. False	kô tsoŏt	거짓(假)
153. Far	môr	멀(遠)
154. Fast	kwăî kwăî	쾨이쾨이(빨리빨리)
155. Fat	săr tsîr	살찔(肥)
156. Father	ă pî	아비(父)
157. Fear	nŏr năr	놀랄(驚)
158. Fear (to)	미채록	놀라다
159. Female	key tsîp	계집(女)
160. Fever	kăk tsîr	학질(瘧疾)
161. Few	tsyô koŏr	적을(少)
162. Fill	ts'hăr	찰(盈)
163. Finger	sŏn kă răk	손가락(指)
164. Finished	mă ts'hăm	마칠(遂)
165. Fire	poôr	불(火)
166. Fire (to light)	poôr tsî toŏr	부싯돌(燧)
167. First	tsyông	처음(初)
168. Fish	kŏ kî	고기(魚)
169. Flag	kwi	기(旗, 깃발)
170. Flame	미채록	불길, 불꽃

171. Flesh	kŏ kî	생선(生鮮)
172. Flour	kôok syôo	국수(麵)
173. Fog	ăn kăi	안개(霧)
174. Foolish	ŏ rîr	어리석을(愚)
175. Foot	păr	발(足)
176. Fowl	tărk	닭(鷄)
177. Friend	poŏng ôô	붕우(朋友)
178. Fruit	kwă sîr	과실(果)
179. Fuel (wood)	sôm	섶(薪)
180. Full	ts'hăr	찰(盈)
181. Gale	p'hŏ phôông	표풍(飄風)
182. Garden	tŏng săn	동산(園)
183. Gay	yôô pŏk	여복(麗服, 화려한)
184. Gently	yŏng	조용히
185. Girl	key tsîp	계집(女)
186. Give	tă mŏr	대물(貸物)
187. Glass	tyôo lî	유리(琉璃)
188. Go	kăr	갈(去)
189. Goat	yăng	양(羊)
190. God	미채록	신(神)
191. Gold	sŏî	쇠(金)
192. Good	tsyŏ hoŏr	좋을(好)
193. --- day	미채록	좋은 하루(낮 인사)

194. --- night	미채록	밤 인사(잘 주무시라는)
195. --- evening	미채록	저녁 인사
196. Goose	ke yôô	거위
197. Governor	미채록	통치자, 총독
198. Grave	moô tôm	무덤(墓)
199. Great	k'hoŏn	큰(大)
200. Green	p'hă roŏr	파릇할(綠)
201. Grief	koŏn sîm ôô	근심할(憂)
202. Groin	미채록	궁륭(穹窿)
203. Guilty	hô moôr	허물(愆)
204. Gun	tyŏ ts'hyŏng	조총(鳥銃)
205. Gun (large)	미채록	대포(大砲)
206. Hair	t'hô rôk	터럭(髮)
207. Half	păn	반(半)
208. Hand	sŏn	손(手)
209. Handkerchief	미채록	손수건
210. Hard	koŏt ser	굳셀(强)
211. Hat	kwăn	갓(冠)
212. Hatchet	to ts'hăî	도채(斧, 도끼)
213. Have	î sîr	있을(有)
214. He, she, it	tsyô	저이(저사람)
215. Head	mă rî	머리(頭)
216. Hear	toŏr nîr	들릴(聞)

217. Heart	nyôm t'hông	염통(胸, 가슴)
218. Heat	tô oôr	더울(暑)
219. Heaven	hă năr	하날(天)
220. Heavy	moô kô ŏr	무거울(重)
221. Hell	미채록	지옥
222. Help (to)	tŏ ŏr	도울(佑)
223. Here	미채록	여기에
224. High	nŏ p'hoôr	높을(高)
225. Hog	tôts tsey	도치(豚, 돼지)
226. Hold	kă tsîr	가질(持)
227. Hope (to)	pă răr	바랄(望)
228. Horse	măr	말(馬)
229. Hot	tô oôr	더울(熱)
230. Hour	stăî sî	때(時)
231. House	tsîp kă	집(家)
232. How much	kwî hă	기하(幾何, 얼마)
233. Hunger	tsôô rîr	주릴(餒)
234. Hungry	tsôô rîr	주릴(배고픈)
235. Hurt	hăî hăr	해할(害)
236. Husband	tsî ă pî	지아비(夫)
237. I	nă	나(我)
238. If	măn îr	만일(萬一)
239. Ignorant	미채록	무지한

240. Impudent	미채록	뻔뻔스러운
241. Inferior	미채록	아래쪽의, 열등한
242. Infirm, ill	yăk hăr	약할(弱)
243. Inform	hŏ hăr	고할(告)
244. Inherit	nî oŏr	이을(繼, 상속)
245. Ink	syoô moôk	수묵(水墨)
246. Innocent	미채록	무구 한(無垢)
247. Inquire	môô rôor	물을(問)
248. Instruct, show	pŏ îr	보일(示)
249. Internal	미채록	내부의
250. Interpreter	t'hŏng să	통사(通事, 통역)
251. Iron	sŏî	쇠(鐵)
252. Island	syôm tŏ	섬(島)
253. Itch	kă vyô ŏr	가려울(搔)
254. Japan	ôr pŏn	일본(日本)
255. Jealous	roô kwî	투기(妬忌)
256. Joy	kit kŏor	기꺼워할(歡)
257. Judge	미채록	재판관
258. Judgment	săr p'hîr	살필(察)
259. Just	kong tsyong	공정(公正)
260. Keep (see Hold)	미채록	간직하다
261. Kettle (copper)	tăn tsă	탕관(湯罐)
262. Key	swăî tsă	쇠차(열쇠)

263. Kidney	k'hŏng p'hăs	콩팥(腎)
264. Kill	tsôk îr	죽일(戮)
265. Kind	미채록	종류
266. King	nîm kŏom	임금(王)
267. Knee	moô roôp	무릎(膝)
268. Knife	k'har	칼(刀)
269. Know	ăr	알(知)
270. Lake	kă răm	가람(湖水)
271. Land	ttă	따(地)
272. Large	t'hoŏp	큰(大)
273. Last	kô	지나갈(去)
274. Laugh (to)	oô oôm	웃음(笑)
275. Lazy	kî ŏ roŏr	게으를(懶)
276. Lead	myôn	납(鉛)
277. Leak (to)	săîr	샐(漏)
278. Learn	pai hor	배울(學)
279. Leave	li pyôr	이별(離別)
280. Left	ŏîr	왼(左)
281. Leg	tă rî	다리(脚)
282. Leprosy	lyŏng pyông	염병(癩病)
283. Less	tŏr	덜(減)
284. Letter	syŏ kăn	서간(書簡)
285. Lie	kŏ tsŏot	거짓(假)

286. Lie (down)	nôo oôr	누울(臥)
287. Life	mŏk sôôm	목숨(壽)
288. Light	pyŏt	빛(光)
289. Light (to)	kă păi yă ŏr	가벼울(輕)
290. Like	kă t'har	같을(同)
291. Lime	미채록	석회(石灰)
292. Lip	ip si oôr	입시울(脣)
293. Listen	toŏ roŏr	들을(聞)
294. Little	tsyô koŏr	작을(小)
295. Little (quantity)	tsă mŏt	자못 적다
296. Live	năr	날(生)
297. Liver	kăn	간(肝)
298. Lock	păî mŏk	배목(자물쇠)
299. Long	kin	긴(長)
300. Look (to)	pôr	볼(視)
301. Lose	tsîr	질(敗)
302. Lost	sŏn hăr	손할(損)
303. Love (to)	să răng	사랑(愛)
304. Low	nă tsăr	낮을(低)
305. Lungs	poô hwă	부아(肺)
306. Mad	mî ts'hîr	미칠(狂)
307. Make	hă yô kŭm	하여금(使)
308. Male	미채록	남성의

309. Man	sǎ rǎm	사람(人)
310. Many (much)	mǎn hoôr	많을(多)
311. --- times	tôt tôt	또또(又又)
312. Mast	lôt tǎî	놋대(櫓)
313. Meat	kǒ kî	고기(肉)
314. Medicine	yǎk	약(藥)
315. Meet	mǎ tsoǒr	맞을(迎)
316. Mend	syôô lî	수리(修理)
317. Mercury	syôô oǒn	수은(水銀)
318. Merry	k'hwǎî hǎr	쾌할(快)
319. Middle	kǎ ôn kǎî	가운데(中)
320. Midnight	미채록	한밤중
321. Milk	t'hǎ lǎk	타락(駝酪, 쇠젖)
322. Mine (my)	nǎ	나(我)
323. Money	tǒn	돈(錢)
324. Monkey	tsǎîn nǎp î	잔나비(猿)
325. Month	tǎr wôr	한달(月)
326. Moon	tǎr wôr	달(月)
327. More	tǎ sî	다시(多時)
328. Morrow	myông îr	명일(明日)
329. Mother	ô mî	어미(母)
330. Mountain	mǒîs môô lî	뫼무리(山脈)
331. Mouth	îp kôô	입(口)

332. Mouth of river 미채록 하구(河口)

333. Move ôôm tsŏok 움직일(動)

334. Much 미채록 많을(多)

335. Mud tsoŏn hărk 진흙(泥)

336. Murder (to) tsŏok îr 죽일(戮)

337. Music p'hông byôô 풍류(風流)

338. Naked mêr 맨몸(裸體)

339. Name îr hŏm 이름(名)

340. Navel păî skŏp 배꼽

341. Near kăt kă 가까울(近)

342. Neat pîn pîn 핀핀한(산뜻한)

343. Necessary mŏ rŏ mî 모로미(모름지기)

344. Neck mŏk 목(咽喉)

345. Never ôp săr 없을(無)

346. New sai 새(新)

347. Next pô koŏm 버금(亞)

348. Night păm yă 밤(夜)

349. No mŏt hăr 못할

350. Noble koôî kăr 귀깔(貴)

351. Noise soôt toô ô rîr 수다어릴(騷音)

352. None ôp săr 없을(無)

353. Noon 미채록 정오(正午)

354. North poôk pyok 북녘(北)

355. Nose	k'ho	코(鼻)
356. Not	ôp săr	없을(無)
357. Now	tsoŏk koŏm	즉금(卽今, 이제)
358. Oar	nŏ	노(櫓)
359. Obey	syoôn hăr	순할(順)
360. Of	kar	소유(所有)
361. Offended	pôm hăr	범할(犯)
362. Officer	kwăn wôn	관원(官員)
363. Often	tôt tôt	또또(又又)
364. Oil	kî rŏom	기름(油)
365. Old	tê	늙은이(老)
366. Only	ŏ tsîk	오직(唯)
367. Open (to)	yôr	열(開)
368. ---	미채록	열다
369. Opium	미채록	아편(阿片)
370. Or	hŏk	혹(或)
371. Orange	kyôôr kyôôr	귤(橘)
372. Order (to)	pôôn poô	분부(分付)
373. Other	tă roŏr	다를(異)
374. Our	미채록	우리의
375. Outside	păt	바깥(外)
376. Over	ŏŏs	위(上)
377. Owe	pît	빚(債)

378. Paddy	tsŏ	조(租, 賦稅)
379. Pain	ăr hoŏr	앓음(痛)
380. Paper	tsyŏ hwî	종이(紙)
381. Past	ôr tsoŏk	일찍 지난(過去)
382. Passionate	stoŏt	정열(情熱)
383. Pay (to)	kă p'hŏor	갚음(報)
384. Pearl	koô săr	구슬(珠)
385. People	păîk syông	백성(百姓)
386. Pepper	hŏ ts'hyŏ	호초(胡椒, 고추)
387. Perhaps	hŏk	혹(或, 아마도)
388. Physic	yak	약(藥)
389. Physician	wî wôn	의원(醫員)
390. Pig	tôt	돝(豚, 돼지)
391. Pirate	미채록	해적
392. Place	kŏt	곳(所)
393. Plantain	p'hă ts'hyŏ	파초(芭蕉, 바나나)
394. Plenty	nă oŏr	많음(多)
395. Pox, chicken	미채록	천연두(水痘)
396. --- small	미채록	병아리
397. Poison	미채록	독약
398. Poisonous	tsô tsîn	초친(유독한)
399. Pole	să hwăt tăî	새 횃대
400. Polite	lêy tŏ	예도(禮度)

401. Poor	kă-năn hăr	가난할(貧)
402. Poultry	tărk	닭(鷄)
403. Pregnant	păîr	밸(姙)
404. Present (a)	tsyôn sŏng	정성(精誠, 선물)
405. Pretty	kŏ ŏr	고울(美)
406. Prevent	Iăn ts'hyôôr	양출(攘黜, 물리치다)
407. Price	kăp	값(價)
408. Pomise (to)	hŏ hăr	허할(許)
409. Proper	măt tăng	마땅할(妥)
410. Pulse	mă îk	맥(脈搏)
411. Punish	tsŏî tsôôr	죄줄(罰)
412. Purple	tsă tsî	자주(紫朱)
413. Put	toor	둘(置)
414. Quarrel (to)	tă t'hŏr	다툴(爭)
415. Quarrelsome	ts'hyo kîr	죽일(戮)
416. Queen	hwăng hoô	황후(皇后)
417. Quick	spă răr	빠를(速)
418. Quit	Iî pyôr	이별(離別)
419. Rain	pî ôô	비(雨)
420. Rain (to)	tsoôî	취우(驟雨, 소나기)
421. Raise	toŏr	들(擧)
422, Rank	ts'hă rêy	차례(序)
424. Raw	năr kŏp	날것(生)

425. Ray	pijôt	별(光線)
426. ---(lightening)	pôn kăî	번개(電)
427. Read	nîr koŏr	읽을(讀)
428. Ready	în p'hyôn	인편(人便)
429. Red	poŏr koŏr	붉을(紅)
430. Reject	pă rîr	버릴(棄)
431. Remain	mô moŏr	머물(留)
432. Restore	ăm koôr	반환하다
433. Retire	moô roŏr	물러날(退)
434. Return (to)	tŏ rŏ hyôr	돌아가다
435. Rice	psăr	쌀(米)
436. Rich	kă ăm yôr	가멸(富)
437. Right	ŏr hôôr	옳을(義)
438. Right	ŏr hoŏr	오른쪽(右)
439. Rise (to)	nîr	일어날(起)
440. River	hă syôô	하수(河水)
441. Road	kîr	길(道)
442. Rob	tŏ tsôk tsîr hăr	도적질할(盜)
443. Rock (see Stone)	미채록	바위(岩)
444. Root	pôô hôôî	뿌리(根)
445. Rope	nŏ	노(노끈)
446. Rotten	sôk koŏr	썩을(腐)
447. Round	toông kôôr	둥글(圓)

448. Run (to) tăr oŏr 달릴(走)
449. Safe p'hôn har 편할(安)
450. Sail tŏt 돛대(桅)
451. Salt sŏ kŏm 소금(鹽)
452. Same kăn kă tsî 칸 같이(同一)
453. Sand mŏ rê 모래(沙)
454. Save koô wôn 구원(救援)
455. Sea pă tă 바다(海)
456. See pŏr 볼(視)
457. Seek nŏ 노력할(努)
458. Sell p'hăr 팔(賣)
459. Send pŏ năîr 보낼(送)
460. Serpent păî yăm 배암(蛇)
461. Sew hŏr 홀(縫, 호다)
462. Shallow (a) yôt t'hoôr 얕을(淺)
463. Shape ôr kôôr 얼굴(顔)
464. Ship păî 배(舟)
465. Short tsyô roŏr 짧을(短)
466. Show kă ră ts'hîr hoom 가르칠(訓)
467. Shut tă toŏr 닫을(閉)
468. Sick py-ông 병(病)
469. Silent tsăm tsăm 잠잠할(靜, 고요하다)
470. Silver (to be) oŏn 은(銀)

471. Sister	mӑt noô oôi	맏누이(姉)
472. Sit	ӑn tsoŏr	앉을(坐)
473. Slave	tsyŏng nŏ	종(奴)
474. Sleep	nôô oŏr	누울(臥)
475. Slow	to tooîr	더딜(遲)
476. Small	tsyô koôr	작을(小, 작다)
477. Softly	yŏng yŏng	용용하다(조용하다)
478. Some	hŏk	혹자(或者)
479. Son	ӑ toôr	아들(子)
480. South	nӑm myôk	남녘(南)
481. Speak	mӑr	말(言)하다
482. Stand	syôr	설(立)
483. Star	pyôr	별(星)
484. Stay	poŏ t'hôr	붙들(扶)
485. Steady	미채록	고정된
486. Stomach	yӑng	양(胃, 羊腸)
487. Stone	tŏr syok	돌(石)
488. Stop	koŏ ts'hîr	그칠(止)
489. Straight	kŏ toŏr	곧을(直)
490. Strong	sŏoîk sŏoîk hӑr	씩씩할(强)
491. Sugar	syôr tӑng	설탕(雪糖)
492. Sun	nӑr	날(日, 해)
493. Sweet	tӑr	달(甘)

494. Sword	hwăn tŏ	환도(環刀)
495. Take	ts'hyôoî hăr	취할(取)
496. Tall	nô p'hŏor	높을(高)
497. Tame	미채록	순치(馴致, 길들임)
498. Taste	măt pŏr	맛볼(味)
499. Tea	ts'hă	차(茶)
500. Teeth	nî	이(齒)
501. Tell	kŏ hăr	고할(告)
502. Tempest	p'hŏ phôông	표풍(飄風)
503. Thank	syă rêy	사례(謝禮)
504. That	koŏ	저
505. The	미채록	그, 이
506. Theft	tŏ tsôk tsîr hăr	도적질할(盜)
507. There	미채록	거기에
508. Thick	toôt to ŏr	두터울(厚)
509. Thief	tŏ tsôk	도적(賊)
510. Thirsty	kăr hăr	갈할(渴)
511. This (these)	î	이들
512. Throat	in hoô	인후(咽喉)
513. Tide flood	tsyô syŏo	조수(潮水)
514. --- ebb	hô yô tsîr	썰물, 밀물
515. --- spring	미채록	한사리
516. --- low	syôk syŏo	석수(汐水)

517. Tie (to)	măît kyôr	맺을(結)
518. Tin	tsyoô syôk	주석(錫)
519. Tired	kăs păr	가쁠(疲)
520. To (unto)	nî ră	이를(到)
521. Together	hă ŏr	함께
522. Tongue	hyô	혀(舌)
523. Torment (to)	pôn kî	고통
524. Travel	lŏ tsyông	노정(路程)
525. Tree	nă mŏ	나뮈(木)
526. True	ts’hăm	참(眞)
527. Unable	미채록	할 수 없는
528. Under	ă răî	아래(下)
529. Understand	ăr	알(知)
530. Unfair	kô tsoŏt	거짓(假)
531. Unfit	미채록	부적당한
532. Untie	p’hôôr	풀(解)
533. Urine	ŏ tsŏm	오줌(尿)
534. Valour	năr năîr	날랠(勇)
535. Vein	măîk	맥(脈, 血脈)
536. Victuals	păn ts’hăn	반찬(음식)
537. Village	swî kŏr	시골(村)
538. Vomit	t’hŏ hăr	토할(吐)
539. Wages	미채록	임금(賃金)

540. Wait	môôr rî	물리다(기다리다)
541. Walk	nêyr	나들이하다
542. Want	tŏong yŏ	등대(等待, 대령)
543. War	미채록	전쟁
544. Warm	tă săr	따스할(暖)
545. Wash	ôr tŏ	씻을(洗)
546. Water	môôr syoô	물(水)
547. --- fresh	미채록	정수(淨水)
548. --- sea	syoô tsŏng	수청(水淸)
549. --- high	tsyŏ syôô	조수(潮水)
550. --- low	syôk syôô	석수(汐水)
551. We	ă toŏng	아등(我等)
552. Weak	yăk hăr	약할(弱)
553. Week	미채록	주간(週間)
554. Weep	oôr	울(鳴)
555. Well	oô moôr	우물(井)
556. West	syôs nyôk	서녘(西)
557. Wet	tsô tsŏor	젖을(濕)
558. What	hă îr	하일(何日)
559. When	hă sî	하시(何時)
560. Where	hă ts'hyô	하처(何處)
561. Which	pă	바(所)
562. White	hŏîn	흰(白)

563. Who	nôô kôô	누구(誰)
564. Whole	tsyôn yôn	전연(全然)
565. Whose	nôo kôo	누구의(誰)
566. Why	미채록	왜, 어째서
567. Wicked	mŏ tsîr	모질다(악한)
568. Wife	ăn hăî	안해(妻)
569. Wide	t'hoŏp	폭넓은(廣)
570. Will	stoŏt tsî	유언·유지
571. Wind	pă răm	바람(風)
572. Wine	soôr	술(酒)
573. Winter	kyô oŏ	겨울(冬)
574. Wish	wôn hŏr	원할(願)
575. With	tô poŏr	더불(與)
576. Within	ăn	안(內)
577. Without	păt	바깥(外)
578. Woman	kêy tsîp	계집(女)
579. Wood	sôm	섶(薪)
580. World	în kan	인간(世)
581. Worse	mŏ tsîr	모질다(악한)
582. Wound	미채록	부상
583. --- to	미채록	상처를 내다
584. Write	ssoŏr	쓸(書)
585. Wrong	koŏ roŏr	그를(誤)

586. Year	hnăî nyôn	해(年)
587. Yellow	noô roŏr	누를(黃)
588. Yes	î	예
589. Yesterday	tsăk îr	작일(昨日)
590. You	nô	너(你)
591. Young	ŏ rîr	어릴(少)
592. Your	미채록	너의[36]

숫자(Numbers)

아라비아 숫자	조선어 발음 영문표기	조선어
1	hăn	한(하나)
2	toô	두(둘)
3	sok	석(셋)
4	nok	넉(넷)
5	tă săt	다삿(다섯)
6	yô soŏt	여섯
7	nîr kŏp	닐곱(일곱)
8	yô tărp	여닯(여덟)
9	ă hŏp	아홉
10	yôr	열
11	yôr hăn	열한(열하나)

36 Edward Belcher, *Narrative of the Voyage of H. M. S. Samarang*, Vol. Ⅱ, pp.540~569. 에담스가 채록한 조선어 발음 영문표기를 조선어로 해독·고증하여 표기하였음.

12	yôr toô	열두(열둘)
13	yôr sôk	열석(열셋)
14	yôr nôk	열넉(열넷)
15	yôr tǎ sǎt	열다삿(열다섯)
16	yôr yô soǒt	열여섯
17	yôr nîr kǒp	열닐곱(열일곱)
18	yôr yô tǎrp	열여닯(열여덟)
19	yôr ǎ hǒp	열아홉
20	toô(hǎn) yôr	두열(스물)
21	toô yôr hǎn	두열한(스물하나)
30	sôk yôr	석열(서른)
40	nôk yôr	넉열(마흔)
50	tǎ sǎt yôr	다삿열(쉰)
60	yô soǒt yôr	여섯열(예순)
70	nîr kǒp yôr	닐곱열(일흔)
80	yô tǎrp yôr	여닯열(여든)
90	ǎ hǒp yôr	아홉열(아흔)
100	îr pǎîk	일백(百)
200	미채록	이백
1,000	îr ts'hyon	일천
10,000	미채록	일만
100,000	미채록	십만[37]

37 Belcher, *ibid.*, Vol. II, pp.568~571.

영국 사마랑호는 한 달 이상 제주도 해상 탐측과 육상에서의 지세 측량활동을 벌였다. 사마랑호에는 언어학자 어네스트 에담스(Ernest Adams)가 동승하고 제주도에 와서 조선어를 채록함으로써 한영 언어 문화 교류에 지대한 공헌을 했다. 조선어 어휘 592개 단어를 영문으로 채록한 것이다. 뿐만 아니라 숫자(數字, Numbers)도 채록하고 있어서 조선 후기 조선어의 변천 과정을 알 수 있는 귀중한 자료로 평가되고 있다. 에담스-청국 통사-조선 역관, 3자 간에 한문필담(漢文筆談)으로 조선어 채록이 진행됐다. 에담스가 영문으로 말하면 청국 통사가 한자(漢字)로 통역하고 조선 역관이 조선어로 말하면 에담스는 조선어 발음을 영문으로 표기한 것이다. 따라서 에담스의 조선어 채록 자료는 조선 후기에 사용했던 이조어(李朝語)의 시대적 언어 사용 실상을 파악할 수 있는 좋은 자료이다. 염통(심장), 안해(아내), 도채(토끼), 호초(고추), 도치(돼지), 지아비(남편) 등 오늘날에는 사용하지 않는 조선 후기 시대어를 한 눈으로 볼 수 있다. 우리가 더욱 놀라운 역사적 사실은 숫자이다. 한(1, 하나), 두열한(21, 스물하나), 석열(30, 서른), 넉열(40, 마흔) 등 조선 후기 시대의 숫자 언어를 확인할 수 있다.

제6장

한국의 축하사절단 파견과 한영러 외교관계

|1| 한영 수교와 한영 외교관계

한영조약이 체결된 것은 1883년 11월 26일이었다. 1882년 한미조약 체결 후 미국은 조선이 독립국임을 승인, 아더(Chester A. Arthur) 미국 대통령은 푸트(Lucius H. Foote, 福德)를 초대 주한 미국특명전권공사(Envoy Extraordinary and Minister Plenipotentiary)에 임명·파견했지만, 영국은 청의 대한속방정책을 존중, 초대 주한 영국공사를 주청영국 파크스(Sir. Harry S. Parkes, 巴夏禮) 공사가 주한영국 공사를 겸직하게 했다. 그후 영국은 주한전권공사를 파견하지 않고 총영사 및 변리공사를 파견했다. 영국은 서울 정동에 영국 공사관을 개설함으로써 한영 외교관계가 수립되었다. 그러나 조선은 상호주의 원칙에 따라 영국 런던에 주영한국공사관을 개설하지 못했다. 조선정부는 사절단을 파견해야할 경우 주구(駐歐) 6개국(英德俄法義墺) 전권공사를 파견해서 외교업무를 수시로 처리했다. 조선정부는 재정상 궁핍으로 인하여 런던에 상주공사관을 게살하지 않고, 1900년 3월 30일 모건(W. Prichard Morgan, 摩賡)을 주영 한국명예총영사에 임명, 한국 외교업무를 대행케 했다.[1]

한국정부가 영국 런던에 상주공사관을 개설하게 된 것은 1901년이다. 한국정부는 1901년 3월 16일 민영돈(閔泳敦)을 초대 주영 특명전권공사 겸 주이공사에 임명· 파견하면서 그해 6월 27일 런던에 공사관을 개설했다. 이것이 처음이고 마지막 공사였다. 그나마 1905년 을사늑약 체결로 외교권이 박탈되자 주영공사관이 철수되었고 특히 이한응(李漢

1 Horae N. Allen, Korea:Fact and Fancy-Being Republication of the Two Books Entitled "Korean Tales" And "A Chronologica; Index"(Seoul, Methodist Publishing House, 1904), p.211, March 30, 1900; 金源模, 近代韓國外交史年表(단국대 출판부, 1984), p.174(1900. 3. 30); 『舊韓國外交文書』(고려대 아세아문제연구소, 1968), 권 14(英案 2) pp.206~208.

應) 주영서리공사는 일본의 외교권 박탈에 항의하면서 영국 런던 현지에서 자결하고 말았다.[2]

조선개항 후 한국정부는 유럽에 축하사절을 세번 파견했다. 첫 번째는 1896년 3월 18일 러시아 니콜라이 대관식 축하사절로 민영환(閔泳煥)이 파견되었다. 두 번 째는 1897년 3월 24일 영국 빅토리아 여왕 즉위 60주년 기념식에 민영환 부영대사(赴英大使)를 축하사절로 파견하였다. 세 번째는 1902년 4월 14일 영국 에드워드(Edward) 7세 대관식 축하사절로 이재각(李載覺)을 특명부영대사로 파견했던 것이다.[3]

|2| 러시아 니콜라이 대관식 축하사절단(閔泳煥)과 한러밀약(1896)

일본은 청일전쟁에서 전승을 거둠으로써 한반도 지배권을 확보했다. 1895년 4월 17일 이홍장(李鴻章)과 이토히로부미(伊藤博文)간에 체결된 청일 강화조약(下關條約) 제1조에 "청국은 조선국의 완전무결한 독립자주국임을 확인한다."[4]라고 되어 있다. 이는 일본이 진심으로 조선의 자주독립을 보장한 것이 아니고 바로 청으로부터의 독립을 의미한다. 따라서 한청간 전통적인 조공관계를 단절함으로써 장차 청의 대한 간섭을 받지 않고 조선과 만주까지 정복지배하겠다는 영토팽창정책의 저의가 깔려있는 조약체결이기에 이는 일본의 대륙침략의 시단(始端)이 되었다는 것이다.

2 金源模,『近代韓國外交史年表』, p. 221, 李漢應自決(1905. 5.12).
3 상게서, p.193(1902. 4. 14), 에드워드 戴冠式.
4 『日本外交史辭典』(日本外務省 史料館, 1979), pp.19~21, 日淸 江華條約(1895. 4. 17).

청일전쟁에서 일본이 전승을 거두면서 일본은 한반도 지배권을 확보, 김홍집(金弘集) 친일정부를 출범했다. 일본의 침략위협에 직면한 한국은 일본의 침략야욕을 견제하고자 인아책(引俄策)을 수립했다. 그 중심인물이 민 왕후의 친러반일(親露反日)정책의 추진이었다. 러시아 세력을 끌어들여 일본의 침략을 억제해보겠다는 것이다. 이에 일본은 민 왕후를 제거하지 않은 한 한반도지배는 불가능하다고 판단, 마침내 악명높은 민 왕후 모살(謀殺)을 감행하고 말았다. 미우라(三浦梧樓) 일본공사는 대원군을 앞세우고 마침내 정치깡패 낭인배(浪人輩)를 동원, 을미사변(乙未事變, 1895. 10. 8)을 일으켜 민 왕후를 암살했다.

1894년 12월 17일 김홍집 친일정부가 수립된 직후 민 왕후의 친러반일정책을 지지하는 한국 최초의 정치단체가 등장했다. 그것이 친미파(李完用)와 친러파(李範晉)를 중심으로 한국 최초의 배일(排日)정치단체 정동구락부(貞洞俱樂部, Chong Dong Club)가 결성되었다.[5]

서울 주재 구미 외교관들의 친목단체인 외교관구락부(外交官俱樂部, Cercle Diplomatique et Consulaire)가 결성되기는 1892년 6월 2일이었다. 처음에는 주로 각국 공영사 등 외교관들로만 구성했지만 서울 주재 선교사 상인들까지 가담했다. 정동구락부 발족 당시 주한 미국공사 실(John M. B. Sill, 施逸)과 서기관 알렌, 주한 러시아공사 웨베르, 미국인 다이(Dye)·르젠드르(Charles W. Legendre, 李善得), 미국 선교사 아펜젤러·언더우드·헐버트 등이 주동인물이었다. 정동구락부의 구성원을 보면 미국

---

5 Spencer J. Palmer, ed., *Korean-American Relations. Documents Pertaining to The Far Eastern Diplomacy of The United States* . Vol 2, The Period of Growing Influence 1887-1895(University of California Press, 1963), p.349, Sill to the Secretary of State. December 18, 1894.

인이 대부분을 차지하고 있어서 사실상 미국공사관이 주도했음을 알 수 있다. 그런데 이들 정동구락부 회원들은 주로 정동 손탁 호텔에 모여 사교활동을 전개함에 따라 자연스럽게 한국인 정동구락부 회원들과 어울려 손탁이 마련한 커피를 들면서 친목을 도모하면서 정동구락부에 가담하게 되었다. 이제 손탁호텔은 정동구락부의 친러반일운동의 총본산이 되었다.[6]

손탁(A. Sontag, 孫澤)은 서울에 왔을 때 32세의 묘령의 귀부인이었다. 온화한 풍모와 단려(端麗)한 미모, 게다가 영·독·불·러 등 4개 외국어에 능통했기 때문에 '서울외교계의 꽃'이라 일컫고 있었다. 이리하여 손탁호텔에서 이들 정동구락부 회원들의 친러반일운동을 추진하는데 '정치적 마돈나' 역할을 수행했다. 정동구락부의 3대 투쟁목표는 친일정부 타도, 경복궁에 포로로 잡혀있는 고종구출작전 수행, 민 왕후 시해에 대한 복수토역(復讐討逆) 등이다.[7]

정동구락부는 미국공사관 서기관 알렌(Horace N. Allen, 安連)의 적극적인 지원을 받아 마침내 1895년 11월 28일 국왕구출을 위해 춘생문사건(春生門事件)을 일으켰지만 한 배신자의 밀고로 국왕구출작전은 무산되고 말았다. 그 결과 이완용 등 친미파는 미국공사관에, 이범진 등 친러파는 러시아공사관에 피신, 보호를 받고 있었다. 춘생문사건은 이완용 등 친미파가 주도했지만, 제2차 국왕구출 작전(아관파천)에서는 이범진 등 친러파가 러시아 공사 웨베르의 군사적 지원을 받아 거사했다. 때

6 Harrington, Fred H., *God Mammon and the Japanese*(The University of Wisconsin Press, 1966), pp.171, 288~293; 김원모, 『中齋 張忠植博士 華甲紀念論叢』 歷史學篇(1992), pp.369~398, 金源模, 「손탁양의 친러반일운동」.

7 小坂貞雄, 『朝鮮外交秘話』, p.259; 菊池謙讓, 『朝鮮雜記』권 2, p.98; 金源模,「미스 손탁과 손탁호텔」, 『鄕土서울』 56(1996), pp.186~187.

마침 히로시마(廣島)재판에서 민왕후 시해 주범 미우라 등 48명의 전원 무죄선고, 그리고 단발령(斷髮令)에 반대하는 의병(義兵)의 민 왕후 복수 토역을 부르짖으면서 항일운동이 거세게 일어났다. 의병운동 가운데 춘천(春川)의병이 가장 심각했다. 심지어 춘천의병이 서울을 침공하리라는 소문이 확산됨에 따라 정부는 친위대(親衛隊) 병력을 춘천으로 투입, 진압작전을 벌이자 수도 서울의 치안이 공백상태가 되고 말았다. 이를 계기로 정동구락부는 러시아 군병 150명을 동원, 마침내 국왕 구출작전은 성공했다. 이리하여 1896년 2월 11일 고종을 러시아 공사관으로 탈출하는 아관파천(俄館播遷)을 일으켜, 김홍집 등 친일정부 주요 인사를 살해하고 친일정부를 타도함으로써 이범진 친러정부가 출범했다. 이로써 정동구락부의 3대 투쟁목표는 실현된 것이다.[8]

대군주의 러시아공사관 생활은 일본의 군사적·정치적 위협으로부터 벗어나 치외 법권이 보장된 '정동 외국인 마을'로 이어(移御)하면서부터 평화롭고 안정적인 일상생활이 보장되었다. 당시 배재학당(培材學堂) 아펜젤러(Henry G. Appenzeller, 亞偏薛羅) 교장은 대군주의 러시아공사관 생활을 이렇게 전하고 있다. "곁에 시립(侍立)하였던 러시아 공사도 나의 태도를 보시고 그만 웃어버리더군요. 나는 그리하여 여러 시간을 고종을 뫼시고 있어보았습니다. 공사관 주위에는 러시아 병대(兵隊) 3백여명과 한국 군대 백여명이 엄중히 파수(把守)보고 있어서 한국 정계

---

8 Fred Harvey Harrington, *God Mammon and the Japanese*. Dr. Horace N. Allen and Korean-American Relations, 1884~1905(The University of Wisconsin Press, Madison·Milwaukee·London, 1966), pp.171, 288~293; 金源模,「貞洞俱樂部의 親露反日運動」,『朴永錫華甲紀念史學論叢, 1992)』, pp.153~172;「손탁양의 親露反日運動」,『張忠植華甲紀念論叢, 1992』, pp.368~398.

의 큼직큼직한 인물들도 자유로 출입을 못하였었지요."[9]

고종은 유럽 거류지인 정동에 기거하면서부터 '아주 민주적(quite democratic) 인 인간'이 되었다. 대군주는 일반서민들도 만나고, 그들과 비공식적으로 대화를 나누기도 하고, 매일 러시아공사관 뜰을 산책하면서 정동 외국인 마을에서의 생활을 즐기고 있는 것처럼 보였다. 지난 5월 16일에는 대군주는 왕세자를 동반하고 반마일 정도 떨어져있는 명례궁(明禮宮·慶運宮)으로 납시어 일본 전권공사 가토(加藤增雄)의 신임장을 제정 받고 러시아공사관으로 환어(還御)했다. 돌아오는 길에 영국공사관 뜰에서 놀고 있는 수명의 외국 어린이를 보고, 그들을 직접 불러 손을 잡으면서 몇 마디 대화를 나누기도 했다. 수주일 전에는 외국 어린이 5명이 러시아공사관으로 놀러오자, 대군주는 반가워하면서 그들에게 자수 놓은 부채를 선물로 하사하는 인정을 베풀기도 했다.[10]

친러정부는 때마침 1896년 3월 18일 러시아 니콜라이 2세 황제 대관식에 민영환(閔泳煥)을 특명전권공사에 임명·파견했다. 민영환 특사는 러시아 공사관 서기관 겸 통역 스타인(E. Stein, 師德仁)과 함께 러시아로 향발했다.[11]

제정 러시아는 청일전쟁을 계기로 만주의 거대한 이권을 독점하게 되었다. 때마침 니콜라이 2세의 대관식에 참석한 청 이홍장(李鴻章) 특사와 러시아 외상 로바노프(Lobanov)·재무상 위테(Sergius Witte) 사이에 시베리아 철도가 만주를 횡단, 블라디보스토크에 이르는 시베리아 횡

9 『三千里』(1932. 10), pp.12~14, 亞偏薛羅 故 李太王 謁見記.

10 *The Korean Repository*, vol. 3, pp.221~222.

11 Allen, *A Chronological Index*, p.196, March 18, 1896; 金源模, 『近代韓國外交史年表』, p.151(1896. 3. 18).

단철도(東淸鐵道)를 건설한다는 청러밀약을 체결했다(1896. 5, 22). 제4조에 "길림(吉林) 흑룡강(黑龍江) 양성을 경유, 해삼위(海蔘威, 블라디보스토크)에 도달하는 횡단철도(東淸鐵道) 건설을 인정한다."라는 이른바 청러밀약을 체결했다. 이리하여 제정 러시아는 거대한 만주이권을 독차지하게 되었고, 아관파천(1896. 2. 11) 후 친러정부가 발족하면서 한반도에서의 러시아 강세기(1896~1898)가 개시되었다. 이리하여 제정 러시아는 한반도침략이 본격화된 것이다.[12]

러시아는 아관파천으로 친러정부 수립, 집권함으로써 본격적으로 한반도 지배권을 확립하려 기도했다. 이로부터 러시아는 동방정책을 강행, 청러밀약(1896. 5. 22)을 체결하는 등 한반도에로의 침략활동을 본격화한 것이다.

첫째, 친러정부는 민영환을 니콜라이 대관식에 파견했다. 민영환 축하사절단을 보면, 러시아 특명전권공사에 민영환(閔泳煥), 학부협판 윤치호 러시아 특명전권공사 수원(隨員)에 학부협판 윤치호(尹致昊), 삼품주사(外部主事) 특명전권공사 삼등참서관(三等參書官)에 김도일(金道一) 러시아어 통역. 그리고 비공식 수원 종인(從人) 손희영(孫熙榮) 등 총 5명이다.[13]

"일행을 보면, 충정공 민영환, 블라디보스톡에서 나고 자라 러시아어에 능숙하고 그 나라의 풍습 습관을 잘 아는 김도일과 서기관 김득련, 민영환의 종자로 간 청년(손희영), 그리고 수원 윤치호 등 5인이었다. 그들은 다 순조선식으로 상투를 틀고, 갓을 쓰고, 가죽신을 신었

12 『舊韓末條約彙纂』中, pp.191~194 淸露密約; 釋尾春芿, 『朝鮮併合史』(朝鮮滿洲社, 19260, pp.113~115.

13 『閔忠正公遺稿』(국사편찬위원회, 1958), 「海天秋帆」, pp.69~70.

다. 윤치호 역시 깍았던 머리를 다시 길러 상투를 틀고 신만은 구두를 신었다."[14]

민영환 사절단 일행은 솔잎상투를 틀고 사모관대 차림으로 태극기 3장을 휴대하고 1896년 4월 1일 러시아 사행길에 올랐다. 김홍집 친일 정부가 단발령을 시행한 것은 1895년 12월 30일이었다.[15]

단발령에 저항하는 소요사태가 전국적으로 발생했다. 그러나 아관파천으로 친일정부가 붕괴하고 친러정부가 수립됨에 따라 고종은 깎았던 머리를 다시 기르게 되었고 정부 대신들도 뒤따라 머리를 기르면서 "형편에 따라 시행한다(從便爲之)"는 말로 사실상 단발령은 흐지부지했다. 이렇게 단발령이 유야무야해지자 깎았던 머리를 다시 기르는 진풍경이 벌어졌다. 이를 풍자하는 동요가 나돌았다. "머리 갓근지 석달 만에 솔닙상토가 웬 일인가."[16]

한편 한 나라의 대군주가 외국공사관 즉 러시아공사관에 머물고 있다는 것은 국가적으로 보아 수치가 아닐 수 없다. 조선을 상대로 한 러시아의 책동과, 아관파천으로 조선 내 세력을 확장하는 모습을 본 일본은 러시아를 경계하지 않을 수 없었다. 3국간섭으로 인한 요동반도 반환이 결국은 러시아의 야심을 채워주는 것이었고, 그런 까닭에 을미사변 후 행동을 자제하던 일본이 이번엔 앞에 나서지 않을 수 없어, 웨베르와 고무라(小村壽太郞)는 1895년 5월 14일 의정서를 협상했다.

14 『閔忠正公遺稿』(국사편찬위원회, 1958), pp.69~70, 海天秋帆.

15 Allen, "A Chronological Index," p.195, January, 1895; 金源模, 『近代韓國外交史年表』, p. 151(1896. 1).

16 『좌옹 윤치호선생 약전』(윤치호 문화사업위원회, 1999), p.141; 『朝光』(1937. 5), pp.30~39, 韓末 외교무대에 남긴 珍聞 露都 특파대사의 고급수원 尹致昊씨.

1. 러일 양국 대표자는 적당한 시기에 고종께 환궁하시기를 충고할 것.
2. 양국은 고종께서 관대 온후한 인물을 내각대신으로 임명하여 관대하고 인자한 태도로써 신민을 대하게 할 것.
3. 경성-부산 간에 일본 전선의 보호를 위하여 일본 헌병 2백인 이내를 둘 것.
4. 일본은 거류민 보호를 위하여 경성에 2중대, 부산과 원산에 각 1중대를 두고 러시아 역시 이 지역에 일본 병수를 초과하지 않는 병력을 둘 것.

이러한 협정으로 급히 확대되는 러시아 세력을 막으려고 러시아황제 대관식에 참석했던 일본 대표 야마가타(山縣有朋)는 한반도를 38선으로 분할해서 러일이 각각 영향력을 발휘하자고 제의했으나 러시아의 거부로 무산되었다.[17]

민영환 사절단 일행은 러시아공사관 서기관 겸 통역 스타인(E. Stein, 師德仁)을 대동하고, 1896년 4월 1일 솔잎상투를 틀고 도포와 가죽신, 갓을 쓰고 마포나루에서 배를 타고 인천 제물포로 내려가 대불(大佛)호텔에 투숙, 1박한 후 4월 2일 인천을 출항했다. 인천→일본 요코하마(橫濱)→태평양→샌프란시스코(桑港)→미 대륙횡단철도→뉴욕→대서양→영국→프랑스·독일→러시아로 이어지는 등정(登程)길이었다. 특히 통역 김도일은 해삼위(海蔘威)에서 생장하여 러시아어에 능통, 민 사절단의 러시아 통역에 큰 힘이 되었다.[18]

---

17 Allen, *A Chronological Index*, p.197, May 13, 1896; 金源模,『近代韓國外交史年表』, p. 153 (1896. 5. 13)

18 尹致昊「지금으로 31년전 露西亞에 대사 갔던 이야기」,『三千里』(1933. 1), pp.9~13; 李商

민영환 사절단이 모스크바역에 도착하니 접반사(接伴使)가 태극기를 들고 민영환 일행을 迎接하면서 대환영을 했다.[19]

윤치호는 러시아 사절단 사행 중 자세한 영문일기를 남겼다. 민영환 사절단이 떠날 때 민영환은 여비 명목으로 미화 2만달러(4만원)를 받고 러시아로 향발했다. 통역 김도일은 러시아를 잘하나 한국어를 잘 몰라 잘못 통역하고 있어서 윤치호가 영어로 통역을 담당했다고 실토하고 있다.[20]

그때 러시아는 조선의 요로대관(要路大官)에게 관대(款待)를 하고 환심을 사는 동시에 러시아의 군력(軍力)을 힘 있게 인상시키자는 것이며, 따라서 조선에 자기 권리를 확립하고 50여년간의 숙망(宿望)인 태평양 진출의 계획을 실현하여 조선에 군사근거지(軍事根據地))까지 얻으려는 야망과 뱃심이더라고 한다. 그때 러시아는 첫째도 무력이요, 둘째도 무력이어서 군국주의가 고도로 팽배하여 참말 의기충천입디다. 어떤 기회에 모 군인이 의기를 뽐내는 말을 들었는데, 그의 말이 내가 정권을 좌우할 수 있다면 외교관이고 정치가고 모두 없애버리고 군인만 사용하겠소 하고 말하더군요.

그래서 그때 대관식에 참여한 일본 야마가타(山縣有朋)씨와 러시아 외무대신 로바노프(Lobanoff)간에는 극동문제와 조선문제를 처리키 위하여

在,「斷髮했다가 또 기르고 또 斷髮」,『新女性』(1925. 8), pp.51~52.

19 *Yun Chi''-Ho's Diary*, vol. 4, p.15, March 10, 1896.

20 『좌옹 윤치호선생 약전』, pp. 143~145; *Yun Chi-Ho's Diary*(1896), vol. 4, pp.159~160(March 30), p.166(March 30), pp.166~168 (April 11), p.226(June 26), p.238(July 7).

1. 러일 양국은 고종에게 적당한 인물로 각신(閣臣)을 임명케 하기를 권할 것.
1. 경성 부산 간에는 일본 헌병 2백명을 둘 것.
1. 일본은 거류민(居留民)의 보호를 위하여 경성에 2개 중대 부산 원산에 각 1개 중대의 병력을 둘 것. 러시아도 일본 병수와 같은 모양의 군대를 배치하고 그 이상을 초과치 못할 것.

이러한 의정서(議定書)를 체결하는 동시에 우리 사절 일행을 극진히 환대하고 그들이 귀국하자 러시아의 흑수(黑手)는 더욱 조선의 심장을 긁어먹으려 온갖 수단을 다하였다는 것이다.[21]

마침내 1896년 5월 24일 도미션 성당에서 러시아 황제 대관식이 거행되었다. 성직자와 외국 사절단 이외는 들어갈 수 없는 작은 교회이다. 민영환 대사는 한국 전통의 사모관대 차림으로 황금마차를 타고 크램린궁을 예방, 황제와 황후를 알현하고 대관식장인 도미션 성당에 입장했다. 이에 민영환공에게 대관식이 거행하는 동안에만이라고 서양 예법에 따라 사모(갓)를 잠시나마 벗어야 한다고 설득했으나 실패했다. 조선 양반의 갓을 벗으라고 종용하자 민영환은 대노(大怒)하면서 전통 의상 착용을 고수했다.[22]

대관식 참석 후 민영환 대사는 6월 5일 외무대신 로바노프에게 '국서 5개항'을 제출했다.

21 『三千里』(1933. 1), pp.9~13, 尹致昊, 지금으로 31년전 露西亞에 대사 갔던 이야기; 『新女性』(1928. 8), pp.51~52, 李商在, 斷髮해다가 또 기르고 또 단발.
22 『新人文學』(1935. 11), pp.19~20, 金泰正, 露國特使 尹致昊氏의 의 露都行 珍談記.

〈국서 5개항 6. 5〉

1 러시아군이 국왕을 보호해줄 것.

2. 군대와 경찰을 훈련시킬 군사교관을 파송해 줄 것.

3. 조정의 각부, 광산과 철도분야를 지도할 고문관을 파송해 줄 것.

4. 조선과 러시아 사이에 직통전신을 개설해 줄 것.

5. 일본 빚을 갚도록 300만엔을 차관해줄 것.[23]

야마가타(山縣有朋)-로바노프(Lobanov) 협정은 1896년 6월 9일에 일본 외상 야마가타와 러시아아 외상 로바노프 사이에 4개조로 체결되었다. 한국의 재정문제는 러일 양국 공동으로 구제권고 원조할 것. 조선 국내의 질서 보지를 위해 한국 스스로의 손으로 군대경찰을 창설유지할 것. 일본은 한국에서의 현재 점유하고 있는 전신선(電信線)을 인수 관리하고, 러시아도 또한 국경선에 이르는 전신선을 가설할 권리를 보유할 것 등이다."[24]

민영환의 러시아 사행의 일차적 사명은 니콜라이 2세의 즉위를 축하하는 것이었지만, 이차적 목적은 한러밀약을 체결함으로써 일본의 침략을 저지하겠다는 것이었다. 이를 위하여 러시아 외상 로바노프(Lobanoff)와 민영환 간에 한러밀약(1896. 7)을 체결했다. 이에 의하면 러시아는 조선 국왕을 보호할 것이며, 만약 외세의 침략을 받아 안보가 위태로우면 즉각 군사적 재정적 지원을 제공함으로써 한국의 독립을 보장한다는 일종의 방위동맹의 협약을 체결한 것이다. 조산특사 민영

23 윤경남 편저, 좌옹 『윤치호 평전』(신앙과 지성사, 2017), p.711. 윤치호 일기(1896. 6. 5).

24 『日本外交史辭典』(일본 외무성 사료관, 1979), p.948.

환은 로바노프 외상에게 국서 5개항을 전달했다.

국서 5개항

1 러시아군이 국왕을 보호해줄 것.

2. 군대와 경찰을 훈련시킬 군사교관을 파송해줄 것.

3. 조정의 각부, 광산과 철도분야를 지도할 고문관을 파송해줄 것.

4. 조선과 러시아 사이에 직통전신을 개설해줄 것.

5. 일본빚을 갚도록 300만엔을 차관해줄 것.[25]

로바노프 외상은 5개 사항에 대한 회신으로 5개 사항을 보냈다.

5개 사항

1. 조선임금이 원하면 러시아 공관에 머물러도 좋다. 경비명 1명을 추가 배치하겠다.

2. 군사교관은 경험있는 관리를 보내서 실상을 조사하겠다.

3. 서울에 있는 공사관 직원 2명 파송하겠다.

4. 차관은 조선의 재정조건을 검토한 후에 고려해 보겠다.

5. 통신 연결사업을 동의한다. 실현 가능하도록 조력을 하겠다.[26]

이상 5개항과 5개사항은 한국에서는 이른바 한러밀약이라 일컫고 있다. 이같은 협정에 의해 러시아는 한국군과 경찰을 훈련시키는 등 병

25 윤경남 편저, 『좌옹 윤치호 평전』(신앙과 지성사, 2017), p.711(1896. 6. 5), 국서 5개항

26 상게서, p.713(1896. 6. 30), 5개 사항.

권(兵權)을 장악했다.[27]

민영환의 해천추범(海天秋帆)에는 한러밀약은 물론이고 러시아 군사교관 고빙문제를 일체 언급한바 없다. 민영환의 복명문답기에 비로소 러시아 군사교육문제를 암시적으로 언급하고 있을 뿐이다. 민영환 특사가 러시아 사행임무를 완수하고 귀국한 것은 1896년 10월 21일이었다.

> 민영환의 복명문답기
>
> 고종: 대관식에 제 날짜에 참가하였으며 잘 갔다왔는가.
>
> 영환: 폐하가 보살펴 준 덕분에 무사히 갔다 왔습니다.
>
> 고종: 군사제도상 배치한 제반절차가 과연 어떻하던가.
>
> 영환: 군사제도는 일체 서양나라들과 같은데 전국이 군무에 진력하여 강한 나라로 되었습니다. 또한 각종 남녀학교가 있어 인재를 교육하여 길러내고 있었습니다. 풍속이 다른 서양법을 취할 수는 없겠지만 군무(軍務)와 학교 그리고 정치의 본보기에 관해서는 모방하여 시행하지 않을 수 없겠습니다.[28]

여기서 민영환은 "군무와 학교 그리고 정치의 전범에 관해서는 부득불 모방하여 시행하지 않을 수 없겠습니다(至於軍務學校政治典範 不得不倂而行之矣)"라고 언급한 것은 러시아에서 한러밀약으로 군사교관을 고

---

27 George Lansen, *Balance of Intrigue, International Rivalry in Korea and Manchuria, 1884~1899*(University Press of Florida, Talllanassee, 1982), vo. 2, pp.652~654, 673; Allen, *A Chronological Index,* p.198, October 24, 1896; 金源模, 『近代韓國外交史年表』, p.155(1896. 10. 24).

28 『高宗純宗實錄』中, p.605(건양원년 10. 21).

빙해서 러시아식 군사교육을 실시하고 러시아 정치제도를 도입할 것을 강력히 시사하고 있다.

민영환은 러시아 군사교관 고빙문제를 문자 그대로 한러밀약에서 밀약했기에 이처럼 직설적 표현을 피하고 암시적으로 언급하고 있다. 따라서 민영환의 러시아군사교관 고빙문제를 처음으로 기록된 것은 속음청사이다. "부아(赴俄) 대사 민영환이 육로로 귀국, 러시아인 2명을 대동하고 어제 입성했다(帶俄二名 昨日入城)"[29] 러시아 군사교관 고빙문제를 자세히 기록하기는 '알렌연표'였다. "러시아의 포차타 대령이 사관(士官) 3명, 군인 10명을 동반하고 한국 군대를 조련(操練)시키기 위하여 도착하였다."[30]

이리하여 러시아는 일본식 군제를 폐지하고 러시아식으로 훈련시킬 것을 건의하자, 한국 군부대신서리 심상훈(沈相薰)은 러시아 공사에 군사교관 추가 파견을 요청했다. 그 결과 러시아 교련사(教鍊師) 주임관 3명, 판임관 10명, 연소학도학교 교사 주임관(奏任官) 1명, 군기창(軍器廠) 기관(機官) 주임관 1명, 약사(藥師) 1명, 기관 3명, 보좌의원 2명 등 도합 21명을 고빙한 것이다.[31]

이와같이 군부대신 심상훈이 친러반일정책의 일환으로 러시아 군사교관 다수를 고빙하여 한국군을 러시아식 군사훈련을 실시하자 중추원 고문 서재필은 이를 정면으로 반대한다고 했다. 1897년 7월 2일 한국 외부대신 이완용에게 러시아 군사교관 150명 고빙을 거부하도록

---

29 『續陰晴史』(국사편찬위원회, 1971), 上, p.409(건양 원년 10. 23).

30 Allen, *A Chronological Index,* p.198(October 24, 1896); 金源模, 『近代韓國外交史年表』, p.155(1896. 10. 24).

31 『承政院日記』, 『日省錄』(건양 2년 4. 10-11)).

조치를 취해줄 것을 건의했다.[32]

대군주의 명에 따라 재정 및 해관에 관계되는 일체의 사무를 지휘 감독할 재정고문 영입을 러시아정부와 교섭한 결과 알렉세예프(Kir Alexeieff, 戛櫟斐)를 고빙하게 되었다. "대한제국 외부(外部) 탁지부(度支部) 총재 고문관 겸 해관총판(海關總辦) 브라운(J. McLeavy Brown, 栢卓安) 후임에 알렉세예프를 임명함. 11월 5일 부임함."[33] 이로써 러시아는 군사(포차타 대령) 재정(알렉세예프)를 한국에 파견하여 군권과 재정권을 장악했던 것이다.

러시아는 웨베르를 소환하고 강력한 팽창주의자 스페이에르(Alexis de Speyer, 士貝耶)를 주한 러시아 공사에 임명했다. 스페이에르는 손탁과 제휴·협조하면서 러시아 공사관에 이어(移御)한 고종을 경호하는데 주력했다. 손탁은 웨베르 공사의 친척으로 1885년 내한한 이래 궁내부(宮內府) 외빈(外賓) 접대업무를 담당하면서 민 왕후의 총애를 받았을 뿐만 아니라 정동구락부의 아관파천을 성사시키는 데 지대한 공헌을 했다. 이 공로로 고종은 러시아공사관 인근에 있는 양관(洋館, 漱玉軒)을 하사했다. 손탁은 궁내부 관리인으로 '국왕 막후의 제3실력자(the power behind the Throne)'로 행세했다. 손탁은 황실 소유의 건물과 재산을 관리하고 있었다. 따라서 한국 황제와 외국인과의 모든 거래는 모두 손탁의 손을 거쳐 처리될 정도로 손탁의 정치적 경제적 영향력은 막강했다. 미

32 *Yun Chi-Ho's Diary,* vol. 5, p.71, July 2, 1897; 金明秀, 『一堂紀事』(일당기사출판소, 1927), pp..18~29, 露國教練師 延聘の否認.

33 Allen, *A Chronological Index,* p.201, October 25, 1897; 金源模, 『近代韓國外交史年表』, p. 159(1897. 10. 25).

스 손탁은 영독불어뿐만 아니라 한국어까지 능통하여 정동 '외국인 마을'에 '국제사교의 꽃'이라 일컫고 있었다. 궁내부를 통해 지급되는 모든 운동자금은 손탁의 손을 거치게 되어 있었고, 이권할양(利權割讓)에도 관여, 막강한 영향력을 행사했다.[34]

특히 고마쓰 미도리(小松綠)는 통감부 외사국장으로서 한일합방에 적극 개입, 한국을 병탄(倂呑)한 주동인물로서 손탁을 음모정치를 책동한 인물이라고 악평하고 있다. 특히 손탁호텔의 밀실은 외교적 음모의 상담소가 되었다고 지적했다. "왕궁 근처에 손탁호텔이라는 외국인 전용의 여관이 있다. 그 주인은 손탁 양이라는 독일인으로서 화려함을 좋아하지 않지만 꽤 재주 있는 인물로서 시종일관 궁중을 출입하면서 왕비는 말할 것도 없고 국왕까지 가까이 접촉, 총애를 받으며 중요한 역할을 할 정도이다. 따라서 왕실과 외국인과의 연락은 물론, 운동비까지 취급하고 있어서 대저 손탁의 손을 거치지 않고는 지급될 수 없을 정도로 그 세력은 엄청난 위력을 발휘하고 있다. 손탁이 경영하고 있는 손탁호텔은 자연 음모의 책원지(策源地)가 되었다. 모든 음모의 배후에는 여성이 있게 마련인데 손탁이야말로 유달리 '암탉이 울면 집안이 망한다'는 조선 고유의 속담대로 한국을 망치고 있는 장본인이다. 엄비(嚴妃)는 민비(閔妃) 만큼 노골적으로 정치에 간섭하지 않지만 손탁을 만나고부터 그 음모는 국제적으로 중대한 의미를 띠고 있다."[35]

일본신문은 러시아 군사교관 고빙을 구체적으로 보도하고 있다. "군

34 *Ibid.* p.195, January 13, 1896, p.197, July 1896; 김원모 상게서, p.150(1896. 1. 13), pp.153~154(1896. 7); Thoms Cowen, The Russo-Japanese War(London, Edward, Arnold, 1905) pp.28~29; 松宮春一郞,『韓國時報 外交時報』p.143; 鄭晋錫,『大韓每日申報와 裵說_-한국문제에 대한 美日外交』(나남, 1987), pp.114~115.

35 小松綠,『明治外交祕話』(原書房, 1966), pp.240~242.

부대신 서리 심상훈은 한병(韓兵) 훈련의 이름을 빌어 러시아 병사 160명(內 領官 3명, 士官 25명, 下士 95명, 軍醫 3명, 工兵鍛冶 등) 1년 9만8천10여원여의 비용으로 5년간 용빙계약(傭聘契約)을 작성, 외부대신 이완용의 동의를 구하고, 의정부회의를 22일 밤에 열었으나 이완용이 이를 반대해서 아직 결정하지 못했음."[36]

이완용은 "외국에 관계되는 일체 교섭사는 본 외부를 경유해서 각 공사에 전달되는데 우리 군부는 본 대신을 경유하지 않고 직접 조회함은 공격(公格)이 아니다."[37]라고 지적하면서 군부대신 심상훈(沈相薰)의 월권을 규탄하면서 러시아 군사교관 고빙을 반대하기 시작했다. 이완용의 반대에 부딪친 군부대신 심상훈은 그 규모를 줄여서 "한국 군대의 군사훈련을 위해 러시아 주임관 3인, 판임관 10인, 연소학도교사 주임관 1인, 군기창 기관 주임관 1인, 약사 1인, 기관 3인, 보좌의원 2인, 도합 21명을 초빙 의뢰했다."[38]

'독립신문'은 민영환 특사가 러시아 황제 대관식에 자주독립국가 공사로 참석, 우리나라 최초의 구라파 국가에서 국위를 선양한 것은 경하할만한 경사라고 치하하면서, 특히 러시아 군사교관을 인솔하고 귀국, 한국군을 러시아식으로 조련하여 장차 국방 안보가 튼튼한 강병국가가 될 것을 축원하고 있다.

러시아 갔던 공사 민영환 씨가 여러 달 만에 본국에 돌아왔으니 우리는 민 공사를 반갑게 치하하고 조선정부를 외국에 가서 대접받도록

36 『明治編年史』권 10, p.69, 露兵 傭聘契約 日本から故障(1897. 4. 27. 東朝).

37 『舊韓國外交文書』권 17(俄案 1), p.425.

38 『高宗時代史』권 4, pp.375~376(건양 2. 5. 11).

행세를 하고 왔으니 어찌 가히 치하치 않하리요. 조선서 러시아로 사신 보낸 것이 여러 가지가 유조(有助)한지라. 첫째는 러시아 황제 대관례(戴冠禮)에 세계 각국이 다 대사(大使)를 보내야 러시아 황제와 인민을 대하여 치하를 하는데 조선도 남의 나라와 같이 사신을 보냈은 즉 양국 교제상에 매우 유조한 일이고. 둘째는 조선 사기(史記)에 처음으로 공사를 구라파에 보내어 조선이 자주독립한 나라로 세계 각국에 광고를 하였으니 나라의 경사요. 셋째는 공사가 러시아 정부의 허락을 받아 육군교사(陸軍敎師)를 얻어오는데 정령(正領)이 하나요, 위관(尉官)이 둘이요, 군의(軍醫)가 하나요, 하사관(下士官)이 열이라.

조선이 되려면 첫째 나라이 조용하여야 할터인데 국중(國中)에 소란한 일이 없게 하려면 튼튼한 군사가 있어야 할지라. 조선 사람들이 세계에 강병(强兵)이 될 만한 것이 본래 사람들이 병학(兵學)에 재조가 있은즉 군사 조련(操練)하는 일을 속히 배우고 또 조선 사람들이 본래 몸이 튼튼하여 청인(淸人)이나 일본사람들 보다 얼마큼 더 강하나, 그러하나 조선군사가 지금 외국 군사만 못한 것은 군중에 규칙이 없어 장관(將官)이나 군사가 규모가 짜이지 못한 까닭이라. 조선이 큰 군사는 두지 못할지언정 적어도 강하고 규모 있는 군사를 두어 대군주(大君主) 폐하의 성체를 염려 없이 보호할 만하고 국중에 비도(匪徒)들이 없게는 하여야 할지라. 러시아 육군과 해군은 세계에 매우 엄한 법률을 군중에서 쓰는 고로 이런 학교에서 교육한 사관들이 조선 군사를 조련하거든 조선군사도 규모가 그렇게 째일 터이니 우리는 그렇게 속히 되기를 바라노라.

민영환 씨는 아라사에 가서 세계에 유명한 잔치를 구경하고 세계 각국 공사들을 만나 보고 아라사 황제께서 훈장을 주시고, 그 나라 황족들과 고관들이 굉장하게 대접들 하고 구라파와 아세아 대륙을 건너고 태평양과 인도양을 건너며 각국 인민의 사는 법을 구경하고 본국에 돌아왔으니 이 학문(學問)만 하여도 조선에 매우 드문지라. 아마 민 공사도 자기의 본국을 한번 외국과 같이 중흥하려는 마음이 더 있었을 듯하더라. 새로 된 의정부(議政府) 안에 할 일이 많이 있으니 아무쪼록 힘을 백배나 더 써서 조선을 러시아와 같이 되도록 만들기를 바라노라.[39]

조선정부는 아관파천(1896. 2. 11) 이래 고종이 러시아 공사관에 기거한 이래 한러관계는 더욱 돈독해졌다. 마침내 조선정부는 그 보답으로 삼림벌채권을 러시아인에 허가한 것이다. "바로 이때 대조선국은 러시아인 브리너(Jules Bryner)에게 삼림벌채권을 허가했다. 러시아인 브리너의 합성조선목상회사(合成朝鮮木商會社)에 압록강 및 울릉도의 삼림벌채 및 양목권(養木權)을 허가했다."[40]

독립신문은 이를 대대적으로 보도하고 있다.

일본 신문들이 조선말을 신문에 낼 때에 매우 이상하고 근저(根柢)가 없는 말을 많이 하는 것은 벌써 일본신문 보는 사람들은 알거니와 근일에 대판매일신문(大阪每日新聞)에 말하기를 조선 대신들이 러시아 공사를 근일에 미워하는 것은 러시아 사람 브리너(Julies Bryner)씨가 두만강 근처에 있는 나무를 베어(조선정부에 얼마큼 바치고, 또 나무를 더 심어 국중(國

39 『독립신문』(LG상남언론재단, 1996. 영인), (1896. 10. 20, 10. 24) 논설.

40 Allen, *A Chronological Index*, p.198, August 29, 1896; 『近代韓國外交史年表』, p.154 (1896. 8. 29).

中)에 돈도 들어오려니와 나무가 많이 장성하게 하자는 뜻으로 조선정부에서 약조한 일이라 가게 하였다 하고, 조선 임군이 아라사 공사관에 가셔서 그렇게 계시니 그것으로 인연하여 조선 대신들이 아라사 공사를 미워할 터인데 조선 대신들은 나라의 체모(體貌)와 영광을 생각지 아니하는 임군이 외국 공사관에 가셔서 그렇게 계신 것은 분(憤)히 여길 생각이 없고 다만 재리상(財利上) 일만 생각하는 고로 이 나무 베어 가라고 하는 까닭에는 분히 여겨 지금이야 그 까닭에 공사를 미워한다는 말을 하였으니 조선 대신들이 러시아 공사를 미워한다는 말은 처음 듣는 말이요. 브리너씨가 얻은 약조는 조선에 유조한 일이 있을 터인 고로 대신들이 내각에서 의논하고 허급(許給)한 것이라. 러시아 공사가 억지로 약조하란 것도 아니어늘 한번 허급(許給)한 뒤에 아라사 공사를 어찌 미워할 까닭이 있으리요. '매일신문'에 말하기를,

대군주 폐하께서 아관(俄館)에 계신 까닭에 조선 대신들이 러시아 공사를 미워하여야 옳은 줄로 말하였으나,

대군주(大君主) 폐하께서 아관(俄館)에 가실 때에 형세가 위태하신 까닭에 아관에 가셔서 보호하여 달라 하신즉 러시아 공사는 조선 대군주를 사랑하는 까닭에 맞어 평안히 계시게 한 것이니 조선 대신이 되어 자기 임군을 도와드린 사람을 미워하여 옳을는지 우리는 생각건대 조선 인민이 되어 외국 사람이

대군주 폐하를 도와드렸을 것 같으면 그 사람을 사랑하는 것은 옳거니와 미워 할 이치는 없을 듯 한지라. 아무 때라도

대군주 폐하께서 환어(還御)하시려면 누가 막을 사람도 없고 더구나 러시아 공사야 환어하시는 것을 맙쇼사고 할 리가 없는지라. 그러한즉

지금

대군주 폐하께서 아관에 계신 것은

성의(聖意)로 계신 것이요. 러시아 공사가 계십쇼사 하여 계신 것은 아닌즉 조선 대신들이 조금치라도 러시아 공사를 미워할 까닭은 없는지라. 도리어

대군주 폐하를 위태한 때에 도와드린 까닭에 러시아 공사와 정부를 대하여 고마운 마음이 있을 줄로 우리는 생각하노라.

대군주 폐하께서 아관으로 가실밖에 수가 없이 된 사정은 우리만큼 분해하고 탄식하는 사람이 세상에 없을 듯하나 사세가 그렇게 된 것은 일본서 잘못한 일이 있는 까닭이라. 우리가 일본사람 같으면 아무쪼록 이왕 일은 말 안하도록 하고 이왕에 잘못한 것을 고처 양국간 교제가 더 친밀히 되도록 하는 것이 상책이요. 이에 조선 대신들을 너무 무례하게 신문상에 시비하는 것이 교제상에 좋을는지 모르겠더라.[41]

1896년 8월 29일 한러간 약정한「러시아인 브리너와 「茂山 鬱陵島 森林伐採 및 植樹에 관한 約定書」제2조에 "조선목재회사(朝鮮木材會社)는 두만강 상류 및 동 강의 우안(右岸)의 지류에 따른 관유지 무산지방 및 동해 울릉도 소재의 관유지(官有地)에서 20년간 삼림사업에 종사할 전권(專權)이 있는 것으로 한다."[42]

일본신문은 삼림벌채권을 러시아에 주었다는 것과 한국 대군주가 러시아 공사관에 이어케 한(아관파천) 장본인은 러시아 공사 알렉세예프

41 『독립신문』(1896. 11. 5), 논설.

42 『舊韓末條約彙纂』下, pp.487~490, 露國人 브리네르(Brener)茂山鬱陵島 산림벌채 및 식수에 관한 約定書(1896. 8. 29).

라고 지적하면서 한국 대신들은 러시아 공사를 시기하고 미워한다고 왜곡·보도하고 있다.

러시아는 한반도에로의 영토확장정책의 일환으로 러시아 기지확보를 위해 한반도 최남단 울산 지소사용 약정서를 체결했다. 1899년 3월 29일 러시아인 헨리 케에젤링(Count Henry Keyserling)의 울산포(蔚山浦) 장진(長津) 진포도(陳布島) 지소(地所)사용에 관한 약정서를 체결했다. 이는 제정러시아가 부동항(不凍港)의 꿈을 실현하는 첫 시발점으로 간주되고 있다. 제1조에 "백작 헨리 케에젤링의 영업에 사용하기 위하여 속히 좌의 3처에서 각 지구를 선정한다. 1처는 울산포 근처, 1처는 장진, 1처는 진포도. 이상 각처는 길이 700척(英尺), 넓이 350척을 넘지 못하며 모두 해안의 편리한 곳이라야 한다."[43]

알렌은 정동구락부를 동원, 고종구출 작전을 주도하여 아관파천을 실현함으로써 고종구출작전을 완수했다. 고종이 삼림벌채권을 러시아에 준 것도 알렌의 친러반일정책의 결과이다. 일본이 본격적으로 한국 침략기도를 노골화함에, 이는 곧 미국의 대한 이권의 위협으로 받아들이면서 한국에서의 일본의 경제적 이권 우위를 인정하지 않고 일본의 이권획득을 좌절시키면서 '카운터 밸런스 정책'으로 일본의 제1적국인 러시아에 호의와 동정, 이권을 주도록 책동한 것이다. 알렌은 한국의 독립을 보전하고 미국의 이권을 수호하기 위하여 친러반일정책의 일환으로 러시아에 이권을 주도록 했다.[44]

친일 급진개화파 서재필과 서광범은 갑신정변(1884. 12. 4) 실패 후 미

43 상게서, pp.491~497.

44 Frederick A. Mckenzie, *The Unveiled East*(London Hutchenson and Co., Paternoster Row, 1907) p.155; Harrington, *God Mammon and Japanese*, pp.302, 311.

국 망명을 했다. 일본은 청일전쟁 전승 후 김홍집 친일정부를 수립하면서 미국 망명중인 서재필·서광범에게 사면령을 내리면서 귀국조치를 단행했다. 친일정부는 서광범을 법부대신에 임용했으나 서광범은 을미사변이 발발하자 민 왕후에 대한 '폐서인(廢庶人)'을 단행하자 서광범은 민 왕후 시해와 관련이 있다해서 입지가 난처해졌다. 그래서 스스로 주미공사를 자원, 마침내 주미공사에 부임했다.[45]

이에 반해 서재필은 일체 정치에 관여하지 않고 오로지 국권회복 운동에 헌신했다. 청일전쟁 전승국인 일본은 1895년 4월 17일 청과 시모노세키 조약(下關條約)을 체결했는데, 제1조에 "청국은 조선국의 완전 무결한 자주독립국(自主獨立國)임을 확인한다."[46]

서재필은 청일강화조약에서 "조선국의 완전 자주독립국"임을 확인하고 즉각 영은문(迎恩門)을 헐고 그 자리에 파리 개선문을 방불케 하는 독립문을 세우고, 모화관(慕華館)을 헐고 독립관(獨立館)을 건축했던 것이다. 서재필의 국권회복운동의 2대사업은 '독립신문' 창간과 독립협회 창설이다. 서재필은 한국 최초의 한글신문인 '독립신문'(1896. 4. 7)을 창간했다. 독립신문 창간비용은 전액 정부자금지원으로 일본으로부터 신문제작에 필요한 활판인쇄기와 활자를 구입해서 신문을 창간했다.

이완용은 원래 철저하게도 친미반일적(親美反日的) 성향이 강한 애국적 정치인 이었다. 그러기에 한국 최초의 배일(排日) 정치 단체 정동구락부를 결성, 을미사변 이래 경복궁에 포로로 유수(幽囚)되어 있는 고종 구출작전인 춘생문사건(春生門事件, 1895. 11. 27)[47]을 주도했으나 한 배신

---

45 金源模, 『近代韓國外交史年表』, p.150(1895. 12. 16).

46 『舊韓末條約彙纂』中, p.159; 『日本外交史辭典』, p.20.

47 Allen "A Chronological Index," p.195, November 27, 1895; 金源模, 『近代韓國外交史年

자의 고변으로 실패했다.[48]

이완용은 미국공사관으로 피신, 미국 공사의 신변보호를 받으면서 아관파천을 주도, 마침내 국왕을 러시아공사관으로 구출했다. 이와 같이 이완용은 정동구락부의 3대 투쟁목표인 친일정부 타도, 국왕구출, 민 왕후 시해에 대한 복수토역(復讎討逆) 등을 실현했다. 아관파천 성공 후 이완용은 외부대신 학부대신 및 농상공부대신 등을 역임하는 등 실세정치인으로 부상했다.[49]

이완용은 서재필이 주도하는 독립협회(獨立協會)에 가담했다. 이완용뿐만 아니라 정동구락부 회원 대부분이 독립협회에 가담했다. 이완용의 친일정치인으로서의 변절은 이때부터 시작되었다.

〈독립협회의 발전〉

1896년 7월 2일 독립협회가 창설되었다.

독립협회 제1기(1896. 7. 2~1898. 2. 26)

顧問 徐載弼, 會長 安駉壽, 委員長 李完用, 委員 金嘉鎭 金宗漢 閔商鎬 李采淵 權在衡 玄興澤 李商在 李根浩 李在正 兪箕煥 朴箕陽 金昇圭[50]

독립협회 제2기(1898. 2. 27~5. 13)

고문 서재필, 회장 이완용, 부회장 尹致昊, 회계 이상재 尹孝定, 서

表』, p.150(1895. 11. 27).

48 Allen, *A Chronological Index*, p.195, November 27, 1895; 김원모, 상게서, p.150(1095. 11. 27).

49 金明秀, 『一堂紀事』, pp.519~523.

50 『大韓獨立協會會報』영인본(아세아문화사, 1978), 제1호(1896. 11. 30), pp.12~24.

기 南宮檍, 提議 李根浩 鄭喬 梁弘默[51]

독립협회 제3기(1898. 5. 14~11. 6)

회장 尹致昊, 부회장 李商在, 서기 박치훈 韓晩容, 회계 이일상[52]

이와 같이 이완용은 독립협회 창립 당시부터 위원장과 회장을 맡으면서 독립협회를 주도했다. 정동구락부 회원 이완용을 비롯하여 민상호·이채연·현흥택·이상재·윤치호 등 6명이 독립협회에 가담하고 있다.

친러정부는 1897년 11월 5일 조병식(趙秉式)과 주한 러시아공사 스페이어르 간에 알렉세예프 고빙합동(雇聘合同)을 체결했다. 대한제국 황제는 전권공사 민영환에 명하여 러시아에 청구하기를 러시아 재무부 1인을 보내어 대한 재무부의 모든 사무를 총판케 하고 겸하여 대한 해관(海關)에 관계되는 모든 재정 업무를 총괄케 해달라고 요청했는데, 러시아 정부는 이를 허락, 알렉세예프를 대한에 파견, 고빙합동을 체결했다. 친러정부는 1897년 10월 25일 영국인 지부 총재고문 겸 해관총판 브라운을 해임하고 그 후임에 러시아인 알렉세예프(Kir Alexeiff, 阿萊克息夫)를 탁지부 총고문에 고빙한 것이다.[53] "알(戞)씨는 어제 오후 탁지부에 사진(仕進)하여 감독사무를 시작하였다더라. 브라운 씨는 아직도 탁지 고문이요 총세무사이니 그러고 본즉 탁지에 감독과 고문관이 있고, 해관(海關)에는 총세무사가 둘이 있더라."[54]

외부대신 조병식(趙秉式), 러시아공사 스페이에르와 외부에서 회동하

---

51 『독립신문』(1893. 3. 5).

52 상게서(1897. 11. 11).

53 Allen, *A Chronological Index*, p.201, October 25, 1897; 金源模, 『近代韓國外交史年表』, p.159(1897. 10. 25).

54 『독립신문』(1897. 11. 11).

고 알렉세예프 고빙합동(雇聘合同)에 조인했다. 이어 알렉세예프가 오는 11월 10일에 한국 재무부로 나아가서 시무할 것으로 통보하여 오다. 한편 독립신문에서는 알렉세예프 고빙합동 전문을 게재하고 정부 및 외부대신을 공격한 바 있다.

〈알렉세예프 고빙합동(雇聘合同)〉(1897. 11. 5)

알렉세예프를 한국 재무부 총고문관 및 해관총판(海關總辦)에 임명한다. 총고문관의 월은(月銀)은 1년 3천원을 지급한다. 광무 원년 1897년 11월 5일[55]

알렉세예프를 대한제국 재정고문 및 해관총판에 고빙(雇聘)하게 된 경위를 '독립신문'에 자세히 기록되어 있다. 광무 원년(1897) 11월 5일 외부대신 조종식 답안.

'독립신문'은 자주독립국으로서 대한제국이 러시아인 알렉세예프를 대한 재무부지부 재정고문과 해관총판에 임용함은 자주권(自主權)을 온통 타국 정부에 주어 내 것을 남의 손에 맡기는 것이며, 내 수족을 내 손으로 동이는(自繩自縛) 것과 같은 자주권 포기의 우책(愚策)이 아닐 수 없다고 개탄하고 있다.[56]

러시아 대리공사 스페이에르

세상 사람들이 대한정부에서 러시아 대리공사와 무슨 약조를 하여 대한 재정부와 해관(海關)을 러시아 알렉세예프에 주었다 하는데 자연히 이

55 『高宗純宗實錄』下, p.16(1897. 11. 13); 『高宗時代史』, pp.438~440(1897. 11. 5); 『독립신문』(1897. 11. 16).

56 『독립신문』(1897. 11. 16).

약조 사연을 알고 싶어 할 이도 많이 있을 터이요. 또 이런 일은 대한인민이 되어 알아야 마땅할지라. 이 약조를 맺았으니 사람마다 자기 소견껏 이 약조가 대한에 유조(有助)할는지 아니할는지 생각들 하려니와 우리가 알 수 없는 일은 전권공사 민영환씨가 러시아에 가서 어떻게 청구를 하였는지 그 사연을 우리가 모른즉 참 청구하였는지 아니 하였는지 우리가 모르거니와 아마 외부대신이 그렇다고 할 때에는 청구함은 분명한지라. 그러하나 제1조에 말하기를 러시아 사람 알렉세예프씨가 한국 재정부 총고문관 겸 해관총판에 임명되었으니 한국 외부대신이 이 사람을 임명할 권리가 있는지 우리는 모르거니와 이런 중임(重任)은 매양

황제폐하의 칙령(勅令)으로 시키는 줄 알았더니 외부대신이 아마 이런걸 시킬 권리가 있는 것이요. 또 외부대신과 러시아 대리공사가 각기 자기 정부를 대신하여 이 약조를 합동하였다 하니 러시아에서는 여기 있는 공사를 이 약조할 만한 권리를 주어 자기 나라 정부를 대신하였는지 모르거니와 대한 외부대신은 무슨 권리로 대한정부를 대신하여 하였는지 일전 갈린 탁지대신의 상소를 본즉 이 일을 의정부(議政府)에서 회의한 일이 없다 하는데, 어떻게 이 약조할 권리를 얻었는지 우리는 실상 사세를 모를러라. 제8조 조목에 이 합동기한을 정하지 아니한 것은 대한과 러시아 사이에 교제가 친밀한 까닭이라 하니 다른 나라 사람들 고립(雇立·남을 대신 보내어 公役을 치르게 함)할 때에는 기한을 작정한 것이 아마 대한과 그 나라들과는 교제가 친밀치 못한 모양이요. 언제든지 대한에 인재가 있어 재정부 고문할만한 사람이 있으면 러시아와 대한이 의논하여 러시아 고문관을 해고하고 대한사람으로 고문관을 시키자 하였으니 만일 대한에 학문(學文) 있는 이가 있어 재정부

장관이 되거드면 고문관은 쓸데가 없고 대한 사람이 재정에 익으면 대신이나 협판으로 탁지에서 일을 하지 어찌 고문관으로 일을 하리요. 이 자리는 러시아 사람 외에는 외국 사람을 고립(雇立)하지 못한다 하였으니 그 어찌 그렇게 하여야 대한에 유조(有助)한 까닭을 말 아니하였은즉 알 수 없으나 만일 대한정부가 외국 사람을 고립하려면 대한정부에서 아무 나라 사람이고 요량하여 할 권리가 있는데 이 약조대로 시행하거드면 러시아 정부 허락을 받아야 부릴 사람도 고립할 모양이니 자주권(自主權)이 어디로 갔는지 우리는 용렬(庸劣)한고로 알 수가 없고, 정부에서 외국 고문관 두는 것은 나라마다 혹 있는 일이어니와 어느 나라 사람이고 그 정부에서 쓰고 싶은대로 고립하여 그 사람과 합동하여 부리는 것은 전례(前例)가 많이 있거니와 온통 정부권리를 타국 정부에 주어 내것을 남의 손에 넣는 것은 대한서나 지혜 있게 생각할는지 다른 자주독립국 경계로는 이 일이 내 수족(手足)을 내 손으로 동이는 것과 같으니 그것은 외국 사람의 속된 생각이라. 대한에 와서야 그런 소견(所見)이 도리어 못생긴 소견으로 아는 사람들이 많이 있더라.

<로한은행(露韓銀行) 광고>

이 은행은 작년 십이월 오일에 러시아 황제 칙령으로 설립한 은행인데 본점은 러시아 서울 상트 페테르부르크에 있고 지점은 대한 서울 새문안 새로 지은 벽돌집이라. 오늘부터 이 은행이 열려 각색 은행사무를 할터인데 돈바꾸는 것과 외국에 돈보내는 것과 남의 돈 맡아두는 직무와 좋은 전당 잡고 돈 빌리는 일을 다할 터이요. 자본은 오십만원 가량인데 세계 각국에 다 상관이 있어 돈 내왕하는 일을 할터일너라.

은행사장은 둘인데 게브리엘 씨와 콜레일닌 씨라. 누구든지 돈을 맡기면 오백원 이상은 일년에 두푼변 가량을 은행에서 돈맡긴 사람에게 줄터이요. 만일 돈을 몇 달 몇해를 작정하고 맡기면 변리를 더 줄터일너라. 이 은행에서는 은(銀)자 박힌 은전은 일원으로 받지 않고 다만 은값만 처서 받을 터일너라.[57]

친러정부가 한러밀약에 의해 러시아 군사교관과 재정고문을 고빙함으로써 러시아가 한국의 병권(兵權)과 재정권(財政權)을 장악하여 사실상 러시아는 한반도에 지배권을 확립하기에 이르렀다. 친러정부가 이처럼 러시아 군사교관을 고빙하여 한국 군대를 러시아식으로 군사훈련을 하면서 한국의 병권을 장악하고, 재정고문을 고빙하여 한국 재정부와 한국 해관(海關)의 재정권을 장악함으로써 러시아의 지배권은 더욱 공고해졌다. 러시아는 장차 한반도에 군사기지 확보를 위해 1898년 2월 22일 부산 절영도(絶影島)에 러시아 조계지(租界地) 8만입방미터를 확보했을 뿐만 아니라 3월 1일에 외부대신 서리 민종묵(閔種黙)으로부터 저탄소(貯炭所) 건축허가를 받았다. 이어 한러은행(韓俄銀行)을 설립했다. 한편 서울에 최초로 러시아 정교회(正教會) 교회당을 지어 정교포교활동을 벌였다.

원래 서재필이 독립협회를 창설하고 독립신문을 창간할 때의 근본 취지는 청으로부터의 완전독립을 확립하는 것이었다. 서재필은 오로지 언론기관 '독립신문'을 통하여 '절대독립'을 주창했다. 이는 곧 청으로부터의 절대독립을 의미한다. 이에 호응하여 이완용은 독립협회의

57 『독립신문』(1897. 11. 16), (1898. 3. 1), 로한은행 광고.

만민공동회(萬民共同會)를 통하여 러시아로부터의 독립을 주장하기 시작했다. 이리하여 러시아 세력 추방운동을 전개하게 되었다.

이완용은 이를 계기로 친일반러(親日反露)운동을 전개하기 시작했다. 그 첫 번째 투쟁목표는 러시아 군사교관 고빙을 반대하고 나섰다. 원래 대외교섭사무는 외부대신 이완용의 주관하에 처리되게 되어있다. 그럼에도 불구하고 군부대신 심상훈(沈相薰)은 군사교관 고빙교섭사무는 자신의 소관업무(所管業務)라고 내세우면서 외부대신을 배제하고 러시아 공사와 직접 외교왕복문서를 교환함은 외부대신에게는 엄연히 월권행태가 아닐 수 없다. 이에 이완용은 외부대신을 경유하지 않고 직접 외국 공영사와의 교섭사에 불만을 토로하면서 마침내 사직상소를 올리고 말았다. "외부대신 이완용씨는 일전에 상소를 하였는데 상소 사연인즉 들으니 말하되 세계 각국 규칙과 조선 장정(章程)이 정부에서 무론 무슨 일이든지 정부에 관계되는 일을 외국 공사에게 왕복하려면 외부를 경유해서 외국 공영사관에 그 일이 가는 법이라. 근일에 들으니 군부대신 서리가 정부에 관계되는 일을 외부에 말 아니하고 바로 외국 공사에게 편지를 하였다니 이것은 외부대신이 마땅치 못한 연고인 듯 한고로 불가불 외부대신을 가지고 있을 수가 없으니 갈아 주시기를 바랍니다."[58]

이와 같이 '독립신문'은 이완용이 러시아 군사교관 고빙을 강력하게 반대하다가 결국 사임했다는 기사를 크게 보도하고 있다. 일본신문은 "러시아 공사는 용병수(傭兵數)를 21명으로 줄여서 계약하고자 하고 심상훈은 이에 동의했으나 이완용은 이같은 통고를 받자마자 즉시 반려

58 『독립신문』(1897. 5. 15).

하면서 외부대신으로서의 경멸감을 못 이겨 사표를 제출했다."[59]라고 보도했다.

사직상소 때문에 친러정부는 이완용을 1897년 7월 30일 학부대신으로 전보발령을 내리더니 마침내 한달만에 평안남도 관찰사로 좌천 조치하고 말았다. 이완용은 보복성 인사조치에 항의, 9월 11일 관찰사를 사임하고 말았다.[60]

이를 계기로 서재필의 '독립신문'은 친일반러적인 논조를 펴기시작했다. 그 단적인 사항이 바로 의병(義兵)활동을 보도함에 있어서 '독립신문'은 시종일관 토왜의병(討倭義兵: 일본을 토벌하는 의병)을 두고 '나쁜 놈들' 심지어 '비도(匪徒)'라 표기했다는 것이다.[61]

서재필은 민영환의 한러밀약을 자주권 상실이라고 다음과 같이 비판하고 있다. "전권공사 민영환을 명하사 제정 러시아 정부에 청구하시기를 러시아 재정부에 깊이 익숙한 관원 일인을 대한에 보내어 반드시 대한 재정부의 모든 사무를 총판케 하고 겸하여 대한 해관에 관계되는 모든 일을 총괄케 하여 달라 하신 고로 러시아 제국 정부에서 이 청구함을 허락하고, 그 사람과 합동하여 부리는 것은 전례가 많이 있거니와 온통 정부권리를 타국 정부에 주어 내 것을 남의 손애 넣는 것은 대한서나 지혜있게 생각할는지 다른 자주독립국 경계로는 이 일이 내 수족을 내 손으로 동이는 것과 같으나(自繩自縛) 그것은 외국사람의 속된 생각이라. 대한에 와서야 그런 소견이 도리어 못생긴 소견으로 아는

59 『明治編年史』, p. 78. 露兵 雇聘問題 李完用 强硬反對(1897. 5. 14. 東朝).
60 金明秀, 『一堂紀事』, pp. 519~523.
61 려증동(呂增東), 『부패역적 기관지 독립신문 연구』(경상대 출판부, 1991), pp.6~10.

사람들이 많이 있더라."[62]

'독립신문'은 한국의 재정·병권 상실을 다음과 같이 개탄하고 있다. "대황제 폐하께서 아라사 정부에 청하시고 보내라 하셨드래도 고입하는 약조는 다른 일과 같이 정부회의를 지낸 후에 재가를 물으와 결정하는 것이 볍률에 당연하거늘 이 법률과 규칙은 내어버리고 외부대신의 임의로 이 중난한 합동을 하여 전국 정부를 아라사 정부에 속하도록 하였으니"[63]

재정고문관 고빙합동 제4관에 고문관이 범대한 재정일을 모두 총섭(總攝)하는 권리를 주재하였으니 만일 자주독립국이 아닐 것 같으면 대한 전국 재정을 타국 정부에 맡겨 국중의 각색 세전(稅錢)을 그 정부사람더러 받아가지고 얼마큼씩 차하(上下)해서 얻어 쓰고 지낼 것 같은 것은 유조할런지? 대한이 마관조약(馬關條約)에서 독립국이 되었은즉 독립국이 어떻게 전곡(錢穀) 갑병(甲兵)을 남의 나라 정부 손에 넣어주는 법이 없다. 대한 재정부가 러시아 정부 밑에 있는 것이 되었는지라. 이후에는 외국이 대한을 자주독립국으로 알는지 우리는 보증 못 하겠노라." 러시아는 재정부 고문관 알렉세예프에 명하여 한러간 통상무역을 활성화하게 하는 한편 러시아 희랍정교회당을 서울에다가 배설하라는 훈령을 내리기도 했다.[64]

러시아는 장차 마산포(馬山浦)에 해군기지 설치를 예정하면서 1897년 10월1일 마침내 한국정부에 부산 절영도(絶影島)에 저탄소 조차권

62 『독립신문』(1897. 11. 16). 논설.

63 상게서(1897, 11, 18).

64 日本의『韓國侵略史料叢書』권 5, pp.54~60(1897. 8. 8~16); 『外衙門日記』, p.333(1897. 8. 16).

(貯炭所租借權)을 신청했다. 한국 외부는 1898년 6월 3일 절영도에 외국 거류지로 지정했다. 뿐만 아니라 스페이에르 공사는 진남포(鎭南浦) 목포(木浦) 개항장내의 토지를 구입하여 이를 군사거점으로 이용하려고 했다.[65]

나는(알렌) 부산 및 진남포를 정식 조계지 설정을 한국정부에 요청하기 위해서라도 외교관회의는 소집되어야 한다는 점을 그에게(스페이에르) 강조했다. 나에게 의견 개진을 요청한다면 조계지 설정을 위해 절영도에 일본 및 러시아 저탄소(貯炭所) 설치를 한국정부가 승인해야 한다는 점을 청구하고 싶다고 언명했다. 이런 식으로 이야기를 하자 그제야 슈페이에르는 외교관회의에 참석하겠다고 말했다. 그는 나에게 말하기를 가토(加藤增雄) 일본공사가 자기를 찾아와서 일본 외상의 친서를 보여주었는데, 이 편지에 의하면 스페이에르에게 개인적 청탁에 의하여 목포와 진남포에 토지구입을 축소해달라는 내용이었다.

스페이에르는 가토(加藤增雄) 일본 공사에게 자기로서는 본국 정부가 승인한다면 일본 외상의 요청대로 이행하겠다고 전해달라고 했다. 왜냐하면 자기는 본국 정부로부터 토지 구입비로 25,000루블을 수령했는데, 이 돈으로 진남포(鎭南浦)에 15,000루블어치의 땅을, 목포(木浦)에는 10,000루블어치의 땅을 각각 구입했다는 것이다. 스페이에르가 생각하기로는 한국에서 러시아의 영향력은 개항장에서의 러시아 정부가 구입한 토지의 적고 많음에 좌우되는 것이 아니라고 확신하고 있었다.[66]

65 Allen, *A Chronological Index*, p.204, June 3, 1898; 金源模,『近代韓國外交史年表』, p. 163(1898. 6. 3).

66 金源模 完譯, 舊韓末 激動期祕史『알렌의 日記』(단국대학교 출판부, 1991), p.194(1898.

러시아 정부는 1898년 6월 6일 목포조계(木浦租界)밖 10리내의 고하도(孤下島) 가두 4만㎡를 구입기도했으나 유기환(俞箕煥) 외부대신은 이를 거부했으며, 6월 21일에는 증남포(甑南浦) 가두 3,860㎡를 러시아 기지로 택정했다고 빌표힌바 있다.

1898년 5월 27일에 러시아 공사 마추닌(N. Matunine)이 외부대신 조병직(趙秉稷)에게 조회하여 목포조계 밖 10리내의 고하도 구매건에 관하여 신문에서는 목포 여러 섬을 점거하려고 한다 한 것으로 보도하고, 또 스트렐비츠키(Strelbitsky) 대령이 고하도 가두 사방 4만法尺을 매입하려 한다고 하였는 바 이 신문 오보의 규명을 요청하여 이날 외부대신서리 유기환이 마추닌에게 조복하여 조계밖 10리 안의 자단(地段)을 외국 관유지로 매각할 수 없으며 신문의 오보에 대하여도 책임질 수 없다고 했다.[67]

러시아가 저탄소 조차지와 진남포·목포 개항장 토지구입 시도 등은 러시아의 적극적인 대한 군사거점 확보책의 일환으로 추진된 야심적인 교섭이었다. 그러나 러시아의 남중국해로의 남진정책을 경계하고 있었던 영국의 강력한 반대에 부딪쳐 좌절되고 말았다.

상술한 바와 같이 러시아는 한반도에서의 종교적·군사적·경제적·정치적 우월권을 확립, 사실상 지배권을 행사하기에 이르렀다. 1898년 1월 6일자 '독립신문'은 러시아의 한반도 지배권을 다음과 같이 보도하고 있다. "아라사정부에서 대한에 있는 탁지부 고문관 알렉세예프씨를 명하여 대한서 아라사와 대한 사이에 상무를 흥하게 하여 영국과 일본 상무를 겨뤄보라 하였으며, 희랍교당을 서울에다 배설하라고 명

2. 24), p.566, *Allen's Diary*, February 24, 1898, 알렌-스페이에르 對談.

67 『알렌의 日記』, p.194; 『高宗時代史』(국사편찬위원회, 1970), 권 4, pp.580~581(1898. 6. 6).

하였다더라."[68]

러시아의 이같은 적극적인 한반도 진출은 처음에는 영국이 이를 경계하더니 일본과 미국이 공동대처하기에 이르렀다. 말하자면 영미일 3국이 마치 동맹관계를 맺은양 러시아의 한반도 침략기도를 공동 대응했다. 이리하여 러시아의 대한 팽창정책은 영미일의 공동대처에 부딪혀 실패, 한반도에서의 러시아 우월권은 오래 가지 못하고 2년 만에 무너지게 되었다. 1898년 4월 12일 러시정부는 한국에 개설한 한러은행을 폐쇄하고 한국에 파견된 군사교관 및 재정고문 등을 모두 철수하는 동시에 대한 팽창정책을 강력히 추진해 왔던 스페이에르 공사를 소환함으로써 러시아의 한국 지배권은 종지부를 찍은 것이다.[69]

3월 7일자 러시아 공사의 조회에 대한 조회답장에서 처음으로 러시아 사관과 고문관 철수문제를 밝히고 있다.

러시아 사관(士官)과 고문관(顧問官)의 긴요 여부를 물은 일사로 수삼일을 기다려 대답할 줄로 이미 답조회하였거니와 이왕에 귀국 대황제 폐하와 및 정부가 우리나라를 대하여 권렴(捲簾: 발을 말아올림)한 후의(厚意)가 전혀 병정(兵政)과 재무(財務)의 허다 진보케 한데 있었는데 해 고무관과 및 사관이 깊히 귀국의 돌아보는 뜻을 몸받아 폭로(暴露)를 혐의하지 아니하고 신근현로(辛勤賢勞: 고된 일을 맡아 홀로 힘써 수고함)하여서 시위대는 가히 익숙히 그 직무를 알았으며 재물 정사도 또한 다 차례로 취서(就緖: 사업의 첫발을 내디딤)하였으니 다 이것이 귀국에서 준 바이라.

---

68 『독립신문』(1898. 1. 6).

69 Allen, *A Chronological Index*, p.204, April 12, 1898; 金源模, 『近代韓國外交史年表』, p.163(1898. 4. 12).

그 큰 공덕을 나타낸 것은 영세불망 하겠으나 그러하나 우리 정부에서 지금은 기견(起見: 처음의 의견)이 있어서 이제 부터는 군사 정사와 재물 직무를 귀국에서 이왕 가르치던 대로 그 법을 써서 전혀 우리나라 사람으로 하여금 주관하여 담당시키고 무릇 외국 사관과 고문관은 일체히 쓰지 아니하기로 확실히 질정(質定: 갈피를 잡고 헤아려 작정함)한 것이 있으니 이는 원로(元老)대신과 및 정부의 소원이요. 또한 온 나라 신민의 공의와 물론이라.[70]

정부가 이처럼 러시아 고문관과 사관을 본국으로 돌려보내기로 결정하자 독립협회 총대 윤치호(尹致昊)는 정부에 치하 편지를 발송했다. "우리나라 자주독립권리를 견고케 할양으로 탁지부에 고용한 러시아 고문관과 군부에 고용한 러시아 사관들을 일병 해고하여 물너보내는 줄로 우리 대한정부에서 러시아 공사에게 답조회(答照會)한 일이 너무 경축하고 감사하기로 독립협회 회원 중에서 정부에 치하편지 하였다."[71]

이와 때를 같이하여 대한 대소신민들이 충훈부(忠勳府)에 모여 러시아 사관 및 고문관 철수를 요구하는 상소문을 제출했다. "우리나라 정부에서 일전에 러시아 공사에게 답조회하고 탁지부 고문관과 군부 사관들을 장차 해고하여 보내기로 하였은즉 각부 고문관을 진실로 마땅히 일체로 해고하여 보내겠고 외국에서 보낸 군사들도 어찌 잠시기로 우리나라에 있게 하리요. 은행도 합설하기를 허락지 만즉 재부를 다 받칠 리가 없고 서울에 있는 외국 장사들을 각 항구로 내보내거드면 서울 사는 백성들이 자로하여 살 도리가 있을 터이요. 각 항구 외에는 다

70 『독립신문』(1898. 3. 15).
71 상게서(1898. 3. 17).

른 땅은 각국 조계를 허락하여 주지 말고 설령 의정한 각국 조계가 있더라도 반드시 다 도로 물시하거드면 천하 각국이 후하다 박하다 할 분별이 어찌 아니하겠으니 그 누가 우리나라 한 털끝인들 움직이고자 하리요."[72]

이리하여 1898년 3월 12일 서울 주재 군사교관 및 재정고문을 철수한다고 발표하고, 이어 4월 12일 주한 러시아 공사와 재정고문 알렉세예프는 서울을 떠나 본국행을 단행했다. "갈린 러시아 공사 스페이에르와 알렉세예프는 지나간 화요일에 제물포로 떠나갔는데 서울 있는 러시아 사람들이 강두에 가서 전별들 하였다더라."[73]

이에 러시아 신문에서는 고문관 철수 후 한국의 사태가 우려스럽다는 보도를 하고 있다. "러시아 사관들과 재무관이 대한 사무를 보지 않고 지금 사관들은 잠간 기간 머물러 있어 러시아 공사의 명령대로 가든지 있든지 하게 할 터인데 대한물정이 아직도 정돈이 아니된 고로 아직 거기 머물러 있으나 도무지 대한 일에는 상관하지 않게 하며 만일 대한이 능히 진보하여 국중에 난이 없고 각색 사무가 취서가 되어 분명한 자주독립국 노릇을 하면 좋거니와 만일 그렇지 못할 지경이면 러시아에서 불가불 다시 대한 일을 간섭하여 도와줄 밖에 수가 없다고 하였더라."[74]

한국에서의 지상우월권(至上優越權) 확보에 광분했던 스페이에르 공사와 군사교관 및 재정고문은 한국을 떠나 본국으로 귀환했다. 이로써 러시아 강세기(1896~1898)는 종식하게 되었다. 1898년 4월 25일 일본

72 상게서(1898. 3. 22).
73 상게서(1978. 4. 14).두
74 상게서(1898. 4. 23).

은 한국을 정복·지배하기 위하여 일본외상 니시(西德二郞)와 주일 러시아 공사 로젠(Romanovich R. Rosen) 사이에 일본 도쿄에서 니시·로젠협정(Nishi-Rosen Convention, April 25, 1898)을 체결했다.

"제1조. 러일 양국 정부는 한국의 주권 및 완전한 독립을 확인한다. 또한 한국의 내정상 총체적으로 직접 간섭을 하지 않기로 약정한다. 제2조. 장래 오해가 발생할 우려를 피하기 위하여 러일 양국정부는 한국이 일본국이나 러시아에 대하여 권언(勸言) 및 조력(助力)을 구할 경우 연병교관(練兵敎官)과 재무고문관(財務 務顧問官) 임명에 취하여 먼저 상호 그 협상을 이루지 못할 경우 아무런 처치를 하지 않기로 약정한다. 제3조. 러시아제국정부는 한국에서의 일본의 상업 및 공업에 관한 기업을 크게 발달할 것과 한국 거류(居留) 일본국 신민의 다수임을 인정함으로써 한일 양국 간에 상업상 및 공업상의 관계의 발달을 방애(妨碍)하지 않기로 한다."[75]

한편 독립신문도 니시·로젠 협정을 보도하고 있다.

일본과 러시아 사이에 대한(大韓)일로 인연하여 담판이 끝이 났는데 4월 28일에 일본 외부대신과 러시아 공사가 서로 새 약조에 착명(着名)들을 하였다는데 그 약조 속은 조건이 셋인데, 제1조는 일본과 러시아가 대한을 분명히 자주독립국(自主獨立國)으로 승인하는 일. 제2조는 만일 대한정부에서 일본이나 러시아를 대하여 내정(內政)을 도와줄 고문관을 청하든지 해육군(海陸軍) 교사를 청하거든 일러 양국이 의론한 후에 작정할 일. 제3조는 러시아가 대한에 일본 인민이 많이 있어 상무

75 『日本外交史辭典』, p.639, 西-ロセン協定.

(商務)와 공무(工務)를 흥하게 하여 대한을 개명케 하며 부강케 하려는 것을 아는 고로 러시아에서 일본이 대한을 대하여 이런 일에 관계있는 데는 지금 이 후로는 방해롭지 않게 할 일. 약조 끝에 말하기를 이 약조를 세상에 반포할 계제(階梯)가 되거든 양국이 먼저 의론한 뒤에 작정할 터이라더라. 그러하나 신문기자들이 그 약조 속(내용)이 벌써 무엇인지 알고 기재하였더라.[76]

독립협회는 대한제국 황제에게 탄원서를 올렸다. 만일 우리가 독립을 상실한다면 아무리 하소연하고 통탄한다 해도 그것을 회복하지 못할 것이옵니다. 우리 민중의 삶의 질서를 지키고 빠른 발전을 이룰 수 있는 유일한 방법은 법의 힘을 키우고 이에 합당한 명령을 반포하고 국가기관을 재정비하는 것입니다. 그러나 힘을 가진 자들은 구법(舊法)뿐만 아니라 새로운 법도 무시하고 있으며, 법령 원칙 기관들은 죽어버린 기록이 되고 말았습니다. 이러한 상황에서 어찌 다른 민족들이 향후 자생할 수 있는 우리의 독립 가능성을 믿어 주리라 생각할 수 있겠습니까. 그들은 우리의 힘을 믿지 못하고, 우리의 일에 간섭하고자 하는데, 우리가 이를 허락한다면 자신들의 이익을 찾아 더한 일도 벌일 것입니다.

일본의 언론도 적극적으로 한국 애국자(독립협회)들의 선동을 지지했다. 이들은 예전의 고문관인 브라운(J. McLeavy Brown, 栢卓安)이 모두가 인정하는 능력과 업적의 소유자라는 점을 고려한다면, 알렉세예프의 초빙은 불필요한 것이었고, 결국 한국의 독립에 대한 위협으로 보아야 한다는 결론을 내렸다. 특히 러시아인들의 녹도(鹿島) 침략 시도 후에 일

76 『독립신문』(1898. 5. 10).

본인들의 관심은 더욱 커졌다.

소요는 점점 더 심각해져서 알렉세예프는 그가 약속했던 발전을 하나도 이루지 못한 채 한국을 떠나야만 했다. 물론 알렉세예프가 서울에 남아 있었다 하더라도 러시아에서와 마찬가지로 모든 정직한 사람들의 고상한 의도를 여지없이 무너뜨리는 장애물을 한국에서도 만났을 것이 분명하다. 그러므로 그가 자신의 계획을 성공적으로 수행할 수 있었을지를 확신하기는 어렵다. 알렉세예프의 귀환과 더불어 군사교관들도 소환되었다. 그들이 떠난 지 한 달 후 러시아와 일본은 다음과 같은 내용의 협정을 체결했다. "첫째, 양국은 한국의 내정(內政)에 간섭하지 않는다. 둘째, 고문관과 군사교관을 파견하지 않고 상호간의 사전 동의 없이는 어떠한 조언(助言)이나 지시도 내리지 않는다. 셋째, 여기에 덧붙여 러시아는 일본과 한국 간의 상공업(商工業) 관계 발전에 장애가 되지 않겠다고 약속했다."[77]

일본은 한반도 침략의 역사를 은폐하기 위하여 '침략'이란 용어를 결코 사용하지 아니했다. 일본 도요토미 히데요시(豊臣秀吉)의 '임진왜란 명령서'에 의하면, "도요토미가 가토 기요마사(加藤清正)에게 '조선 출병'(침략을 미화한 일본식 표현)을 명령했다."는 것이다. 이처럼 임진왜란(1592)을 도발, 한반도 침략을 명령한 도요토미는 '침략'을 '출병(出兵)'이라 미화하고 있다.[78] 일본은 명치유신 이래 부국강병책에 성공한 일본은 이른바 정한론(征韓論)을 수립, 한반도 침략을 기도했는데 '침략' 대신에 '진출'이란 용어로 미화하고 있다.

77 *The Korean Repository* vol. 5(February, 1898), pp.74~76.

78 『東亞日報』(2019. 3. 29), 日 도요토미 임진왜란 명령서 발견(박형준도쿄 특파원).

일본은 러시아 군사교관과 재정고문 전원 철수를 확인하자마자 니시·로젠 협정을 체결했다. 이는 일본의 한국 침략을 은폐하면서 러시아로부터 '한국 내정 불간섭' 약속을 얻어낸 것이다. 이로써 일본은 러시아의 간섭을 받지 않고 한국을 점령·지배할 수 있는 외교적 성과를 거둔 것이다. 와다 하루키(和田春樹)의 『일로전쟁(日露戰爭)-기원과 개전-』 상·하(岩波書店, 2009. 12~2010. 2)은 일본의 침략의 역사가 은폐되었다고 비판을 가하고 있다. 와다는 10년 가까이 러시아의 주요 사료관에서 러시아 측의 관련 자료를 섭렵하여 러시아는 한반도 점령을 목표로 한 정책을 수립한 적이 한 번도 없었다는 사실을 실증적으로 확인하는 역저이다. "메이지 정부의 수뇌부가 내세운 러시아가 내려오니 일본이 진격(침략)하여 이를 막아 동양평화를 구축하자는 깃발은 일본제국이 한반도와 만주(滿洲)침략을 합리화하기 위해 만들어낸 허위 선전일 뿐이었다는 것이다. 심지어 러일전쟁 직전의 러시아의 강경파 정권이 뤼순(旅順)에 견고한 진지를 구축하고 병력을 증파한 것조차 일본의 개전 의욕을 제압하려는 것으로 스스로 개전할 의사나 계획은 확인할 수 없다고 밝혔다."[79]

서재필은 미국 시민권을 가진 이유로 입각은 하지 않고 중추원(中樞院) 고문(顧問)으로 영입되어 월봉 300원 10년간 계약을 체결했다. 서재필 박사는 모든 것을 명령하기를 좋아하는 야심가이다. 그는 정력적이고 결단력이 있고 빈틈이 없다. 확실히 그는 한국이 자랑할 만한 인물이다. 대신(大臣)이든 협판(協辦)이든, 그리고 늙은이든 젊은이든 어린애

79 李泰鎭, 『일본의 한국병합 강제연구-조약 강제와 저항의 역사』(지식산업사, 2017), pp.29~30.

인 것처럼 타이르고 다룬다. 대부분의 사람들은 멋대로 하는 그의 조종(操縱)에 외축(畏縮)된다. 그런데 미국 국적(Uncle Sam's flag)을 갖고 있다는 것이 그들의 복수(復讎·wrath)로부터 보호해주고 있고, 또 월봉(月俸) $300.00, 10년간의 계약은 그들의 비위를 맞출 필요를 없애 주었다.[80]

1897년 12월 13일 외부대신 조병식(趙秉式)은 주한미국공사 알렌(Horace N. Allen, 安連)에게 중추원고문관(中樞院顧問官) 서재필(徐載弼) 해고통지서를 보냈다. "우리 중추원고문관 귀국인 서재필은 원래 미국정부의 추천에 의거해서 우리 정부가 귀국정부에 고빙을 청원(請願)한 인물이 아니기 때문에 계약만료일 까지 그대로 기다릴 수 없으므로 해고한다."[81]

서재필은 독립협회의 만민공동회에서의 반정부 운동에 무모한 탄압을 가한 데 대해 강렬한 반발심과 자신을 일방적으로 해임한 데 대한 인사위반을 반박하는 논설문을 독립신문에 게재하고 있다.

근일에 들으니 어떤 관인(趙秉式)들이 독립신문을 미워하여 아무쪼록 신문을 해롭게 하려한다니 이것은 어린 아이의 생각이라. 신문을 미워하는 것은 곧 공담(公談)을 싫어하는 것과 같으니 그 사람을 위하여 우리가 생각건대 대단히 그 사람 명예에 해로울 듯한 일이요, 공평되이 한 말을 사혐(私嫌)으로 생각하는 것은 생각이 좁은 연고라. 우리가 신문(新聞)하는 것은 우리에게 조금치라도 유조(有助)한 일이 있어서 하는 것이 아닌 줄은 거진 대한 관민이 다 알터이요. 만일 우리가 우리 몸

80 *Yun Chi-Ho's Diary*, vol. 5, pp.80~81(August 8, 1897); 李光麟, 『韓國開化思想硏究』(일조각, 1979), pp.180~181.

81 『舊韓國外交文書』권 11(美案 2) pp.291~293, 我中樞院 顧問官 貴國人 徐載弼解雇.

만 위해서 신문을 출판할 것 같으면 우리가 남이 듣기 싫은 소리를 하였을 리가 없고, 우리가 남에게 실인심(失人心)할 말을 하였을 리가 없은즉 이것 한 가지만 보아도 신문의 목적은 우부우맹(愚夫愚氓)이라도 가히 알터이라.

우리는 조금치라도 우리 해하려는 사람을 미워하는 것이 아니라 다만 그 사람들을 불쌍히 생각하고 하나님께 축수하건대 이 사람들이 속히 깨달아 자기 몸들을 옳게 가지고 국민을 의리 있게 봉솔(奉率·上奉下率: 웃사람을 봉양하고 아랫사람을 거느림)하기를 주야로 축수하며 만일 이 사람들이 자기 임금과 자기 몸과 자기 가속과 후생과 전국 동포 형제를 참 사랑 하게 될 것 같으면 그때는 우리 신문을 자기의 제일 되는 친구로 알터이요. 당장에 미워하고 해롭게 하려던 마음을 후회할 듯 하더라.[82]

"본래 경영은 몇 해 동안 고생을 더하고 대한국민을 돕자하였더니 지금 모양으로는 우리가 여기 있는 것이 몇 사람에게 즐겁지 아니한 일인 듯 하고, 또 어떤 외국사람(알렌) 하나도 권리가 있어 우리 하는 일을 막는 것 같으니 우리가 조금치라도 주인이 좋아 아니하는 일을 억지로 하지 아니할지라. 그런고로 얼마 아니되어 신문 기재하는 일과 연설하는 사무(만민공동회)를 정지하고 우리 사사일이나 어디 가서 편히 볼터이며 아직 작별은 아니나 쉬이 갈릴(작별) 터이니 우리를 알고 모르고 간에 우리를 조금치라도 친구로 아는 이들은 우리말을 생각하여 가지고 대황제 폐하와 동포 형제들과 후생들을 옳은 길로 돕고 훈수들 하시요."[83]

---

82 『독립신문』(1897. 12. 16).

83 상게서(1897. 12. 18).

1898년1월 13일 외부대신 조병식은 알렌 공사에게 고문관 서재필 해고 후 연봉청산문제의 건을 보낸 바 있다. 이로부터 서재필의 연봉청산문제가 본격화되었다. 이때 서재필이 요구한 액수는 총 28,800元이었다. 월봉 300元 10년 계약 중에서 임기를 채우지 못한 7년 10개월 봉급총액 28,200원에다 여비 600원을 합친 것이었다. 이에 총액 중에서 독립신문사를 설립할 때에 미리 가져간 300원과 가옥구매비 1,400원을 공제하고, 그 나머지 24,400원을 지불하기로 최종 타결했다. 독립협회 회원들은 서재필 유임운동을 전개했지만 아무런 성과를 거두지 못했다. 만약 서재필이 계속 서울에 머물러 있을 경우 자기에게 가할 위험도 있었고 또한 부인도 한국을 좋아하지 않았다고 하므로 독립협회 회원들의 만류에 응할 수도 없었다. 이리하여 1898년 5월 14일 윤치호는 용산으로 가서 서재필과 작별인사를 나눈 후 서재필은 서울을 떠나 미국으로 떠나고 말았다. 서재필은 서울을 떠나면서 신문사는 윤치호가 맡았고, 명의상 사장은 아펜젤러였다.[84]

서재필은 한 걸음 더 나아가서 러시아는 대한제국을 핀란드처럼 러시아의 속국으로 만들려고 기도하고 있다고 러시아의 대한 식민지정책을 신랄하게 비난하고 나섰다.[85] 당시 러시아 중진 기자 시로미안타니코프(M. Syromiantanikoff) 런던 데일리 그래픽(Daily Graphic)과의 인터뷰에서 한국이 러시아의 속국될 운명임을 인정하면서 러시아는 한국을 식민지로 만들 필요가 있음을 강조하고 있다. "한국은 막 러시아제국

84 『舊韓國外交文書』권 11(美案 2), pp.303~305(1898. 1. 13); *Yun Chi-Ho's Diary* vo. 5, pp.18~20, 150~160; 李光麟, 『韓國開化思想研究』, pp.187~189; 愼鏞廈, 『獨立協會의 民族運動』(한국문화연구소, 1974), pp.40~46.

85 *The Independent*, March 22, 1898.

의 일속주(一屬州)가 되고 있다."고 지적하면서 이는 러시아가 한국지배의 정당성을 공개적으로 선언한 것이다.[86]

이완용은 1898년 3월 10일 종로에서 만민공동회를 개최하면서 대한제국이 자주독립국으로서 러시아 군사교관을 고빙해서 대한 군병을 교련시켜 시위대(侍衛隊)를 조직, 대궐안 시위업무를 러시아 군사교관에 맡기는 일은 주권포기라고 규탄했다. 뿐만 아니라 재정고문을 고빙, 러시아인에게 재정사무를 맡기는 것은 자주독립 국으로서 부끄러운 일이라고 친러정부를 맹공박했다. 이에 친러정부는 러시아 공사에게 이제부터는 외국사관과 재정고문을 일체 용빙하지 않겠다고 통고했다. 이같은 소식을 들은 독립협회는 경축회를 열어 자축행사를 가졌다.[87]

독립협회의 만민공동회 연설규탄대회가 가열되자 친러정부는 황국협회(皇國協會)로 하여금 방해공작을 꾸미게 되었다. 황국협회는 보부상(褓負商)을 동원, 만민공동회를 습격, 방해하는 등 압박을 가했고, 친러정부는 1898년 11월 6일 독립협회 해산조칙을 내렸다. "모든 회라고 이름하는 것은 일체 없애버렸는데, 요즈음 이른바 만민공동회라는 것은 무슨 명목인가. 어리석은 백성들을 부추기어 현혹시키고 대중없는 거짓말로 속이고 있으니, 하는 짓이 놀랍고 고약하기가 이보다 심한 것은 없다."[88]

이리하여 러시아 정부는 1898년 3월 17일 러시아 군사 교관과 탁지부 고문관을 전면 철수한다고 공식 발표했다. 따라서 4월 12일 스페이에르 공사의 실책을 물어 해임하고 마추닌을 임명했다. 러시아 군사교

86 愼鏞廈, 『獨立協會硏究』(일조각, 1981) p.301.

87 『독립신문』(1898. 3. 12, 15)

88 『高宗純宗實錄』下, p.66(광무 2. 11. 6).

관은 3월 26일 여비와 1년치 월급 총 33,212원, 기타 상여금으로 재정고문관과 사관에게 주었는데) 도합 77,000원을 지급했다. 이와같이 러시아 군사교관과 재정고문은 후한 월급과 상여금을 받고 한반도로부터 전면 철수하고 말았다.[89] 이로써 러시아의 한국 지배는 아관파천 이래 2년 만에 종식을 고했다.

| 3 | 영국 빅토리아 여왕 즉위 60주년 민영환 특사 축하사절단 파견(1897)과 한영관계(1902)

영국정부는 1883년 한영조약을 체결하자마자 서울 정동에 영국 공사관을 개설, 주한 영국공사를 상주하고 있다. 그러나 한국정부는 상호주의 원칙에 따라 영국 수도 런던에 상주공사관을 개설하지 못했다. 재정문제로 말미암아 상주공사를 파견하지 못한 것이다. 때마침 영국 빅토리아 여왕 즉위 60주년 축하사절을 파견할 때, 민영환을 주구(駐歐) 6개국 특명전권공사(영·독·러·이·불·오) 임명·파견하면서 영국 빅토리아 여왕 즉위 60주년 축하식(Queen's Diamond Jubilee)에 경축사절로 파견하게 된 것이다. 민영환 특사는 주한 러시아공사 웨베르 부인(Mrs. Waeber)과 조선해관 세무관원 라우텐펠트(P. Von Rautenfelt)를 동반하고 떠났다.[90]

1897년 2월 28일 정부는 민영환을 주영대사로 임명파견했다. "지시하기를 대영국의 대군주이며 5인도의 여황제를 겸한 여황이 즉위한지 60년이 되는 경사스러운 날이 멀지 않으므로 내가 전권공사 민

89 『독립신문』(1898. 3. 17, 19, 22).

90 Allen, *ibid.*, p.199, March 24, 1897; 김원모, 전게서, p.157(1897. 3. 24).

영환을 대사로 특별히 임명하니 때를 맞춰 가서 축하하는 의식에 참가할 것이다."[91]

축하사절단의 규모를 보면 다음과 같다.

부영특명대사(赴英特命大使) 의정부 찬정 군부대신 민영환(閔泳煥)

일등참서관(一等參書官)	민상호(민상호(閔商鎬)
외부번역관보(外部繙譯官補)	김조현(金祚鉉)
궁내부주사(宮內府主事)	김병옥(金秉玉)
서기생(書記生)	손병균(孫炳均)
삼등서기관(三登書記官)	이기(李琦)[92]

김조현은 천주교 신자로서 세례명은 '김 요한,' 러시아어 통역을 담당했다. 축하사절단 일등참서관 민상호는 미국 워싱턴에서 개최되는 미국 우체공회(郵遞公會)에 참석중이라 런던에서 합류하기로 기약했다. 윤치호는 앞서 1896년 니콜라이 러시아 황제 대관식에 민영환 특사의 수행원으로 러시아 사행을 수행했지만, 이번에는 사절단에 포함되지 않고 사절단 일행과 함께 중국 상해까지 동행하기로 했다. 웨베르 공사 부인도 민영환 대사와 동행했고, 러시아인으로서 조선해관 세무관원인 라우텐펠트(P. von Rautenfelt)는 민영환 사절단의 통역 겸 안내인으로 수행했다.

부영(赴英)사절단 민영환 일행은 외부(外部)로부터 반비(盤費·노자돈) 1

91 『高宗純宗實錄』中, p.618(1897. 2. 28).

92 『閔忠正公遺稿』(국사편찬위원회, 1958), pp.143~147, 使歐續草; Yun Chi-Ho's Diary, vol. 5, pp.35~39(1897. 3. 25~29).

만7천1백원(元)을 받아가지고 1897년 3월 24일 참서관 이기, 서기생 김조현, 김병옥 등 수행원을 거느리고 경운궁으로 예궐, 사폐(辭陛)하고, 3월 25일 드디어 서울 마포를 거쳐 오류동(梧柳洞) 오리골을 거쳐 제물포에 도착하니, 인항(仁港) 감리(監理) 이재정(李在正)의 영접을 받고 일본인이 경영하는 다이부츠(大佛·Daibutsu Hotel)호텔에 여장을 풀었다. 여기서 민영찬(閔泳瓚)과 합류, 3월 28일 러시아 기선 올라지미르(Vladimir)호에 탑승, 지부(芝罘)로 향발했다.[93]

민영환 특사 사절단의 영국사행 일정을 보면, 인천 출항→지부(芝罘→상해(上海→일본 나가사키(長崎)→홍콩(香港)→싱가포르→인도양 항행→수에즈 운하→오데사(Odessa)→러시아 우크라이나 공화국→기차로 러시아 페테르부르크→영국 런던에 도착하는 항행 및 육상노정이었다.

민영환 대사의 일차적 사행 목적은 어디까지나 영국 빅토리아 여왕 즉위 60주년 축하식에 참석해서 고종 황제의 국서를 제정하면서 축하하는 것이었다. 그럼에도 불구하고 민영환은 주한 러시아공사 웨베르(Karl Waeber, 韋貝)의 부인과 러시아인 통역 라우텐펠트를 동반한 이유가 무엇인가에 주목해야 한다. 러시아 정부는 웨베르를 주 멕시코 공사에 전보발령을 내렸고, 그 후임에 슈페에르(Alexis de Speyer, 士貝耶)가 대리공사에 임명한 것이다.[94]

그러나 당사자 웨베르는 멕시코 공사에 부임할 생각이 추호도 없었고, 주한 러시아 공사에 유임을 희망했으며, 유임이 안 될 경우 궁내부 고문으로 한국에 잔류하겠다는 것이었다. 그러므로 민영환 대사는 웨

93 『閔忠正公遺稿』(국사편찬위원회, 1958), pp.143~147, 使歐續草; Yun Chi-Ho's Diary, vol. 5, pp.35~39, March 25~29, 1897.

94 Allen, ibid., p.200, September 7, 1897; 김원모, 연표 전게서, p.158(1897. 9. 7).

베르 부인을 동반해서 페테르부르크로 가서 러시아정부에 웨베르 유임운동을 벌이는 것이었다. "러시아공사 웨베르는 추호도 멕시코에 부임의사가 없었고 그대로 주한 러시아공사로 유임을 희망, 아니면 이를 사직하고 한국 궁내부 고문으로 남겠다고 결심했기 때문에 민영환은 고종 황제의 내지(內旨)를 받아서 영국으로 가기 전에 러시아에 먼저 가서 러시아황제에 유임을 요청하기 위하여 웨베르 부인과 함께 동행한 것이다."[95]

민영환의 두 번째 사명은 앞서 러시아 사행시 러시아와 맺은 한러밀약을 구체적으로 실천화하는 것이었다. 러시아 군사교관은 이미 파견되었으나 탁지부(度支部) 재정고문은 아직 파견되지 아니했기 때문에 실력있는 재정고문관 고빙을 구현하는 것이었다. 이와 같이 한러밀약을 구체화하기 위하여 민영환대사는 고종 황제로부터 교섭자금으로 내탕금(內帑金) 2萬元과 월봉 700元을 '러시아 사행자금(Russian Mission Fund)'으로 수령하고 사행길에 올랐다.[96]

민영환 사절단이 영국으로 출발한지 한달이 지난 5월 5일에 조병식(趙秉式) 외부대신이 프랑스공화국 대통령에 보내는 고종 황제의 '친서' 번역본을 가지고 뮈텔(Gustave C. M. Mutel, 閔德孝) 주교를 방문하면서 고종의 친서를 주한 플랑시(V. Collin de Plancy, 葛林德)공사에게 전달하면서 민영환 대사가 프랑스 파리를 순방하면 고종 황제의 친서를 프랑스 대통령에게 진정(進逞)하도록 교섭했다. 고종 황제의 친서에는 '李熙'라는 고종의 이름으로 서명되어 있었고, 군주어새(君主御璽)란 네 글자로 새

95 『日本外交文書』(外務省, 1954), 권 30, pp.1142~1152, 在鮮 露國公使 ウェバ 殘留希望件(1897. 4. 5).

96 *Yun Chi-Ho's Diary*, vol. 5, p.37, March 28, 1897.

긴 옥새가 찍혀 있었으며, 푸른색 비단주머니에 들어 있었다. 거기에는 고종 황제가 민영환 대사에 내리는 훈령문도 동봉되어 있었다. 뮈텔 주교는 조병식 외부대신으로부터 이같은 주요 기밀외교문서를 받아가지고 프랑스 공사관을 방문, 이를 플랑시 공사에게 직접 전달하면서 민영환 대사에게 이 친서를 전달해 달라고 부탁했다. 고종 황제의 친서는 일종 비밀외교문서이기에 그 전문 내용이 전해지지 않아서 알 수 없으나 주요 대목은 이러하다. "대한제국과 프랑스 두 나라는 힘껏 상호 협력하는 일을 영원히 지속하기를 간절히 바란다(深願貴伯理璽天德閣下 諒勝素心 實力相助俾藉緩急 永遠不渝 務期厚望)"는[97] 내용이었다.

일본이 청일전쟁에서 전승을 거둠에 따라 일본은 명실상부하게 아시아의 군사적 패자(覇者)로 부상했다. 일본은 전승이권으로 중국 요동반도(遼東半島)를 차지했고 한반도 지배권을 확보했다. 이같은 '일본의 강대화(Strong Japan)'에 불안을 느낀 러독불 3국은 일본의 강대화를 견제하고자 이른바 삼국간섭(三國干涉)에 의해 결국 일본은 요동반도를 청국에 반환하지 않을 수 없었다. "일본이 요동반도를 소유하게 되면 언제나 청국을 위태롭게 할 뿐만 아니라 동시에 조선국의 독립을 유명무실하게 한다는 것이다."[98] 이것이 요동반도 환부(還付)의 이유이다.

결국 한국이 러시아 군사교관과 재정고문을 고빙한다는 한러밀약도 일본의 한반도 침략을 견제하려는 책략이기에 3국간섭의 일환책이 아닐 수 없다. 한국정부는 1896년 러시아 니콜라이 황제 대관식에 민영환 특사가 러시아를 방문, 한러밀약을 체결한바 있거니와 이번 민영환

97 『뮈텔주교일기』(한국교회사연구소, 1993), 권 2, p.154(1897. 5. 5).

98 『日本外交史辭典』, pp.22~23, 遼東半島還付 勸告 露獨佛(1895. 4. 23); George Lansen, Balance of Intrigue, vol. 1, pp.282~308.

대사의 영국사행을 불독 양국과의 '군사보호밀약'을 체결할 절호의 좋은 기회로 보고 프랑스 대통령에게 보호밀약 친서를 보내게 된 것이다. 이것은 극비외교문서임에도 불구하고 주한 일본 공사 가토(加藤增雄)가 정보를 입수, 본국정부 오쿠마(大隗重信) 외상에게 "민영환 대사가 불독에 보호를 의뢰하는 고종 황제의 '보호밀약' 친서를 휴대하고 떠났다." 고 보고했다. 이제 그 내용을 정리하면, "민영환이 불독 양국에 보호를 의뢰하는 '보호밀약 친서'를 받아가지고 떠났지만 그 사명을 완수하지 못한 채 오히려 큰 죄를 짓고 돌아오게 되었다는 것이다."[99]

민영환 사절단은 영국에 입국하기 전에 먼저 러시아 수도 페테르부르크로 직행 했다. 우선 러시아 정부당국과 웨베르 공사 유임을 교섭·설득하고 한러밀약을 실현하기 위한 방책을 협의하기 위한 것이었다. 그러나 러시아 외무부 당국은 웨베르 공사의 멕시코 전보발령은 기정사실인만큼 유임은 불가하다는 반응을 보였다. 그렇지만 민영환은 웨베르 유임로비를 끈질기게 전개해보았지만 결국 유임운동은 성사되지 못했다. 시종일관 민영환 사절단의 비공식 수행원으로 수행한 민영찬(閔泳瓚)은 웨베르 유임실패를 이렇게 전하고 있다. "나가사키에서 오데사까지의 항행중 우리는 웨베르 공사 부인이 가장 옹고집 인간, 변덕스럽고 거만하며 생색만 내는 인간임을 알게 되었다. 우리 일행이 러시아에 가까이 갔을 때 그녀는 내 형(민영환)에게 페테르부르크에 도착하면 웨베르 유임을 위해 일해줄 것을 요청했다(유임운동). 이는 우리 형이 이미 고종 황제의 명령을 받은바 있기에 유임운동을 할 태세를 취

99 『駐韓日本公使館記錄』(국사편찬위원회, 1995), 권 12, pp.22~24. 機密제51호, 閔泳煥 免官ノ件(1897. 8. 9).

하고 있었다. 우리 일행이 페테르부르크에 도착한 후 우리는 러시아 외무장관에게 웨베르 유임을 허용해줄 것을 요청했다. 그러나 러시아 외무장관은 그렇게 할 수 없다고 대답하면서 이미 인사조치를 결정했다고 말했다. 내 형은 나에게 러시아 황제에게 이런 뜻으로 통역해줄 것을 촉구했다. 내 형은 러시아 외무장관에게 유임요청을 했듯이 러시아 황제에게도 같은 요청을 해보았지만 황제로부터 고개를 끄덕이는 정도 이상의 속 시원한 긍정작 응답을 얻어내지 못했다. 러시아로부터 런던에 도착하니 한국정부로부터 고종 황제의 웨베르 유임을 실현해달라는 전문훈령을 받았지만 런던에서는 일체 웨베르 유임문제를 입 밖에 꺼내지 아니했다. 한편 런던 주재 프랑스 공사관으로부터 민영환 특사에게 파리와 베를린을 방문, '독불과의 군사보호협정'(a certain military convention with France and Germany)을 체결하라는 전문훈령을 받았다. 군사협정 체결을 언급하지 말고 다른 나라(독불)를 방문할 것을 민영찬과 민상호(閔商鎬)가 공동으로 충고했음에도 불구하고 이같은 협정체결을 촉구하는 전문을 받은 민영환으로서는 크게 놀라지 않을 수 없었다. 우리 일행은 7월에 미국으로 향발했다."[100] 민영환의 웨베르 유임운동은 실패로 끝났지만 러시아인 유력인사의 재정고문 고빙문제는 타결되어 알렉세예프를 한국에 파견하기로 타결했다.

민영환 사절단이 3월 24일 서울을 출발, 러시아 페테르부르크를 먼저 방문한 후 2개월여만인 6월 5일 영국 런던에 도착, 세실호텔에 투숙했다. 런던에 도착 그다음날 민상호가 워싱턴으로부터 도래하여 합류했다. 6월 8일 민영환 대사는 영국 외무부를 방문, 한국정부의 국서

---

100 *Yun Chi-Ho's Diary*, vol. 5, pp.97~98, September 23, 1897.

와 고종 황제의 친서 부본을 전달했다.[101]

6월 21일 민영환 대사는 버킹엄 궁을 예방, 빅토리아 여왕에게 국서 봉정을 행했다. 민영환은 그의 '사구속초(使歐續草)'에서 국서봉정을 다음과 같이 전하고 있다. "내가 국서와 친서를 받들고 침청(寢廳)으로 나아가서 절차에 따라 들어가자 후제(后帝)는 이미 서서 기다리고 있었다. 후제를 보니 얼굴이 둥글고 턱이 풍부하며 정신이 건강하여 조금도 노쇠하지 않았다. 또 절차에 따라 나아가서 국서를 올리자 후제 또한 절차에 따라 받는다. 또 친서를 올리자 후제는 묻기를 귀국의 대군주폐하께서 편안하시냐고 하므로 그렇다고 하고 곧 절차에 따라 물러나와 두 참서관과 함께 여관으로 돌아왔다."[102]

이날 민영환 대사가 빅토리아 여왕에게 봉정한 국서는 다음과 과 같다.

민영환이 영국 빅토리아 여황에의 〈국서〉

대조선국 대군주(御姓啣)는 묻노니 대영국 대군주 겸 오인도(五印度)를 거느린 대후제(大后帝) 폐하께서는 기운이 좋으신지요? 짐은 생각하기에 우리 두 나라는 조약을 맺은지 이미 오래이고 나라의 사귐이 점점 도타워서 귀국에서는 사신을 보내어 와서 주재시킨지가 여러 해가 되었으나 본국에서도 또한 응당 사신을 바꾸어 보내어 친목하는 뜻을 밝혀야 하겠기에 이제 특별히 내가 친히 사랑하는 신하 종일품 의정부 찬정(贊政) 군부대신 민영환을 특명전권공사로 삼아 귀국에 가서 경성(京城)

101 이민주 역, 민홍기 편, 『민충정공유고』(일조각, 2000), pp.249~251.
102 상게서, p.256.

에 주차(駐箚)하면서 여러 가지 일을 타협하고 교섭하게 했습니다. 짐은 알기에 이 신하는 충성되고 부지런하고 일에 자세하여 이 직책을 맡길 만하기에 이에 특별히 글을 갖추어 이 신하로 하여금 친히 올리게 했사오니 오히려 바라건대 정성을 미루어 서로 믿어서 우대하여 사랑을 드리우고 때에 따라 들어가 뵙도록 허락하시어 짐의 간절한 마음을 대신 아뢰어 더욱 화친하고 좋은 것을 도탑게 하여 함께 융성함을 누리게 하십시오. 폐하의 큰 기쁨이 끝이 없으시옵소서.

대조선국(大朝鮮國) 개국 506년 건양 2년 3월 22일(1897. 3. 22) 한양(漢陽) 경운궁(慶運宮)에서 친히 서명 어보(親署名鈐寶) 올림[103]

이날 영국 빅토리아 여왕에게 바친 고종의 친서는 다음과 같다

〈親書賀英后帝卽位六十年(친서 영국 후제의 즉위 60년을 하례함)〉

짐은 생각하건대 이제 폐하의 등극 60년의 경사스러운 때를 당해서 밝은 덕이 마련한 터전이 어찌 고희(古稀)의 큰 운수에만 그치겠습니까. 이에 특명전권공사 민영환을 대사에 임명하고 친서를 올려 짐의 하례(賀禮)를 올리고 축하하는 정성을 표하오니 원컨대 받아 보시옵소서. 아울러 폐하의 수(壽)와 복록(福祿)이 끝이 없으시어 길이 강녕(康寧)을 누리시기를 빕니다.

건양 2년 3월 22일(1897. 3. 22) 한양 경운궁에서 어성함(御姓啣) 올림[104]

103 상게서, p.274.
104 상게서, p.274.

6월 21일 저녁에 빅토리아 여왕을 축하하기 위한 만찬회가 개최되었는데 민영환 대사는 일본 친왕(親王), 청국 축하사절단 장음환(張蔭桓) 대사와 함께 만찬회에 참석해서 빅토리아 여왕에게 고종의 축사를 행했다. "축사(영국 후제 즉위 60년을 축하함). 짐은 생각하건대 폐하께서는 하늘의 도움을 받아 황제의 자리에 올라서 황제에 순응하여 아래 옷을 드리우고 늙기에 이르도록 복을 연장하고 강강(康强)하여 길한 날을 만나셨기에 이제 즉위 60년의 크게 경사로운 때를 당하여 큰 복이 드리웠기에 우방으로서 즐거움을 길이하여 치화(治化)가 융성하시고 보배로운 미래가 길이 창성하시기를 원하나이다."[105]

민영환 대사는 영국 주재 각국 공사관을 순방한 후 7월 12일 영국 여왕의 초청을 받고 무도회에 참가하였다. 실내악이 연주되는 가운데 화려한 무도회가 개최되었는데, 상하 각층에는 눈부신 불빛이 대낮같이 휘황찬란하게 밝힌 가운데 각궁 부인들 각국 대사부인들은 호화찬란한 궁중의상을 입고 온갖 보물을 차고 웃옷은 가슴과 어깨가 드러난 비단옷을 입고 춤을 추니 여기에는 각국 대사 부인들 3백 명이 모여 남녀가 쌍쌍이 짝을 지어 춤을 추니 관현악단의 반주는 더욱 흥취를 돋우었다. 7월 13일 영국 외무부에 감사하다는 공문을 전달했다. "본 대사가 어명에 의해 국서를 받들고 귀국에 도착하여 귀 대군주와 대후제 폐하의 돌보심을 입고 다시 귀대신의 두터운 예로 영접하심을 입어 하례의 의식에 참례하여 공손히 경사를 같이하는 정성을 폈사오니 족히 두 나라의 우의가 이로부터 도타운 것을 보겠습니다. 본 대사는 실

105 상게서, p.274.

로 깊이 영광스럽고 다행히 여겨 이에 글을 갖추어 아뢰어 감사한 뜻을 펴는 것입니다."[106]

민영환 대사를 비롯하여 축하사절단 전원은 단발령에 의해 깍았던 머리를 다시 길러서 솔잎상투를 달고 영국사행을 단행했다. 이는 시대적 역행이 아닐 수 없다. 민영환이 런던에 도착, 각국 축하사절단은 모두 머리를 깎고 양복을 입은 것을 보고, 자기들만 다른 나라 사절단과 달리 상투 틀고 사모관대 차림의 모습을 보고 혐오스런 열등감을 느낀 나머지 그만 머리를 깎고 양복을 사입고 말았다. 하루는 영국 여왕이 조선에는 머리를 깎지 않는다는 말을 듣고 민영환 대사의 위의(威儀)를 보기 위해 접견을 요청했으니, 그가 여왕을 알현했을 때 여왕은 민영환이 머리를 깎고 양장차림의 모습을 보고 실망하여 그에게 돌아가라고 했다. 그후 소문을 들은 사람들은 그가 한 나라의 대사로서 체통을 잃은데 대해 몹시 책망했다고 한다. 그러나 민영환은 귀국 후 머리를 깎고 양복을 입는 모습을 바꾸지 아니했다.[107]

친러반일 정부의 기본책략은 러시아 세력을 끌어들여(引俄策) 일본의 한반도 침략을 막아보자는 것이었다. 이를 구현하기 위하여 민영환에 의해 한러밀약을 체결, 러시아 군사교관과 재정고문을 고빙한 것이다. 민영환 사절단이 영국 사행 출발 직후에 친러정부 외부대신 조병식(趙秉式)이 불독 양국과의 '군사보호밀약'을 요청하는 밀지(密旨)를 뮈텔 주교에 주어 이를 플랑시 주한 프랑스 공사에게 전달하도록 조처하면서 이를 영국 사행특사 민영환에게 전달하도록 했다. 이에 플랑시 공사는

---

106 상게서, p.275, 英皇 舞蹈會.

107 『매천야록』(국사편찬위원회, 1971), p.213(1897. 5월초).

이 밀지를 주영 프랑스 공사관으로 보내면서 런던에 머물고 있는 민영환에 전달하게 했다. 결국 이와같은 외교책략은 러시아 세력만으로는 일본의 침략으로부터 한국의 안보를 담보할 수 없다고 판단, 마치 3국(러독불)간섭에 의해 일본이 차지했던 요동반도를 청국에 반환케한 외교적 성공사례를 본받아 친러정부도 한러밀약으로 러시와 군사보호를 받은만큼 불독 양국을 끌어들여 이른바 불독과의 군사보호밀약을 체결하겠는 것이다. 이는 결국 제2 '3국간섭'에 의해 일본의 침략으로부터 군사적 보호를 받겠다는 비밀책략인 것이다. 이러한 책략은 당초부터 사실상 실현불가능한 것이었다. 그당시 일본 언론은 이러한 극비정보를 입수하고 러독불 3국이 협동해서 동양평화를 교란시키고 있다는 분석기사를 보도하기도 했다. "러독불 3국이 공동으로 토지를 약취(略取)하고자 기도하고 있다. 러시아는 조선 및 북청(北淸), 독일은 산동반도(山東半島), 프랑스는 대만(臺灣) 및 복건(福建)을 획득할 것이다."[108] 이에 발맞추어 한국 영자신문(독립신문)에도 "제정 러시아는 한국을 핀란드와 같이 러시아의 속국으로 만들고 궁극적으로 식민지화하려고 기도하고 있다."[109]라고 보도하고 있다.

한편 미영 양국의 대(對) 아시아정책의 기본책략은 러시아의 남진청책(南進政策)을 저지한다는 것이었다. 그러기에 일찍이 영국은 러시아의 한반도침략을 저지하고자 거문도(巨文島占據事件, 1885)을 일으킨 것이다. 이제 영국은 한국 친러정부가 한러밀약으로 러시아 군사교관을 고빙하면서 한국군을 러시아 군사훈련을 시키면서 한국의 병권을 장악하

108 『明治編年史』권 10, p.151, 「佛露獨 三國協同して東洋を攪亂」(1897. 12. 3, 時事).
109 『明治編年史』권 10, p.151, 佛露獨 三國協同して 東洋を 攪亂(1897. 12. 3. 時事).

고, 러시아 재정고문을 고빙해서 영국인 브라운을 추방하고 그 자리에 알렉세예프를 초빙하는 등, 한국의 병권과 재정권을 장악하여 한반도 정복기도를 강행하고 있다고 경계하고 있다. 이는 거문도점거사건 당시 러시아가 남침하지 않겠다는 보장을 받고 영국군을 철수했기에 분명 영국으로서는 배신감을 느끼지 않을 수 없다. 마침내 영국은 이에 정면대응책으로 러시아 군사교관 고빙문제에 정면으로 반대하고 나섰다. 민영환 대사를 상대로 러시아 군복(Military Uniform)문제, 즉 한국 군인의 '러시아 군복으로 갈아입기(the change of dress)' 문제에 정면으로 반대의사를 표명했다.[110]

1897년 7월 19일 윤치호는 대군주와 독대(獨對)한 자리에서 대군주는, "도대체 민영환(Min Yong Huan)은 잠을 자고 있는가? 왜 나에게 전보 한 통 없는가? 그의 러시아 군복교체와 러시아 군사훈련문제 등이 영국 외무부로부터 반대에 부딪쳤다는 이야기를 들은 적이 있는가?"고 물었다. 이에 대해 윤치호는 "예, 영국정부가 민영환의 군복문제에 반대했다는 말은 들었습니다마는 저는 이를 믿을 수 없습니다. 그렇다면 왜 민영환 대사가 이를 대군주께 고하지 않았을까입니다. 민영환은 아주 주의깊은 사람이어서 만약 군복문제에 어떤 애로사항이 있으면 대군주께 고했을 것입니다. 친러파 김홍륙(金鴻陸), 주석면(朱錫冕) 등도 군복교체(軍服交替)를 지지하고 있습니다."[111]

민영환의 재종질 민경식(閔景植), 그의 친아우 민영찬(閔泳瓚)은 공식 사절단원이 아님에도 불구하고 런던에까지 수행(隨行)했다는 사실이

110 *The Independent*, vol. 6(독립신문 영문판), pp.109~110, No. 34, March 22, 1898.

111 *Yun Chi-Ho's Diary*, vol. 5, pp.76~77, July 19,

다. 5월 31일 민영환은 그의 친동생 민영찬이 군부부령(軍部副領)에 임명되었다는 본국 정부의 전문을 접수하고 감사하다는 회답전문을 보내었다.[112]

그런데 민영찬은 런던에서 민영환을 수행하면서 마치 공식 수행원인양 행세하고 있다는 것이다. 사구속초(使歐續草)에는 민영환 대사가 영국 여왕에게 국서와 친서를 봉정했다고 기록하고 있지만 사실은 한러밀약과 관련, 영국정부로부터 국서와 친서 봉정을 거부당했다는 것이다. 민영환의 런던사행은 완전 실패했다는 관측이 지배적이다. 이 때문에 민영환은 파면되었다는 것이다. 민영환 대사의 접반관(接伴官) 케번디시(Cavendish)가 영국정부가 국서 및 친서봉정을 거부했다는 사실을 한국 주재 영국인 총세무사 브라운(Brown)에게 알렸다는 것이다.[113]

따라서 민영환이 이처럼 영국정부로부터 냉대를 받으며 국서봉정(國書奉呈)조차 거부당한 원인은 바로 민영찬 때문이라고 케번디시는 분석하고 있다. "민영환의 사명완수 실패는 그의 동생 민영찬의 사악한 영향력 때문이다. 한국사절단(Corean Embassy)을 돌보고 있는 케번디시는 본인에게 편지를 보냈는데, 이에 의하면 자기로서는 민영찬처럼 불쾌한 사람을 처음 보았다고 했다. 라우텐펠트(Rautenfelt)도 민영찬을 억누르지 않는한 자기로서는 한국사절단을 위하여 봉사하지 않을 것이라고 말했다."[114]라고 윤치호는 사행실패 사실을 기록해 놓고 있다.

---

112 『閔忠正公遺稿』, p.170(1897. 5. 31).

113 상게서, p.164(1897. 5. 18); 『駐韓日本公使館記錄』권 12, pp.22~23, 기밀 제51호, 閔泳煥免官ノ件(1897. 8. 9).

114 *Yun Chi-Ho's Diary*, vol. 5, pp.91~92, September 20, 1897:FO LC21144:Official Documents(December 1897) A Special Embassy Came to London from Corea Constituted as Follows:His Excellency Min Young-hwan, Special Ambassador. Mr. Min Young Chan(Brother to the Ambassador), Mr. Min Sangho(Secretary), Tow

주한 프랑스 공사 플랑시는 주영 프랑스 공사관에 '불독(佛獨) 보호밀지(保護密旨) 친서'와 민영환에 보내는 외교훈령 등 두 통의 전훈(電訓)을 전달했다. 이에 프랑스 공사관은 전훈 도착사실을 민영환 대사에 통고하면서 즉각 파리와 베를린을 방문하도록 촉구했다. 전훈 내용을 보면, "우리 사절단은 프랑스 독일과의 '어떤 군사적 협정'(a certain military convention)을 체결하러 파리와 베를린으로 가야 한다는 것이다."

그러나 이러한 중대한 훈령을 받은 민상호와 민영찬은 '불독 보호밀지' 사실은 묵살한 채 민영환 대사에게 다른 나라(불독)를 방문하자고만 보고했다. 민영환이 '불독 보호밀지 친서'가 프랑스 공사관에 도착했다는 사실을 알고도 정부훈령을 이행하지 아니했다 해서 결국 친러정부는 민영환 대사를 "사신의 임무를 마치지 못한 채 조령(朝令)을 기다리지 아니하고 문득 먼저 돌아왔다"는 이유로 파면한 것이다.[115] "듣건대 영·독·러·의·프·오 주재 특명전권공사 민영환이 공사의 일을 끝내지 않고 조정의 지시(朝令)도 기다림이 없이 급히 먼저 귀국길에 올랐다고 한다. 아주 놀랍고 한탄할만한 일이니 우선 본 벼슬을 파면시킬 것이다."[116]

민영환 대사는 러시아 황제에게 국서를 제정했을 뿐, 영국정부로부터 국서 제정 거부, '불독 보호 밀지' 사명 불이행 등 이 두 가지 외교이행 실패를 이유로 파면당한 것이다. 그러나 민영환 파면의 주원인은 영국 여왕에게 국서 제정을 거부당했다는 것이 아니고, 불독 양국과의 모종의 사명(a certain things) 즉 동맹관계협정 체결사명을 완수하지 못한

Interpreters. Mr. von Rautenfelt.

115 『독립신문』(1897. 8. 3).

116 『高宗純宗實錄』中, p.630(1897. 8. 30)

것에 기인한다고 할 것이다.[117]

민영환 대사는 런던 주재 청국 공사 나풍록(羅豊祿)을 비롯하여 각국 공사관을 순방하는 등 마지막 외교활동을 수행한 후 7월 17일 런던을 떠나 귀국길에 올랐다. 민상호는 미국 워싱턴으로 돌아가고 민영찬 민영환 형제는 귀국했다. 친러정부가 민영환의 사명실패에 얼마나 격분했는지 민상호의 여비조차 지급을 보류할 정도였다. "민상호는 워싱턴으로 가서 거기서 빈둥거리면서 여비를 모두 낭비했다. 그는 민영환 대사의 수행원을 사임했기 때문에 이제 정부와는 아무런 관련이 없고, 따라서 정부의 지원을 받을 자격이 없다는 것이다."[118]

원래 특명전권대사는 사행임무를 완수하고 귀국하면 반드시 대군주에게 복명하게 되어 있다. 그러나 민영환은 그처럼 거액의 내탕금을 지급받고 영국사행을 하고도 아무런 외교적 성과없이 빈손으로 돌아와 파면당했기에 복명조차 거부당한 것이다. 관찬사서(官撰史書) 어디에도 민영환의 복명기록이나 귀국 기록을 찾아볼 수 없다. 다만 김윤식(金允植, 1835~1922)의 '속음청사'에 "6국 공사 민영환이 사명을 다하지 못하고 제 마음대로 귀국했으므로 특지(特旨)로 면관(免官) 조치되었다."[119]라고 기록되어 있을 뿐이다.

1902년 6월 26일 영국 에드워드 7세 즉위 대관식이 거행될 예정이다. 한국정부는 축하사절단을 파견했는데, 이는 1897년 민영환 대사가 빅토리아 여왕 즉위 60주년 축하사절로 파견된 이래 두 번째의 경축사

117 *Yun Chi-Ho's Diary*, vol. 5, pp.79~80, July 31, August 5, 1897.

118 *Ibid.*, vol. 5, p.91, September 20, 1897.

119 『續陰晴史』(국사편찬위원회, 1971), 上, p.433(건양 2. 8. 4).

절단이다. 1902년은 러일전쟁 발발 2년 전이고, 을사조약 늑결 3년 전으로서 바야흐로 한반도를 차지하려고 러일 양 제국주의 강대국이 치열한 쟁패전을 벌이고 있었다. 러시아는 동방정책에 의해 모스크바에서 블라디보스톡에 이르는 시베리아 대륙횡단철도를 완공하면서 만주를 점거했고, 여순(旅順)과 대련(大連)에 대규모 해군기지를 구축했다. 일본은 한반도를 정복지배하기 위하여 러시아와의 건곤일척 최후의 결전을 각오하고 전쟁준비에 광분하고 있었다.

당시 '런던 모닝 포스트'지를 비롯하여 영국 각 신문에는 연일 친일성 기사가 보도되고 있었다. 천편일률적으로 한국은 '독립 불가능국'이라는 것이다. 한국은 일본이 아니면 나라를 부지(扶持)할 수 없다는 것이다. 이는 위정자의 극심한 부정부패 가렴주구 매관매직 등 학정(虐政)으로 민생은 도탄에 빠지고, 국가재정은 탕갈 상태라 일본의 도움이 없이는 스스로 나라를 유지할 수 없다는 것이다. 결국 일본이 한국을 차지할 것이라는 전망기사를 보도하고 있다.[120] 일본 각 신문에서도 연일 만한교환론(滿韓交換論)을 상세하게 보도하고 있다. 일러프 3국동맹을 체결해서 "한반도는 일본의 세력하에, 만주는 러시아의 보호하에 둔다는 것이다."[121]

영국의 대아시아 기본정책은 러시아의 남진정책을 저지하는 것이었다. 그러기에 일찍이 거문도 점거사건(1885)을 단행한 것이다. 일본도 한반도를 정복지배하려면 러시아와 최종 결전(決戰)을 단행할 수밖에 없다. 러시아의 남하정책 저지는 영일 양국의 외교책략상 공통분모이다.

120 『皇城新聞』(1901. 9. 10).

121 상게서(1901. 8. 28).

이리하여 1902년 1월 30일 영국 외상 랜즈다운(Lansdowne)과 일본 전권 공사 하야시 다다쓰(林董) 사이에 제1차 영일동맹(Anglo-Japanese Alliance)을 체결했다. 러시아의 남하세력에 영일 양국이 공동으로 대응해서 한청 양국에 있어서 영일 양국의 이익을 공동 보전한다는 것이다. 그 전문에 "청제국과 한제국(韓帝國)의 독립과 영토보전을 유지하고, 그 두 나라에서의 영일 양국의 상공업의 균등한 기회를 공유한다는 것이다." 라고 밝히면서, 제1조에 "영일 양국은 한청 양국의 독립을 승인하였으므로 한청 양국에 대한 침략적 추향(趨向)에 기울이는 일이 없을 것임을 성명한다. 영국은 주로 청국에 대하여 특별한 이해관계를 가지고 있고, 일본은 한국에 대하여 상업적 산업적으로 뿐만 아니라 특별한 정도로(in a peculiar degree) 정치적으로 이해관계를 가지고 있으므로 소란으로 말미암아 그 특별한 이해관계가 위협을 받을 경우 이를 보호하기 위하여 필요불가결한 보호조치를 취하는 것을 양해한다."[122] 이처럼 일본은 끝까지 한국에 대한 침략의도가 없음을 명문화하고 있다.

한국이 1882년 한미조약 체결 이래로 구미 각국과 조약을 체결하여 공·영사를 교환하는 등 다변외교를 전개해 왔지만 강대국의 무력외교(power politics)에 밀려 약소국으로서의 한국의 외교적 양향력은 아무런 힘을 발휘하지 못했다. 더군다나 청일전쟁 이래 일본의 한반도 지배권 확립으로 한국의 대외교섭권은 제약을 받을 수밖에 없었다. 그래서 심지어 '외교 무용론'이 제기되기에 이르렀다. "우리나라는 외국에 공사를 주재하고 있지만 아무런 소득이 없고, 오히려 강대국으로부터 수모

122 『日本外交史辭典』, p. 32, 제1회日英同盟協約; 『舊韓末條約彙纂』(국회도서관 입법조사국, 1965), 中, pp.196~197; 申福龍 羅洪柱 역주, 『林董(하야시 다다쓰) 秘密外交回顧錄』(건국대 출판부, 1989), pp.158~159.

(羞侮)만 당하고 있을 뿐이다. 겉으로 보기엔 우리의 대외활동이 창왕(昌旺)한 것처럼 보이지만 사실대로 말하면 아무런 이익이 없다. 이 어찌 영광스럽다고 치하할 수 있겠는가? 그러므로 내치(內治)의 실(實)을 닦은 후에 외교의 이익을 구해서 함께 누려야만 국가의 영광이라고 일컬을 수 있다."[123]

1900년 7월 13일 거빈스(John H. Gubbins, 高斌士) 영국공사는 박제순(朴齊純) 외부대신에게 목포·부산·마산 등지에 영관기지(英館基地)를 확보하는데 협조를 요청한 바 있다. 이는 영국이 한반도 남해안의 주요 항구에 영국 영사관 기지를 확보해서 영사업무를 확대·강화하겠다는 외교적 책략인 것이다. 이를 계기로 한영간 통상무역을 활성화하기 위하여 1901년 3월에는 영국 스코틀랜드에서 개최하는 만국박람회(萬國賽會)에 참가할 것을 요청했다.[124]

그러나 한국은 정중히 이를 거절했다. 그 이유는 한국은 일차산업도 발전하지 못한 한계성 후진농업국가인데다 국가재정은 탕진상태이고, 이러한 국제적인 박람회에 출품할 상품이 전무한지라 영국의 참가요청을 거절하지 않을 수 없었다. 이에 한국 농상공부에서는 "우리나라의 제품이 심히 정미(精美)치 못하여 공람에 부족하므로 출품할 수 없다."[125]라고 정중히 참가를 거부했다.

영국 정부는 한영관계를 더욱 돈독히 하기 위하여 영국 빅토리아 여왕이 손수 서명한 대훈장을 한국황제에게 진정했다. 1901년 4월 8일 거빈스 공사는 입궐하여 대영제국 빅토리아 여왕의 두등대수훈장

123 『皇城新聞』(1901. 12. 16).

124 *The Korea Review*, vol. 1, p.120, News Calender 1901.

125 『皇城新聞』(1901. 3. 7).

(頭等大綬勳章)을 증진(贈進)했다.[126] 영국정부의 이러한 대한 우호적 친선외교의 덕택으로 영국은 영국제 대포를 대량 판매하게 되었다. “한국정부는 영국으로부터 맥심포(麥沁砲) 6좌(坐), 야전포(野戰砲) 4좌, 산전포(山戰砲) 8좌, 회선포(回旋砲) 수좌 등 총 20만원어치의 영국제 대포를 구입했다.”[127]

1883년 한영수교 이래 한국은 영국 런던에 상주공사관을 개설하지 못했다. 이에 고종은 1899년 11월에 내한한 영국 하원의원 모건(W. Pritchard Morgan, 摩賽)을 접견한 후, 1900년 3월 28일 모건을 주영 한국명예총영사에 임명했다. 모건 총영사는 귀국 즉시 런던 퀸 빅토리아가에 주영 한국총영사관((His Korean Majesty's Consulate General, Queen Victoria Street)을 개설하면서 한국의 대영(對英) 외교업무를 대행하기 시작했다.[128]

| 4 | 영국 에드워드 7세 대관식 이재각 특사 사절단 파견과 한영관계(1902)

1901년 1월 22일 영국 빅토리아 여왕(1819~1901)이 서거했다. 재위 64(1837~1901)년이요 향수 83세이다. 영국 장부는 추밀회를 소집. 황태자 에드워드 7세가 천조(踐祚, 왕위 계승)해서 즉위식을 거행하기로 했다.[129]

---

126 『구한국외교문書』권 14(英案 2). pp.206~208(1900. 3. 30).
127 『高宗時代史』권 5, p.480(1902. 2. 1).
128 『舊韓國外交文書』, (英案 2), pp.206~208(1900. 3. 30).
129 상게서, (英案 2), pp.280~281. John H. Gubbins to Pak Chei Sun, January 24, 1901; 『明治編年史』 권 11. p.200. 英國女皇 崩御(1901 1. 24. 報知).

한국정부는 모건 명예총영사로 부터 빅토리아 여왕 부음전보를 받고 반기조례(半旗弔禮)를 행하는 동시에 빅토리아 여왕의 장례식에 주차 아법오(俄法墺) 특명전권공사 이범진(李範晉)을 조문사절에 임명, 파견했다. 모건 명예총영사는 이범진 공사의 빅토리아 여왕의 장례식 참석을 다음과 같이 보고했다.

지난날 27일에 귀 대신의 전보를 승실(承悉)한 후 즉시 상트 페테르부르크(聖彼得堡)에 주차하시는 전권공사 이범진 씨에게 전보하였삽더니 회전 내개(內開)에 송빈(送殯)할 여러 도구와 적법한 조화 하나를 예비하여 대한 대황제 폐하께옵서 각국 제왕을 조양(照樣)하오셔 대영 여황제 폐하 장례에 송정하옵시는 예식을 행케하라 하시었기로 이공사의 명령대로 화공(花工)으로 하여금 조화(花苞)를 제조하여 대영 여황폐하 장소(葬所)로 기한에 맞게 보내어 대한 대황제 폐하의 성의를 표하였으며 송빈일(送殯日)에 본 영사가 이공사를 배종하였으며 이공사의 주영(駐英)시에 본 영 사가 진심껏 매사를 모두 뜻에 맞도록 하였으며, 이범진 이공사를 수행한 프랑스 인과 통역관 방유영(方有榮) 등 3인이 런던 여관에서 대영 대군주 폐하의 객대(客待)를 받았으며, 여관비용은 대영 대군주 폐하께오서 출급(出給)하시어 대한 대황제폐하 께 감은지의표(感恩之意表)하시었고, 본 영사가 이공사를 영국 외부대신에게 인견하였사오며 장례식 후 이공사와 외무성에 회거해서 외부대신괴 작별할 시에 대한 대황제 폐하게옵셔 대영 여황제 폐하의 붕(崩)하심을 위조(慰弔)하시고 신대영 대군주 폐하의 등위(登位)하심을 치하하신다 설명하였으며, 대한 대황제 폐하의 대리로 할만한 사건은 이공사와 본 영사가 진심껏

하였습니다. 본영시가 양국돈 150파운드를 선금으로 지출하였는데, 그 중 조화값이 52파운드입니다. 본 영사가 이공사의 영수증을 인천에 있는 홍콩 상해은행으로 봉정하오니 해 영수증이 도착하는 날에 해 금액을 해 은행에 교급(交給)하시기를 행망(幸望)하나이다. 조화(弔花) 사진 몇 장을 일간 상송하올터이오니 대한 대황제 폐하께 진상하옵셔 친람(親覽)하시게 하시기를 행망이외다. 이 보고는 방유영이 번역한 것으로서 동봉하오니 조량하신 후 내개를 대한 대황제 폐하께 상주하시기를 행망이오며 본 영사가 한국에 간후 한번 폐현해서 상세한 일을 면주(面奏)하겠습니다. 대한 광무 5년 2월 22일 駐箚倫敦名譽總領事 摩賽[130]

이와같이 모건 명예총영사는 "영후제(英后帝) 장례식에 대한 공사 이범진이 왕참하였고, 소용폐물화포(所用幣物花苞) 2건의 사진본을 송교하오며 본 영사가 영화 150파운드를 내어서 부비(浮費)를 조용(助用)했다."[131]라고 외부에 보고했다. 빅토리아 여왕의 유해는 윈저성 근처의 프로그모어(Frogmore) 왕릉에 안치했다. 주한 영국 성공회 트롤로프(M. N. Trollope) 목사는 2월 2일 성공회 교회에서 주한영국공사관원 및 주한 영국인 그리고 한국정부의 고위관리가 참석한 가운데 추도식을 집전했다.[132]

한편 거빈스 공사는 에드워드 7세의 즉위국서를 봉정할 날자를 정해줄 것을 요청하자 한국외부는 5월 24일에 폐현을 허락했다. 거빈스

130 『f駐英義來去案』(규장각문서), 권 1(1901~1903, 報告(1901. 2. 22), Morgan to Pak Chei Sun, Minister For Foreign Affairs, February 22, 1901.

131 『皇城新聞』(1901. 1. 25, 29, 2. 4, 4. 12).

132 (英案 2), p.292; The Korea Review, vo. 1. p.73, News Calendar, February 1901.

는 고종 황제에게 즉위국서를 봉정했다.[133]

〈즉위국서〉

대영 연합왕국 및 인도 황제 에드워드는 왕위를 계승했으며 양국간 더욱 교밀하고 친목해지고 우호적인 관계를 서로 지켜줄 것을 바랍니다. 짐의 태후 모제(母帝) 폐하께서는 대영 연합왕국 및 인도황제로서 재위 64년째인 지난달 22일 하오 6시반에 홀연히 붕서하와 귀국 황제 폐하께 이 애통의 부음을 전하는 바입니다. 폐하께서는 우리 대영제국이 숭앙하는 여왕의 붕서에 대한 애통을 함께 나누는 인자(仁慈)를 베풀어 주기 바랍니다. 버킹엄 궁전 1901년 2월 22일.[134]

영국 정부는 1902년 6월 26일 에드워드 7세의 대관식을 웨스트민스터궁에서 거행한다고 발표했다.[135] 1902년 압록강을 사이에 두고 한반도에는 일본군이, 만주에는 러시아군이 점거하고 있어서 러일 양국 간의 군사적 대치로 긴장이 고조되고 있는 가운데 한국정부는 경축사절단을 파견하기로 결정했다. 이리하여 처음에는 영국 황제 대관식에 청안군(淸安君) 이재순(李載純)을 경축사절로 임명했다. 수원으로는 궁내부 고문 샌즈(William F. Sands, 山島)로 내정했다.[136]

"이재순 공(Prince Yi Cha-Sun)이 영국 에드워드 7세(Edward Ⅶ) 대관식

133 『高宗時代史』권 5, p.357(1901. 5. 11).

134 전재서, (英案 2), pp.329~331. 英國王 卽位國書의 親呈要請事(1901. 5. 11).

135 상게서, (英案 2), pp.412~416. 英國戴冠日字 擇定事. J. N. Jordan to Pak Chei Sun, February 19, 1902.

136 『舊韓國官報』(영인본, 아세아문화사, 1974), 권 9(1902), p.94, 官報號外(1902. 2. 1); 『駐韓日本公使館記錄』권 17, p.476, 淸安君 大使トシテ英國へ派遣ノ件 (1902. 1. 9).

에 참석할 특명대사(Special Envoy)에 임명되었다. 이보다 좋은 임명은 없을 것이다. 왜냐하면 이재순 공은 외국인을 많이 접대해왔고 그의 장대한 체격은 사람의 주목을 끌기에 충분하기 때문이다."[137]라고 인물평을 하고 있다. 그러나 뜻하지 않게도 이재순의 양부 영평군(永平君) 이경응(李景應)이 별세함에 내명(內命)을 받은 이재순 대신으로 2월 6일 의양군(義陽君) 이재각(李載覺)을 부영대사에 임명했다.[138]

"대영제국의 대군주이며 5인도를 겸하여 통치하는 황제의 즉위 대관식을 가질 경사스러운 날이 가까워 온다. 나는 의양군 이재각을 특별히 대사로 임명하니 제때에 가서 축하의식에 참가할 것이다."[139]라는 부영대사 임명조칙을 내렸다. 축하사절단의 구성원은 다음과 같다.

이재각 축하사절단 명단(1902. 2. 3)

특명부영대사(特命赴英大使) 의양군(義陽君) 이재각(李載覺, 30세)

특명부영대사 수원(隨員)

정삼품(正三品) 이종응(李鍾應, 50세)

예식원(禮式院) 번역과장(繙譯課長) 고희경(高羲敬, 30세)

참리관(參理官) 김조현(金祚鉉, 42세)

인천주재(仁川駐在) 영국영사(英國領事) 고페(H. Goffe, 葛福)[140]

---

137 *The Korea Review*, vol. 2(1902), p.26. News Calendar, January 1902.

138 『駐韓日本公使館記錄』권 17, p.479, 永平君薨去英大使交迭ノ件(1902. 2. 6); 『그리스도신문』(1902. 2. 13, 20); FO 523/11 Embassy And Consular Archives Korea, From Korean Authorities(1902).

139 『承政院日記』·『日省錄』((1901. 12. 21); 『高宗純宗實錄』下, p.239(1902. 1. 30).

140 李鍾應, 『西槎錄』(李海石 所藏); *The Korea Review*, vol. 2(1902), p.128, News Calendar, March 1902.

'뮈텔주교일기'에 의하면, 1902년 8월 18일 "태동(台東)에 도착하면서, 한국식 발음으로 '봉주르 몽세뇌르(Bonjour Monseigneur)'라고 하는 인사를 받았다. 그 사람은 대관식 파견 대사(Ambassade du Gouronnement)의 비서관 중의 한 사람으로 대사와 함께 돌아온 '김요한'(김조현)이었다. 차례로 모든 사람과 인사를 나누었다. 대사 이재각(李載覺) 의양군(義陽君)은 27세의 청년으로 매우 영리하고 동시에 대단히 순진해 보였다. 양복 차림이 어울렸다. 그는 3명의 비서를 데리고 있는데 프랑스어를 위한 김 요한과, 영어 통역관인 학부협판(學部協辦)의 아들 고(高)가(고희경)로 그는 영어를 아주 잘하는 것 같았고 매우 친절하고 인품이 뛰어나 보였다. 세 번째는 왕족 이종응(李鍾應)의 친척으로 수원에서 태어나 지금도 수원에서 살고 있는데, 그는 대사의 문관이다."[141]

이재각은 장헌세자(莊獻世子)의 현손으로서 완평군(完平君) 승응(昇應)의 아들이다. 1892년 별시문과 전시방(殿試榜)에 급제했다.[142] 1895년 비서감 좌비서랑(秘書監 左秘書郞)이 되었다. 이듬해 의관시독관(議官侍讀官)이 되었다. 1899년에는 의양도정 의양군(義陽都正 義陽君)에 봉해졌다.[143] 1904년 12월 20일 대한 적십자사가 창립되자 이재각은 1905년 12월 초대 총재에 임명되었다.[144] 1910년 한일합방 후 일본정부는 조선귀족 76명에게 수작(授爵)했는데, 이재각은 조선귀족령에 의해 후작(侯爵)이 수여되었다.[145]

141 『뮈텔주교일기』(한국교회사연구소, 1993), 권 3(1901~1905), p.166(1902. 8. 18).

142 『國朝文科榜目』(태학사, 1984), 영인본, 권 3(1855~1860), (1892. 3. 27)

143 大垣丈夫, 『朝鮮紳士大同譜』(1913), p.13.

144 『高宗時代史』권 6, p.162(1904. 12. 20); 金源模, 『近代韓國外交史年表』, p. 217(1904. 12. 20); *The Korea Review*, vol. 5((1905), p.396, News Calendar, October 1905.

145 『明治編年史』권 14, p.312, 朝鮮貴族 76명 授爵(1910. 10. 8. 東京日日).

이종응(1853~1920)은 중종의 11대손으로 명식(明植)의 아들로 태어났다. 무과 사헌부 감찰계통정(武科 司憲府 監察階通政)이 되었다. 이재각 사절단의 수행원으로 발탁되었다.[146] 고희경은 제주고씨(濟州高氏)로서 1873년 서울에서 태어났다. 1886년 육영공원(育英公院)에 입학, 1896년 외부 번역관보, 일본공사관 참서관이 되었다. 이어 궁내부 번역관, 예식원 번역과장이 되어 부영대사 수원이 되었다.[147] '뮈텔주교일기'에 의하면 고희경은 육영공원 출신답게 영어에 능통하다고 한다.[148]

김조현은 광산김씨(光山金氏)로 1861년 서울에서 태어났다. 1892년 법어(法語)학교에 입학, 1895년 6월 2일(음 5. 10)에 외국어학교가 설치됨에 부교관이 되었다.[149] 이어 1896년 외부 번역관보, 1897년 민영환 부영대사의 수행원이 되어 영국사행을 했다. 이번에는 이재각 부영대사의 수원으로서 발탁되어 김조현은 두 번째 영국사행길에 올랐다. 김조현은 1906년 예식원 예식과장이 되었다. 그는 독실한 천주교 신자로서 세례명은 '김 요한'이다. 그는 법어학교 출신으로서 프랑스어를 잘했다.[150]

---

146 『璿源續譜』권 1.

147 『大韓帝國官員履歷書』(국사편찬위원회, 1972), pp.407~408, 高羲敬.

148 『뮈텔주교일기』권 3, p.166(1902. 8, 18); (英案 2) p.310, 외부번역관 고희경은 영국공사 거빈스 폐현 때 통역을 담당했다

149 『大韓帝國官員履歷書』, p. 166, 金祚鉉; 『高宗純宗實錄』中, p.564(1895. 5. 10); 『高宗時代史』권 3, pp.865~866(1895. 5. 10); 李光麟,, 『韓國開化史研究』(일조각, 1981), pp.134~158; 姜在彦, 『朝鮮の開化思想』(岩波書店, 1980), pp.292, 317.

1895년 6월 2일 勅令 제88호 外國語學校管制를 裁可하여 頒布했다.

官立外國語學校가 개설되기는 1895년 6월 2일이었다. 英語 日語 法語(佛語) 俄語(러시아어) 漢語 德語(독일어) 등 6개 국어학교가 개설되었다. 1894년 개설된 영어학교의 교관은 헬리팩스(T. E. Halifax, 奚來百士)와 허치슨(W. du Huchison, 轄治臣), 1901년 7월에 허프치슨이 사망하자 프람톤(G. Russel Frampton, 佛岩敦) 등이다. 한편 1895년 10월에 설치된 법어학교 교관은 마르텔(Emil Martel, 馬太乙)이다.

150 『大韓帝國官員履歷書』, p. 166; 『뮈텔주교일기』권 3, pp.166(1902. 8. 18).

바야흐로 러일전쟁 발발의 긴장이 고조되는 가운데 한국은 1904년 1월 21일 국가보위를 위해 국외중립(局外中立)을 선언했다. 이러한 간벽한 상황하에서 김조현(金祚鉉)은 이지용(李址鎔)궁에 불려가서 '중립의 통첩'을 각국에 전달하라는 밀명(密命)을 받고 여순·지부로 향발했다. 여순(旅順)에서 러시아의 태도를 탐색한 후 1월 28일 지부(芝罘)로 직행, 지부 주재 러시아·프랑스 영사와 밀담을 나누면서 중립통첩을 전달했다.[151]

이재각 부영대사는 1902년 4월 5일 청목재(淸穆齋)에서 사폐(辭陛)했다. 이날 고종과의 사폐문답기를 보면 다음과 같다.

부영대사 이재각(李載覺)을 소견하고 사폐하다.

<이재각의 사폐(辭陛) 문답기>

상이 이르기를,

"사관(史官)은 좌우로 나누어 앉으라." 하였다. 이어 대사에게 앞으로 나오라고 명하니, 이재각이 앞으로 나왔다. 상이 이르기를,

"바다 건너 먼 길을 잘 다녀오라." 하니, 이재각이 아뢰기를,

"신이 나이가 어리고 지식이 얕아서 외국의 사무에 전혀 어두우므로 장차 어떻게 성상의 뜻을 대양(對揚)해야 할지를 모르겠으니, 이 점이 두렵습니다."

하자, 상이 이르기를,

"다른 사람도 이미 다녀왔는데 무엇을 염려하는가."

하고, 바로 이어 하교하기를,

151 『駐韓日本公使館記錄』권 23, p.151, 旅順芝罘 向發 韓國密使의 使命에 관한 건(1904. 1. 31).

"언제 배에 오르는가?" 하니, 이재각이 아뢰기를,

"음력 2월 그믐날 오전 8시에 배를 타고 떠납니다." 하였다. 상이 이르기를,

"미국을 지나서 가는가?" 하니, 이재각이 아뢰기를,

"장기도(長崎島)를 지나 홍빈(洪濱, 橫濱)에 이르러 복장을 바꿔입고, 10여일이면 미국에 도착할 듯합니다." 하였다. 상이 이르기를,

"영국의 대례(大禮)에 때맞춰 당도해야 하는데, 며칠이면 도달할 수 있겠는가?"

하니, 이재각이 아뢰기를,

"길이 매우 멀므로 지금 정확히 며칠이 걸릴지 모르겠습니다."

하였다. 상이 이르기를,

"근래 기후가 자못 고르지 않은데 어떻게 항해할 것인가?"

하니, 이재각이 아뢰기를,

"일전에 영국공사의 전화를 받았는데, 근래 항해하기가 좋다고 하였습니다."

하였다. 싱이 이르기를,

"갈 때는 해로로 가고 올 때는 시베리아 철도로 온다면 어림잡아 며칠이 걸리는가?" 하니 이재각이 아뢰기를,

"해로로는 35일이면 그 나라에 이를 수 있고, 철로로는 27일이면 돌아올 수 있습니다." 하였다. 이어 아뢰기를,

연로(沿路)의 각국의 폐하를 만나면 어떻게 해야 합니까? 하니, 상이 이르기를,

"각국 대사가 행한 예에 따라 하라." 하였다. 이재각이 아뢰기를,

"올 때 러시아를 지나는데 그 나라 폐하를 만나면 또한 어떻게 해야 합니까?"

하니, 상이 이르기를,

"프랑스, 영국, 오스트리아의 공사도 반드시 와서 머물 것이다. 다만 형편을 보아서 하라." 하였다. 이재각이 아뢰기를,

"전일 민영환(閔泳煥)이 들어갈 때에 기념장(記念章)을 만들어 사급(賜給)하였는데, 이번에도 전례대로 합니까?" 하니, 상이 이르기를,

"전례대로 하라." 하였다. 이어 이중오(李重五)로 하여금 국서(國書)를 이재각에게 무릎 꿇고 전해 주도록 하니, 이재각이 무릎 꿇고 받았다. 상이 이르기를,

"대사는 먼저 물러가라."[152]

이재각 사절단은 4월 5일 새문밖(新門外) 남대문 정거장에서 기차를 타고 경인선(京仁線) 철도편으로 인천으로 향발했다. 이재각 사절단의 여비는 4만원이고 사절단이 영국에서 사용할 태극기(太極旗)를 휴대하고 떠났는데, 국기 제작비용(國旗費)은 104원 40전이다.[153] 이번 사절단의 여비액수 '4만원'은 앞서 1897년 빅토리아 여왕 즉위 60주년 경축사절 민영환 대사의 여비 '2만원+월 7백원'에 비해 2배에 달하는 거액이다.

한국정부는 그동안 주구(駐歐)5개국(영프독이오) 특명대사를 파견해오다가 1901년 3월 12일에 이를 분리해서 임명했다. 주영이(駐英伊) 특명

---

152 『승정원일기 비서원일기』(재단법인 민족문화추진회, 2003), 고종 192, pp.103~104(1902. 2. 27).

153 『舊韓國外交文書』권 5(日案 5), pp.629~630; 『皇城新聞』(1902. 4. 2); 『舊韓國官報』권 11, p.769(1902. 8. 23); *The Korea Review*, vol. 2(1902), p.170, News Calendar, April 1902.

전권공사에 민영돈(閔泳敦), 주불(駐佛) 특명전권공사에 조민희(趙民熙), 주덕오(駐德奧) 특명전권공사에 민철훈(閔哲勳)을 임명했다.[154]

당시 주영한국공사관원 명단을 보면 다음과 같다.

민영돈 주영이(駐英伊) 전권공사 관원명단(1903)

전권공사(全權公使) 민영돈(閔泳敦) 2,100元

삼등참서관(三等參書官) 오달영(吳達榮) 500元

삼등참서관(三等參書官) 이한응(李漢應) 500元

서기생(書記生) 이기현(李起鉉) 450元

서기생(書記生) 민유식(閔裕植) 450元

합 4,000元[155]

모건(W. P. Morgan) 명예총영사는 한국 최초의 주영이전권공사 파견에 감사하다는 공문을 한국 외부로 발송했다. "각하께오서 대한정부에 권하여 영국에 공사를 파송하시온 것을 근하(謹賀)하오며 이곳에 해(該)공사를 파주(派駐)하는 것이 대한정부에 유익함을 확인합니다."[156] 민영돈 주영이전권공사는 참서관 오달영 이한응 그리고 수원 서기생 몇사람을 대동, 4월 14일 서울을 출발, 영국으로 향발했다. 민영돈 전권공사 일행은 1901년 6월 27일 런던에 도임(到任), 주영 한국공사관을 개설했다.[157]

154 『高宗純宗實錄』下, p.200(1901. 3. 12); 『舊韓國官報』(1901. 3. 14~15); 『舊韓國外交文書』, (英案 2), p.298(1901. 3. 16).

155 『駐英義來去案』권 1, 訓令제1호(1903. 3. 5).

156 상게서 권 1(1901. 5, 22).

157 상게서 권 1(1901. 4. 14, 7. 4).

이재각 대사의 사행일정을 보면, 인천→나가사키(長崎)→요코하마(橫濱)→캐나다 밴쿠버→기차로 미 대륙횡단철도 여행→퀘벡(캐나다)→대서양 횡단항행→영국 리버풀항→런던 도착이다.

이재각 일행은 일본 요코하마에 도착, 유찬(劉燦) 주일한국공사의 영접을 받으며 동경의복점에서 사절단 전원이 입을 연미복(燕尾服) 4벌을 맞추어 입고 사진관에서 기념촬영했다.[158]

한편 일본 사절단의 규모를 보면 다음과 같다.

일본 사절단

慶祝使節團長 小松宮彰仁 親王

隨員: 三宮式 部長, 中山 宮中顧問官, 長崎調度 局長, 丹羽, 稻葉의 兩式部官, 井上 海軍大佐, 柴 陸軍中佐, 黑澤 同 中佐, 五十君 同 少佐, 土肥大學 教授, 西鄕 陸軍少佐, 大谷大膳 部長, 高橋式 部屬, 坂井家從[159]

이상 일본 사절단 일행은 모두 15명인데 반하여 한국 이재각 사절단 일행은 겨우 5명에 불과하다. 일본 사절단은 한국의 3배에 달한다. 이는 한일 양국 간의 외교력 및 국력의 격차를 실감할 수 있는 대목이다.

이재각 경축사절단 일행은 장장 2개월간 세계 일주 여행 끝에 1902년 6월 5일에 영국 런던에 도착했다. 영국 '데일리 익스프래스'(Daily Express) 지에 보도된 '극동의 친왕(李載覺) 세계 일주 여행'(A Korean Prince's Trip

158 이재각 사절단은 요코하마 東京衣服店에서 예복(연미복)을 맞추어 입고 일동 기념사진을 촬영했다. 이 사절단 사진과 이종응의 진본 사진은 그의 후손인 이해석(李海石)이 소장하고 있다.

159 『明治編年史』권 11, p.406, 英國皇帝 戴冠式に 御參列の 小松宮彰仁親王 御出發(1902. 4. 20), 視事).

Round The World) 기사 전문을 소개한다.

아직도 극동에서 온 친왕(親王)들은 선물 보따리를 들고 영국 국왕에게 진상하고, 대관식 축하 인사를 드리기 위하여 속속 몰려오고 있다.

이제 한국에서 온 특사가 도착했는데, 이 나라는 러일청 등 3국의 영향권이 접합하는 지점에 있는 동북 아시아의 요충지에 위치하고 있다.

의양군 이재각(Yi Chai Kak)은 한국 황제의 4촌이다. 그는 궁내부 시종으로서 한국 황실을 대표하는 인물이다. 그의 연령은 약 30세 정도로서 전통적인 동양의 지혜를 가지고 있었고, 그는 이번에 에드워드 7세의 대관식 참석을 최대한도로 이용, 가능한 한 서구 선진문물을 많이 견문할 수 있는 계기로 삼고 있다.

의양군은 영어를 잘 구사하는 다른 3명의 수행원과 인천주재 영국영사 고페를 거느리고 약 2개월 전에 한국을 출발했다. 이재각은 일본인처럼 키가 작고 피부색은 황색이고 상냥스럽고 면도를 깔끔하게 했다.

의양군 일행은 태평양을 횡단항행, 샌프란시스코에 이르러, 그곳에서 캐나다를 거쳐 퀘벡에서 여객선편으로 대서양을 횡단항행, 리버풀에 도착했다. 태평양과 대서양은 파도가 잔잔해서 의양군은 일찍이 국외여행을 한 적이 없었지만 이번 항행은 그다지 험난한 항행은 아니었다. 런던 유스턴(Euston)역에 도착하자 영국 의전장관이 의양군 일행을 영접했는데, 일행은 왕실마차를 타고 웨스트민스터 궁전호텔(Westminster Hotel)에 여장을 풀었다.

침착한 한국인(Self-possessed Koreans)

도착 한 시간 후 의양군 수행원 중 두 사람(통역: 김조현·고희경)이 영국 방문객(기자)을 맞이해서 인터뷰에 응했다. 그들은 서양 복장 양복(연미복)을 갖추어 입고 프록코트(남자용 예복)를 입고 있었다. 그들은 영국 호텔에 유숙하고 있으면서 매일 영국인이 영국인을 접대하듯 아주 자연스럽게 방문객(기자)을 접대하고 있었다. 그러나 그들의 이번 여행은 처음으로 본국을 떠나 해외 나들이 여행인 것이다.

"내가 영어를 어디에서 배웠지?" 하고 작달막한 키에 활기에 찬 신사 한 분(고 희경)은 눈을 깜박이면서 자문(自問)했는데, 그는 아주 침착해 보였다. 우리는 외국에 가지 않고 우리나라에서도 영어 독일어 프랑스어 이탈리아어 등을 배워 외국어를 잘 알고 있다. "그러면 의양군도 이들 외국어를 잘 알고 있는가요?"라고 질문했더니, "아닙니다 왜 그가 이들 외국어를 알아야 하는가. 그는 한국어밖에 모른다. 의양군은 그것으로 족하다."

이들 작달막한 한국 신사는 어쩌면 교양미를 자랑하는 대부분의 영국인들이 프랑스어를 구사하는 것보다도 영어를 유창하게 사용하고 있었다. 그들은 구미 선진문물을 보고 비상한 관심과 호기심을 보였으나, 결코 이에 대해 두려워하지 아니했다. 물론 그들은 나이애가라 폭포를 보고, "당신은 아직도 그러한 신비로운 경관을 보지 못하다니"라고 자부심을 느끼며 감탄하고 있다. 그러나 캐나다는 로키산맥을 제외하고는 한국과 그다지 다를 바 없어서 큰 감명을 받지 못했다. 로키산맥은 얼마나 장려(壯麗)한가!

그들 중 몇 사람은 한국에 있을 때도 양복을 입고 있었다. 한국은 일본과 비슷하지만 더욱 원시적인 나라이다. 한국은 일본의 근대화 노선에 따라 발전하고 있는가? 이같은 질문은 수면을 방해할만한 것같이 보였다. 이 두 신사는 자국어(한국어)로 토론한 후에 그들은 외교관이 아니기 때문에 대답하기 곤란하다고 설명했다.[160]

19세기 제국주의 시대의 한반도는 지정학적으로 러청일 3강 대국의 영향력이 교차하는 지점에 있는 동북 아시아의 요충지대에 위치하고 있다. 그러기에 한반도는 주변 강대국이 제각기 차지하려고 탐내는 '극동의 나봇 포도원(Naboth's Vineyard)'[161]이라 일컫고 있다.

군사 강대국으로 급부상한 일본은 '조선독립'을 대의명분으로 내걸고 청일전쟁(1894)을 도발, 전승을 거둔 후 친일정부(김홍집)를 수립, 한반도 지배의 기반을 구축했다. 여기서 '조선독립'이란 '청으로부터의 독립'을 의미한다. 일본은 전통적인 한청간 조공관계(朝貢關係)를 단절해야만, 청의 간섭(宗主權)을 받지 않고 한반도를 지배할 수 있다. 독립협회(서재필)는 이에 호응, 영은문(迎恩門)을 헐고 그 자리에 '독립문'을 세워 조선독립을 환호했다. 일본은 러시아를 내몰지 않고는 한반도를 정복·지배하기는 불가능하다고 판단, 러일전쟁(1904. 2. 10)을 도발, 전승을 거둔 후 한반도 지배권을 확보한 것이다.

이재각 경축사절단은 러일전쟁 발발 전운이 감돌고 있는 가운데 영국행을 단행했다. 사절단 일행 한국인 4명은 일본에서 양복을 맞추어 입고 영국행을 단행, 영어를 유창하게 구사하기에 기자들은 한국은 근대화하지 못한 한계성 후진 농업국가인데 어떻게 양복을 입고 영어를

---

160 *Daily Express*, June 6, 1902, "A Korean Prince's Trip Round The World."

161 John W. Foster, *American Diplomacy in the Orient*(N. Y., 1903), p, 307.

잘 구사하는지 의구심을 가질 수밖에 없었다. 그러나 인터뷰에 응한 통역관(김조현·고희경)들은 일본에서 맞추어 입었다는 말은 하지 않고 한국에 있을 때 양복을 입고 생활했다고 과시하면서 "내가 영어를 어디에서 배웠지?"하고 자문(自問)하면서 우리는 외국에 가지 않고도 영어 불어 이탈리아어 등 외국어를 잘 숙달해서 사용하고 있다고 현학적(衒學的) 지식을 뽐냈다.

에드워드 7세의 대관식 날(Coronation Day)은 1902년 6월 26일이었다. 영국 왕실은 이날을 중심으로 6월 23일부터 7월 5일까지 전후 12일간 각종 축하행사를 벌일 예정이다. 6월 26일 오전 10시 30분에 버킹엄궁(Burkingham Palace)을 출발, 9시 직후에 모든 각국 축하사절들은 웨스트민스터 성당(Westminster Abbey)에 입장, 좌정한다. 에드워드7세가 도착하면 장엄한 대관식을 거행한다. 오후 버킹엄궁으로 돌아가서 각국 사절단을 초청, 만찬회를 가질 예정이었다.[162]

그러나 에드워드 7세의 병환이 위중해서 영국 왕실은 6월 24일 대관식 축하행사를 모두 취소하고 대관식을 무기 연기한다고 발표했다. 이에 각국 경축사절들은 귀국준비를 서두르고 있었다.

에드워드 7세(1841~1910)는 빅토리아 여왕의 장남으로서 모후 빅토리아 여왕이 1901년 별세함에 따라 영국 왕위를 계승했다. 빅토리아 여왕은 재위기간 64년(1837~1901)으로서 영국 역사상 재위기간이 가장 길었다. 모후가 별세하고 에드워드 7세는 오랜 기간 황태자로 있다가 60세 되던 해인 1901년에 즉위했다. 연세가 이미 높은데다가 원래 병약한 몸으로 그만 병환이 들게 되어 이러한 국가적인 중대한 행사를 무

162 *Daily Express,* June 12, 1902, "Royal Coronation Programme."

기 연기하지 않을 수 없었다. "영국왕 에드워드의 대관식을 축하하여 내일 베풀어질 예정이던 야회(夜會)에의 초대가 영국공사관에 의해 취소되었다. 왕의 맹장 주위염(周圍炎)으로 대관식이 무기한 연기되었다. 왕은 수술까지 받아야 했는데 수술은 성공적이었다고 한다."[163]

한국에서는 영국 국왕 대관식 축하행사를 주한 영국공사관과 인천 영국 영사관에서 각기 거행했는데 영국 에드워드 황제의 대관식 축하회를 영국공사관 및 인천 영국 영사관에서 각각 거행했는데 미국함대와 일본함대는 인천 축하회에 참석했다.

이에 한국 경축사절은 "6월 27일 일본 청국 사절들이 이달 그믐쯤 돌아가니 신(臣)도 돌아가는 것이 어떤가? 시베리아 철로는 매우 어렵고 오는 7월 1일 인도양의 선편을 이용해서 귀국할까 하오니 빨리 여부를 알려주기 바랍니다."[164]라는 전보를 대궐로 보냈다.

그러나 아무런 답전이 없자 한국사절단은 주영 한국공사관에 가서 대궐로 다시 전보를 쳤다. "여러번 전보를 보냈는데 받아 보셨는지요. 영국왕의 병환은 여전히 위중해서 청일독 등 3국의 대사는 어함(御啣)을 받들어 영국 후제능(后帝陵, 빅토리아 여왕의 능, Frogmore 소재)에 헌화의(獻花儀)를 행했습니다. 예에 따르는 것이 합당할듯하나 감히 멋대로 함부로 하지 못해 처분을 기다립니다."[165] 몇차례 전보를 친 끝에 6월 29일 각국 대사가 출발한다면 오는 1일에 출발해도 좋다는 전보를 받고 한국 사절단은 귀국을 서둘렀다.[166] 이리하여 한국 사절단은 7월 7일

163 『뮈텔주교일기』(한국교회사연구소, 1993), 권 3, p.145(1902. 6. 25).
164 『西槎錄』(1902. 6. 27).
165 상게서(6. 27).
166 상게서(6. 29).

런던을 출발, 귀국길에 올랐다.[167]

한국사절단의 귀국일정을 보면, 런던출발→파리(프)→제노바(이)→나폴리(이)→ 수에즈 운하→홍해 통과항행→인도양 항행→콜롬보(스리랑카)→싱가포르→홍콩→상하이(중)→나가사키(일)→인천항 도착, 귀국한다는 것이다. 한국사절단의 영국 체재일수는 6월 5일부터 7월 7일까지 약 1개월간이었다. 한국사절단은 영국으로 갈 때는 태평양과 대서양을 횡단 항행했고, 올 때는 인도양을 항행했기 때문에 세계 일주항행을 한 셈이다. 4월 7일 인천을 출항해서 8일 20일 인천항에 귀환했으므로 4개월반이었다.

영국 에드워드 7세가 평복(平復)했다는 소식을 접한 고종 황제는 위문전문을 보냈다. "대영국 대군주 폐하. 짐은 듣자 하니 폐하의 환절이 평복하였다니 기쁘기 한량없습니다. 아울러 대관예식이 곧 거행된다니 축하드리오며 옥체만강하기를 비옵니다. 대한국(大韓國) 대황제 광무 6년 7월 24일"[168]

영국정부는 에드워드 7세의 병환이 회복됨에 대관식을 8월 9일에 거행한다고 발표했다. 일본은 고마쓰(小松) 친왕이 귀국중인데도 하야시(林董) 자작을 특파대사에 임명, 대관예식에 참석하게 했다.[169]

그러나 한국정부는 일본처럼 별도로 특파대사를 파견하지 않기로 했다. 대관식 거행일자가 정해지자 주한 영국공사 조던(J. N. Jordan, 朱邇典)은 한국 유기환(兪箕煥) 외부대신에게 8월 9일에 서울 영국공사관과

---

167 상게서(7. 7).

168 『舊韓國外交文書』권 14(英案 2), p.475. 英皇帝 患節平復 慰問電文(1902. 7. 24).

169 『明治編年史』권 11, p.439. 林董子爵 英皇帝戴冠式の特派大使となる(1902. 7. 27. 時事).

제물포 영사관에서 대관식 경축연회를 개최한다고 통고하면서 참석을 초청했다. 영국 성공회 의료선교사 볼도크(E. H. Baldock, 巴德克) 목사는 대관식 경축연회 날에 화려한 불꽃놀이를 준비했다.[170]

한편 영국공사 조던은 한국정부에 비록 대관예식이 에드워드 국왕의 병환으로 제 날자에 치르지 못했지만 한국 경축사절단 파견에 감사하다는 뜻을 전했다.[171]

이재각 부영대사(赴英大使)의 경축사절단은 8월 20일 일본 선박(臺東丸)편으로 인천 도착, 귀국했다.[172] 그러나 국내 언론은 4만여원에 이르는 거액의 여비를 들이고도 대관식에 참석하지 못하고 여비만 허비했다고 비판했다.[173]

8월 21일 부영대사 이재각은 덕수궁에 입궐, 함녕전(咸寧殿)에서 복명했다. 복명문답기를 보면 다음과 같다.

8월 21일 부영대사 이재각은 덕수궁에 입궐, 함녕전(咸寧殿)에서 복명했다.

〈부영대사 이재각 복명문답기〉(1902. 8. 21)

상이 이르기를,

"국경을 나선 지도 이미 반년이 되었구나. 무사히 다녀왔는가?" 하니, 이재각이 아뢰기를,

---

170 (英案 2), p.476. 英皇帝 戴冠日의 通知 및 동 연회 招待事(1902. 7. 26); 『皇城新聞』(1902. 8. 6); *The Korea Rview*, vol. 2(1902), pp.364~365; Allen, *A Chronological Index*, p.227(August 9, 1902); 金源模, 『近代韓國外交史年表』, p.197(1902. 8. 9).

171 상게서 (英案 2), pp.487~489, 영황제 대관식 전후에 제한 厚意 轉謝의 건(1902. 8. 22).

172 『駐韓日本公使館記錄』권 18, pp.250~251. 영여왕 대관식 참석한 義陽君 일행 歸仁入京(1902. 8. 21); 『皇城新聞』(1902. 8. 20~22).

173 『帝國新聞』(1902. 8. 22), 李君虛行.

"황상께서 돌보아주신 덕분에 무사히 다녀왔습니다." 상이 이르기를,

"몇 번이나 황제를 알현하였는가? " 하니 이재각이 아뢰기를,

"두 번 황제를 알현하였고 세번 황후(皇后)를 알현하였습니다."하였다.

상이 이르기를,

"예식(禮式)이 연기된 뒤 각국의 대사들은 모두 각기 본국으로 돌아갔는가?"

하니, 이재각이 아뢰기를,

"각기 본국에서 지시가 있어 모두 귀국하였고, 우리 정부에서도 신에게 통지가 있었습니다." 하였다. 상이 이르기를,

"영국에서 며칠이나 접대를 받았는가?" 하니, 이재각이 아뢰기를,

"양력 6월 22일부터 7월 2일까지 도합 10일간 접대를 받았습니다." 하였다.

상이 이르기를,

"오고 갈 때 모두 뱃길을 이용했는가? 혹 철길도 이용했는가?"

하니, 이재각이 아뢰기를,

"갈 때에는 일본 장기(長崎)에서 태평양을 지나 영국 국경 밴쿠버에 이르렀고, 그곳에서 기차를 타고 7일을 달려 퀘벡항에 도착했고, 그곳에서 다시 배를 탔습니다. 올 때에는 오직 뱃길만을 이용하였습니다." 하였다. 상이 이르기를,

"영국 황제의 병세가 위중하지는 않던가?"하니, 이재각이 아뢰기를,

"처음에는 과연 위중했지만 근래 차도가 있다고 하였습니다. 신이

일을 마치지 못하고 돌아와 매우 황송합니다." 하였다. 상이 이르기를,

"이미 연회에 참석했고, 또한 사세(事勢) 때문에 그런 것이다. 사신에게 무슨 혐의가 있겠는가?" 하였다. 또 하교하기를,

"경유했던 여러 곳에서 구경은 했는가?" 하니, 이재각이 아뢰기를,

"조금 구경을 하였습니다. 밴쿠버는 철길이 자나가는 곳에 기이한 절경이 많이 있었습니다. 영국과 미국 두 나라의 분계(分界)에 나이애가라 폭포가 있는데, 이는 삼대지(三大池, 3대호수)[174]의 하류로, 세 호수의 길이가 영리(英里)로 300여 리이고, 행원(行源)으로 또한 300여 리입니다." 하였다. 상이 이르기를,

"오인도(五印度) 부근 지역은 과연 매우 덥던가?" 하니, 이재각이 아뢰기를,

"그렇습니다." 하였다. 상이 이르기를,

"어느 곳이 가장 덥던가?" 하니 이재각이 아뢰기를,

"홍해(紅海)가 가장 무더웠는데, 마치 큰 화로 안에 있는 것과 같았습니다." 하였다. 상이 이르기를,

"실론섬(Ceylon: 스리랑카)을 보았는가?" 하니 이재각이 아뢰기를,

"보았습니다." 하였다. 상이 이르기를,

"거느리고 간 일행들은 모두 탈이 없었는가?" 하니, 이재각이 아뢰기를,

"모두 탈이 없었습니다." 하였다. 상이 이르기를,

"거느리고 간 영사(領事)[175]는 승임(陞任)되어 다른 곳으로 갔다고 하

174 3대 호수란 슈퍼리어호(Superio), 휴런 호(Huron), 미시간 호(Michigan)등 3대호수이다.
175 인천주재 영국 영사 고페(Goffe, 葛福).

던가?"

하니, 이재각이 아뢰기를,

"승임되어 청(淸)나라로 갈 것이라고 합니다." 하였다. 상이 이르기를,

"각국의 공사들은 모두 만났는가?" 하니, 이재각이 아뢰기를,

"직접 만나기도 하고 명함을 건네기도 하였으니, 다 만난 것이나 진배없습니다." 하였다. 상이 이르기를,

"부영대사는 먼저 물러가라."[176]

영국 외무부는 에드워드 7세 대관식에 참석한 각국 사절단에게 기념 메달을 만들어 보냈는데 주한 영국공사 조던은 본국 외무부로부터 한국사절단 전원에게 보낼 기념메달이 도착했다고 조병식(趙秉式) 외부대신에게 통고했다. 1902년 10월 28일 조던 공사는 조병식 외부대신에 기념메달 전달을 요청하는 공문을 보냈다. "본인은 영국 외무성으로부터 4개의 대관식 참하 기념장(參賀 紀念章)을 접수했습니다. 이는 지난 6월에 대관식에 참석한 한국대표와 그 수행원들에게 드리는 기념메달입니다. 본 공사는 이 4개 참하기념장을 귀 외부에 보내오니 이를 의양군 이재각 특명대사와 수행원들에게 전달해주기 바랍니다."[177] 이 참하기념장에는 에드워드 7세의 초상화와 '26 June 1902 Edward Ⅶ'라는 글귀가 새겨져 있다.[178]

176 『승정원일기 비서원일기』(재단법인 민족문화추진위원회, 2003), 고종 193, pp.277~280 (1902. 7. 18).

177 (英案 2), pp.519~520. 英皇帝 戴冠式 參賀紀念章의 傳送 要請事(1902. 10. 28).

178 參賀紀念章(李海石 所藏).

이와 별도로 영국정부는 각국 주재 영국 공사관에 대관식 참하기념 금표(參賀 紀念金表)를 만들어 전달하라는 훈령을 내렸다. 이에 조던 공사는 1903년 5월 20일 이도재(李道宰) 외부대신에게 고종 황제께 기념금표 친정(親呈)을 요청하는 공문을 보냈다. "아뢸 말씀은 본국 정부로부터의 내함에 의하면 우리 대황제 대관식때 귀국 대황제 사신을 특파하여 축하해준데 대한 감사의 표시로 우리 대황제는 기념금표를 주조하라는 명을 내리사 본 공사관에서 이미 주조를 고성(告成)하와 이를 귀국 대황제께 친히 봉정할까 하오니 폐현일자를 정해주기 바랍니다."[179]

이와같이 영국정부는 대관식 참하를 기념하기 위하여 고종 황제에게는 기념금표를, 사절단의 특명대사를 비롯하여 수행원 전원에게는 참하기념장을 증정한 것이다. 이재각 대사의 수행원 이종응(李鍾應)은 1903년 1월 11일 참하기념장을 패용(佩用)해도 좋은지를 표훈원 총재 민영환에게 청원서를 보냈다.

청원서(請願書)

본관이 영국으로셔 대관예식(戴冠禮式) 은기념장(銀紀念章)을 영수ᄒᆞ얏기로 훈장조례 제5장 제1조에 의ᄒᆞ야 해 기념장을 정공심사(呈供審查)ᄒᆞ오니 조량ᄒᆞ오셔 패용준장(佩用准狀)의 성급(成給)ᄒᆞ시믈 청원사(請願事)

광무 7년 1월 11일 正三品 通政大夫 李鍾應

表勳院 總裁 閔泳煥 閣下[180]

179 (英案 2), p.562. 英皇帝 戴冠式 紀念金表의 親呈要請事 (1903. 5. 20).

180 請願書(李海石 所藏).

이종응은 참하기념장을 표훈원에 보내어 심사해서 패용을 허가해줄 것을 청원한 것이다. 표훈원에서는 이를 심사한 결과 패용해도 좋다는 허가장(准狀)을 이종응에게 내렸다.

준장(准狀) 제27호

귀 청원서를 접준(接准)ᄒᆞ온즉 내개(內開) 본관이 영국으로서 대관예식(戴冠禮式) 은기념장(銀紀念章)을 영수ᄒᆞ엿기로 표훈조례 제5장 제1조에 의ᄒᆞ야 해기념장을 정공심사(呈供審查)ᄒᆞ오니 조량ᄒᆞ오서 패용준장의 성급ᄒᆞ심을 청원등인(請願等因)이온바 이를 의거ᄒᆞ야 해기념장을 심사ᄒᆞᆫ 후 주경재가(奏經裁可)ᄒᆞ온 고(故)로 기념장 패용ᄒᆞ기를 준허(準許)ᄒᆞᄂᆞᆫ 사(事)

광무 7년 10월 6일 표훈원(表勳院) 총재(總裁) 민영환(閔泳煥)

정삼품(正三品) 이종응(李鍾應) 좌하(座下 준장 성급ᄒᆞᄅᆞ사 10월 6일[181]

| 5 | 한일협약(을사보호조약) 강제 체결로 한국 국권 상실(1905)

아관파천(1896. 2. 11) 이래 러시아 공사관에 1년간 머물러 있었던 고종 대군주는 1년만인 1897년 2월 20일 태자와 함께 경운궁(慶運宮, 현 덕수궁)으로 환어(還御)했다. 러시아 군관 포차타(Potiata) 대령이 통솔하는 러시아 수비대가 경운궁을 수비했다.[182] 고종은 민왕후의 화상(御眞)을 모신

181 准狀 제 27호(李海石) 所藏.

182 Allen, *A Chronological Index*, p.199, February 20, 1897; 金源模, 『近代韓國外交史年表』, p.156(1897. 2. 20).

빈전(殯殿·發靷 때까지 棺을 모신 전각)에 참배하고 지시문(詔文)을 반포했다.

<민황후 조문(閔皇后 詔文) 반포(1897. 2. 26)>

왕조의 역사를 무궁하게 뻗어나가기 위해서는 선대의 아름다운 업적을 계승해나가야 한다. 임금의 수레가 옛 궁전에 와서 머물게 됨을 기회로 삼아 성대한 의식을 차려놓고 축하의 뜻을 표시한다. 이어 널리 일러두는 바이니 꼭 명심해 들을 것이다.

나같이 똑똑하지 못한 사람이 큰 자리를 물려받게 된 이후로 어째서 나라의 액운이 이렇게 여러 차례 거듭해서 닥치는 것인가. 지나간 갑신년(갑신정변)과 갑오년(청일전쟁)에 있어 간악한 무리가 곁에서 돌다가 음모를 꾸민 것도 통분한 노릇이지만 을미년 가을에 이르러 왕궁 안에서 일어난 일(민황후 시해사건(1895. 10. 8))이야말로 저 먼 옛날로부터 그 이후에도 일찍이 있어 보지 못한 괴변(怪變)이다. 사람의 윤리도덕이 다 망해버렸으니 그 이외에 무슨 말을 더 하겠는가. 그러고도 나라와 백성은 여전히 편안치 못한데 과연 편안하게 될 날은 언제란 말인가.

역적무리에 대해서 분하고 원통한 마음은 귀신이나 사람이나 다름없으련만 엄정한 춘추대의(春秋大義)에 의한 처벌은 가해지지 않았다. 임금을 호위하는 부대의 내부가 조용치 못한 까닭에 임금은 그만 딴 곳으로 옮겨가게 되었으나 일이 빨리 수습되지 못한 탓으로 세월이 덧없이 흘러 두 번째의 봄철을 맞이하였다. 세상이 얼른 안정되지 않고 보니 임금은 밤늦게까지 걱정으로 지내고 있었다.

나같이 똑똑하지 못한 사람이 큰 자리를 물려받게 된 이후로 어째서 나라의 액운이 이렇게 여러 차례 거듭해서 닥치는 것인가. 지나간 갑신년(갑신정변)과 갑오년(청일전쟁)에 있어 간악한 무리가 곁에서 돌다가 음모를 꾸민 것도 통분한 노릇이지만 을미년 가을에 이르러 왕궁 안에서 일어난 일(을미사변: 민황후 시해)이야말로 저 먼 옛날로부터 그 이후에도 일찍이 있어보지 못한 괴변(怪變)이다. 사람의 윤리도덕이 다 망해버렸으니 그 이외에 무슨 말을 더 하겠는가. 그러고도 나라와 백성은 여전히 편안치 못한데 과연 편안하게 될 날은 언제란 말인가.

역적무리에 대해서 분하고 원통한 마음은 귀신이나 사람이나 다름없으련만 엄정한 춘추대의(春秋大義)에 의한 처벌은 가해지지 않았다. 임금을 호위하는 부대의 내부가 조용치 못한 까닭에 임금은 그만 딴 곳으로 옮겨가게 되었으나 일이 빨리 수습되지 못한 탓으로 세월이 덧없이 흘러 두 번째의 봄철을 맞이하였다. 세상이 얼른 안정되지 않고 보니 임금은 밤늦게까지 걱정으로 지내고 있었다.

관리들과 일반 백성들은 빨리 돌아오라고 청을 올리고 돌아온다는 지시가 내리지 않을까봐 먼 곳 가까운 곳 할 것 없이 모두들 발돋움하고 기다렸다.

이 경운궁(慶運宮)으로 말하면 옛날로부터 특별한 유래를 가지고 있는 궁궐이었다. 선조(宣祖)가 갔다가 돌아와서 거처하던 처소인지라 나라를 부흥시킨 정사가 실로 여기서 마련되었으며 정순왕후(貞純王后: 英祖의 계비)를 처음 왕비로 맞아들인 것도 이 궁궐인지라 경사로운 행사가 또한 여기서 펼쳐졌었다. 이런 곳에서 이번의 의식이 진행됨에 따라 나라의 운수는 태산반석처럼 든든해지는 동시에 후대에 끼쳐주는 교훈도 또한 크게 되었다. 뜻을 한번 정하고 명령을 내리니 모든 일이 제대로 이루어졌다.

빈전이나 초상화를 모두 옮겨오니 가까워서 예절을 차리기 좋으나 새로운 전각을 건축하는 것은 되도록 전날의 규모를 넘지 못하게 하였다. 하우씨(夏禹氏)가 궁전을 검소하게 차린 것을 본받고 주(周)나라에서 전각의 규모를 적게 하던 뜻을 보인 것이었다. 임금의 수레가 돌아오니 날씨도 화창한데 궁전 안은 엄숙해지면서 요사스러운 기운이 사라져버렸다. 모든 곳에 질서가 바로 잡히고 일마다 광채가 솟아오르는 듯하여 서울에 상서로운 기운이 떠도는 가운데 모든 관리들은 달려와서 절하고 온 나라에 기뻐서 부르짖는 소리가 요란한 속에 백성이란 백성들은 다함게 뛰고 춤춘다. 혜택을 베풀기 위해서 이 지시문을 반포하는 것이다.

아, 좋은 운수가 온 누리에 열리니 성대한 복록은 해와 달처럼 끊어지지 않을 것이며 후대에게 오복(五福)을 물려주려고 모든 힘을 다하는 터이니 만대를 내려가도록 펼쳐질 태평성대는 지금부터 시작될 것이다. 중앙과 지방에 포고하여 모두 듣고 알게 할 것이다.[183]

1885년 4월에 영국함대의 거문도(巨文島) 점거사건이 발생했다. 이 사건은 영러 양국의 한반도 침략을 자극한 사건이었다. 러시아는 부동항을 확보하려고 남진정책을 강행, 한반도를 정복하려고 기도했고, 영국은 아프가니스탄 점령 이후 러시아세력의 남침을 경계, 이에 맞서서 영국함대는 거문도(Port Hamilton)를 점거했다(1885. 4. 15). 조선정부는 엄세영(嚴世永)과 고종의 정치고문 묄렌도르프(P. G. Von Moellendorff, 穆麟德)

183 『高宗純宗實錄』中, pp.617~618(1897. 2. 26) 頒詔; 『이조실록』(여강출판사, 1993), 권 393, pp.38~40(1897. 2. 26).

를 파견해서 영국에 항의를 제기했다. 러시아정부도 영국이 거문도로부터 철수를 주장했다. 이에 조선정부는 미국정부에 한미조약 제1조에 명문화되어 있는 거중조정(good offices, 從中善爲調處)에 근거로 미국이 이에 개입, 거중조정해줄 것을 촉구했지만 미국은 일언지에 거부하고 말았다. 결국 러시아로부터 한반도로 침략하지 않겠다는 다짐을 받고 영국함대는 철수했다(1887. 2. 27). 이제 한반도는 청일러영 4강 간에 치열한 각축장이 되었다.

한러 양국은 1898년 8월 29일 러시아인 브리네르(Bryner)에 무산(茂山) 울릉도(鬱陵島) 산림벌채(山林伐採) 및 식수(植樹)에 관한 약정서를 체결했다. 이로써 조선목재회사는 두만강 상류 및 두만강의 지류 관유지(官有地) 무산 지방 및 동해 울릉도 소재의 관유지를 20년간 산림사업에 종사할 전권을 가지게 되었다.[184]

1896년 6월 3일 한국 외부는 부산 절영도(絶影島, Deer Island)의 900,000㎡를 외국인거류지(Foreign Settlement)로 지정했다고 발표했다. 이로써 부산을 각 외국인의 거류지로 개방한 것이다.[185]

1899년 3월 29일 러시아인 헨리 케에젤링(Count Henry Keyserling)의 울산포(蔚山浦) 장진도(長津島) 진포도(陳布島) 지소(地所) 사용에 관한 약정서(約定書)를 체결했다. 대한 외부와 백작 케에젤링 사이에 체결된 약정서 제1조에 백작 케에젤링의 영업에 사용하기 위하여 속히 다음 3곳에 각 지구(地區)를 선정하다. 즉 1. 울산포 근처, 2. 장진도, 3. 진포도 이상 각처는 길이 700척 넓이 350척(英尺)을 넘지 못하며 모두 해안의 편리

184 『舊韓末條約彙纂』(국회도서관 입법조사국, 1965), 下, pp.487~490.

185 Allen, *A Chronological Index*, p.204, June 3, 1898; 金源模, 『近代韓國外交史年表』, p.163(1898. 6. 3).

한 곳이라야 한다.[186]

러시아는 마산포(馬山浦)에 해군기지를 확보했다. 파블로프(A. Pavloff, 巴禹路厚) 공사의 끈질긴 교섭으로 한국정부는 러시아와 마산포 지소조차(地所租借)에 관한 한러조약을 체결(1900. 4. 20), 마신포를 러시아 특별 조차지로 지정했다. 이리하여 러시아는 마산포에 저탄소 설치, 해군병원 건설 등 이를 해군기지르 건설할 계획이었다. 이는 러시아가 마산포를 중심으로 여순항(旅順港)과 블라디보스토크를 연결하는 해군기지 3각 거점기지로 육성하기 위한 것이었다.[187]

이와같이 한러간에 이미 조차조약이 체결되었지만 이는 일본의 대한정책에 정면도전이 아닐 수 없다. 마침내 일본은 부산에 거주 일본인 거상(迫間房太郎)으로 하여금 마산포 토지를 사전 매입함으로써 러시아의 해군기지 계획은 수포로 돌아갔다. 이에 러시아는 마산 율구미(栗九味) 양여를 교섭했고, 목포 고하도(孤下島) 조차를 기도했지만 모두 일본의 방해공작으로 실패했다.[188] 이로써 러시아의 부동항(不凍港) 확보책은 좌절된 것이다.

러시아는 한국정부와 압록강·두만강 유역 삼림 벌채권 20년간 연장계약을 체결했다(1901. 4. 11). 이에 군즈브르크(Gabriel de Gunzburg)는 서울에 러시아 합성목상회사(Timber Company)를 설립했다1903. 4. 23).[189]

러시아는 한국정부에 경의철도 부설권을 요청했다. 원래 경의철도

186 『舊韓末條約彙纂』下, pp.491~497.

187 Allen, *A Chronological Index*, p.211, April 20, 1900; 金源模, 『近代韓國外交史年表』, p. 174(1900. 4. 20); 『奎章閣書』(23263), 馬山浦擇定基址合約(1900. 6. 4).

188 廣江, 『韓國時代の露西亞活躍史』, pp.25~52.

189 Allen, A Chronological Index, p.215, April 11, 1901, p.233, April 23, 1903; 金源模, 『近代韓國外交史年表』, p.181(1901. 4. 11), p.207(1903. 4. 23).

부설권은 아관파천 기간 러불 동맹체결로 러시아의 영향력에 의해 프랑스에 특허된 것이었다(1896. 7. 4). 이리하여 러불 공사가 제휴, 대일 견제외교를 통해 프랑스는 한국에서의 경제적 이권을 확보했다. 본 협약에 따라 한국정부는 철도건설을 위해 프랑스로부터 자재도입 및 기사 초빙에 동의하고, 프랑스 기사 라뻬리에르(J, de Lapeyriel, 喇伯梨) 부르다래(Bourdaret, 武路多來) 등을 고빙, 1900년 가을부터 선로측량작업을 개시했다. 러시아인 군즈브르크는 한국정부에 경의철도부설권을 준허해 줄 것을 청원했다(1903. 2. 9). 그러나 경의선 철도부설권 획득기도는 일본의 대륙침략 철도건설계획과 상충되기 때문에 일본의 반대로 좌절되었다. 러일전쟁 전승 승기를 잡은 일본군은 프랑스에 특허한 경의선 철도를 인수하여 일본군이 공사를 개시했다(1904. 3. 5).

프랑스인 론돈(L. Rondon, 龍東)은 평양 무연탄 채굴권을 획득, 연탄회사를 경영했고, 베트남으로부터 안남미(安南米)를 수입, 미곡판매권을 독점하기도 했다. 뿐만 아니라 한국정부는 프랑스 운남회사와 3천만원 차관계약을 체결했다.(1901. 4. 16). 프랑스는 한국 궁내부에 근무하고 있는 친러반일운동을 벌이고 있는 손탁의 정치적 영향력에 의해 이러한 이권을 획득할 수 있었다.[190]

러시아공사 파블로프는 친러파 영수 내장원경(內藏院卿) 이용익(李容翊)을 회유하여 한만(韓滿) 국경일대에 군사기지를 건설했다. 파블로프는 마산포 조차에 실패하자, 그 대안으로 1903년 8월 압록강 하구의

190 Allen, *ibid.*, p.197, July 4, 1896, p.233, April 23, 1903; 김원모 상게서(연표), p.153(1896. 7. 4), p.206(1903. 2. 10), p.211(1904. 3. 5); 金泳植, 「大韓帝國의 對佛外交關係, 1897~1900」, 『韓佛外交史』1886~1986(평민사, 1986), pp.76~79; 『奎章閣文書』法國雲南會社로부터의 借款契約書; 菊池謙讓, 『朝鮮最近外交史』, pp.254, 277.

유일한 항만인 용암포(龍岩浦)를 조차하는 동시에 이 일대 25만평의 토지를 매입, 대규모 포대를 건설하는 한편 러시아 목상회사 대리인 군즈브르크를 앞세워 목상회사 사원 보호를 구실로 구련성(九連城) 봉황성(鳳凰城) 용암포 등지에 1개 여단 규모의 러시아군을 주둔시켰다.[191]

러시아는 1896년 6월 3일 동청(東淸)철도 부설권을 획득, 1902년 모스크바 - 북만(北滿)경유 - 블라디보스토크에 이르는 시베리아 대륙 횡단철도를 준공했고, 민주 여순·대련에 대규모 해군기지를 건설하는 동시에 러시아군을 주둔시켰다. 러시아는 만주 진출 문제를 두고 위테(Sergius Witte)는 점진개발 추진을 주장했고, 베조브라초프(Bezobrazoff)는 적극적 침략정책을 강조했는데, 러시아는 베조브라초프의 적극책을 수용, 아시아 특히 한반도에로의 남진정책을 추진했다. 이리하여 러시아는 1896년 6월 니콜라이황제 대관식에 참석한 청일전쟁의 패전국 이홍장(李鴻章)과 이-로바노프(Li-Lobanv)조약을 체결했다(1896. 6. 3). 일명 '카시니(Cassini) 밀약', 또는 '위테 밀약'이라고 하는 바, 러시아는 이 청러밀약으로 만주 진출과 시베리아 대륙 횡단철도 부설권을 획득했다. 이 청약을 정리한다면, 청러 양국간 일본의 침략을 공동으로 저지하고 러시아의 아시아진출을 보장한 '청러밀약'이다.

1. 만약 일본이 청국 또는 러시아의 극동 영토를 습격할 시에는 청러 양국은 서로 힘을 합쳐서 이를 방어한다. 2. 러시아는 동청철도회사를 설립해서 몽고(蒙古) 및 만주를 관통하여 블라디보스토크까지 이르는 철도부설권을 청으로부터 획득한다.[192]

---

191 『奎章閣文書』龍岩浦俄人租借契約書; 廣江, 『韓國時代の露西亞活躍史』, pp.57~58; 戶水寬人,「日露交涉に 關する 往復文讀む」, 『外交時報』76(1904. 2), pp.475~482.

192 小松綠, 『明治外交祕話』, pp.131~133; 『舊韓末條約彙纂』中, pp.191~194.

러시아는 한반도 진출을 구현하기 위하여 1897년 미화 3억 달러의 공사비를 투입, 야심찬 대륙 횡단철도 건설을 기공, 1902년 동청철도 본지선(本支線)이 준공된 것이다. 동서 1,440 러시아 이수(약 906마일) 남북 918러시아 이수(570마일)이나 되는 거창한 대역사이다. 러시아는 코사크 수비병 2만 명을 철도 연변에 배치 경비를 강화했다. 1903년 7월에는 만주 점령을 보장하는 청러 밀약을 체결, 11월에는 러시아군이 심양(瀋陽, 奉天)을 점령했다. 러시아 극동총독 사하로프(Victor V. Sakharov)는 총액 2억 5천만 원을 투자, 여순요새를 축조했는데, 산동(山東) 쿨리(苦力) 1만 5천 명을 동원 각 포대를 지하터널로 통할 수 있는 쿠로파트킨(Kuropatkin) 포대를 구축했을 뿐만 아니라 1천만 달러를 투자, 대련항(大連港)에 군사기지를 건설했다.[193]

러시아는 의화단사건(義和團事件: 청말 拜外運動)을 구실로 청국에 출병하면서 만주를 점령했다. 1903년에는 용암포(龍巖浦, 평북 신의주 남단 압록강 漁港)에 포대를 구축하는 등 러일 간에 긴장이 고조되더니 일본은 마침내 국운을 건 대러전쟁을 도발, 러일전쟁이 발발했다. 초반 승기를 잡은 일본은 서울을 점령하면서 1904년 8월 22일 외부대신서리 윤치호(尹致昊)와 일본 특권 전권공사 하야시(林權助) 사이에 한일협정서(韓日協定書)를 체결했다.

한일협정서(韓國 外國人 顧問傭聘에 關한 協定書)(1904. 8. 22)

1. 대한정부는 대일본정부가 추천한 바 일본인 1명을 재정고문으로

193 *The Colorado Springs Telegraph,* October 18, 19, 1903; L. p.Dennis, *Adventures in American Diplomacy, 1896~1906*(From Unpublished Documents)(N. Y.:E. p.Dutton and Co., 1928), pp.353~354; Clyde, *op. cit.,* p.79; 廣江,『韓國時代露西亞活躍史』, p.57.

하여 한국정부에 용빙(傭聘)하여 재무에 관한 사항은 일체 그 의견을 물어서 시행할 것.

2. 대한정부는 대일본정부가 추천한 외국인 1명을 외교고문으로 하여 외부에 용빙하여 외교에 관한 요무(要務)는 일체 그의 의견을 물어서 시행 할 것.
3. 대한정부는 외국과 조약을 체결하거나 기타 중요한 외교안건 즉 외국인에 대한 특권양여(特權讓與)와 계약 등 사무처리에 관해 미리 대일본정부와 상의(商議)할 것. 광무 8년 8월 22일[194]

이같은 협정서에 의해 한국정부는 재무고문에 일인 메가다(目賀田種太郞), 외교고문에 친일 미국외교관 스티븐스(Durham W. Stevens, 須知分)를 고빙하게 되었다. 이른바 고문정치가 시작되었다. 이리하여 일본은 한국의 재정권과 외교권을 장악했다. 이로써 한국의 재외공관 무용론이 공공연히 논의되기에 이르렀다. 민영돈(閔泳敦)공사가 해임되어 본국으로 귀국함에 정부는 박용화(朴鏞和)를 주영한국 전권공사에 임명했다.[195] 주영 한국공사관의 최종 공관원 명단은 다음과 같다.

全權公使 박용화(朴鏞和) 新任
三等參書官 이한응(李漢應) 署理
삼등참서관 유치형(兪致衡) 新任
書記生 강기승(康璂昇)

194 『高宗純宗實錄』下, pp.339~340(1904. 8. 22), 韓日協定書.
195 『舊韓國外交文書』권 14(英案 2) p.619, 朴鏞和의 駐英公使新任事(1904. 2. 8).

書記生 박인화(朴仁和) 新任[196]

러일전쟁에서 전승을 거둔 일제는 한국의 주권을 박탈하려고 한일협약(을사오조약) 체결에 착수했다. 이토(伊藤博文)가 직접 방한, 이를 총지휘했다. 당시 일본은 오조약의 조인을 강요하기 어렵다는 점을 알고서 공사관 통역원 마에마 고사쿠(前間恭作)와 외부 보좌원 쇼야(詔野)로 하여금 한국 외부에 가도록 했다. 황제의 명령이 있었다고 둘러대며 외부의 직무도장을 요구하자 친일 외부고문 스티븐스(D. W. Stevens, 須知分斯)가 즉각 그것을 내주었다. 수많은 일본 헌병들이 에워싸고 도장이 분실되는 것을 막았다. 일본 공사관 서기관 고쿠부 조타로(國分象太郎)가 수옥헌 문 앞에서 외부 직인도장을 받아서 오조약에 찍었다. 조약에 도장을 찍자 일본 헌병은 철수했다.[197]

1905년 11월 17일 한국외부대신 박제순(朴齊純)과 일본 특명전권공사 하야시(林權助) 사이에 한일협약(을사보호조약)이 체결되었다. 그 제3조에 "일본국정부는 그 대표자로서 한국황제 폐하의 궐하에 1명의 통감(統監, Resident General)을 둔다. 통감은 전적으로 외교에 관한 사항을 관리하기 위하여 경성에 주재하며, 친히 한국황제폐하를 내알(內謁)할 권리를 가진다. 일본국정부는 또한 한국의 각 개항장 및 기타 일본국정부가 필요하다고 인정되는 곳에 이사관(理事官, Resident)을 둘 권리를 가진다. 이사관은 통감의 지휘하에 종래 한국에 주재한 일본영사에 소속된 일체의 직권을 집행하고, 아울러 본협약의 조관을 완전히 실행할 필요

196 『駐英義來去案』(奎章閣文書) 권 2(1904~1905).
197 『대한계년사』권 7, p.161.

가 있는 일체의 사무를 장리(掌理)한다."[198]

대한매일신보에 한일협약은 일본 헌병이 에워싼 공포분위기 속에서 강제로 체결되는 과정을 자세히 보도하고 있다.

재작일(11. 17) 오후 2시부터 이토히로부미(伊藤博文)대사와 하야시(林權助) 공사, 하세가와(長谷川好道) 대장이 헌병을 인솔하고 입궐, 참정대신 한규설(韓圭卨) 이하 각부 대신들이 신조약 체결 가부를 협의하였는데, 이때의 광경은 일본 헌병이 각 문을 엄히 파수하고 또 어탑(御榻) 지척까지 난입한지라. 해 의안에 대하여 한국 한규설 참정은 '不可'라 하고, 기타 각부 대신 5적(박제순·이지용·이근택·이완용·권중현)들은 '可'라 해서 한일협약은 체결되었다느데, 한국황제의 성의(聖意)는 한일협약은 결코 체결을 허가하지 않기로 확정했으나 각 대신들이 두렵고 겁이나서 위험한 말로 사람의 마음을 두렵게 하여 그만 이 지경에 이르렀는데 한국황제 폐하는 한 많은 뜨거운 눈물을 쏟아내면서, 종묘생령(宗廟生靈)을 위하여 하느님께 기도하셨다더라.[199]

한일협약이 체결되자 민영환은 11월 29일 국권상실의 시국에 비분강개하면서 이날밤 작은 칼로 자기 목을 찔러 죽었다. 충청공 민영환은 유서 두 통을 남겼다.

그 하나인 '한국 인민 동포에게 경고'하는 유서에[200] 이르기를,

198 『韓國條約類纂』(統監府, 1908. 12. 15), p.20, 韓日協約(1905. 11. 17).
199 『大韓每日申報』(1905. 11. 19), 雜報 新條約 成立.
200 『大韓每日申報』(1905. 12. 1), 잡보; 황현, 김준 역, 『완역 매천야록』(교문사, 1994), pp.628~629.

"아! 나라와 백성이 당하는 치욕이 바로 이러한 지경에 이르렀으니, 우리 인민들은 장차 생존경쟁 속에서 죽게 될 것입니다. 무릇 살려고 하면 죽고 기필코 죽으려고 하면 살게 되는 것이니 여러분께서 어찌 이 점을 잘 모르시겠습니까? 이 민영환은 한번 죽기로 결심함으로써 황제 폐하의 은혜에 우러러 보답하고, 우리 2천만 동포 형제들에게 사죄 드리고자 합니다. 이 민영환은 죽어도 죽은 것이 아닙니다. 기어이 저승에서 여러분들을 도울 것입니다.

다행히 우리 동포 형제들께서 천만 배나 더 힘을 내서 마음을 가다듬어 의지와 기개를 굳게 다스리고 자기 학문에 힘을 써서 마음을 합하고 힘을 모아 우리의 독립을 회복한다면, 죽은 이 사람도 당연히 어두운 저승에서 기뻐하며 웃을 것입니다. 아! 조금도 실망하지 마시기 바랍니다. 그럼 이것으로써 우리 2천만 동포들께 작별의 인사를 고합니다."

다른 하나인 '여러 나라 공사관에 보내는 유서'에 이르기를,

"민영환은 나라를 잘 위하지 못하여 나라의 형세와 백성들의 형편이 바로 이러한 지경까지 이르렀으니, 다만 한번 죽음으로써 황제폐하의 은혜에 보답하고 2천만 동포들에게 사죄를 드리고자 합니다. 죽은 사람은 그만입니다만, 이제 우리 2천만 인민들도 생존경쟁 속에서 죽고야 말것입니다. 귀 공사들께서 어찌 일본의 행동을 모를 리 있겠습니까?

귀 공사 각하께서 다행히 세계의 공평한 의론을 중하게 여기시고, 이 사실을 귀 정부와 인민들에게 보고하여 우리 인민의 자유와 독립을 도와주신다면, 죽은 이 사람도 어두운 저승에서 기쁨의 웃음을 지으며

고맙게 여길 것입니다.

아! 각하께서는 우리 대한을 가볍게 보거나 우리 인민의 참된 정성을 오해하지 마시기 바랍니다."[201]

한일협약이 체결되자, 1, 민영환의 자결을 비롯하여, 2, 홍만식(洪萬植, 홍영식의 동생)의 자살, 3, 궁내부 특진관 조병세(趙秉世) 자살(12. 1), 4, 전 참판 송병선(宋秉璿) 자살, 5, 평양 진위대 상등병 김봉학(金奉學) 독약을 먹고 자살, 6, 전 참판 이명재(李命宰) 자살, 7, 전 주서 나인영(羅寅永) 죽으려 했으나 실패했다. 8. 주영 한국 공사대리 이한응(李漢應) 러일전쟁 후 한국이 국권이 날로 쇠약해지고 외국으로부터 받는 모욕이 심해지면서 비관 자결했다. 9. 무명의 인력거(人力車)꾼이 민영환의 순국을 목도하고 비관 자결했다. 10, 돈의문 밖 가옥중개인 裵씨 오조약이 체결되자 며칠을 통곡하다가 자살했다.[202]

충정공(忠正公) 민영환(閔泳煥, 1861~1905)의 동상은 1957년에 종로구에 세워지면서 여러번 이전하다가 2022년 8월 30일 서대문구 충정로 사거리 교통섬에서 이전 제막식을 거행했다.[203]

한편 전 주서 나인영(羅寅永)은 5적(박제순·이지용·이근택·이완용·권중현)을 죽이려고 했으나 실패했다. 주영서리공사 인한응은 1905년 5월 12일 외교권 상실에 비관, 자살하고 말았다. 을사조약 늑결 6개월 전이었다.[204]

모건 주영 한국명예총영사는 한국 외부에 이한응 자결 보고서를 보냈다. 이에 의하면, "5월 12일 주런던 한국공사 대리 이한응이 별세했

201 『대한계년사』권 7, pp.197~234, 권 8, p.57.
202 상게서, 권 7, pp.197~198.
203 『東亞日報』(2022. 8. 31), 충정공 민영환 동상, 65년 만에 충정로 제자리로.
204 『舊韓國外交文書』, (英案), pp.682~690, May 12, 1905.

습니다. 그분은 지난 몇 달 동안 극동 전쟁(러일전쟁)에 대한 일로 상심을 많이 했고, 한국의 이익 관계로 더욱 노심초사했습니다. 본국으로부터 반갑지 않은 기별을 들을 때마다 비분강개했습니다. 이씨는 가장 공명정대한 분으로 학문에 가장 부지런한 품성을 발휘했고 그가 영국에 주재하는 동안 그 지위를 잘 보존하였던 것입니다. 영국 외무성이나 그 밖에 다른 사회서도 그를 잘 대우하였고, 이씨와 다른 나라 대표와 조그마한 차별도 없었습니다. 이같은 사실을 대황제 폐하께 주달해 주기 바랍니다."[205]

이한응(李漢應, 1874~1905)은 경기도 용인군(龍仁郡 二東面 華山里)에서 태어났다. 일찍이 관립외국어학교 영어학교에 입학, 졸업한 후 한성부 주사(1897), 관립외국어학교 영어학교 교관(1899) 등을 역임한 후 1901년 3월 14일 주차영의이(駐箚英義伊) 공사관 삼등참서관에 임명, 영국 런던 주영한국공사관에 부임했다. 1904년 8월 민영돈 공사가 귀국함에 이한응은 서리공사에 부임했다. 한일협약(韓日協約, 외국인 용빙협정, 1904) 체결로 친일 미국인 스티븐스를 외교고문으로 임명, 한국의 외교권이 박탈됨에 이한응 서리공사는 "한국인은 주권을 상실한 국민으로 간주되어 일상 영국 외무부와의 외교 교섭상 항상 모욕을 당하고 있었다."고 주권상실 외교권 상실을 비관, 항일의거로 1905년 5월 12일 자결하고 말았다.[206]

이한응은 유서에서 "오호라! 나라의 주권이 없어지고 사람의 평등을 잃었으니 모든 교섭에 치욕이 망극할 따름이다. 진실로 혈기를 가진 사

205 『駐英義來去案』(奎章閣文書), 권 2, 報告(1905. 5. 23):Morgan to His Excellency the Minister for Foreign Affairs, May 23, 1905.

206 孫世昌, 『列國烈士李漢應先生遺史』(大邱 文藝弘報社, 1957) pp.27~42, 略傳.

람이라면 어찌 견디어 참을 수 있겠는가”[207]라는 유서를 남기고 장렬한 순국을 감행했다. 이에 모건(摩賡) 주영 한국명예총영사는 이한응의 유해와 유품을 정리해서 국내로 송환했다.[208]

이한응의 ‘항일자결’은 재외 외교관으로서는 최초의 선도적인 의거로서 항일운동의 기폭제 구실을 했을 뿐만 아니라 이는 을사조약 늑결 후 민영환(閔泳渙)의 ‘항일자결’이 일어나게 하는 촉매제가 되었고, 나아가서는 1908년 3월 23일 장인환(張仁煥)이 미국 샌프란시스코에서 친일 외교관 통감부 외교고문 스티븐스(Durham White Stevens, 須知分)를 처단한 항일무장의거의 기폭제 역할을 했다. 뿐만 아니라 나아가서는 바로 1년 뒤에 안중근(安重根)이 하얼빈 역두에서 한국 침략의 원흉 전 한국통감 이토 히로부미(伊藤博文)를 사살하는 데 무장의거의 동기부여를 한 것이다.

장인환은 스티븐스를 사살한 후 ‘한글성명서’에서, “내가 그 사람을 쏜 것은 다름 아니라 금일에 한국이 일본과의 늑약(勒約)으로 일본은 나의 강토를 다 빼앗았으며 나의 종족을 다 학살하였는 바, 내 이를 통분히 여기기 때문에 스티븐스를 쏜 것이다. 스티븐스라는 사람은 한국에서 고문관으로 있으면서 이등박문(伊藤博文)과 같이 우리나라를 일본에 보호받게 했고, 일본을 도와 한국에서 못된 짓을 자행했으니 우리나라는 망하고 나의 종족은 다 학살되니 내 이 자를 거저 두랴. 내 이 자를 죽이고자 하니 다른 말할 것 없노라, In Whan Chang”[209]

---

207 상게서, p.57, “遺書, 嗚呼 國無主權 人失平等 恥辱罔極 苟有血性 豈可堪忍乎”

208 상게서, p.34, 略史(李丙燾). 여기서 모건(摩賡)을 “名譽總領事 英人 摩賡頓(마갱돈)”이라 소개하고 있다. 이는 “摩賡 頓首”라는 뜻인데 ‘돈’을 ‘마갱’에 붙여서 이같은 ‘摩賡頓’이라는 이름이 생겼다.

209 *The Sanfracisco Chronicle*, March 24, 25, 1908; 金源模, 『開化期 韓美交涉關係史』(단

영미 양국은 친일반러 정책을 수립, 일본강대화(Strong Japan)를 추진함으로써 일본은 영미를 대신해서 대리전을 수행, 러시아의 남진정책을 저지하겠다는 것이었다.[210] 그러기에 영미 양국은 8언엔에 달하는 막대한 전쟁비용을 제공함으로써 일본은 이 자금으로 정예한 신식무기를 개발, 러일전쟁에서 전승을 거둔 것이다.[211]

일본이 러일전쟁에서 전승을 거두자 미국은 1905년 7월 27일 태프트-가쓰라 비밀협정(Taft-Katsura Agreement)을 체결했다. 비밀협정(Secret Pact) 내용을 보면, "1. 일본은 미국의 필리핀 지배를 희망하며 동시에 일본은 필리핀 군도에 대한 침략의도가 없다. 2. 극동의 전반적인 평화를 위해 미국은 영일동맹을 지지한다. 3. 미일 양국은 한국에서의 일본 종주권(宗主權) 수립을 승인한다." 이와같이 미국은 한반도에서의 일본의 자유행동권(free hands)을 인정했던 것이다.[212]

이와 때를 같이하여 영국은 1905년 8월 12일 제2차 영일동맹을 체

국대학교 출판부, 2003), pp.1001~1057(張仁煥의 스티븐스 사살의거).

210 Tyler Dennett, "American Good Offices in Asia," *American Journal of International Law*, 16(January 1922). p.23; Kim Won Mo, American Good Offices in Korea, 1882~1905, *Journal of Social Sciences and Humanities,* No. 41(January 1975), pp.93~139; 金源模,「美國의 對韓 居中調停」,『史學志』8(1974), pp.19~67.

211 Thomas A. Bailey, *Theodore Roosevelt and the Japnese-American Crisis*(Stanford University Press, 1934), p.517; Kim Won Mo, "Theodore Roosevelt's Korean Policy in the Far East, 1901-1905," *Journal of Social Sciences and Humanities*, No. 43(June 1976), pp.99~116; 金源模, 「19세기말 미국의 대한정책(1894~1905」.『國史館論叢』60(1994) pp.67~115;『日本全史』(講談社, 1991) p.986. 일본은행 부총재 高橋是淸은 미영 양국과 교섭, 러일전쟁 비용 총액의 절반인 8억 엔을 확보했다.

212 Tyler Dennet, "President Roosevelt's Secret Pact with Japan," *The Current History Magazine,* 21October 1924), pp.15~21; Raymond A. Esthus, "The Taft-Katsra Agreement-Reality or Myth?," The Journal of Modern History, 31(March 1959), pp.46~51. 얼마나 비밀외교를 벌였는지 주일미국대사 그리스콤(Lloyd Griscom)조차도 이 사실을 전연 몰랐다. 이같은 비밀문서는 1924년 데네트에 의해 처음으로 공개발표함으로써 비로소 역사적 사실임을 알게 되었다.

결했다. 제3조에 "일본국은 한국에서 정치상 군사상 및 경제상의 탁절(卓絶)한 이익을 옹호 증진하기 위하여 정당하며 필요하다고 인정하는 지도감독 및 보호의 조치를 한국에서 집행하는 권리를 승인한다."[213]

고종은 을사보호조약은 일본의 일방적 무력시위가운데 불법 체결이기에 이는 무효라는 것을 호소하기 위하여 1907년 6월 헤이그에서 열리는 만국평화회의에 밀사 이상설·이준·이위종 3인을 파견했다. 해아평화회의에 한국에서 보낸 사람이 이르렀는데 그 전보에 장황히 말하되 미국인 헐버트(H. B Hulbert)도 파견원 중에 참여하였다고 한다.

한국은 일본의 학대로 을사보호조약이 체결되었기에 국제 관계상 무효임을 호소하기 위하여 3밀사를 파견했다고 논하고 있다.

"대저 만국평화회의에 일본 사람사람의 학대하는 것을 호소할 자가 누구뇨? 서양 열강에서 한국을 위하여 호소하기는 반드시 없으리라. 미루어 생각건대 한국에 충성 있는 선비가 바다를 건너가서 구주 지방에 있다가 이번 만국평화회의를 만남에 본국의 원통한 사정과 일본의 강박한 행동을 호소한 자가 있는 것이오. 열국 회의석에서 이 제의를 배척하기로한 의뢰건이라.

비록 그러하나 한국이 장래에 독립을 회복할 원인이 이에 있다 하노니 한국 국민의 의무로 말할진대 각국 회의에 처리 여부는 불관하고 오직 충성의 마음으로 죽을 힘을 다하여 어려운 것을 피치 않고 어디까지든지 호소할데 호소하는 것은 당연한 의무라.

대한 사람에도 능히 국민 의무를 행하는 자가 있는 것은 다 알았을 것이오. 일본의 강박한 행동도 세계에 더욱 드러난지라. 그러한즉 이번

---

213 『日本外交史辭典』, pp.41~42. 제2회 日英同盟協約; 『舊韓末條約彙纂』中 pp.204~206.

한인의 호소가 비록 목하에 공효가 없은듯하나 장래의 독립을 회복할 기초가 된지라."[214]

"여보시오 이번에 대한국 황실의 사변과 신협약이 해아의 사건으로 된 줄 아시오. 그렇지 아니하오 일본인이 이렇게 할 계책을 마음속에 예산하여 작정한 지가 오래지. 동경에 이륙신문에 게재한 것을 보지 못하였소.

총리대신 이하 각부 대신의 월봉을 분급하는데 총리의 월봉은 교접비를 병하여 매삭에 1천환씩이오 각대신은 매삭에 오백환씩이라 하니 무삼 사업으로 한국 금액을 이같이 손해하는고 일본을 위하여 신협약을 성립하였은즉 상여금으로 몇만원씩과 월급을 일본정부에 받아야 당연하겠지.

내부차관은 통감부 농무총장 목내사중씨가 피임하고 경무국장은 동래 이사청 이사 송정무씨가 피임한다하니 지방을 관할하는 내부의 중임부터 일인이 먼저 점령하면 관찰 군수는 오래 무사할까.

대전 등지에 거류하는 일본인이 한국 인민들을 대하여 말하기를 한국이 일본에 부속이 되었다하고 어리석은 인민을 선동하는 고로 인심이 더욱 소요하다 하니 근일 각 지방에서 의병들이 일어나서 일병과 싸움하는 것은 실로 일인이 자취하는 일이로고."[215]

이리하여 이토 통감은 해아 밀사 파견을 문제삼아 고종 황제를 강제 퇴위시키고 황태자가 황제에 올랐다. 이어 한일신협약(정미칠조약)을 체결, 일본인이 한국 관리를 마음대로 임명하게 하고, 8월에는 한국 군

214 『대한매일신보』권 1, p.17(1907. 7. 5).

215 『대한매일신보』(寬勳클럽信永研究基金, 1984), 권 1, p.140(1907. 8. 10), 시사평론.

대 해산식을 거행함으로써 이제 한국 황제는 아무 권한이 없는 허수아비 황제가 되고 말았다. 한국 총리 이하 모든 관리들은 나라를 팔아먹는 데만 혈안이 되었고 하부관리는 자기 직책을 팔아먹는 매관매직이 팽배하게 일어나고 있다.

나라를 팔아먹는 매국노를 이렇게 규탄하고 있다. "세계 각국에 계신 첨군자들 보시오. 나라를 팔아먹는 종들을 많이 무역하려거든 대한국으로 건너오시오. 황족 귀인과 정부 대관이 다 나라를 파는 종이오. 모 사회의 모 사회의 몇만명이 다 나라를 파는 종이라. 갑도 헐할 뜻하오. 그것은 사다 무엇 하게. 돈견만도 못한 것을 그저 주어도 아니 가져 가겠소."[216]

이와 같이 영국은 사실상 한반도에서의 일본의 보호국 수립을 승인했다. 일본은 미국과의 비밀협정을 통해 보호국 수립을 전폭 인정받은데다가 제2차 영일동맹 체결로 영국으로부터 한국지배를 승인받은 것이다. 일본언론은 이를 가리켜 '일영미 동맹'(Japanese-Anglo-Americcan Alliance)체제가 형성되었다고 대서특필 보도하고 있다.[217]

1883년 11월 26일 서울 통리교섭통상사무아문(統理交涉通商事務衙門)에서 조선전권대표 독판교섭통상사무(督辦交涉通商事務) 민영목(閔泳穆)과 영국 전권대표 파크스(Harry S. Parkes, 巴夏禮) 사이에 한영조약이 체결됨으로써 한영수교가 이룩되었다. 힌영조약 제1조에 "양 체약국(締約國) 중 한쪽 체약국(韓)이 제3국과의 분쟁이 발생되는 경우에는 만약 조정을 청원한다면 상대 체약국(英)은 원마한 타협을 초래하기 위하여 거중

216 상게서, 권 1, p.144(1907. 8. 11).
217 『國民』(1905. 10. 4).

조정(居中調停 good offices 從中善爲調處)에 힘써야 한다."[218]

이와 같이 영국은 한국이 제3국으로부터 침략을 받을 경우 분쟁조정을 청원하면 이에 개입, 거중조정(good offices·從中善爲調)에 힘쓸 것임을 공약했다. 그러나 영국은 철저한 친일반러 정책에 의해 대한 거중조정 공약을 폐기하고 한국에서의 일본의 보호국 수립을 지지했다. 그 결과 을사조약이 늑결, 한국은 외교권이 박탈되자 양국 공사관이 철수함으로써 한영 외교관계는 단절된 것이다.

일본은 청일전쟁을 도발, 전승을 거두면서 한반도 지배권을 확립했다. 김홍집 친일정부를 발족함과 동시에 청일 강화조약(下關條約)에서 조선의 '완전 자주독립'을 보장했다. 이는 진정으로 조선의 독립을 원하는 것이 아니라 '청으로부터의 독립'을 의미한다. 일본이 아시아의 패자로 급부상하자, 러불독 3국은 공동으로 일본의 강대화를 견제하려고 동맹체제를 구축, 마침내 3국간섭에 의해 청일전쟁 결과 일본이 전승이권으로 차지했던 요동반도(遼東半島)를 청에 반환하는 데 성공했다(1895. 4. 23). 따라서 3국간섭은 한국에 '독점적 일본세력'을 견제하는 데 큰 효과가 있었다.

1894년 12월 17일 김홍집 친일정부가 발족되자 친일세력에 대항하기 위해 친미파 이완용(李完用) 친러파 이범진(李範晉)을 중심으로하는 한국 최초의 친러·친미파 정치단체 정동구락부(貞洞俱樂部)가 결성되었

218 『高宗純宗實錄』中, pp.116~119(고종 20·1883. 10. 27). 朝英修好條約, China, Imperial Maritime Custooms, Treaties Regulations, ETC., Between Corea And Other Powers, 1876-1889(Shanghai, 1891), pp.132~142. Treaty of Seoul, With Great Britain(1883). "彼國日後 倘有與別國相歧之處 此國一經彼國相約 應即設法 從中善爲調處". "In case of differences arising between one of the High Contracting Party and a third Power, the other High Contracting Party, if requested to do so, shall exert its good offices to bring about an amicable arrangement."

다. 일본의 침략위협에 직면한 한국정부는 이이제이책으로 인아정책(引俄政策)을 수립했다. 러시아를 끌어들여 일본의 침략을 억제한다는 것이었다. 그 중심인물이 바로 민왕후(閔王后)였다. 이제 일본은 민왕후를 제거하지 않고는 한반도 지배는 불가능하다고 판단, 마침내 정치깡패(浪人輩)를 동원, 대원군을 앞세우고 심야 건청궁을 기습공격, 민왕후를 척살한 것이다(1895. 10. 8).

정동구락부는 친일정부 타도, 국왕구출 작전 수행, 민왕후 암살에 대한 복수토역(復讐討逆) 등 3대 투쟁목표를 표방하고 결집한 것이다. 민왕후 시해사건 이래 고종은 일본군에 둘러싸인 경복궁에 포로 신세로 불안공포의 궁중생활을 해야만 했다. 정동구락부는 고종 구출작전 즉 아관파천(1896. 2. 11)을 일으켜 고종을 러시공사관으로 구출하는 데 성공, 친일정부를 타도하고 친러정부가 발족했다. 이로써 러시아 강세기가 개시했다. 친러정부의 당면과제는 한러밀약을 체결, 러시아로부터 한국의 독립을 확실히 보장받겠다는 것이었다. 때마침 친러정부 수립 직후 1896년 3월 러시아 니콜라이 황제 대관식을 계기로 민영환 전권공사를 파견, 한러밀약을 체결했다. 그 결과 러시아 군사교관과 재정고문을 고빙함으로써 러시아는 한국의 병권(군사권)과 재정권을 장악, 사실상 한반도에서의 러시아 강세기를 실현했다.

친러정부는 1897년 3월 영국 빅토리아 여왕 즉위 60주년 축하식에 민영환 대사를 파견하면서 그에게 비밀외교에 의해 '불독 보호밀약' 체결사명을 부여했다. 친러정부는 한러밀약을 체결, 러시아 군사교관과 재정고문을 고빙하는 데 성공했다. 그러므로 민영환이 영국사행을 계기로 불독 양국과의 보호밀약 체결을 성사한다면 러독불 3국동맹으로 '제2 3국간섭'에 의해 일본의 한반도 침략을 억지할 수 있다는 외교책략을 수립했다. 그러나 불독 보호밀약은 전적으로 외세 의존책략이기에 국제정치 역학관계상 실현 불가능한 발상이 아닐 수 없다. 결국 민영환은 '불독 보호밀약' 사명을 완수하지 못한 이유로 파면조치되었을 뿐만 아니라 복명분답조차 없었다는 것이다.

친일정부는 갑신정변 실패로 미국에 망명 중인 서재필, 서광범에게 사면령을 내리면서 귀국조치했다. 서광범은 법부대신으로 입각했고, 서재필은 미국 시민권자여서 입각하지 않고, 중추원 고문으로 활약했다 아관파천으로 칭일정부가 붕괴되고 친러정부가 발족되면서 유길준(兪吉濬) 등 친일인사는 대거 일본으로 망명했지만 서재필은 국내에 남아 활동했다. 서재필은 정치에는 간여하지 않고 오로지 독립신문 창간, 독립문 건립, 독립협회 창립 등 3대사업을 펼쳤다. 서재필은 영은문(迎恩門)을 허물고 그 자리에 독립문을 건립했다. 이 당시의 '독립'이란 시대적 개념은 어디까지나 일본으로부터의 독립이 아니고, 청으로부터의 독립이었다. 청일강화조약(下關條約, 1895. 4. 17)에서 "청국은 조선의 완전무결한 독립자주국임을 확인함"이라고 명문화했다. 그러기에 독립문을 건립한 서재필은 '완전무결한 자주독립국'임을 보장한 조항에 감격 이에 호응, 환호의 만세를 불렀던 것이다.

그러나 친러정부가 추진한 한러밀약에 의한 러시아 강세기가 시작되면서부터 서재필의 독립투쟁목표는 러시아로부터의 독립운동으로 전환했다. 원래 이완용은 철저한 친미반일 정객으로서 정동구락부의 핵심적 역할로 고종구출작전에 성공, 아관파천에 의해 고종을 러시아 공사관에 모시고 친러정부를 수립하는 데 주도적 역할을 다했다.

러시아 강세기가 시작되면서부터 서재필의 투쟁목표는 러시아로부터의 독립운동으로 전환했다. 아관파천 성공 이후 서재필은 이완용과 함께 독립협회 창립에 동참하면서부터 러시아 세력추방운동에 앞장섰다. 이리하여 서재필은 자신의 언론기관인 '독립신문'을 통해 러시아 세력 추방을 부르짖었고, 이완용은 만민공동회를 통해 러시아세력 추방운동을 전개했다. 이들은 특히 러시아 군사교관과 재정고문 고빙은 결국 한국의 군사권과 재정권을 독점하였는 바 이는 주권포기라고 규탄했다. 일본의 러시아 세력추방 책동에 힘입어 결국 러시아는 1898년 3월 17일 군사교관과 재정고문을 철수함으로써 러시아의 강세기(1896. 2. 11~1898. 3. 17)는 종식되었다.

미영 양국의 대아시아 정책의 기본노선은 러시아의 남진정책을 억지·봉쇄하는 것이었다. 그러기에 영국은 일찍이 거문도점거사건(1885. 4. 15)을 일으킨 것도 러시아의 한반도 침략을 견제하기 위한 것이었다. 한국정부는 영국공사관에 강력 항의하면서 영국 함대 철수를 주장했고, 미국에게 거중조정을 요청했지만 미국은 일언지하에 한국문제 불개입을 선언했다. 이는 결국 일본으로 하여금 러시아 세력을 억지하도록 독려하는 외교책략인 것이다. 미영 양국은 러시아의 남침을 저지하기 위해 막대한 전쟁차관을 일본에 제공하는 등 일본 강대화(Strong Japan)정책을 추진했다. 일본은 미영 양국을 대신해서 러시아와 대리전을 감행, 러시아의 남진정책을 저지하게 했다.

제7장

이종응의 서사록과 서유견문록 (1902)

|1| 서사록 해설

서사록은 1902년 한반도에는 러일 양국 간의 군사적 대치로 긴장이 고조되기에 이르렀다. 압록강을 사이에 두고 한반도는 일본이, 만주에는 러시아가 점거한다는 만한교환설(滿韓交換說)이 무성한 가운데 한국정부는 때마침 영국 에드워드 7세의 대관식 축하사절에 이재각(李載覺)을 임명·파견해서 한영 친선관계를 강화했다. 그러나 미국은 태프트-가쓰라 비밀협정에서 한국에서의 일본의 자유행동권(free hands)을 승인했고, 이어 포츠머스 강화조약(1905. 9. 5)에서 한반도에서의 일본의 보호국수립을 승인한 것이다. 이로써 영미일 3국 동맹(Anglo-American-Japanese Alliance)체제가 확립되어 일본은 러일전쟁을 도발, 러시아함대를 격침, 전승을 거두면서 즉각 을사보호조약을 늑결(1905. 10. 27), 보호국을 수립했다. 그 결과 한국의 외교권을 박탈했고, 이에 따라 한영미 3국의 공사관이 주재국으로부터 철수, 외교관계는 단절된 것이다.

영국은 일본과 두 차례 영일동맹을 체결했다. 영일동맹의 궁극적 목적은 일본이 영국을 대신하여 러시아와 대리전을 감행, 러시아의 남침을 억지하고 그 대가로 일본은 한반도를 정복·지배한다는 것이었다. 그러므로 한국은 결국 영일동맹 책략구현을 위해 '정치적 희생양'이 된 것이다. 영미 양국은 한국의 자립불능을 이유로 대한(對韓) 거중조정 공약을 폐기하고 일본의 한국지배를 적극 지원했다. 무력외교(power politics)가 지배하는 제국주의 시대, 초강대국인 영국과 동방의 한 약소국과 체결한 한영조약은 자치·자립의 힘이 없는 한, 조약의무의 정당한 권리조차 주장할 수 없다는 정치원리가 국제관계를 지배해 왔음을 보았다. 그러기에 자치·자립의 국력(國力)의 뒷받침이 없으면 여하한 대외조약도 한 조각의 휴지 조각 이상의 가치가 없다는 역사적 교훈을 얻을 수 있다. 영·미 양국의 대한 거중조정 폐기는 국제정치 도의상 분명히 조약의무 포기 또는 배신행위라고 지적할 수 있겠으나 조약의무를 이행할 수 있도록 최소한도의 자립능력을 갖추지 못한 것은 한국 스스로가 한국을 배신했다는 자성(自省)과 비판을 받아 마땅하다.

'서사록'은 1902년 영국 에드워드 7세의 대관식 한국 축하사절단 의양군(義陽君) 이재각(李載覺) 특명대사의 수행원 이종응(李鍾應)의 세계 견문기록이다. '서사록'이란 "서양에 배타고 갔다온 기록"이란 뜻이다.

한편 '서유견문록'은 이종응이 서사록을 일기식(日記式)으로 기록하고나서 별도로 한글로 기록한 기행가사(紀行歌辭)이다. 따라서 '서유견문록'은 세계견문 기행가사란 뜻이다(현제 종손 李海石 소장).[1]

이종응(李鍾應, 1853~1920)은 철종 4(1853)년 경기도 수원에서 이명식(李明植, 1827~1910)의 장남으로 태어났다. 중종 대왕의 11대손으로 관직은 무과 사헌부 감찰계 통정(武科 司憲府 監察階通政)이다.[2] 1896년 9월 궁내부 소속으로서 시종원이 창설됨에 이종응은 시종원(侍從院) 시어(侍御)에 임명되었다. 시종원은 임금의 비서·어복(御服)·어물(御物)·진후(診候)·의약(醫藥)·위생 등에 관한 업무를 맡아보는 궁내부의 한 마을이다. 이종응으로서는 '시종원 시어'가 그의 유일한 벼슬이다.[3]

그는 1902년 이재각 부영특명대사의 수행원에 발탁되어 영국사행

---

1 李光虎 譯, 「한국인이 본 1902년의 世界文物」, 『新東亞』(1982. 1) pp.312~333, '영국 견문록 97년만에 첫 공개'; 『朝鮮日報』(1999. 4. 12) 「귀신이 아니면 어떻게 이런 富를—감탄」; 『東亞日報』(1999. 4. 12), 「영 여왕 증조부 대관식에 대한제국 사절단 보냈다」.

2 『璿源續譜』 권 1, 李鍾應敎旨. 李明植→子 鍾應 →子 載昇 →子 宇鎔 →子 海石 →子 甲柱.

3 『高宗純宗實錄』中 p.597(건양 원년 9. 6).

을 수행했다. 이재각 사절단원 중 이종응은 나이가 가장 많은 연장자이다. 이종응은 당년 50세이며, 이재각 대사는 당년 30세이다. 따라서 이종응은 항렬(行列)로 따져 장헌세자(莊獻世子)의 4대손인 이재각에게는 숙항이 된다. 원래 특명대사는 수행원으로 자신보다 나이가 어린 사람을 발탁해서 동반하게 된다. 그러나 이재각 대사의 경우 자신보다 항렬이 숙항인데다 나이도 무려 20년 연장자를 수행원으로 동반했다는 것은 이례적인 인사기용이 아닐 수 없다.

서사록은 이종응의 장손 이우용(李宇鎔)이 1922년에 베껴쓴 필사본이다. 이종응의 종손 이해석(李海石)의 증언에 의하면, 필사본은 자신이 보관해오고 원본은 이종응의 외손인 재미교포 한범석(韓凡錫, 83)이 보관하고 있다고 한다.

저자는 한문전용 필사본을 입수하여 복사한 후 문서를 감정하게 되었다. 가로 21.5㎝, 세로 30㎝ 크기의 책자에 1행당 21자 12행, 총 68쪽으로 된 서사록은 이종응이 매일 일기식으로 상세히 기록한 한국 최초의 세계견문기이다. 따라서 서사록은 이종응이 1902년 4월 7일 인천을 출발, 8월 20일 인천으로 돌아올 때까지 4개월 15일간 총 136일간의 세계일주항행을 기록한 세계 각국 순방 여행기록이라는 점에서 그 사료적 가치는 대단히 높게 평가되고 있다. 그의 순방국을 보면, 일본, 캐나다, 미국, 영국, 프랑스, 이탈리아, 콜롬보, 싱가포르, 홍콩, 중국 상하이 등 10개국에 이르고 있다.

이재각 사절단 일행은 일본 요코하마(横濱)에 들러 유찬(劉燦) 주일한국공사의 영접을 받으며 동경의복점(東京衣服店)에서 사절단 일행의 예복(燕尾服)을 맞추어 입고 일동 기념촬영한 후 태평양 항행에 올랐다. 서사록에는 일본 나가사키와 요코하마 등 항구에서 처음으로 일본이 명치유신 후 불과 30년 만에 근대화 개화문명화에 성공, 과학문명이 발전한 모습을 보고 처음으로 문화적 충격을 받았다고 기록해 놓고 있다.

서사록 서문에 이르기를,

광무 6년 임인년(1902) 여름 5월에는 대영제국 대군주(에드워드 7세)의 즉위 대관식이 거행될 예정이다. 이에 광무 황제께서 의양군 이재각(李載覺)을 보내어 대군주 앞에 나아가 치하하게 했다. 나도 비서의 책임을 맡아 수행하면서 공사문서와 많고 적은 비용, 통과 여행한 여러 나라의 산천과 인물 풍속 등에 관한 특이한 견문, 서양 여러 나라의 장관을 널리 보고 들은 바를 빠짐없이 기록하게 되었다. 심지어 날씨가 흐리거나 맑거나 바람이 불거나 비가 오는 등 기상변화까지도 모두 자상하게 기록하였다. 여기 기록한 문자(견문기)는 비록 더할 수 없이 천속하고 비루할지 모르겠지만, 이는 백 가지로 바쁜 시간 중에 정신을 집중해서 적어둔 것이기에 이 기록을 책으로 엮게 되었다. 이리하여 이 책을 집안에 비치해서 집안 청년들이 이를 열람해 보고 그 당시의 장관(壯觀)과 고생스러움(辛苦)이 어떠했는가를 알게할 뿐이다. 壬寅 七月 晦日(1902. 9. 1) 李鍾應[4]

일반적으로 고문서는 원고 집필 완료일자 즉 탈고일을 명기한 예는 드물다. 그런데 서사록의 경우 원고 탈고일을 분명히 밝혀 놓고 있다. 상기 서문에 적은 일자는 음력일자 즉 "임인년(1902) 7월 그믐 이종응"이라 명기했다. 이는 양력으로 환산하면 "1902년 9월 1일"이다. 그러므

4 『西槎錄』序.

로 1902년 9월 1일에 원고집필을 완료한 셈이다. 따라서 "집안 청년들이 열람해 보고"라고 한 것은 서사록은 대를 물려 집안에 소장(家藏)하면서 후손들이 이를 열람케 함으로써 역사적 교훈을 주기 위한 의도적인 작품이다.

이재각 축하사절단 일행은 1902년 4월 5일 인천 출항 이후 2개월간 항행 끝에 6월 6일 런던에 도착, 영접관 케번디시(Cavendish), 주영공사 민영돈(閔泳敦), 참서관 오달영(吳達榮), 주사 이기현(李起鉉), 영국 유학생 윤기익(尹基益), 주영 한국명예총영사 모건(Morgan) 등의 영접을 받았다. 한국사절단 일행은 산업혁명 이래 급속도로 발달한 영국의 과학문명의 발전 모습을 보고 감탄했다. 이 조그마한 섬나라 대영제국이 11개 자치식민지(영 연방), 세계 육지의 4분의 1(2,816만㎢)를 점유하고 있다. 그야말로 태양이 지지 않은 영연방(the British Commonwealth)의 광대한 영역을 지배하면서 대영제국의 영광을 구가하고 있다. 세계 경제를 지배하는 부강한 나라로 성공한 영국의 경제력과 부강을 보고 "귀신이 아니면 어떻게 이런 부(富)를 누릴 수 있는가"라고 경천동지(驚天動地)하지 않을 수 없었다. 현대식 고층건물이 즐비하고 잘 포장된 도로, 보도 위에는 얇은 돌로 깔아 사이 사이 가로수가 일정한 간격을 두고 심어진 런던 거리 풍경을 보고 근대 과학문명의 경이로운 발전상을 한껏 선망하기도 했다.

6월 13일 이재각 부영대사는 버킹엄 궁을 예방, 에드워드 7세에게 국서를 제정했다. 영국왕은 "몇 만 리 바닷길을 과연 잘 건너오셨오?"라고 말하기에 "황령(皇靈)의 덕택으로 일행이 잘 건너 왔습니다"라고 대답했다. "귀국의 대황제는 옥체가 태평하신가? 또 귀대황제의 특파대사께서 멀리 찾아와 주시니 감복함을 이기지 못하겠으며 양국의 교의(交誼)가 더욱 두터워지기를 바란다."라고 말했다. 영국왕의 모습은 풍안백발(豊顔白髮)에 덕기가 넘쳐흘렀다. 버킹엄궁의 굉걸(宏傑)함을 보고 옛날 맹자(孟子)가 제(齊)나라 왕의 거처를 보고 "크도다 거처여(大哉居乎)라고 감탄했는데, 그 제나라가 바로 오늘의 영국이로다" 라고 경탄했다.[5]

서사록의 탈고일자가 "임인(1902) 7월 그믐날(양 9월 1일)"이라고 명기되어 있다. 서유견문록에는 "임인(1902) 팔월 이십팔일(양 9월 29일)"이라고 원고 탈고일자를 밝혀 놓고 있다. 그렇다면 이종응이 8월 20일 귀국한지 한달여만에 서유견문록을 탈고한 것으로 확인된다. 이종응은 9월 1일에 서사록을 탈고했고, 이를 참고해서 한달만인 9월 29일에 서유견문록을 탈고한 것이다.

| 2 | 서유견문록 해설

서사록이 순한문 필사본인데 반해 서유견문록은 이종응이 영국사행 중 기록해서 보관해온 한글전용문서 원본이다. 서유견문록은 한마디로 말해서 "한글 세계 견문 기행가사(紀行歌辭)"라고 정의할 수 있다. 서사록이 순 한문전용체 문서이지만 서유견문록은 순 한글전용체 문서이다. 모두 50쪽에 행수는 총422행의 장편가사이다. 따라서 서유견문록은 개항기 한국 최초의 한글전용체 세계견문 기행가사라는 데 그 의미가 크다 하겠다.

5　『西槎錄』(광무 6년 6월 13일).

조선시대를 통하여 조선의 대외관계는 사대교린(事大交隣) 외교정책이 기본원리이다. 중국에 조공사신을 보내는 대중(對中) 사대외교, 일본에 조선통신사(朝鮮通信使)를 파견하는 대일(對日) 교린외교가 전부였다. 그러기에 외국기행가사로 현재 남아 있는 것은 연행사신이 기록한 연행가(燕行歌)와 조선통신사 수행원이 적어 놓은 일동장유가(日東壯遊歌) 등 기행가사가 있다. 홍순학(洪淳學, 1842~?)은 1866(고종 3)년 주청사(奏請使) 류후조(柳厚祚)의 서장관(書狀官)으로 발탁되어 북경사행시 보고들은 것을 사실적 묘사로 기록한 기행가사 연행가(燕行歌, 1890행)를 남겼다. 우리나라에 처음으로 고구마 도입 원조인 조선통신사 정사 조엄(趙曮)의 삼방서기(三房書記)로 수행한 김인겸(金仁謙, 1707~?)이 1763(영조 39)년 일본사행을 수행했다. 김인겸은 에도(江戶)까지 수행하고 그 이듬해에 귀국할 때까지 일본 각지를 직접 답사하면서 일본 고유의 풍속, 제도, 인정 그리고 서민의 생활상에 이르기까지 직접 체험하면서 관찰한 바를 개성적인 판단을 삽입하면서 실감 있게 서술한 장편기행가사 일동장유가(日東壯遊歌, 4,100행)를 남겼다. 이는 연행가와 함께 기행가사의 백미이다.

현재 남아있는 외교사절의 기행가사가 아닌 서구나라의 기행가사로는 해유가(海遊歌)가 전해져 오고 있다. 이는 미국여행을 기록한 미국기행가사라고 말할 수 있다. 김한홍(金漢弘, 1877~1943)이 1903년 미국여행, 아마도 하와이 한국이민선을 타고 도미해서 하와이와 미 본토 샌프란시스코에서 5년간 미국 생활을 기록한 기행가사이다. 김한홍(金漢弘, 慶北 盈德郡 江口面 下直里)은 김령(金寧) 김씨로서 단종(端宗) 복위운동에 가담, 처형된 충의공(忠毅公) 백촌(白村) 김문기(金文起)의 15대손이다. 해유가는 46쪽 471행에 달하는 장편 기행가사이다. 그러나 김한홍이 미국 현지에서 기록한 것이 아니고 그가 1908년 향리로 돌아와서 일제강점기 자신의 경험을 기억으로 더듬어 회고해서 기록해 둔 것이기에 이는 일제강점기 시대의 작품으로 간주된다. 김한홍은 하와이에서 대한제국 주하와이 영사관 협회부(協會部) 서기직을 잠시 역임했다고 밝히고 있다.[6]

그런데 대한제국시대에 하와이에는 한국 영사관이 개설된 사실이 없다는 것이다. 그렇다면 저자 김한홍이 스스로 과장해서 자신이 주하와이 한국영사관에서 잠시 근무했다고 자랑했을 것으로 보인다.[7]

운문 문학인 가사(歌辭)에서의 자수율(字數律)은 표현형식상 대단히 중요한 의미를 차지한다. 대개 조선 중기 이전에는 3·4조의 가사가 지배적이었다. 그러나 중기 이후부터 4·4조의 가사가 정형화되고 있다. 개화기로 접어들면서 천편일률적으로 4·4조의 가사가 유행했고, 특히 동학 천주교 의병 등의 활동을 기록한 개화기 가사는 모두가 4·4조의 획일성이 심하게 나타나고 있다. 이는 가사의 교술(敎述) 지향적 이념화를 말해주고 있다. 4·4조가 3·4조에 비해 표현성 유연성이 뒤

6 朴魯埻, 「海遊歌 一名 西遊歌의 세계인식」, 『韓國學報 64 一志社』(1991년 가을), pp.194~239.

7 『大韓每日申報』(1904. 5. 16); 김원모,「하와이 한국이민과 민족운동」, 『미국사연구』 8(1998), pp.187~219; 『皇城新聞』(1905. 8. 10), 請派領事(영사 파견을 청하다).
하와이 한국이민은 1903년 1월부터 개시되었는데 1905년 12월까지 총 7,394명의 한인 노동자가 이민선을 타고 가서 하와이 사탕수수밭에서 일했다. 이렇게 거대한 한인집단이 형성됨에 한인을 법적으로 보호해줄 한국영사관의 설치가 절실히 요망되고 있었다. 이에 하와이 교민단체는 1905년 8월 이동호(李東鎬)를 총대(總代)로 선출, 한국으로 파견해서 외부대신 이하영(李夏榮)에게 하와이 교민보호를 위해 하와이에 한국영사관 설치를 호소하는 '청원서'를 제출했지만 이때 이미 고문정치 실시로 한국의 외교권이 친일 외교고문 스티븐스(D. W. Stevens, 須知分)의 수중에 넘어갔기 때문에 결국 한국영사관 개설 시도는 무산되고 말았다. 그러므로 "주하와이 영사관 협회부 서기관을 잠시 역임했다"는 말은 지어낸 픽션이다. 아마 김한홍 자신이 하와이 노동이민이 아니고 관직을 역임했다는 것을 과시하기 위해 이같은 과장된 표현을 꾸미었을 것으로 보인다.

떨어지고 있다는 점에서 가사문학 발달사에서 퇴조현상이라고 지적되고 있다.[8]

가령 황성신문이나 대한매일신보 등에서 친일민족반역자를 규탄하고, 현실정치를 풍자형식을 빌어 비판하는 등 항일성 가사문학이 발달하고 있는데, 이것 모두가 4·4조의 획일성을 벗어나지 못하고 있다.

이제 서유견문록과 해유가를 대비해서 검토 분석해 보기로 한다. 해유가는 고사성어 등 난삽한 현토한문식 한문 문자로 표기한 국한문 혼용체 가사이다. 일반적으로 개화기 가사 대부분이 국한문 혼용체 가사이다. 이에 비해 셔유견문록은 순 한글전용가사이다. 어려운 한문 문자에는 한글로 풀이한 글귀를 각주처럼 달아 놓고 있다. 가령 반접관(伴接官) 옆에 '벼실일흠'이라 써놓고 있다. 그러므로 서유견문록은 유일한 한글전용 기행가사이다. 해유가는 일제강점기 작품인데도 3·4조가 우세하게 작용하고 있다. 이는 표현상 개화기의 4·4조 형식을 탈피했다는 점에서 다소 유연성을 보이고 있다. 이에 비해 서유견문록은 개화기에 기록한 기행가사임에도 불구하고 4·4조를 기본바탕으로 하고 간혹 이를 뛰어넘어 표현형식상 파격현상이 두드러지게 나타나고 있다. 이는 구미 선진 과학문명의 발전상을 표현하는 데는 3·4조나 4·4조 형식으로는 리얼하게 표현할 수 없었기 때문이다.

1902년 6월 19일 밤 런던 밤하늘에는 불꽃놀이가 벌어졌는데, 서유견문록에는 "예서도 탕탕 제서도 탕탕/ 그저 탕 또 탕탕 안식하다가/ 청천 반공중에/ 오색비가 나리난듯 또 씩씩 탕탕/ 이 천지가 모도다 불천지라/ 연념(煙焰)이 창천/ 신기도 하고 이상도 하거니와 / 그저 두

8 박노준, 전게서, pp.201~202.

눈 캄캄 귀가 먹먹"[9]이라 3·4조나 4·4조의 격식을 타파한 교술적 표현양식을 보이고 있다.

해유가는 일제강점기 작품이어서 그런지 모르겠지만, 미국 국명을 美國이라 표기하지 않고, 일본식 米國이라 표기하고 있다. 그러나 가혹한 일제 치하에서 쓴 작품이지만 일제에 대한 적개심 원한이 노골화한 항일성 표현을 하고 있다. 이를테면 일본을 가리켜 '불공대천(不共戴天) 네 나라'라고 규탄하고 있다. 이에 비하여 서유견문록에는 시종일관 미국 국명을 한국어식으로 미국(美國)이라 표기하고 있다. 그러나 이 작품에서는 을사조약 3년 전임에도 불구하고 대한제국 멸망의 모기(暮氣)를 전혀 감지할 수 없다. 뿐만 아니라 일제의 한국 침략행위에 대한 적대적 항일성 문구를 전혀 찾아볼 수 없고, 오히려 일본의 괄목할 만한 근대화 모습을 보고 선망·찬양하고 있다.

서유견문록 말미에 "이 책이 다른 책과 다르니 타인은 번역하여 가든 못할 사"라고 명기해 놓고 있다. 제3자가 함부로 본 한글문서 가사를 필사해가거나 번역해 갈 수 없다는 경고성 성명을 말미에 달아놓고 있다. 이는 요즈음 말로 하면 불허복제(不許複製)라는 뜻이다. 이같은 귀중한 한글 문서가 이종응 종가댁에서 가장(家藏)되어오다가 원고 탈고한 지 100년 만에 공개되어 학계에 보고되었다는 점에서 대단히 의미있는 신발굴문서가 아닐 수 없다.

---

9 『서유견문록』 259~265행.

왼쪽부터 참리관(參理官) 김조현(金祚鉉), 통역관(通譯官) 고의경(高義敬), 특명부영대사(特命赴英大使) 이재각(李載覺), 인천 주재 영국 영사 고페(葛福), 비서 이종응(李鍾應) 한국 사절단은 일본 요코하마 동경의복점에서 예복(연미복)을 맞춰 입고 기념 촬영했다. ※고페(葛福갈복)

『서사록西槎錄』, 『서유견문록』의 저자 이종응(李鍾應, 1853~1920)

영국 에드워드 7세 대관식 한국 축하사절단 세계일주 항행 노정

| 3 | 이종응의 서사록 전문 번역[10]

〈번역문〉

1902(광무 6)년 임인(壬寅) 여름 5월에는 대영제국 대군주의 즉위 대관예식(戴冠禮式)이 거행될 예정이다. 이에 광무 황제께서 의양군(義陽君)

10 『東洋學』 제32집(2002), pp.127~215. 김원모 「이종응의 '서사록'과 '서유견문록' 解題」

이재각(李載覺)을 파견, 대영제국의 대군주께 치하하게 하였다. 나도 비서의 책임을 맡아 수행(隨行)하면서 공사문서(公私文書)와 크고 작은 비용, 통과 여행한 여러 나라의 산천과 인물 풍속 등에 관한 특이한 견문, 서양 여러 나라의 장관을 널리 보고 들은 바를 빠짐없이 기록하게 되었다. 심지어 날씨가 흐리거나(陰), 맑거나(晴), 바람이 불거나 비가 오는(風雨) 등 일기의 변화까지도 모두 기록하였다. 여기 기록한 문자(見聞記)는 비록 더할 수 없이 천속하고 비루할지 모르겠지만, 이는 백가지로 바쁜 시간 중에 정신을 집중해서 적어둔 것이기에 이 기록을 책으로 엮게 되었다. 이리하여 이 책을 집안에 비치해서 집안 청년들이 이를 열람해보고 그 당시의 장관(壯觀)과 고생스러움(辛苦)이 어떠했는가를 알게 할 뿐이다.

1902년 임인(壬寅) 7월 그믐날(晦日) 이종응(李鍾應)[11]

1902(광무 6)년 1월 30일 사신을 파견한다는 조칙(詔飭)이 철회되었다. 그 당시 완순군(完順君) 이재완(李載完)에게 미리 가 대관예식을 치하하게 했던 바, 일이 있어 그러지 못하게 되자 다시 이재각에게 특파조서가 내린 것이다.[12] 조서에 이르기를, "대영제국 대군주 겸 오인도황제께서 즉위해서 대관예식을 거행하는 경사스러운 날이 멀지 않으므로 짐은 이에 의양군 이재각을 특명대사로 삼아 때에 맞추어 하례의식에 참여하게 하노라"라고 하였다.

---

11 임인 7월 그믐날이란 양력으로 1902년 8월 그믐날이다. 영국 사행임무를 완수하고 8월 20일 귀국 복명했으므로 귀국 직후에 서사록을 탈고했음을 확인할 수 있다.

12 『承政院日記』(고종편) 권 14, p.783(광무 5. 12. 21). "詔曰 大英國 大君主 兼膺五印度皇帝 卽位戴冠禮式 庚辰在邇 朕以義陽君 李載覺 特命大使 赴時前往 進參賀儀" 여기서 청안군 李載純 대신 完順君 李載完이라고 기록하고 있다.

1902(광무 6)년 2월 3일(辛丑 12. 25)

특명 부영대사(赴英大使) 의양군(義陽君) 이재각(李載覺)

1902년 3월 22일(음 2. 13)

특명 부영대사 수원(隨員)

정삼품(正三品) 이종응(李鍾應)[13]

예식원(禮式院) 번역과장(繙譯課長)[14] 고희경(高義敬)

참리관(參理官)[15] 김조현(金祚鉉)[16]

〈이종응의 서사록(西槎錄, 1902)〉 전문 번역

4월 5일(음 임인 2. 27) 맑음[17]

출발 하루 전날 밤에 대궐에 들어가 하직인사를 드리려고 네 행인(대사 및 수행원 3인) 입궐했으나 때마침 다른 공무와 상치되어 입시(入侍)하지 못했다. 오후 7시 반에 외부(外部)의 청첩을 받아 일행이 외부를 방문했더니 주한 영국공사 조던(J. Jordan, 朱邇典)도 와 있었다. 외부 서리대신 유기환(俞箕煥) 협판(協辦) 최영하(崔榮夏) 교섭국장(交涉局長) 이응익(李

13 『뮈텔주교일기』권 3(한국교회사연구소, 1993), p.166(1902. 8. 18). 그 당시 실록이나 외교문서에는 특명대사 이재각의 이름만 기록되어 있을뿐, 영국 대관식 예식사절단을 안내하는 외교고문 고페(H. Goffe, 葛福를 비롯하여 수행원 3명의 명단을 찾아볼 수 없다. 뮈텔주교일기에 수원 李鍾應의 이름만 처음 보인다.

14 궁내부(宮內府) 소속으로 외국과의 왕복문서를 번역하는 업무를 담당하는 관아.

15 구한국 궁내부 예식원의 한 벼슬. 외국어 통역 및 번역 업무를 맡았음.

16 『閔忠正公遺稿』(국사편찬위원회, 1958), pp.143~144; Allen, *A Chronological Index*, p.199(March 24, 1897); 김원모, 『근대한국외교사연표』, p. 157(1897. 3. 24). 1897년 3월 24일 주차구주 특명전권공사 민영환(閔泳渙)이 러시아 빅토리아 여왕 즉위 60주년 축하식에 경축사절로 파견될 때 김조현은 外部繙繹官補로 수행했다.

17 Allen, *ibid.*, p.224(April 4, 1902); 김원모, 상게서, p.193(1902. 4. 4).

應翼) 등 여러 인사들이 함께 모여 해외여행을 축하하며 환송인사를 나누며 양식을 들었다. 서로가 회포를 푼 다음 작별인사를 나누었다. 또 다시 궐문으로 나아갔으나 바깥문이 이미 자물쇠로 채워져 있었다. 조금 있다가 표신(標信)[18]을 보이고 입궐하여 폐하를 알현했다.

4월 6일(2. 28) 밤에 비가 오다가 개임

오전 2시에 일행 네 사람은 입궐, 폐하께 사직하고 친서(국서) 한 통을 받았다.[19] 나는 대사와 함께 칙명(국서)을 받들고 표훈원(表勳院)[20]에 가서 친서를 봉안(奉安)하고 하룻밤을 쉬었다. 오전 11시에 돈의문(敦義門) 서대문 밖 정거장으로 나와 12시에 기차를 탔는데, 외부대신 유기환, 협판 최영하 두 분과 신사들이 나와 전송했다. 우리 일행은 친지 10여명과 함께 기차를 타고 오후 2시에 인천항에 도착했다. 인천감리(仁川監理) 하상기(河相驥)씨의 영접을 받고, 중국인 이태가 경영하는 이태여관(怡泰旅館)에 들어가 짐(行李)을 정돈했다.[21] 이날 밤에 중추원(中樞院) 의장 김가진(金嘉鎭) 참서관 서병숙(徐丙肅) 두 분께서 비를 무릅쓰고 와서 회포를 푼 다음 각기 숙소로 돌아갔다.

---

18 급변을 고할 때나 대궐을 출입할 때 사용하던 문표(門標).

19 『舊韓國外交文書』권 14(英案 2), p.413, 443, 영국 에드워드 7세의 대관예식은 6월 26일 거행될 예정이다. 戴冠式祝賀大使 派送國書 敬白英國君主 兼膺海外所有屬國 皇帝陛下 皇后陛下 戴冠大禮之辰 不勝懽喜 玆命 皇族 從二品 義陽君李載覺 充任大使 齎呈親書 隨参慶禮 庸伸賀祝之忱 冀賜延見 領此至意 幷祈兩陛下 壽祿無疆 光武六年四月六日 在漢城慶運宮.

20 대한제국 훈장(勳章) 기장(記章) 상여(賞與) 등 업무를 맡아보는 관아.

21 崔聖淵,『仁川鄕土史料 開港과 洋館歷程』(京畿文化社, 1959), p.106.

4월 7일(2. 29) 맑은 뒤 짙은 안개

오전 9시에 네 일행(行人)이 여관을 나와 부두에 도착했다. 영국 영사 고페(H. Goffe, 葛福)가 우리 일행의 고문관 자격으로 와서 기다리고 있었다.[22] 악수하고 인사를 나눈 후 함께 윤선(輪船)에 올랐다. 총세무사 브라운(J. Mcleavy Brown, 柏卓安)을 비롯하여 여러 친지들이 조그마한 배를 타고 러시아 윤선 로니호(露尼號)가 정박하고 있는 곳까지 와서 전송해 주었다. 작별하고 돌아간 뒤에 기적이 두 번 울리자 배는 출항했다. 이에 우리 일행 네 사람은 각기 선창안 선실로 들어갔다.

선실의 침상과 휘장의 배포가 자못 정결했다. 잠시 쉬고나서 타루(柁樓) 위로 올라가서 한가하게 갑판을 거닐면서 배의 장식과 기계의 웅부(雄富)함과 규모의 주밀함을 자세히 살펴보았으나 속필(俗筆)로는 이루다 표현할 수 없었다. 얼마 후 방울 소리가 두 번 울리더니 영국 영사 고페가 와서 식사시간이라고 알려주었다.

이에 의관을 정제하고 식당에 들어가 자리에 앉았다. 식탁은 가지러니 잘 정돈되어 있었고 식기가 정갈하게 놓여 있었다. 서양인 남녀, 아이들 수십 명과 함께 한자리에 모여 앉아 식사를 했는데, 음식이 수차례에 걸쳐 제공되었고, 마지막에는 차대접을 받고 식사는 끝났다. 식당을 나와서 흡연실로 들어가 한차례 답답한 마음을 풀었다. 이같은 일을 하루에 세 번씩 되풀이했다. 매번 기계가 움직이는 소리를 들을 때마다 "부지런히 힘써 밤낮으로 쉬지 않고 움직이는 것이 마치 지성껏 쉬지 않고 움직이는 하늘의 도(道)에 견줄만 하였다(晝夜不息 譬如至誠不息之

22 인천 주재 영국영사 고페는 고문관 자격으로 영국 대관식 한국사절단을 안내 역할을 담당, 이날 합류한 것이다. 일행은 모두 5명이 되었다.

道)" 나는 이를 두고 "하늘이 하는 일(天工)을 사람이 대신 하는구나"라고 생각했다.

4월 8일(3. 1) 맑음

오후 1시에 비가 억수같이 쏟아지면서 화분을 쓰러뜨렸다. 우리 네 사람은 타루(柁樓, 배의 키를 조종하는 선실의 높은 곳) 위를 배회하다가 남쪽을 바라보니 몇 개의 산봉오리가 파도위로 출몰하는 것을 보고 선원에게 물으니 제주(濟州)의 한라산(漢拏山)이라고 한다.

4월 9일(3. 2) 흐린후 맑음

오전 8시에 일본 나가사키(長崎)항에 도착했다. 이 항구의 순사 한 사람이 군의(軍醫) 한 사람을 대동하고 배에 올라와서 여객들에게 의심스러운 병이 있는지의 여부를 확인한 후 하선을 허락했다. 11시에 하선해서 나가사키의 서양인 여관에 투숙했다. 대궐로 무사도착을 전보로 아뢰고(電奏), 또 집에 편지도 부쳤다.

4월 10일(3. 3) 맑고 바람

해가 진 뒤에 우리 네 사람은 거리로 나가 한가하에 노닐었다. 도로에는 한 점의 티끌이나 오물이 없었다. 작은 도랑과 큰 개울의 구획이 분명하고, 진귀한 나무와 아름다운 화초가 가지런히 정열되어 있어서 맑은 그늘이 땅에 가득히디. 저자의 가게(市肆)들이 서로 잇닿아 즐비하고 상품이 산더미처럼 풍부하다. 노래 부르며 노는 극장(戲場)에서는 남녀가 어울려 즐거이 놀고 있어서 그 기상(氣像)이 태평스러워 보였다.

항구 안의 선박들은 갈대처럼 늘어서서 밤이면 수백 수천의 등불이 수면 위를 눈이 부시도록 비추고 있었다.

4월 11일(3. 4) 흐리고 맑음

오후 2시에 우리 일행이 유람하다가 한 고찰(古刹)에 이르렀는데 절문 밖에는 커다란 돌비(石碑) 한 개가 서 있었다. 석비 정면에 어폐(御幣) 두 글자가 가로로 씌어있었다. 층계 위에는 구리로 만든 기둥문(銅柱門)이 있었고, 그 제도는 우리나라의 홍살문(紅箭門)과 거의 흡사했다. 높이는 4, 5장(丈)이고 기둥 둘레는 두 아름(抱) 정도이며 기둥 위에 "明治二十九年製造(1896)"이라고 큰 글자를 써놓고 있다. 또한 이 문을 세우는데 찬조한 사람의 성명도 기록되어 있었다. 층계마다 대문이 있고 맨 위 층계의 대문에는 취방대사(諏訪大社)라고 쓴 현판이 걸려 있었다. 문 안에는 구리로 만든 말(銅馬)이 한 필이 서 있었는데 몸집이 아주 장대하고 불당앞 층계 좌우에는 구리로 만든 사자(銅獅子) 두 마리가 서 있었다. 이곳에서 본 각가지 기괴한 물건들을 일일이 다 기록할 수 없다. 돌난간과 돌탑은 지극히 질박하고, 고목과 울창한 등나무, 무성한 대나무밭, 기이한 꽃으로 꾸민 경치(景光)는 깊고 그윽했다. 동쪽 석대 위에는 정갈한 집(淨屋) 한 채가 있었다. 내키는대로 걸어서 나아가니 푸른 나무 그늘 아래에 몇 개의 의자와 탁상을 설치해 놓았다. 우리 네사람이 빙 둘러 앉으니 미녀 두 사람이 와서 절하면서 맥주를 가져왔다. 이에 술과 차를 마시면서 한담을 나누다가 주위를 거닐기도 했다. 돌아올 때 두 여인에게 약간의 은화를 주니 감사하다고 인사한 다음 받았다.

4월 12일(3. 5) 맑음

낮 12시에 나가사키항을 출항했다. 프랑스(法國) 상선 '뒤쓰호'에 탑승했다. 선박 위의 기계와 선창에서 일하는 선원은 흑인이 절반을 차지했다. 이날 풍랑이 크게 일어났다. 오후 11시에 마관(馬關, 시모노세키 下關)을 통과했다.

4월 13일(3. 6) 맑음

바람이 멎고 풍랑이 가라앉았다. 오후 고베(神戶)항에 도착했다. 기일이 촉박해서 하선하지 못하고 다만 배 위에서 항구의 지세를 바라보니 그 규모가 나가사키에 미치지 못하는 것같다.

4월 14일(3. 7) 맑음

오전 7시에 고베로부터 윤선이 출항했다. 바람이 순하고 파도가 일지 아니해서 항행은 순조로웠다. 망망한 해상에는 무수한 범선(帆船)이 출몰, 왕래하고 있었다. 오후 3시에 풍랑이 자주 일어나자 항행이 편하지 못했다.

4월 15일(3. 8) 맑음

오전 9시에 요코하마(橫濱)항에 도착해서 미국 상인의 여관 그랜드 호텔(Grand Hotel)에 투숙했다. 대궐로 전보를 치고 집에도 편지를 부쳤다.

4월 16일(3. 9) 맑음

주일공사 대리 유찬(劉燦)이 찾아와서 반나절 동안 회포를 풀고 점심을 먹은 후 작별했다.

4월 17일(3. 10) 맑음

일본 도쿄 빈이궁(濱離宮)에서 벚꽃놀이 관앵회(觀櫻會)가 개최되었는데 궁내대신이 조칙을 받들어 청첩하기에 나는 고희경 수원과 함께 이 벚꽃 관상모임에 참석했다.

4월 18일(3. 11) 맑음

오후 7시부터 비가 내렸다.

4월19일(3. 12) 비

비가 오다가 오전 9시에부터 개였다.

4월 20일(3. 13) 맑음

이날은 날씨가 따뜻하고 바람이 화평해서 점심을 들고서 식당 서쪽 석대(石臺)에 올라갔다. 해상을 바라보니 보트(踵船) 3척이 떠 있었다. 각 선상마다 10여인이 타고 있었는데, 첫 번째 배위의 사람들은 붉은 옷(紅衣)를 입었고, 두 번째 배 위의 사람들은 초록색 옷(綠衣)을 입었으며, 세 번째 배의 사람들은 흰 옷(白衣)을 입고 있었다. 일자로 배열해 서고 배 3척 뒤에 또 하나의 작은 윤선(小輪船)이 있는데 배 위의 사람들은 수십인이고 각각 홍·녹·백색의 깃발을 들고 있었다. 갑자기 한발의 포성이 울리자 배 3척은 일제히 노를 져으며 나르듯 맞은 편 해안 언덕을 향해 달리는 것 같았다. 작은 보트 위의 사람들은 삼색기(三色旗)를 흔들면서 달리는 보트를 향해 함성을 지르고 있었다. 3척의 배가 일시에 앞을 다투며 질주했다. 맞은 편 해안가 언덕에 먼저 도달하는 배가 우승하는 배이다. 이곳 토인에게 물어보니 대답하기를 "이것은 경주놀이(競走戲)다. 각 학교 생도들이 이 운동을 위해 대(隊)를 나누어 승부를 건다. 작은 윤선상의 사람들은 앞서고 쳐지고 이기고 지는 자를 검사(檢查)하는 심판관이다. 대개 서양의 풍속을 따온 것인데 하나의 아름다운 조정경기(a boat race)였다. 해안 언덕 위에서 경주 구경하는 사람이 많았다.

4월 21일(3. 14) 맑고 흐림
우편으로 집에 편지를 보냈다.

4월 22일(3. 15) 맑음
동경의복점 주인이 대례복(大禮服)을 가봉(假縫)하기 위하여 와서 우리 네 사람의 몸의 장단 키 품 등의 치수를 재고 돌아갔다.[23] 유찬(劉燦) 공사가 내방해서 편안하게 회포를 풀었다. 오후 3시에는 우리 일행 네 사람은 마차를 타고 대로를 달려 공원에 들어가 화초를 완상(玩賞)하고, 또 경마장 구경도 했는데 그 규모가 웅장했다. 그후 마차가 가는대로 도로를 왕래하며 한가로이 구경했다. 도로는 평탄하고 크고 작은 가옥들이 가지런하고 화려해 보였다. 비록 몇집 안되는 해촌(海村)의 초가집에도 새장(鳥籠)을 올려 달아놓아 운치가 있었다. 가다가 어느 한곳애 이르러 산꼭대기를 바라보니 조그마한 암자가 있었다. 마차에서 내

23 한국 부영특명대사 일행은 요코하마의 동경의복점(東京衣服店)에서 영국 에드워드 7세의 대관식에 입을 대례복을 주문 제작했다.

려 지팡이를 집고 산에 오르니 산은 오히려 평탄했다. 불당은 정결하고 처마 밑에 백롱산(白瀧山)이라 쓴 큰 글씨 3자를 쓴 현판이 걸려 있었다. 암자 왼쪽에는 용추(龍湫) 폭포가 있었는데 우리 일행 네 사람은 한동안 그 주위를 거닐다가 맥주와 빙수를 마시면서 앉아서 한담을 나누다가 여관으로 돌아왔다.

4월 23일(3. 16) 흐림
4월 24일(3. 17) 비

4월 25일(3. 18) 맑음
유찬 공사가 내방해서 종일토록 이야기하다가 저녁 먹고 인사를 나눈 후 돌아갔다.

4월 26일(3. 19) 비
4월 27일(3. 20) 비

4월 28일(3. 21) 맑음
안일하게 지내자니 기분이 울적해서 우리 일행 네 사람은 마차를 타고 바닷가로 소풍 나갔다. 그곳에 이르러 보니 바다를 매립하고 부두를 축조하며 산을 허물어 축대를 만들어 부교(浮橋)로 통행하고 있었다. 수문으로 물이 소통하게 해서 물길이 빙글빙글 돌면서 꼬불꼬불 소용돌이치며 흘러가게 하는 규모를 보고 감탄하지 않을 수 없었다.

4월 29일(3. 22) 흐리고 비

4월 30일(3. 23) 맑음

집에 편지를 부치다.

5월 1일(3. 24) 맑음

유찬 공사가 내방해서 우리와 함께 하룻밤을 자고 이튿날 배에 올라 작별했다. 우리 일행은 대소 의복이 갖춰지지 못했고 떠날 선기(船期) 날짜가 정해져 있어서 요코하마에는 18일간 체류했다. 이날 대궐로 떠난다는 전보를 쳤다.

5월 2일(3. 25) 흐림

오전 12시에 영국선 암푸라쉬호에 승선, 태평양을 항행하려 하는데 선상에서 군악이 울렸다. 서양 풍속에는 저녁 식사를 중히 여기고 있어서 만찬(晩餐)때 이같이 군악을 울린다는 것이다. 이날 오후 8시에 풍랑이 크게 일어나서 배가 심하게 요동쳤다. 선상의 여객은 술취한 사람처럼 비틀거렸고 어떤 사람은 뱃멀미로 구토하는 등 이 또한 볼만한 장면이었다.

5월 3일(3. 26) 흐림

풍랑은 어제와 같이 심했다. 영국 해리(海里)로 380해리를 항행했다.

5월 4일(3. 27 맑음

계속 풍랑이 일어났다. 대양의 수력이 너무 세기 때문에 바람이 없어도 파도는 저절로 일어났다. 363해리를 항행했다.

5월 5일(3. 28) 흐림

파도와 물결은 어제와 같았다. 오전 11시에 눈이 조금 내렸다. 361해리를 항행했다.

5월 6일(3. 29) 흐림

풍랑은 그치지 않고 일어났다. 359해리를 항행했다.

5월 7일(3. 30) 흐림

풍랑은 조금 멎었으나 비가 오다가 바람이 불다 했다. 기후가 몹시 차가워졌다. 362해리를 항행했다.

5월 8일(4. 1) 흐림

풍랑은 여전히 일어났다. 351해리를 항행했다.

5월 9일(4. 2) 흐림

풍랑은 어제와 같았다. 함장 마세을(馬細乙)이 와서 일기의 추위와 더움을 물어보고 타루 위로 올라갔다. 서양인의 유희(遊戲)를 보니 치고 박고 신음하며 힘드는 놀이였다. 341해리를 항행했다.

5월 10일(4. 3) 흐림

풍랑은 조금 가라앉았다. "대양을 바라보니 과연 물이라 말하기 어렵도다(관어해자난위수·觀於海者難爲水)"[24]라 할만하다. 오후 4시에 갑자기 방울 소리가 몇 번 울리더니 배 안이 시끄러워졌다. 듣자하니 배 안에서 실수로 화재가 발생했다 한다. 크게 놀라 선루 위에 올라가 보았더니 수백 명의 선원(船格)들이 제각기 수통과 불끄는 소방도구와 사다리를 들고 나와 상하로 분주하게 왕래하면서 불을 끄고 있었다. 선루 위에서 부는 호각소리의 변동에 따라 불 끄는 소방연습은 끝났다. 사람들에게 자세히 물어보니 이것은 진짜 화재가 발생한 것이 아니고 평상시에 화재발생을 예방하기 위한 경계심을 환기하기 위한 소방연습이라고 말했다. 대개 그 규모의 주밀함이 이와 같다.

5월 11일(4. 4) 아침에 안개, 저녁에 맑음

바람이 자고 물결이 평온했다. 359해리를 항행했다.

5월 12일(4. 5) 맑음

바다 물빛이 먹물처럼 검부럿게 보였다. 뱃길은 평온했다. 357해리를 항행했다.

5월 13알(4. 6) 맑음

5월 14일(4. 7) 아침에 비, 저녁에 맑음

요코하마를 출항한 후 가없는 무변대해(無邊大海) 한 가운데서 13일

24 『孟子』권 11 盡心 上. 孟子曰 孔子登東山小魯 登太山而小天下 故觀於海者 難爲水 맹자가 이르기를 공자께서 동산에 올라가보고 노나라를 작은 나라로 여기시고, 태산에 올라가보고 천하를 작게 보셨다. 그런고로 바다를 보는 자에게는 물이라 말하기 어렵도다 라고 말했다.

간 지냈다. 오전 7시에 빅토리아(Victoria)호는 캐나다 벤쿠버 섬에 위치한 항구에 입항하면서 비로소 육지를 보았다. 비록 이국땅이지만 눈이 활짝 열리는 것 같다. 빅토리아 항구의 군의관들이 배에 올라와서 선객들의 발병 여부를 검진했다. 오전 11시에 윤선을 타고 다시 캐나다(加拿多, Canada)로 향해 출항, 벤쿠버항에 도착했다. 벤쿠버(房口堡, Vancouver)항은 호구(戶口)가 많고 시장이 웅성해서 굉장한 규모를 이루 다 기록하기 어렵다. 오후 4시에 여관에 들어가 하룻밤을 쉬었다.

5월 15일(4. 8) 맑음

대내(大內)로 무사도착을 아뢰는 전보를 치고 집에도 편지를 보냈다.

5월 16일(4. 9) 아침 비오다가 저녁 개임. 오후 2시에 기차를 타고 퀘벡(歸伯, Quebec)을 향해 가다가 베이커(核峙, Baker)에 도착했다. 이곳은 산마루가 지극히 높아서 기차 선로가 밴쿠버항으로부터 베이커산까지 지형에 따라 꾸불꾸불 뻗어있다. 혹은 산을 돌아 계곡을 껴안기도 하고, 혹은 강을 따라 철교를 건느기도 하고, 혹은 구름다리와 축대를 넘기도 하며, 혹은 산을 뚫어 터널을 통과해서 수천리를 달리고 있었다. 인공(人工)과 물력(物力)의 조화가 아닌가. 하늘은 강산을 만들고 사람은 철로를 만들었다고 말할만하다.

베이커산 아래에 이르러보니 무수한 산봉우리가 어지럽게 하늘을 찌를 듯 우뚝우뚝 솟아있고, 새하얀 구름이 산허리를 휘감고 있었다. 진귀하고 아름다운 나무와 기화요초들이 황홀한 빛을 발하면서 눈에 가득하다. 위에는 청산녹수요 아래는 백설 같은 얼음물이니 과연 비상한 풍경이로다. 혹은 계곡 물소리는 잔잔하게, 새 우짖는 소리는 앵앵

들리니 실로 점입가경이로다. 절벽 위로부터 폭포수가 나는 듯이 내리치고, 이골물 저골물이 한데 합쳐 우당탕탕 부딪치면서 절벽과 병풍석을 넘쳐 흐른 물이 얼마나 되는지 모를 지경이다. 종일토록 이 황홀한 자연풍광에 매혹되어 박수갈채로 환호성을 얼마나 질렀는지 모를 지경이고, 실로 졸필(拙筆)로는 이루 다 표현할 수 없다.

기차가 베이커 산마루에 도착하니 이곳 지형은 항구보다 해발 5,420여 척이나 높다는 것이다. 물은 산꼭대기에서 동서로 나뉘어 흐르는데, 서쪽으로 흐르는 물은 태평양으로 흘러 들어가고, 동쪽으로 흐르는 물은 대서양으로 흘러들어간다고 한다. 베이커산을 통과한 후부터는 평원광야가 수천 리 뻗어 있었고, 여러 정거장을 지나면서 농촌 마을을 볼 수 있었다. 곳곳에 목장이 있어서 소 말 양떼가 흩어져 풀을 뜯고 있었다. 밭을 갈아 씨앗을 뿌리고 있었다. 이곳 풍속은 말로 밭을 가는데 말 한 마리에 멍에를 하기도 하고 혹은 두 마리 말을 멍에해서 밭을 갈고 있었다.

5월 17일(4. 10) 맑음

5월 18일(4. 11) 흐림

오후 2시에 위니팩(위이, Winnipeg) 정거장에 도착했다. 우리는 차에서 내려 한가하게 거리를 거닐었다. 집들은 부유하고 물산이 풍족하여 밴쿠버에 견줄만했다. 벤쿠버항으로부터 거리는 1,826리이다.

5월 19일(4. 12) 흐림

오전 8시에 벤쿠버항으로부터 동쪽으로 2천여 리 가니 큰 호수가 있었다. 호수 이름은 슈퍼리어(Superior)호라 한다. 호수는 끝없이 넓어서 큰 바다와 같다. 능히 윤선도 항행할 수 있으니 세계 제일 큰 호수이다. 물맛은 달고 좋으며, 산 위의 바위 빛깔은 모두 홍자색(紅紫色)이다. 우리나라 이수(里數)로 따진다면 호수의 길이가 1천 여리요 넓이(廣)는 5백 리라 한다. 무릇 이 호수와 같은 것이 셋 있으니 이를 대호수(大池)라 한다.[25]

5월 20일(4. 13) 흐림

기차가 하루에 영국 이수(里數)로 4백여 리 이상의 속도로 달렸다. 우리는 기차칸에서 6일 동안 숙식한 셈이다. 오늘 오전 12시에 하차해서 여관(이름 모름)에 투숙, 급히 아침 식사를 했다. 오후 3시에 토론토(Toronto) 정거장에 도착해서 여관에 들어가 점심을 먹고, 일행 네 사람은 마차를 타고 시가의 큰 대로로 나갔다. 수많은 시가(市井)에는 고층건물이 즐비했고, 인물이 풍부했다. 인구는 22만에 이르고 각급 학교는 수십개나 되어 그 수를 알지 못한다고 한다. 오후 4시에 기차를 타고 나이애가라(나야거리, Niagara) 정거장에 도착해서 기차 안에서 또 하룻밤을 잤다.

5월 21일(4. 14) 흐림

오전 7시에 우리 일행 네 사람은 마차를 타고 미국 국경선(美國界) 가까이에 있는 캐나다 나이애가라 폭포(馬蹄瀑布·말 발굽모양 폭포)로 갔다. 이곳은 바로 영국령 캐나다와 미국 두 나라의 경계지대로서 땅은 미국 땅이지만 앞서 기술한 3대 호수로부터 흘러 내려오다가 합류해서 이

25 5대호(Great Lakes) 북아메리카 중부의 큰 호수군. 슈피리어, 미시간호, 휴런호, 이리호, 온타리오호로 되어 있다.

폭포로 쏟아진다는 것이다. 물길의 원천지는 천여 리이고 수세는 호대(浩大)하다. 이곳 물길은 좁고 양쪽 언덕 석벽의 넓이는 수십 칸에 지나지 아니하고 폭포지형의 생김새가 말발굽 모양 같다해서 폭포 이름을 '마제폭포'라 일컫고 있다. 석벽이 홀연히 깍아지른 듯 가파른 절벽이 백여 장(丈) 서 있었으니 물길이 석벽에 걸린이 쏟아져 내려 산이 무너지고 땅이 갈라지는 듯하다. 물길의 기세가 서로 격돌해서 물빛은 혹은 푸르게 혹은 붉게 빛을 발하면서 수백개의 무지개가 걸린 듯하다. 폭포 아래 푸른 강물 위에는 백설(흰 눈) 같은 물보라가 공중에 가득하게 걸린 듯 실로 천하 장관이 아닐 수 없다. 강 위에는 4, 5개의 철교가 완연하게 걸쳐 있는데 마치 긴 무지개가 물을 마시는 듯하다. 강 양쪽 언덕을 따라 철로가 있고 기차가 왕래하고 있었다. 어떤 사람은 크고 작은 윤선을 타고 강을 오르내리기도 하고, 강 양쪽 도로에는 마차 행렬이 줄을 잇고 있어서 이곳 하루 유람객수는 수천명이 될 것 같다. 강 남쪽 언덕에는 수십층 높은 건물(樓閣)이 서 있었다.

우리 일행 네 사람은 이 높은 건물(누각)에 올라 난간에 의지하여 내려다보니 공중에 흐릿한 기운(風煙)이 눈에 가득 차서 잠시나마 하늘 끝 만리 타국에 유람하는 고통을 잊게 했다. 이윽고 누각 주인이 상하 우의(雨具) 네 벌을 가지고 와서 입으라 한다. 우리는 그 뜻을 알지 못하고 받아서 입었다. 주인이 앞장서서 우리를 안내하여 강 언덕에 이르니 한 칸 쇠북집(鐵屋)이 있었다. 주인이 우리 일행에게 누각에 들어가기를 청하기에 들어갔더니 쇠북집(鐵屋) 안에서 갑자기 기계가 작동하는 소리가 나고 쇠북집은 지하 수십 장을 내려가더니 멈춰 섰다.[26]

26 여기서 쇠북집(鐵屋)이란 엘리베이터를 가리키고 있다.

주인이 먼저 나가서 우리에게 나오라고 청하기에 나가보니 칠흑 같은 동굴이었다. 우리는 지하 동굴 가운데로 백여 보 따라가다가 햇볕이 들어오는 곳을 바라보니 갑자기 머리 위에서 수만 개의 천둥치는 듯한 굉음이 울리고 눈보라 같은 물보라가 어지러이 흩어져 사람의 이목을 깜짝 놀라게 했다. 눈을 똑바로 뜨고 바라보니 우리는 저 폭포수 석벽 아래에 서 있었다. 겁이 나서 우리는 오래 머물러 있을 수 없었다. 곧 발길을 돌려 밖으로 나와 서로 마주 보니 진흙탕에서 싸우던 짐승처럼 보였다. 대개 주인이 안내하던 길은 바로 폭포수 남쪽 언덕에서 동굴을 파서 터널길을 만들어 폭포수로 통하게 한 것이다. 이에 우리는 의관을 정제하고 강을 따라 수십 보를 내려가니 사진관이 있었다. 우리 네 사람은 폭포수를 배경으로 앉아서 기념촬영한 후 돌아와서 기차를 타고 퀘벡항으로 돌아왔다. 〈영국사행에서 돌아와서 복명한 후 이 기록은 국사(國史)에 기입하게 되었다.〉

5월 22일(4. 15) 맑음

오전 8시에 몬트리올(Montreal) 정거장에 도착해서 철도회사 여관에 들어가서 잠시 휴식을 취했다. 우리 네 사람은 마차를 타고 시가지를 유람했는데, 이곳 인구는 30만이라 한다. 이날 밤에 연극장(戱臺)에서 연극을 관람했다.

5월 23일(4. 16) 흐리고 맑음

5월 24일(4. 17) 맑다가 비

오후 2시에 다시 기차를 타고 7시에 퀘벡항에 도착, 여관에 들어가 하룻밤을 잤다. 이 항구의 인구는 30여만이라 한다.

5월 25일(4. 18) 흐림

오후 2시에 마차를 타고 유람하다가 항구의 서쪽 18리 지점에 이르니 폭포수가 있었다. 폭포수가 내려오는 석벽은 3층으로 되어있어서 볼만했다. 물빛이 누렇기에 토인에게 물어보니 이 강물 상류 지대에 탄석(炭石)이 많아서 물빛이 황색이라 한다. 폭포 곁에 동물 우리(獸圈)가 있었다. 소 네 마리가 있는데 들소(野牛)라고 했다. 체구가 장대하고 몸 전체가 검은 털이고 뿔 길이가 몇척이나 되고 머리로부터 목 턱밑에 이르기까지 어지럽게 긴 털로 덮혀 있어서 매우 흉악하고 사납게 보였다. 사람을 보고 성이 나서 코로 으르렁거리는 소리가 은은하게 울리는 우레 소리 같았다. 이곳 토인에게 물어보니 성질이 흉악하고 사나우며 힘이 아주 세어서 이따금 사람을 해치는 일이 있으므로 들소 종자(鍾子)를 멸하고 네 마리만 가두어 기른다는 것이다.

이 항구의 동서에는 돈대(墩臺)와 옛 성첩(城堞)이 있고 그 위에는 대포 10문을 설치해 놓고 있다. 일찍이 영미 양국 간에 영미전쟁(1812~14)이 일어난 곳이라 해서 전쟁기념 유적지로 보존한다는 것이다. 오후 8시에 장차 대서양을 항행하기 위하여 영국 윤선 '누미리아호'에 탑승했다.

5월 26일(4. 19) 흐리고 비

5월 27일(4. 20) 안개

250해리를 항행했다.

5월 28일(4. 21) 안개

짙은 안개가 사방에 꽉 끼었다. 항행시 짙은 안개가 끼면 화통(火筒)에서 자주 뱃고동 소리를 내어서 물밑 암초를 피하고 왕래하는 다른 선박과의 충돌을 예방한다고 한다. 250해리를 항행했다.

5월 29일(4. 22) 짙은 안개

270해리를 항행했다.

5월 30일(4. 23) 짙은 안개

291해리를 항행했다.

5월 31일(4. 24) 짙은 안개

280해리를 항행했다.

6월 1일(4. 25) 흐림

풍랑이 일어나서 배가 들까불었다. 270해리를 항행했다.

6월 2일(4. 26) 흐림

풍랑이 크게 일어났다. 235해리를 항행했다.

6월 3일 (4. 27) 흐림

풍랑이 매우 심해서 배가 파도에 휩쓸려 들까불었다. 산더미 같은 성난 파도가 몰려와 배에 부딪치면 파도는 하늘 높이 솟아올랐다가 소나기처럼 배를 향해 쏟아져 내린다. 그래서 타루(갑판) 위로 사람이 올라갈 수 없다. 245해리를 항행했다.

6월 4일(4. 28) 맑음

바람은 어제보다 조금 약해졌지만 파도는 여전히 사람을 애먹였다. 오후 2시에 비가 지나고부터 바람은 한결 안정되었다.

6월 5일(4. 29) 흐리다 맑음

오전 2시에 아일랜드(愛蘭 Ireland)항구를 통과했다. 주영 한국공사 민영돈(閔泳敦)에게 도착소식을 알리는 전보를 보냈다. 오후 8시에 리버풀(Liverpool) 항구에 도착했다.[27] 주영 공사관 참서관 이한응(李漢應)과 영국 외부 참서관 '포션븨'가 영접 나왔다. '아들븨'여관에서 하룻밤을 자고 대내(大內)로 영국 도착을 알리는 전보를 보냈다.[28]

6월 6일(5. 1) 맑음

오전 9시에 기차를 타고 오후 2시에 런던(倫敦) 정거장에 도착했다. 영국 장례원경(掌禮院卿)이 공복(公服)을 갖추어 입고 황실마차를 타고

---

27 *Daily Express,* London, June 6, 1902. 이재각 부영대사 일행은 캐나다 퀘벡—영국 리버풀간 정기 여객선편으로 이날 영국 항구도시 리버풀에 도착했다. 여기서 기차로 런던 시내로 향발했다.

28 *Daily Express,* London, June 6, 1902. 이재각 부영대사 일행은 6월 5일 기차를 타고 런던 시내의 유스턴(Euston)역에 도착했는데 이때 영국의 의전장(King's Master of Ceremonies)이 한국대사 일행을 영접했다. 이재각 사절단은 이날 웨스트민스터 궁전호텔(Westminster Palace Hotel)에 여장을 풀었다.
캐나다 퀘백-영국 리버풀간 운행하는 정기 여객선편으로 이날 리버풀항구에 도착했다. 여기서 기차로 런던 시내로 향발했다. 이재각 일행은 5월 2일 요코하마항을 출항, 1개월 4일 만인 6월 5일에 영국에 도착한 것이다.

나와 우리 일행을 영접했다. 매우 정답고 친절하게 악수하면서 윈쓰민씨터필네(웨스트민스터) 궁전호텔로 인도하고 나서 돌아갔다. 주영공사 민영돈과 참서관 오달영(吳達泳), 주사 이기현(李起鉉), 유학생 윤기익(尹基益) 등이 와서 반나절 동안 환담을 나누다가 돌아갔다. 영국 주재 한국명예총영사 모건(W. Pritchard Morgan)이 내방 영접했다.

6월 7일(5. 2) 흐리고 비

대개 서양 풍속에는 나라에 큰 경사가 있어서 각국의 친왕(親王)과 경축사절단을 파견, 도착하면 정부에서 큰 호텔을 빌려 빈관(賓館)을 만들어서 음식범절 일체를 공급하는데, 외국사절단을 위한 연회가 끝나면 철거한다. 영국 해관에서는 우리 사절단의 짐(行李)에 대해 통관 면세조치를 취해주니 이는 우리 사절단에 대한 우대하는 예우이다.

6월 8일(5. 3) 흐리고 비

오후 6시에 우리 일행 네 사람은 한국공사관으로 가서 저녁을 먹은 후 호텔(빈관)로 돌아와서 우거했다. 주러시아 공사 이범진(李範晉)의 편지를 받았다.

6월 9일(5. 4) 흐리고 비

오후 3시에 우리 네 사람은 영국주재 한국공사 민영돈과 함께 마차를 타고 런던 시가 유람에 나섰다. 대도로 연변에 층루고각(層樓高閣, 고층건물)이 우뚝 솟아 있어서 티끌세상(속세)을 벗어난 것 같다. 수십 길이나 되는 돌절벽이 한치의 오차없이 가지런히 서로 비슷하게 연달아 세워놓은 것 같다. 호텔여관의 객실(客棧)은 궁궐 규모와 비슷하고 도로에는 반석을 깔아놓았다. 사람들은 어깨가 서로 닿아 부딪히고 수레바퀴가 서로 닿으니 옛 전국시대 제(齊)나라 서울 임치(臨淄)도 이보다 낫지 못하리라.

도성의 도로상에 길을 가는데도 법도가 있으니, 큰 도로 한가운데로 마차가 왕래하도록 정해져 있었다. 좌우 돌계단 위로는 보행하는 사람들이 다니고, 길을 건너가려는 행인들은 길가 표지 기둥(標柱, 교통신호) 아래에 서 있으면 순사가 큰 길을 향해서 손을 들고 손가락으로 마차에게 신호를 보내면서 앞서가는 마차는 빨리 가게하고 뒤에 오는 마차는 서게한다. 잠시 마차의 운행이 끊긴 후에 보행자들은 건너갈 수 있다. 만일 그렇게 하지 않는다면 수레바퀴와 말발굽 아래 깔려 죽는 사고가 허다하게 발생할 것이라고 한다.

한참 가노라면 동물원에 이르렀다. 수목이 빽빽하게 줄을 서서 욱어지고 도로는 반듯반듯하여 절도가 있었으며, 꽃과 풀은 땅에 가득하고 향기로운 냄새가 코를 찌르고 있다. 쇠로 만든 난간우리와 철망 안에는 날짐승과 길짐승, 물고기며 갑각류 등 어족들이 모여 있어 한편의 금수부(禽獸簿)를 이루고 있다. 이를테면 영웅호걸 같은 호랑이와 표범, 흉포한 사자와 곰, 사나운 무소와 코끼리, 건장한 낙타, 민첩한 원숭이, 그리고 하마(海馬), 돌고래, 사슴, 노루, 여우 이리와 고양이, 쥐, 개구리, 두꺼비에 이르기까지 온갖 짐승들이 모여있다.

뿔이 한 개 달린 짐승이 있었는데 뿔 끝에는 살(肉)이 달려 있고, 꼬리는 소꼬리 같고 발굽은 말발굽이요 몸 크기는 소(牛)만해서 이 짐승을 기린(麟)이라 한다.[29] 이 기린은 인도산이라고 하는데 그렇다면 서방에도 성인이 있다는 말인가.

날짐승의 족속으로는 원앙과 공작, 앵무새 물총새(翡翠)와 각 지방의 꿩 닭은 물론 산새와 물새 등 이루 헤아릴 수 없이 많이 있다. 연못 가운데 큰 암석이 있고 각종 물고기와 자라 등이 있었다. 암석을 뚫어 별도로 만든 연못에는 덩치가 큰 물고기 네 마리가 있었다. 이 물고기는 몹시 흉포하고 표독스럽기 때문에 따로 가두어 기른다는 것이다. 자세히 살펴보니 네 개의 발이 있고 눈빛은 푸르고 붉은데 우리 감시인에게 물어보았더니 악어(鰐魚)라 한다. 악어를 보고 한문공(韓文公 韓愈 韓退之)의 제악어문(祭鰐魚文)을 연상케했다. 이 짐승을 길들이기가 어렵다는 것을 알 수 있다.

또 한 마리 큰 구렁이가 있었는데 길이가 3, 4칸이 넘었고 허리는 기둥처럼 굵어서 몸 빛깔은 오색이 찬란하며 눈빛은 횃불과 같았다. 오로지 살코기(肉類)만 먹으며 한번 배부르게 먹으면 6, 7일간 잠만 잔다는 것이다. 이 뱀은 열대지방 산물이므로 추위를 타기 때문에 증기를 쐬주며 온도계를 달아두고 우리안 온도를 조절한다고 한다.

6월 10일(5. 5) 흐림

우리 네 사람이 큰 거리로 나갔다. 어떤 보석상점에 갔더니 금옥과 보석이 말과 되로 될 정도로 많고 패물과 장난감 노리개(玩器) 수공예품

29 이 기린(麟)은 성인(聖人)이 이 세상에 나기 전에 니타난다고 하는 상상의 동물이다. 아프리카 일대의 기린과는 다르게 표현하고 있다. 작자는 영국의 문명을 감탄한 나머지 뿔 하나 달린 짐승을 보고 이같이 '古今圖書集成'에 나오는 상상의 동물 기린에 비유하고 있다.

등 장신구들은 하도 기묘해서 귀신이 아니고서야 글로써 표현할 수 없을 정도이다. 무릇 이와 같은 상점이 80여 곳이라고 한다.

오후 7시에 서커스장(觀戱臺)에 갔다. 누각은 굉장히 컸으며 5층건물이었다. 난간은 둥글기가 반달(半月)이 비스듬하게 누워있는 것 같다. 금빛과 푸른 빛이며 붉고 파란빛이 휘황찬란해서 사람의 안목을 아찔하게 했다. 수천 명의 관람객들은 난간 안쪽에 단란하게 앉아 있었다. 앞에는 무대(技場)가 설치되어 있었으며 음악이 번갈아 울려나오는데 웅장하고도 호방하면서도 맑고 밝았다. 수십 명의 미녀들이 금은보석으로 장식하고 쌍쌍이 나와 온갖 묘기를 연출했다. 잠깐 앞으로 나왔다가 뒤로 물러가는가 하면, 혹은 몸을 폈다 굽혔다 하며 모여도 어지럽지 아니하고 흩어져도 산만하지 않아 무척 조리(條理)가 있었다. 노래소리는 간들어져서 마치 천만 가지 실버들 위에서 뭇 앵무새가 다투어 노래하는 것 같다. 춤추는 소매는 사뿐사뿐 봄바람에 복숭아와 오얏꽃 위에 나비들이 하늘하늘 어지러이 날아다니는 것과 같다. 찬란한 은빛은 칼빛(劍光)이 번뜩이듯 했는데 마치 배꽃이 바람에 나부끼며 떨어지는 것 같다. 쇠소리가 짤랑짤랑 울리더니 이윽고 한 무리의 낭자군(娘子軍)이 무대에 등장했다. 앞뒤로 진퇴하는 군용(軍容)은 질서정연하니 이는 곧 적을 무찔러 이긴 기쁨을 같이 나누기 위한 것이었다.

얼마 후에 건장한 사내 대여섯 명이 나와 마주보고 서더니 갑자기 한 사람이 몸을 날려 상대편 사람의 어깨 위에 뛰어 올라갔다. 또 한 사람이 나와 두세 번 왔다 갔다 하더니 불현듯 몸을 날려 뛰어 올랐던 사람의 어깨 위로 올라 섰다. 또다시 12, 3세 가량 되어보이는 작은 동자아이가 나오더니 그 앞을 왔다 갔다 하다가 문득 몸을 날려 맨 꼭대기에 선 사람의 어깨 위로 뛰어 올라섰다. 앞뒤로 뛰어오르는 모습이 나는 새가 오르락 내리락하는 것과 같아서 정말 볼만했다.

갑자기 무대가 바뀌면서 우레 같은 바닷소리가 장내에 가득 차고 망망한 창파 위에는 윤선들이 좌우로 오가기도 하고, 혹은 평원광야, 깊은 산과 긴 골짝에 기차가 번개같이 달리는 것 같다. 혹은 경마장에서 여러 말들이 앞을 다투어 달리는 듯하여 그곳에서 관람객들이 실지로 활동하는 것 같으니, 이는 활동사진의 조화로 전기의 힘으로 조작하는 것이라 한다. 혹은 원숭이가 사람의 지시에 따라 묘기를 부리고, 앵무새가 음악에 맞추어 춤을 추기도 한다. 금수를 훈련시키고 길들이는 것이 지극한 이치가 아니라면 이와 같은 묘기연출은 불가능하리라.

마지막으로 영국 황제의 사진이 화면 위로 엄숙하게 나타나자 관람객 모두가 일제히 일어나서 공경스럽게 예를 표하고 자리를 떴다. 이것은 아마 영국 군주의 은혜를 잊지 않는다는 뜻일 것이다.

6월 11일(5. 6) 흐림

6월 12일(5. 7) 비

오후 2시에 주영 한국공사관으로 갔다가 4시에 돌아왔다.

6월 13일(5. 8) 비

오후 2시에 영국 장례원경(掌禮院卿)이 황실마차를 이끌고 와서 황궁에 들어가 폐현하기를 청했다. 이에 우리 네 사람이 민영돈 공사와 함께 공복을 갖추어 입고 황궁으로 향발했다. 황궁 밖에는 여러 관리들이 모여 섰고, 장례원은 사중문(四重門)에서 우리 일행을 맞이했다. 잠시 휴게소에 앉아 대기했는데 조각한 구슬(彫玉)과 금실(鏤金) 장식은 사람의 눈을 황홀하게 했다. 잠시 후 장례원경이 들어오라 하기에 이중문(二重門)으로 나아가니 지나가는 문마다 시위병이 고깔을 쓰고 창을 쥔 채 고니처럼 고개를 쳐들고 부동자세로 서 있었다(鵠立). 마침내 어좌소(御座所)에 이르니 황제께서는 옥좌(玉座) 아래로 내려와 서니 외부대신과 시위하는 사람 4, 5명이 배립(排立)하고 있었다. 이에 문안으로 들어가 선채로 국궁하고 머리를 조아렸다(鞠躬叩頭). 또 몇 걸음 나아가 또 처음처럼 예를 행하고 영국왕에게 국서를 올렸다(行禮奉上國書).[30]

영국 황제께서 악수를 건네며 "몇만리 바닷길을 과연 편하게 오셨는지요?"라고 인사하기에 "황령(皇靈)의 덕택에 힘입어 일행이 무사하게 잘 건너왔습니다."라 대답했다. 황제께서 또 "귀국 대황제께서는 옥체가 태평하신지요?"라 묻기에 "태평하십니다"라고 대답했다. 또 말씀하시기를 "귀국 대황제께서 특파대사를 파견해 멀리 찾아와 안부를 묻게 하시니 감복을 이기지 못하겠으며 양국의 우의가 더욱 돈독해지기를 바랍니다."라고 했다. 영국 황제는 넉넉한 얼굴에 백발이었고 얼굴에 덕기가 넘쳐 흘렀다.

영국의 궁궐은 그 규모가 광대하고 화려했다. 옛날 맹자(孟子)가 제(齊)나라 왕의 거처를 보고 감탄해 말하기를 "크도다 거처여"[31]라 하였

---

30 『舊韓國外交文書』권 14(英案) p.443. 특명부영대사 이재각 일행은 영국 에드워드 7세에 국서를 재정할 때 선 채로 국궁고두례(鞠躬叩頭禮)를 행했다.
戴冠式祝賀大使派送國書
敬白 英國君主兼海外所有屬國 皇帝陛下皇后陛下 戴冠大禮辰 不勝懽喜 慈命 皇族從二品 義陽君李載覺
充任大使 呈親書 隨參慶禮 庸伸賀祝之忱 冀賜延見 領此至意 幷祈兩陛下 壽祿無疆
光武六年四月六日 在漢城 慶運宮

31 『孟子』권 13 盡心 上 "孟子 望見 齊王之子 喟然歎曰 大哉 居乎"

는데 그옛날 제나라가 바로 오늘의 영국이 아닌가.

국서제정식을 끝내고 호텔로 돌아오니 영국 궁내대신 '삼들랑'의 청첩이 와 있었다. 오후 10시에 우리 네 사절단 일동은 공복을 갖추어 입고 입궐하니 2층 누각과 82 중문(重門)이 있는데 문마다 비단휘장을 늘어뜨리고 있었다. 고깔을 쓰고 은장(銀仗)을 든 인접관(引接官)이 앞에서 인도하는 대로 따라 영국 황제와 황후 어좌소로 가니, 네 벽은 수놓은 비단으로 장식하고 용마룻대와 추녀끝은 금실로 장식했다. 상탁(床卓)은 화려하고 등촉은 휘황찬란하고 음악소리는 천둥처럼 울려 퍼지니 실로 "크도다 거처여."라 하였는데 그 옛날 제나라가 바로 오늘의 영국이 아닌가.

그날밤 공경대부의 부인으로 폐현한 자는 5, 6백 명은 되었는데, 귀부인들은 수 놓은 비단옷에다 보물로 치장해서 향취가 가득했다. 폐현의 예를 행하고 물러나니 인접관의 인도로 어떤 방에 이르니 별도로 탁상을 차려놓고 술과 음식을 권하고 있다. 술과 음식 대접을 받고나서 여관으로 돌아왔다. 일본 대사가 어제 입궐 폐현했으나 오늘밤 연회에는 참석하지 않았다. 청국 대사는 참석했다. 오늘 대내로 전보를 쳤다.

6월 14일(5. 9) 흐리다 비

6월 15일(5. 10) 흐리다

오후 2시에 주영 한국공사관으로 가서 회포를 푼 다음 돌아왔다.

6월 16일(5. 11) 흐림

오후 2시에 영국 궁내대신(宮內大臣) '삼들랑'과 그의 부관 '앨늬쓰'가 여관 문 밖에 명함을 두고 갔다. 오후 3시에 황실마차를 타고 유람했다. 국립은행에 이르자 병정 30명이 은행문 밖에서 파수(把守)하고 있었다. 철문은 매우 크고 아래위로 자물쇠 두 개가 달려 있었는데 모두 채워져 있었다. 두 사람이 각자 열쇠를 가지고 동시에 문을 열어야만 비로소 들어갈 수 있다. 동굴은 칠흙 같은 밤처럼 캄캄했다.

잠시후 전등을 켜니 동굴 같은 방은 사면이 십여칸은 됨직 보였다. 3층으로 된 시렁이 있는데 윗 시렁에는 금화(金幣)가, 중간 시렁에는 은화(銀幣)가 있었다. 아랫 시렁에는 지폐(紙幣)가 있었다. 또 금괴(金塊)도 있어서 크기가 목침(木枕)만 했다. 덩치 큰 금괴를 시렁 위에 벌여 놓았는데 그 수를 헤아릴 수 없을 정도였다. 좌우 양 곁에는 철궤(鐵櫃)와 목궤(木櫃)가 줄지어 놓여 있었는데 궤 하나에 들어 있는 돈이 얼마인가 물었더니 2억9천여만 원이라고 했다.

저울 천평칭(天平秤)[32] 두 개와 조폐(造幣)기계도 있었다. 기계 위에 '도는 침'(輪針)은 화폐의 수량에 따라 도는데 이것으로써 만든 지폐의 수효를 안다고 한다. 또 '금을 실어 나르는 수레' 태금차(駄金車)도 있었는데 수레 위에는 24개의 금괴가 있었다. 금괴 하나는 4백냥(兩)이고 이것은 하루에 환전되는 지폐의 어림수라 한다.

민간에서 지폐를 사용하다가 불의의 수재(水災)나 화재(火災)를 당하여 유실했을 경우 실표증(實表證: 사실증명서)이나 혹은 타다 남은 끄트머리(灰燼) 물 찌끼(渣滓) 등 입증할 수 있는 물증만 제시하면 모두 환급해 준다는 것이다. 실표증은 유리그릇 안에 넣어 두었다가 훗날 표기(標記)

32 여기서 저자는 저울을 천평칭(天秤稱)이라 잘못 기록하고 있다. 저울을 천평칭(天平秤)이라 바로잡는다.

로 삼는다 하니 관민 사이의 신용을 알만하다.

영국 황제와 황후 태자 등 모두의 이름을 적어 두었고, 청국 이홍장(李鴻章), 일본의 소송친왕(小松親王) 및 몇몇 지명인사들이 모두 이름을 기록해 놓고 있다(방문 기념서명 사인을 한 방명록을 말한다) 은행을 둘러보고 나서 문을 나오니 은행장이 나와서 예를 하고, 모든 은행 직원들도 출입할 때 경례했다.

6월 17일(5. 12) 흐리다 맑음

영국 황제의 동생 친왕궁(親王宮)과 대외(大外) 대처(大處)에 명함을 보냈다. 오후 2시에 네 사람은 문을 나서 런던의 터소납인형관 마담 투소(Madame Tussauds)로 갔다. 이는 옛 인각(獜閣)의 종류를 모아둔 박물관이다.[33] 밀납으로 사람을 만들어 놓았는데, 사람의 모습과 얼굴 생김새, 머리카락과 수염은 물론 심지어 피부색까지도 마치 살아있는 사람과 같다.

수(繡) 놓은 비단옷을 입은 제1반열(班列)의 사람은 지금의 황제와 황후 태자와 태자비이다. 그 외의 반열에는 선대에 공이 있었던 황제와 황후를 비롯하여 각국의 황제, 대통령, 영웅, 장사, 유명 인사들이 있었는데, 이홍장(李鴻章), 나폴레옹(羅巴倫), 비스마르크(俾斯麥) 등이 있고, 그 당시의 정부대신들 모두가 참여하고 있다. 혹은 산골짜기에서 전쟁을 하다가 죽거나 부상당한 장병들이 서로 의지하고 있는 모습, 혹은 범죄인에게 형벌을 가하는 모습, 혹은 강도가 부유한 사람을 죽이거나 상해

---

33 마담 투소(Madame Tussauds). 인각(獜閣)이란 동물의 박제(剝製)나 밀납으로 만든 인간상 등을 모아둔 박물관이다. 마담 투소는 1833년에 창설되었는데, 대영제국의 국왕 여왕을 비롯하여 영화 배우, 가수, 스포츠 선수뿐만 아니라 세계 각국의 유명 인사를 실물 크기로 밀납으로 주조해 놓고 있다.

를 입히는 모습, 혹은 전쟁에서 이겨 항복을 받는 모습 등등은 과연 모두가 장관이었다.

박물관을 나와 돌아서 화원(花園)에 이르니 그 둘레가 몇리(里)인지 모르겠는데 화원 전체가 철책으로 사방을 둘러싸고 입구에 돌기둥문(石柱門)이 있었다. 문은 지극히 높고 장대했으며 문으로 들어가니 도로는 '우물 정(井)자' 모양으로 절도 있게 나 있어서 마치 바둑판처럼 보였다. 온갖 진귀하고 아름다운 나무와 기화요초가 눈을 어지럽게 하고 꽃향기가 엄습했다. 앉을 의자가 수만 개가 배치되어 있었는데 모양은 둥글고 색깔은 녹색이여서 연꽃잎이 땅에 가득하게 펼쳐있는 것 같다. 매일 해질녁이면 이 화원을 찾는 꽃구경꾼(玩覽人)이 남녀노소 몇천 명인지 그 수를 헤아릴 수 없다 하니 실로 별유천지(別有天地)라 할만하다. 화원 한가운데 장대한 돌집(石閣)이 한 채 있는데 건물 규모가 아주 우람했다. 네 귀퉁이의 석대(石臺)에는 인간상(人間像)을 새겨 놓았고, 한가운데 돌탑 위에는 금으로 만든 인형(金人)을 올려 놓았는데 그 형체가 아주 장대했다. 이것은 영국 후제(后帝: 영국 여왕)[34]의 장부상(丈夫像)이라고 한다. 대개 서양 사람은 꽃을 좋아한다. 문미(門楣) 안팎에 모두 화분을 놓아 장식하고, 여자들은 머리 위에 남자들은 옷깃에 모두 신선한 꽃을 꽂고 있다. 식탁 위에도 화초를 놓고 있다.

오후 9시에 외부참서관 '포선븨'가 와서 국회의사당으로 안내해 구경시켜 주었다. 의사당 중간에 아취형 방이 한칸 있어서 의장이 앉고 의장석 앞에는 탁자가 놓여 있었다. 탁자 위에는 국보(國寶) 한 점이 놓

34 여기서 후제란 영 여왕을 의미한다. 곧 빅토리아(Alexandrina Victoria, 1819~1901) 여왕이다. 에드워드 7세의 모후이며 인도제국 황제를 겸한 재위 64년(1837~1901) 동안 이른바 빅토리아 시대의 대영제국의 전성기를 이룩했다.

여 있고 그 옆에는 국표(國表: 나라의 성덕(聖德)을 문장으로 새긴 것) 한 개가 있는데 순금으로 주조한 것으로 모양은 절굿공이(舂杵)와 같았다. 그 앞에 또 큰 책상이 있고 그 위에 각종 문서를 쌓아 놓았으며 서기관 세 사람이 자리를 잡고 있다. 이곳을 중심으로 오른쪽에는 정부당(여당)이 나열해 앉아 있고, 왼편쪽에는 반대당(야당)이 나열해 앉아 있다. 발언할 사람이 있으면 한 사람씩 일어나서 '당시 사정(時宜)'을 진술하고 의원 간에 기탄없이 토론을 벌인다. 여야 양당 간의 의논이 일치하지 않을 경우 결국 투표를 하고 다수표에 따라 시행한다고 한다. 그 옆자리에는 신문 기자석이 있고 의원 발언과 토론 내용을 기록 취재하고 있다. 이날 토론을 벌인 것은 모두 주세(酒稅) 한 항목뿐이라고 한다.

6월 18일(5. 13) 흐림

민영돈(閔泳敦) 공사가 내방했고, 영국 명예영사 모건이 명함을 보내면서 안부를 물었다.

6월 19일(5. 14) 흐림

영국 예식원(禮式院)으로부터 미리 청첩(請牒)이 왔다. 대관식 때 앉는 좌석이 제팔좌(第八座)로 정해졌다고 했다. 영국 육군 대도독 로버쓰와 외부협판 크본이 내방했는데 우리가 마침 외출중이어서 만나지 못했다. 모두 명함을 남겨 두고 갔다.

오후 7시에 우리 일행 네 사람은 기차를 타고 수정궁(水晶宮)에 가서 불꽃놀이(火戲)를 구경했다. 수정궁 둘레가 3천만 평방미터라고 한다. 내외 상하의 전등 불빛은 하늘에 가득찬 별이 반짝이는 것과 같았다.

건물 뒤에 큰 연못이 하나 있었는데 흰 돌에 괴이한 무늬를 새긴 돌난간이 연못 주위를 에워싸고 있었다. 연못 가운데에는 괴석(怪石)으로 산을 만들어 화초를 가득 심어 놓고 있다. 조그만 배가 있어 남녀가 다투어 배를 타고 뱃놀이를 하고 있었다.

수정궁 관리소장과 인접관(引接官)의 인도를 받아 조그마한 누각에 이르렀다. 이 누각은 8, 9명은 수용할만 하고 바닥에는 홍자색(紅紫色) 비단을 깔아 놓았다. 이곳은 영국 황제가 불꽃놀이를 구경하는 곳이라 한다. 이 누각 아래가 바로 불꽃놀이 장소이다. 장내에 가득찬 전등은 불숲(火林)을 이루고 있었다.

구경꾼은 인산인해를 이루었다. 이윽고 군악연주가 끝나자 갑자기 화포(火砲) 터지는 소리가 몇 차례 들리더니 불화살(火箭)이 평지로부터 수많은 나뭇배(林船) 모양으로 하늘로 치솟아 올랐다. 공중에서 포성이 어지럽게 울려 퍼지는 가운데 불화살이 갈라지고 흩어지며 내려오니 하늘에서 오색불비(五色火雨)가 내리는 것 같고 연기와 불꽃이 하늘에 가득하다. 이와같은 불꽃놀이가 반시간 넘게 진행되었다.

이 누각앞 좌우에는 10여 길이나 되는 쇠시렁(鐵架)이 있고, 쇠시렁에는 큰 철바퀴(鐵輪)가 달려 있었는데, 바퀴 안에는 무수한 작은 바퀴가 들어 있었다. 주렁주렁 달린 것이 마치 거위알과도 같았다. 거위알 같은 불등잔(火燈)은 구슬을 던져두고 콩을 흩뿌려 놓은 것 같다. 흔들거리면서 번쩍번쩍 빛나다가 조금 있으려니 탁탁(坼坼)하는 소리가 들렸다. 천만 개의 불등잔(화등)이 갈라지고 쪼개지며 화광이 작열(灼熱)하면서 폭발하는 것이 분수기(噴水器)에서 물을 뿜어내는 것과 같다.

이러한 상황이 그치자 화륜(火輪)은 갑자기 변하여 한 마리 큰 코끼리로 화하지 않는가. 긴 코와 늘어뜨린 귀로 어슬렁어슬렁 움직이는 것이 살아있는 짐승과 똑같았다. 또 한차례 포성이 울리더니 평지로부터 불화살이 어지러이 날아 오르고 오른쪽 쇠시렁의 큰 바퀴(大輪) 위에서 한송이 모란이 피어났다. 잎은 푸르고 꽃은 붉은데 나비가 날며 꽃을 희롱하고 있다. 또 그 앞에는 높이가 10여 장이나 되는 수백 칸의 큰 쇠시렁이 있었다.

갑자기 포성이 울리자 그 쇠시렁 위에 일제히 불이 켜지면서 두 화안(火人)이 산악(山岳)같이 우뚝 섰다. 자세히 보니 바로 영국의 황제와 황후였다. 잠시도 쉴새 없이 화포가 터지고 수백칸 쇠시렁 위에서 '一자'형의 긴 불이 터져 나왔다. 그 불기운(火勢)은 천길 절벽 위에서 폭포수가 떨어지듯 내리쏟아졌는데, 반쪽은 흰빛 폭포요 반쪽은 누런빛 폭포였다. 폭포수 소리가 세차게 일어나고 눈발이 공중에 가득하게 날리니 귀신의 글재주로도 이 모양을 방불하게 표현할 수 없으리라.

한 시간 동안 이와 같은 상황이 계속되다가 그쳤다. 또한 쇠시렁 앞 평지 위에 화차(火車) 두 대가 있는데 쌍불(雙火)을 싣고 마차 위에 화인(火人)이 앉아 있었다. 화차 두 대가 앞을 다투어 달리다가 한 대는 나는 듯이 질주하고 다른 한 대는 기계가 불리해서 점점 처지기 시작했다. 뒤처진 화차 위의 화인이 내리더니 기계를 수리하는 동작을 하는(變通) 사이 앞 화차는 이미 약속된 결승점(信地)에 도착하자 화인이 수레 위에서 뛰어내려 춤을 추고 있었다. 이는 화차 승부경기라고 한다.

이윽고 평지를 바라보니 화포 터지는 소리가 나고 불화살이 공중에 가득 찼다. 상하로 터지는 대포 소리는 하늘이 무너지고 땅이 꺼질 듯 울려 두 귀가 먹먹했다. 수 많은 구경꾼들은 대포소리에 압도되어 허수아비(塑人)처럼 멍하니 서 있을 뿐이다. 마지막으로 불꽃놀이를 끝낸다는 음악소리가 울렸다. 오늘밤 불꽃놀이에 든 경비를 물어보니 백여만 여원이라고 했다. 경비는 사회단체로부터 지원받아 충족하며 오늘밤의 입장권 판매수입은 불꽃놀이 경비의 거의 10배나 된다고 한다.

6월 20일(5. 15) 흐리고 비

영국 육군도독부(陸軍都督部)와 외부협판처(外部協辦處)에 명함을 보내어 답례했다. 오늘 외부참서관 '쓰논'과 주영 청국공사 장덕이(張德彝)가 명함을 던지고 갔다.

오전 11시에 영국 감옥서(監獄署)를 시찰했다. 5층 벽돌 건물이고 그 둘레에 높은 담장이 둘러싸고 있었다. 이중철문(二重鐵門)이 있었다. 징역 죄수는 천여 명이고 방 한 칸에 한 사람씩 수용하고 남녀죄수는 따로 수감하였으며 매우 깨끗했다. 하루에 식사는 세 번 주는데 모두 저울에 달아서 준다. 이는 식사량을 일정량으로 유지하기 위해서이다.

감옥서 안에는 병을 고치는 의사가 있고, 매일 식사 후에는 간수(公人)가 와서 죄수들을 데리고 감옥서 안의 운동장으로 가서 한 차례씩 운동도 시킨다. 이는 기분이 울적해서 병이 날까 염려해서이다. 죄수 각자로 하여금 생업(生業)을 닦게 하고 정부에서 죄수의 평일의 업무량을 계산해서 그 반액을 은행에 예금하도록 해서 출소 후 생업자금으로 사용하게 한다는 것이다.

감옥서 안에 교회가 있어서 공일마다 죄수들에게 예배를 보게 하고 2주일마다 한 번씩 목욕을 시키고 있다. "백성을 사랑하고 법을 만드는 도"(愛民 立法之道)가 모두 이와 같다.

6월 21일(5. 16) 흐리다 맑음

영국 외부참서관과 청국공사에게 명함을 보내어 답례했다. 오후 2시에 영국 주 재 한국공사관으로 갔다. 오후 11시에 여관으로 돌아오니 순사 1명과 병정 2명이 여관문 밖에 포막(鋪幕)을 설치해 놓고 밤낮으로 우리 일행을 보호하기 위하여 파수(把守)를 서고 있었다. 우리가 여관문을 나갈 때는 순사와 병정들은 모두 공경스럽게 깍듯이 경례하고 '수레모는 사람'(御車夫)에게 우리의 행선지를 물어본다. 순사가 손을 들어 손가락 한 개로 방향을 가리키면 도로상에 늘어서 있는 순사들이 이 모양으로 다음 순사에게 신호를 보내면서 마차의 통행을 인도한다. 출입할 때에 방문에서 여관문밖까지 홍색 양탄자를 깔아 놓고 우리는 양탄자 위를 걸어간다. 수레 모는 사람(어거부)은 붉은 모직의 연미복을 입고 머리에는 황금으로 장식한 예모(禮帽)를 착용했다. 마차를 몰고 가다가 연락만 하면 도로상의 모든 마차는 정지하고 보행인은 길옆으로 비켜선다. 이러한 광경을 보니 서양은 귀천(貴賤) 사이에 예모(禮貌)의 구별이 동양보다 심한 것같다.

6월 22일(5. 17) 흐리다가 비

영국 궁내부에서 청첩(請牒)이 왔다. 내일 오후 8시에 영국 황제 황후와 함께 각국의 친왕과 대사를 맞이해서 만찬(夕餐)을 베푼다는 것이다.

6월 23일(5. 18) 흐리다 맑음

영국 황태자궁의 사실(私室)을 방문했는데, 악수(握手)로 인사를 나눈 다음 앉아서 이야기했다. 황태자의 거처는 부유하고 화려했다. "삶은기(氣)를 바꾸고 먹는 것은 몸을 바꾼다"[35]는 느낌이다. 황태자와 헤어져서 여관에 돌아오니 황태자는 명함(名帖)을 보내면서 우리의 황태자궁 방문에 대해 경의를 표했고, 몸소 나아가서 인사드려야 마땅하나 스스로 바쁜 일정 때문에 성의를 다하지 못해 미안하다는 것이었다.

오늘부터 어주(御廚: 수라를 만드는 주방)에서 식사를 제공한다고 했다. 버킹엄(벅킹, Buckingham Palace)궁전에서 친왕이 연회를 베푼다는 것이다. 영국 황제는 삼가하고 절제함이 있어서 친임(親任)하지 못하고 황후는 친임했다. 주석(主席)인 황태자는 태자비를 동반하고 참석했다. 이날 좌석차례를 보면 일본 친왕(親王)[36]은 제3좌로서 황태자와 같은 식탁에 앉았다. 우리나라 친왕(特命赴英大使 李載覺)은 제4좌로서 태자비와 같은 식탁이었다. 청국 친왕은 제6좌였다. 연회를 끝내고 나서 네 행인은 황후를 알현했다. 오후 12시에 여관으로 돌아왔다.

6월 24일(5. 19) 흐림

영국 황제의 병환이 위중해서 대관예식행사를 뒤로 미루었다. 이 일 때문에 본국 대내(大內)로 전보를 쳤다. 벨기에(比利時) 친왕과 정령(正領) '잉글빅싀' 수원 부위(副尉) '어로위무리가' 전권공사 '날냉' 등이 모두 명함을 주고 갔다.

오후 2시에 영국 황제의 병문안차 우리 네 사람은 황궁에 가서 명함을 전하고 돌아왔다. 덴마크(丁抹)·그리스(希臘)·일본·청국 등 친왕 및 영국 황숙(皇叔) 친왕에게 모두 명함을 남기고 돌아왔다.

35 『孟子』, 권 13, 盡心 上, "居移氣養移體"

36 『明治編年史』(명치편년사편찬회, 1936), 권 11, p.406(1902. 4. 20, 時事). 일본은 영국 황제 대관식에 小松宮彰仁 친왕을 파견했다.

돌아오는 길에 대도로를 활보했다. 런던(倫敦)은 본시 대도회지로서 이번 대관식 경축절을 맞이하여 대도로 좌우의 고층건물 베란다에 꽃을 달아 장식하고 비단을 걸어 두어 황금빛과 푸른 빛이 찬란하게 반짝이고, 길가 수천 칸이나 되는 긴 탁자를 설치, 층층이 얽어두고, 홍색이며 자주색 양탄자를 깔아두어 마치 봄바람 풍경그림(春風畫圖) 속을 거니는 기분이다.

이 길은 대관식 때 영국 황제께서 어가를 타고 지나갈 도로이다. 각국의 친왕(親王: 황제의 백·숙부, 형제와 아들들)과 대사 및 본국의 인민들이 앉아서 구경하게될 곳인데 그 앉는 자리에도 귀천(貴賤)의 차서(次序)가 있었다. 그때 각국 경축사절단과 이곳 런던 시민들이 운집해서 마차와 보행인이 빽빽히 서서(林立) 대도로를 유성(流星)처럼 달리면 거리의 경치는 더할 수 없이 화려한 장관을 이루리라.

6월 25일(5. 20) 맑음

섬라(暹羅: 泰國) 태국 태자와 벨기에·독일(德國) 친왕이 거처하는 여관에 명함을 보냈다. 영국 궁내대신이 칙서를 받들어 부관을 보내어 경의를 표하면서, "때마침 신병(身病)이 있어서 대관예식을 치를 수 없지만 예식관(禮式官)의 접대범절(接待凡節)은 전과같이 하겠습니다. 오직 원컨대 편안하게 기거하시고 빨리 돌아갈 생각은 하지 마십시오"라고 했다.

6월 26일(5. 21) 맑음

대관예식이 이미 연기되자 각국의 경축사절이 차례로 귀국하기 시작했다. 우리 일행도 본국 대내(大內)로 귀국해도 좋은가고 전보를 쳤다. 이는 예식행사가 무기연기되었기에 귀국 복명(歸國復命)을 청하는 전보였다. 전보 내용은 다음과 같다.

"영국 황제의 병환이 한결같이 차도가 없어서 대관예식이 무기연기되었습니다. 궁내대신이 칙서를 받들고 와서 각국 사절들을 위로하고 있지만 실은 구라파의 경축사절단은 각기 귀국을 서두르고 있습니다. 신은 감히 마음대로 결정할 수 없으니 빨리 귀국하라는 칙명을 내리시기를 엎드려 비나이다"

오전 10시에 영국 황궁에 이르러 궁문 밖에서 병문안을 하고 명함을 남기고 돌아왔다. 한국황제가 영국 황제에게 선물로 주라고 가지고 온 세 가지 물건을 궁내부에 전달했다.

오후 7시에 접반관(伴接官)이 와서 강점(江店)으로 바람을 쐬러 가자고 청했다. 이에 우리 네 사람은 여관문을 나와 마차를 타고 우리 여관에서 약 20리 지점에 위치한 강가에 도착했다. 강가의 누각은 지극히 시원스럽게 탁 트여 있어서 전망이 좋았고 뒤뜰에는 널찍한 운동장이 있었다. 아래 위층 모두 돌로 바닥을 깔았고 돌난간으로 둘러싸고 있다. 돌난간은 백여 칸이요 돌기둥에는 모두 인형(人形)을 조각해 놓고 있었다. 석인(石人)의 머리 위에는 돌화분을 얹어 놓았고, 돌화분에는 화초를 심어 놓았다. 난간 바깥에는 수목이 울창하고 강위를 떠도는 조그만 배들은 연꽃잎이 땅에 가득 깔린 듯했다. 강가를 거닐면서 시구(詩句)를 읊으니 문득 세상 걱정을 잊게 했다. 강가로 유람온 관광객은 남녀 백여명이나 되었는데, 혹은 노래를 부르기도 하고, 혹은 춤을 추면서 기분대로 질탕하게 놀았다. 이곳에서 저녁을 먹은 뒤에 우리 일행은 마차를 돌렸다. 도로 좌우에는 가로수가 반듯하게 심어져 있었고 전등이 별처럼 반짝이며 늘어져 있었다. 술취한 몸으로 마차에 오르니 기분은 한껏 상쾌하고 입에는 저절로 시 한수를 읊조리게 되었다. “마차는 유수(流水)처럼 흘러가고, 말은 용처럼 달리도다(車如流水 馬如龍)” 오후 11시에 여관에 돌아왔다.

6월 27일(5. 22) 맑음

대궐로 전보를 쳤는데 내용은 다음과 같다.

> “일본 청국의 경축사절이 이달 그믐께 돌아간다니 신(臣)도 귀국함이 어떻하온지요? 시베리아(西伯利)철도로 귀국하기는 매우 어렵고, 오는 1일에 인도양 선편(船便)이 있기에 이를 이용하면 편리할 것 같으니 속히 알려주시기 바라나이다.”

오전 8시에 우리 네 사람은 반접관(伴接官)의 안내로 소방본부(救火總社)를 시찰했다. 이 소방본부는 런던 시내의 화재를 구(救)하기 위해 설치된 기관이다. 물뿌리는 소방호스 기계와 각 층계를 연결해주는 고층 쇠사다리가 있었다. 우리들이 진화 절차를 관람할 수 있도록 순서대로 구화작업(救火作業)을 연출했다.

갑자기 몇 층 건물에서 연기와 화염이 솟구쳐 일어나더니 화재발생 경보가 울리자 소방수들이 각기 맡은 소방도구를 들고 출동했다. 먼저 여러 층으로된 쇠사다리를 걸치더니 한 사람이 사다리를 타고 불이 난 건물로 올라가서 화상을 입은 사람을 어깨에 메고 그 사다리로 내려왔다. 그런 후에 폭 넓은 보자기를 불이 난 건물 아래에 펼치더나 수십 명이 달려들어 사면(四面)으로 빙 둘러서서 이 보자기를 힘껏 잡아당겨 보자기가 땅바닥으로부터 몇 자 위로 거리를 유지하게 했다. 사람이 불이 난 건물 위에서 보자기 가운데로 뛰어내려도 다치지 않게 하기 위함이었다. 그러고나서 소방호스(藉水器)로 어떤 소방수는 위에서 아래로 씻어내리고 어떤 소방수는 아래에서 위로 물을 치켜 뿜어 올렸다. 물힘(水力)이 얼마나 센지 소나기가 쏟아져 내리는 듯하더니 불이 차차 꺼지고 말았다. 이와 같은 설비의 규모나 신속한 대응조치를 보면 평소에 소방훈련을 익혀두지 않았다면 불가능할 것이다.

만약 멀고 가까운 곳에서 화재가 발생해서 소방서 문앞으로 급히 달려오거나 혹은 전화로 모처에 화재가 발생했다고 급보를 전하면, 소방서장은 지도를 살펴보고 불이난 장소를 정확하게 파악하고 난 다음 초인종을 눌러 소방수들을 소집해서 지휘한다.

소방수들은 머리에 철모(鐵冑)를 쓰고 몸에 철갑(鐵甲)을 걸쳐 입고 마차에 소방도구를 싣고 일제히 출동해서 불을 끈다. 소방서장이 인력보강이 필요하면 소방지사에 전화를 하면 80여 곳의 지사가 일시에 인력을 동원 운집한다고 한다. 런던은 인구가 조밀(稠密)해서 매일 화재경보가 있는데, 화재경보가 없는 날에는 소방서 안에서 소방수와 말에게 소방훈련을 시킴으로써 안일하게 쉬지 못하게 한다.

오후 3시에 한국 공사관으로 가서 대궐로 전보를 쳤는데, "여러 번 전보를 보냈는데 받아 보았는지요. 영국 황제의 병환은 여전히 위중해서 일본 청국 독일 등 3국의 경축사절은 영국 후제능(后帝陵)[37]에 헌화

37 *The Korea Review*, Vol. 1, p.73. News, Calendar, February 1901. 빅토리아 여왕능은 윈저성(Windsor Castle) 근처 프로그모(Frogmore)에 있다.

의식(獻花儀式)을 행했습니다. 영국 예에 따르는 것이 합당할 듯하나 감히 멋대로 행할 수 없으므로 처분을 기다립니다."라고 했다. 오후 11시에 여관으로 돌아왔다.

6월 28일(5. 23) 맑음

일행 네 사람은 희마장(戲馬場)에 가서 말 위에서 벌이는 격구(擊毬)놀이[38]를 관람했다. 말탄 사람은 용감했고 말은 건장해서 박수갈채를 받았다.

6월 29일(5. 24) 맑음

전보 칙서(勅書)를 받았다. 만약 각국 경축사절이 출발한다면 오는 1일에 출발해도 좋다고 했다.

6월 30일(5. 25) 맑음

오래 여관에 앉아 있으니 기분도 울적해서 우리 일행 네 사람은 반접관(伴接官) 과 함께 한 놀이장(戲場)을 구경했다. 큰 건물 수만 칸이 구불구불 굽이치는 가운데 전등이 별처럼 열을 지어 비추니 밝기가 대낮과 같았다. 좌판(坐市)과 늘어선 가게에는 금은보화가 산더미처럼 쌓여 있고, 흰 밀랍으로 옛 사람의 모습을 본떠 빚은 마네킹에다 화려한 비단옷을 입혀 놓았으니 그 형형색색을 이루다 말할 수 없다.

놀이장 한가운데 널찍한 쇠시렁을 세워 두었는데 그 높이가 몇 백척이나 되는지 알 수 없다. 쇠시렁 위에 큰 쇠바퀴를 달아 놓았는데 그 크기도 헤아릴 수 없었다. 쇠바퀴 바깥에 돌아가면서 '쇠로된 가방'(假房,

38 말 위에서 공치기하는 폴로(Polo) 경기이다.

곤돌라)을 달아 놓았는데 기차의 상등객차와 같이 생겼고, 숫자는 몇 백 개인지 모른다. 사람을 이 곤돌라 안에 앉혀놓고 전기의 힘으로 쇠바퀴를 돌려서 올라가게 한다. 빙 돌며 올라갔다가 쇠시렁 꼭대기에 이르면 몸은 구름가운데 두둥실 떠있게 된다. 쇠시렁 꼭대기에서 아래쪽 사람을 내려다보면 마치 개미떼가 멧돌 위를 기어다니는 것과 같아 참으로 장관이 아닐 수 없다.

또 한 곳에 이르니 몇 척의 작은 배가 있었는데 사람들이 다투어 올라타고 있기에 나도 배에 올라 타보았다. 배는 전기로 움직였는데 수로를 따라 저절로 석벽 동굴 가운데로 들어갔다. 물길(水道)은 배 한 척이 겨우 지나갈 수 있을 정도로 좁았지만 들어갈수록 점입가경(漸入佳境)이었다. 석벽 좌우에는 산천초목과 금수(禽獸)를 만들어 새겨놓았는데 전기를 비추면 영낙없이 진짜와 같았다. 그 설계가 참으로 기묘하다.

7월 1일(5. 26) 흐리다 비

오후 11시에 영국 황제가 관병식(觀兵式)을 행한다고 청첩(請牒)이 왔다. 우리 네 일행은 연무장(鍊武場)에 입장했다. 미리 지정된 좌석에 앉아서 기다려야 함으로 열을 지어 앉아보니 영국 병정과 각 속국(屬國)의 병정이 대오를 지어 벌여 서고 있다. 이를 지휘할 장령(將領)과 위관(尉官)은 융장(戎裝)을 갖추어 입고, 앞뒤 가슴을 가리는 엄심갑(掩心甲)을 입고서 말을 타고 구령(口令)을 하니 그 군용(軍容)이 정숙하다. 군대가 도열한 가운데 먼저 영국 황후가 마차를 타고 입장했다.

영국 황제는 병환 때문에 관병식에 친임(親任)하지 못했다. 그 대신 황태자가 대리로 복장을 갖추어 입고 마차를 타고 식장에 들어서고 있다. 구경하던 시민은 빽빽이 늘어서서 일제히 모자를 벗기도 하고 혹은 손수건을 흔들면서 환호했다. 산이 진동하고 바닷물이 용솟음치는 듯한 환호성을 지르다가 호각소리가 한 번 울리고 북을 두드리는 소리가 세 번 크게 나자 시끄럽던 소리가 그쳤다. 황후와 황태자가 각 장령과 위관 몇 사람을 대동하고 각 부대를 사열하고 나서 돌아와 지정된 좌석(信地)에 섰다. 군악이 우레처럼 울리면서 분열식(分列式)이 진행되었다. 각 부대는 질서정연한 대오를 지어 행진하다가 황태자 앞을 지나가면서 경례를 올렸다.

열병식(閱兵式)이 끝난 후 황후와 황태자는 돌아가고 병정들은 비로소 긴장을 풀었다. 우리 일행도 여관으로 돌아왔다. 돌아오는 길에 한국공사관에 들렀다가 여관으로 돌아왔다.

오후 11시에 외부대신 사저(私邸)에서 어사연(御賜宴)이 개최된다고 청첩이 왔기에 우리 일행은 참석했다. 12시에 여관으로 돌아왔다.

7월 2일(5. 27) 흐림

인도의 병정이 조련(操鍊)한다고 청첩이 왔기에 우리 일행은 민(閔)공사를 동반하고 연병장에 입장했다. 인도 병정들은 체구가 장대하고 얼굴이 검고 눈이 푸르렀다. 잡색 수건으로 머리를 싸매고 맨발로 걸어다니며 혹은 예(銳, 창의 일종)를 가지고 혹은 칼을 차고 혹은 창을 둘러메고 있다. 창끝에는 작은 기를 달아 놓았다. 장령과 위관은 영국인이고, 기타 의식절차는 어제 관병식과 같았다. 황후를 호위하며 따르는 수행원은 불과 5,60명인데, 황태자 호위병은 백여명이 넘었다.

7월 3일(5. 28) 흐리다 맑음

오전 11시에 반접관(伴接官)이 와서 사복시(司僕寺)에 가서 황제가 사용하는 의장(儀仗)을 구경하기를 청했다. 황제가 타고 다니는 마차는 아주 질박한데다 황금으로 장식해 놓고 있다. 이 황금마차는 120년 전에 제작했다고 한다. 마차 네 모서리에 금인(金人)을 세워놓고 차안은 비단과 보석으로 꾸몄다. 크고 무거워서 여덟 마리의 말이 수레를 끌고 간다는 것이다.

이번 대관예식 때 사용할 마차는 신식과 구식을 다 참작해서 만들었는데, 금장식을 하고 붉게 칠해서 눈을 황홀하게 했다. 황후와 황태자가 사용할 마차도 별 차이가 없었다. 마구간(馬廐間)에는 황금마차를 끌고갈 말 여덟 마리가 있었는데, 우유빛 백마(서양 말 이름)로서 온 몸에 잡털 한 카락 없었다. 말발굽에서 등골까지는 한 길(丈)이 넘었고, 꼬리에서 머리까지도 한 길이 넘었다. 색깔은 가을 물빛(秋水)과 같았고 아주 준걸찬 말이었다. 마구간 밖으로 끌어내자 한번 웅장한 소리를 울리니 온 세상(八荒)으로 치달아날 기세이다. 손으로 쓰다듬어 보니 성질 또한 온순했다. 또 오추마(烏騅馬) 여덟 마리가 있었는데 이 말들도 한가지 모양이었다. 이밖에 다른 준마들은 몇 천 필이나 되는지 알 수 없다. 이 말들은 옛날 대완(大宛: 漢나라 때 西域國의 하나)의 말이다.

본국으로부터 전보칙서(電報勅書)를 받았는데, 영국 후제능(后帝陵)에 헌화의식(獻花儀式)을 행해도 좋다는 것이다.

7월 4일(5. 29) 맑음

우리 일행 네 사람은 영국 후제능에 헌화의식을 행하기 위해 기차를 타고 동쪽으로 한 시간 달려서 정거장에 도착했다. 특별마차가 우리를 기다리고 있었다. 우리는 마차를 타고 윈저왕궁(雲西宮)[39]으로 갔다. 수궁관(守宮官)이 우리 일행을 영접하고 있다. 궁문에 들어가니 사방벽에 각종 병기와 크고 작은 총과 칼을 교차(交叉)로 꽂아 놓았는데 칼날은 서릿발처럼 번쩍거리며 빛났다. 탁상 위에는 신구제의 갑옷과 투구를 섞어 놓았고 그 가운데 보도(寶刀) 두 자루가 있었다. 길이는 2척이 넘었고, 은빛으로 반짝이는 섬광은 사람의 눈을 부시게 했다. 손에 들고 보니 매우 가볍고, 민첩하며, 칼자루를 잡고 흔들어보니 은은한 소리가 났다. 시험삼아 칼을 휘둘러보니 몸을 따라 잘 움직여져서 달리 생각할 여지도 없었다. 이것은 천하의 보검이라고 한다. 좌우의 문 옆에는 구리로 만든 사람(銅人)이 갑옷과 투구를 갖추어 입고 구리로 만든 말(銅馬)을 타고 서있는데 아주 웅장해 보였다.

사방벽에는 사진 또는 금옥으로 만든 소상(塑像)이 있다. 이 사람들은 나라 일에 공을 세운 유공자라고 한다. 궁전은 우뚝 솟아 그 안에 청정실(聽政室) 접객실 연회실 휴게실 무도실 등이 있고, 그밖에 여러 방들이 있었고, 진귀한 완구와 보배스런 기물들이 그 안에 가득 차 있다. 모두가 각국에서 선물로 가져온 것으로 황제가 평소에 사용하고 있는 기구와 그릇들이다.

앉는 의자가 한 개 있는데 나무를 옥석처럼 다듬었고, 의자의 후판(後版) 한가운데에 보석 한 개를 박아 놓았는데 그 크기가 거위알만하다. 값을 물어보니 몇 만원인지 알 수 없다고 했다.

---

39 후제능이란 바로 빅토리아 여왕의 능을 말한다. 윈저성(Windsor Castle) 근처의 프로그모어(Frogmore)에 있다. 윌리엄 1세 이래 영국 국왕의 거성으로 사용해 왔고, 성안에 왕실영묘(The Frogmore Royal Mausoleum at Windsor Castle)가 있다.

윈저성 궁문을 나와 후제능(后帝陵)으로 나아가니 십자로로 된 십자 석각(十字石 閣)이 있고 그 안에 들어가니 수능관(守陵官) 남녀 두 사람이 나와서 우리를 맞이했다. 석각 안에 사방으로 두 칸이나 되어보이는 석단(石壇)이 있는데 높이는 한 길 (丈) 정도였다. 석단 위에 백옥석으로 조각한 와상(臥像) 두 사람이 누워 있었다. 완연히 비단 이불속에 누워있는것같다. 이 두 사람은 후제(빅토리아 여왕) 부부로서 살아있을 때의 형상을 본받아 만들어 놓은 것이다. 그리고 빅토리아 여왕과 부군(夫君)의 시신은 석단 안에 안치해 놓고 있다고 한다.

7월 5일(6. 1) 맑음

오전 8시에 한국공사관으로 갔다가 곧 돌아왔다.

7월 6일(6. 2) 흐리다 맑음

영국 황궁으로 가서 명함을 전하면서 본국으로 돌아간다고 고하고 여관으로 돌아와서 대궐에 전보를 쳐서 영국 후제능에서의 헌화의식을 행한 이유와 인도양을 향해 출항한다는 이유 등을 아뢰었다.

7월 7일(6. 3) 맑음

오전 11시에 우리 일행 네 사람은 영국을 떠나 귀국길에 오르기 위해 정거장에 이르러 기차를 탔다. 영국 궁내부 외부 관원들이 정거장으로 나와 전송해주고, 고페 영사와 '포선비' 민영돈(閔泳敦) 공사와 이기현(李起鉉)이 따라왔다. 오후 1시에 도버(Dover)항에 도착했다. 우리 일행은 전송나온 인사들과 악수를 나누고 눈물을 흘리면서 작별했다.

우리 네 사람은 배를 타고 도버항을 출항, 오후 2시경에 프랑스 칼레(Calais)항에 도착했다. 이 항구는 영국과 프랑스 양국간의 경계를 이루는 한계지역이다. 도버해협 동서의 양쪽 해안에 포가(砲架)를 설치하고 대포 수십좌를 걸어두었는데 경비가 아주 삼엄했다.

칼레에서 여관에 들어가 점심을 들고 곧 파리행 기차를 타고 파리(巴里, Paris) 정거장에 도착했다. 주불공사 민영찬(閔泳瓚)이 참서관과 주사와 함께 마중 나왔다.[40] 프랑스 장례원(掌禮院) 소경(少卿)과 외부대신도 영접 나왔다. 여관에 들어가 저녁을 먹은뒤 함께 기차를 타고 한 정거장에 도착하여 이들과 작별하고 차안에에서 하룻밤을 잤다.

대체로 프랑스(法國) 문물의 번화(사치)함은 영국을 능가했다. 그러므로 영국 노인네들은 어린 소년자제를 망치려면 파리로 보내라고 입버릇처럼 되뇐다는 것이다.

7월 8일(6. 4) 맑음

기차를 타고 이탈리아(義太利) 제노바(써노와, Genova)항구에 도착, '그랑도' 여관에서 하룻밤을 잤다. 대개 이탈리아는 토지가 비옥해서 농사에 힘쓴다고 한다. 밀이 누렇게 익었을 때도 산위에는 눈이 그대로 쌓여있다. 돌산과 철로가 많고, 산을 뚫어 굴을 통과하고 있는데 긴 터널을 지나는 데는 한 시간도 더 걸렸다.

40 『駐法比來去案』권 1(규장각 소장); 金源模, 『近代韓國外交史年表』, p. 287.
駐紮法比公使館(1902년 1월 17일 현재)
全權公使 閔泳瓚
二等 參書官 李琦
三等參書官 李鍾熚
書記生 姜泰顯 李瑋鍾 金明秀
外國參書官 살타렐(P. M. Saltarel, 薩泰來)

7월 9일(6. 5) 맑음

오전 11시에 우리 네 사람은 마차를 타고 부두에 이르러 독일 여객선 '꼬이칼보호'를 탑승했다. 1만6백 톤짜리 호화여객선이다. 11시에 군악 연주가 세 번 울리면서 출항하려하자 고페 영사(영국 사행중 영사고문)가 작별인사를 나누고 돌아갔다. 6,7삭(60~70일) 동안 밤낮없이 서로 친밀하게 지내다가 피차 애석한 이별을 나누었다.[41]

7월 10일(6. 6) 맑음

오전 11시에 배가 나폴리(Napoli)항구 (이탈리아 地界)에 도착했다. 이 도시는 대단히 부유하고 인구는 50만이나 되지만 도적과 거지떼가 우글거리고 있다. 여객선이 항구에 접안하자마자 이들은 기다렸다는 듯이 작은 배나 나무 판대기를 타고 여객선 바로 아래까지 와서 노래를 부르고 춤을 추면서 혹은 헤엄치면서 배 위의 선객을 바라보고 동냥질을 벌인다. 배 위의 선객이 바다 가운데로 돈을 던져주면 거지들은 몸을 거꾸로 해서 물속으로 자맥질해 들어가서 돈을 주워서 나온다. 항구의 경찰은 이러한 자맥질해서 돈 찾는 일을 엄금하고 있다. 그것은 아마도 거지들이 물속 깊숙이 들어갔다가 고기밥이 될까 염려되어 금하고 있는 것 같다. 잠시 하선해서 부두가로 나갔지만 날씨가 너무 더워서 여객선으로 돌아왔다.

41 인천 영국 부영사 고페(H. Goffe, 葛福)는 영국에서의 이재각(李載覺) 특사 일행을 안내하다가 이탈리아 제노바까지 에스코트한 후 헤어졌다.

7월 11일(6. 7) 맑음

오전 9시에 여객선은 스트롬볼리(Stromboli: 지중해 티레니아해에 있는 섬)에 도착했다. 오전 11사애 시칠리아(Sicilia: 이탈리아 섬)항을 통과했다. 이 지역은 화산이 많아 밤이면 산 정상에서 분화(噴火)의 불꽃이 보이고, 낮이면 연기를 볼 수 있다. 지난번 우리 일행이 태평양항행중 이탈리아 지방에는 화산이 있었는데, 산 정상에서 우레 같은 소리가 4,5일간 계속되면서 산이 무너져 깔려 죽은 사람이 4만여 명 이라는 말을 들은 일이 있었다. 어제 나폴리항을 지날 때 마침 그곳이(4만여 명 압사자) 나폴리항으로부터 몇 리 거리이므로 선객들은 다투어 화산폭발지역을 가보았다. 우리 일행도 가볼 마음은 있었으나 항행에 피곤해서 그렇게 하지 못했다. 우리 일행은 섬라(태국) 친왕과 한배를 타서 자주 만나 교유(交遊)했다.

7월 12일(6. 8) 맑음

온도계(寒暑表)를 보니 60도에 이르렀다.

7월 13일(6. 9) 맑음

독일(德國) 사관(士官)이 명함을 보냈기로 우리도 답례차 명함을 보냈다.

7월 14일(6. 10) 맑음

오전 5시에 여객선은 이집트(埃及)항에 정박했다. 우리 일행은 하선해서 유람했는데, 이곳 인물과 주택 규모를 보니 서양의 안목으로 보건대 매우 추잡해 보였다. 남녀 모두 맨발로 다니는 사람이 많았다. 이미 시집간 여자는 검은색 주의(周衣: 차도르)를 입고 다녔는데 우리나라 장의(長衣: 부인이 나들이할 때 입는 소매 없는 옷)와 같이 소매가 없었다. 부인들은 차도르를 머리에 뒤집어 쓰고 검은 수건으로 입에서 코까지 가리웠고, 대나무 마디(竹節) 세 개에 양철로 장식한 불주(佛珠)를 머리 꼭대기에서 코끝까지 걸치고 있었다. 이곳은 물이 귀해서 양가죽 주머니(羊皮帒)에 물을 담아서 먼 곳에서 물을 길어오는데 한 사람이 한 개씩 짊어지기도 하고 노새나 낙타로 실어나르기도 했다. 이곳 생산품으로는 소양 금은 보화 주석과 연(鉛) 그리고 담배 등이다.

오후 2시에 항구를 출발, 수에즈 운하(疏鑿海, 蘇彝士河, Suez Canal)에 이르렀다. 수에즈 운하는 프랑스인 레셉스(Lesseps, 李習)가 항행에 편리하도록 육지를 파서 바다길을 낸 것이라 한다. 운하의 폭은 큰 배 한척이 운항할 정도이고 길이는 동양 이수로 2백50리라 한다. 수력은 몇 만톤을 실을 수 있고 통과세는 매 1톤에 2원, 한 사람당 2원을 징수하고 있다. 운하 개통시에는 프랑스인이 관리하다가 지금은 영국인이 관리하고 있다. 눈을 들어 바라보니 황사(黃沙)가 흰 풀을 휩쓸고 있어서 과연 시골의 절경을 만끽할 수 있다.

7월 15일(6. 11) 맑음

온도계를 보니 70도에 이르렀다. 오전 5시에 우리는 홍해(紅海, Red Sea)에 도착해서 잠시 쉬었다가 출항했다. 날씨가 너무나 더워서 항구 좌우의 산은 불타는 듯 붉게 보였고, 기온은 찌는 듯 더웠다. 옛날 예수(耶蘇氏)가 제자들을 거느리고 전도하던 곳인데 아프리카의 이른바 라스 다샨산(臘非勒山, Ras Dashan, 에디오피아)이다. 선상에서 서남쪽을 바라보니 언덕 아래에 큰 바위 같은 것이 있었다. 뱃사람 말에 의하면 이곳은 17년 전에 독일(德國) 배 한 척이 이곳에서 부서졌다고 한다. 이곳 바다 밑에는 암초가 많아서 배가 부서지는 사고가 자주 발생하므로 이를 경계하기 위하여 기념으로 남겨 둔다고 한다.

오후 8시에 선상에서 무도회가 열렸다. 통상하는 각국의 회사 깃발을 내걸고 군악을 연주하니 남녀 한쌍이 마주 서서 한 손으로 여자의 허리를 껴안고 한손으로서로 손을 맞잡고 왼쪽으로 돌기도 하고 오른쪽으로 발을 구르면서 박자를 맞추며 빙글빙글 돌아간다. 참으로 볼만한 광경이었다. 그 법도를 보니 남녀는 반드시 귀천(貴賤)의 구별이 있어서 천한 사람은 귀족과 감히 춤을 출 수 없다. 이것은 서양의 한 풍속이다.

7월 16일(6. 12) 맑음

바다 물빛은 먹물 풀어놓은 것처럼 시커멓다. 이따금 이끼 같은 찌꺼기(渣滓)가 떠도는데 색깔은 아주 누렇다. 어떤 사람은 바다 안에 산호(珊瑚)가 많아서 바닷물빛이 이모양이라고 하고, 어떤 사람은 물이 산 위에서 흘러내려 왔기 때문이라고도 하고, 어떤 사람은 열기 때문이라고 하는데, 어느 것도 깊히 믿을 바 못된다.

7월 17일(6. 13) 맑음

날씨가 몹시 더워 온도계는 93도를 가리키고 있다. 벨기에(比利時, Belgium) 영사 두 사람이 명함을 보내 인사했으므로 우리도 명함을 보내 답례했다.

7월 18일(6. 14) 맑음

온도계를 보니 94도이다. 연해(沿海)의 해로는 험난해서 해마다 등대를 설치해 놓고 밤이면 등대를 밝혀 선박의 운항을 편리하게 하고 있다. 이집트에서 이곳까지의 해로에는 등대가 서로 보일 정도로 잇달아 설치해 놓고 있다. 상어 같은 큰 고기가 여객선 가까이에서 노닐고 있었다. 선원들이 이 바다고기를 가리키면서 말하기를 사람들이 이 고기를 잡아 먹지않기 때문에 많은 상어떼가 사람 가까이로 모여든다고 한다.

7월 19일(6. 15) 맑음

오전 4시에 여객선은 아덴(亞丁, Aden, 남 예멘)에 도착했다. 이곳은 바로 아라비아(亞比利, 옛 大宛)이다. 배가 가는 곳마다 새떼가 날고 있는데 조그마해서 메추라기만 하다. 떼를 지어 해상을 날다가 바다위로 도로 내려 앉는다. 우리들은 처음에 끝없는 바다에 어찌 새떼가 있는가고 의심스러워서 선원에게 물어보았더니 이것은 새떼가 아니라 '나르는고기(飛魚)'라고 한다. 이곳은 적도에 가까워서 날씨는 항상 덥고 토지는 검게 타서 흑인이 살고 있다 한다. 따라서 이곳은 인도로 가는 목구멍이 되는 관문이기 때문에 영국이 많은 군대를 파견해서 경비하고 있다고 했다. 오전 11시에 인도양을 향해 출항했다. 온도계는 82도로 내려갔다.

7월 20일(6. 16) 맑음

풍랑이 크게 일어나서 구토하는 사람이 속출했다. 마치 술취한 사람처럼 정신이 흐리멍텅한 사람과 같았다. 온도계가 또다시 76도로 내려갔다. 겨울 옷을 입는 사람이 많아졌다.

7월 21일(6. 17) 맑음

어제보다 더 큰 풍랑이 일었다. 온도계는 67도로 떨어졌다.

7월 22일(6. 18) 맑음

여전히 풍랑은 가라앉지 않고 일었다. 오후 4시에 풍랑이 가라앉자 배는 평온해졌다.

7월 23일(6. 19) 맑음

바람은 고요하고 풍랑은 멎어서 잔잔해졌다. 온도계는 어제와 같다.

7월 24일(6. 20) 맑음

오전 8시에 조그마한 섬을 통과했다. 섬에는 등대가 있고 수목이 울창해서 경치가 좋았다. 이곳 지명을 물어보니 맥도(麥島?)라고 했다.

7월 25일(6. 21) 맑음

오후 2시에 여객선은 콜롬보(골늠보, 錫蘭島)[42]에 입항하자 우리 일행 네 사람은 하선해서 부두 밖으로 나갔다. 토인 남녀들은 옷을 입지 않

---

42 콜롬보(Colombo)는 실론 섬(Ceylon)에 있는 스리랑카(Sri Lanka)의 수도이다.

고 알몸으로 다니는데, 인간이라기보다는 마치 귀신같이 보였다. 몸은 시커멓고 허리 아래 짧은 치마로 가리거나 보자기로 하체를 가렸을 뿐이다. 염치를 조금이라도 아는 사람은 적삼을 입고 상투를 틀고 머리를 짧게 깍고 있다. 맨발의 여인과 아이들이 길 좌우로 늘어서서 동냥 한 푼을 구걸하고 있다. 흙빛은 붉은 흑색이고 가옥은 너무나 초라했다. 간혹 양옥 여관이 있고 공원도 있었는데, 서양의 것과 비슷했다.·

이곳 산물로는 금·은·보패· 대모(玳瑁, 바다거북)·산호 등과 더불어 계수나무 야자 종려 빈랑(檳榔) 파초 등이 생산되고 있다. 이곳 토인들은 입술과 이 사이가 모두 붉어서 그 이유를 물어보니 야자와 빈랑 등을 많이 먹어서 그렇다고 했다.

콜롬보는 인도령(印度領)이다. 옛날 서역(西域)인 불국(佛國)은 이곳 항구로부터 5리 떨어져 있고 그곳에는 석가불(釋迦佛)의 불상과 무덤이 있다고 한다.

우리들은 마차를 세내었다. 소(牛)로 수레를 끄는데, 이 소의 체구가 작고 뿔은 한자가 넘었고 배와 등뼈가 꾸부정해서 낙타와 같다. 우리는 선원 가운데 이곳 지리를 잘 아는 사람을 길 안내인으로 삼아 절(佛寺)에 이르렀다. 이 불당의 건축설계는 우리나라와 같고, 불당 뒤에 석대(石臺) 위에는 커다란 석탑이 서있고 사면이 3,4칸이나 되었으며 높이는 몇 길이나 되어 보였다. 석대 위에 돌기둥을 세우고 돌기둥 위에 계란만한 뾰족한 첨탑(尖塔)을 만들어 놓고 보석을 박아 놓았으니 햇빛을 받아 찬란한 광채를 내뿜고 있다. 불조(佛祖: 석가모니)의 육신은 이 석탑 안에 간직되어 있다고 한다. 그래서 이를 불총(佛塚)이라 일컫고 있다. 석탑을 보고 법당 으로 내려와 불상을 보고자 내려오니 긴 수염에 구랫

나루를 단 상투를 튼 한 노인이 나와 우리 일행을 맞이하며 불당문을 열어주었다.

법당 안으로 들어가니 또 문이 있는데 자물쇠로 채워져 있었다. 그러나 채워진 문을 열어주는데 너무나 늑장을 피웠다. 이 스님은 문은 열어주지 않고 사방벽에 걸려있는 불가의 그림을 설명하고 있었다. 이 그림은 선한 자에게 복을 내려주고 음란한 자에게 화(禍)를 내린다는 내용이다. 우리 일행은 문앞의 복전함(櫝子口)에 은전 한푼씩을 넣었다. 그제사 스님은 문을 열고 들어가기를 청했다. 당상에는 불상 세 개가 있는데 오른쪽 부처는 서있고, 왼쪽 부처는 앉아 있고, 중앙에는 비스듬히 누워있는 와불(臥佛)이었다. 와불의 신체는 장대하고 길이는 두칸이 넘으며 옥색 빛깔을 발하고 있기에 자세히 살펴보니 나무로 만든 목상(木像)이었다. 그리고 와불의 눈빛이 섬광처럼 반짝이므로 물어보니 눈에 보석을 박아 놓았다는 것이다.

석가는 인도에서 탄생했지만 머리 깎고 손톱을 자른 곳은 이곳이라고 했다. 우리들은 동쪽나라에서 나서 어릴 때부터 서역(西域) 불조(佛祖)에 대한 이야기를 들어왔지만 이제 직접 이곳에 와서 불상을 보니 일찍이 생각도 못했던 일이요 일대 장관이 아닐 수 없다.

구경 후 몸을 돌려 법당문을 나와 마차를 타고 북쪽 해안에 있는 여관으로 돌아와서 잠시 휴식을 취했다. 우리는 차를 마시고 술을 몇 잔 마신 뒤 항구의 여관으로 돌아와서 저녁을 먹고 여객선으로 돌아오니 밤 11시였다. 이윽고 여객선은 동쪽을 향해 출항했다. 산 아래에 수풀이 무성하게 우거지고 큰 담을 두르고 있는 가운데 집 한 채가 있었다. 물어보니 터키(터국, 西比利, Turkey)의 포로를 가두어두는 감옥이라 한다.

온도계는 어제와 같다.

7월 26일(6. 22) 맑음

오후에 풍랑이 일어나 사람들을 괴롭히고 있다. 온도계는 어제와 같다.

7월 27일(6. 23) 흐림

야심 후 천둥과 번개가 치고 풍랑이 크게 일어나서 대양의 파도가 큰 산더미 같다.

7월 28일(6. 24) 맑음

풍랑이 여전히 높았다.

7월 29일(6. 25) 맑음

아침 일찍 갑판에 올라가보니 시원한 바람이 얼굴을 스치고 푸른 바다물결이 우유빛깔처럼 보였다. 남쪽을 바라보니 주먹만한 산봉오리가 우뚝 솟아 있어서 상쾌한 기분이 몰려온다. 뱃사람들이 이 산봉오리를 가리켜 인도네시아(Indonesia) 수마트라(Sumatra) 섬(荷蘭島, 네덜란드領)[43]라 했다. 한서표(온도계)는 어제와 같다.

43 바타비아(Batavia)는 옛 네덜란드(和蘭領) 인도네시아의 자바 섬에 있다. 현 인도네시아의 수도 자카르타(Jakarta)이다. 화란은 이곳에 동인도회사를 두어 동양 진출의 거점으로 이용했다.

7월 30일(6. 26) 흐리다 맑음

오후 3시에 말레이시아 피낭항(빈즐항 檳榔港)[44] 도착했다. 이곳도 영국의 속지(屬地)이다. 우리는 하선해서 잠시 피낭항을 유람했다. 대개 콜롬보(錫蘭島)와 같이 청국인이 주민의 대부분을 차지하고 흑인이 섞여 살고 있었다. 부녀자들은 코를 뚫어 금코걸이를 장식했고 맨발로 다니고 있다. 다리 위에는 은고리를 달고 있어서 또한 볼만했다. 여기서 우리는 마차를 타고 이곳저곳을 돌아다니다가 산골짜기에 이르니 큰 화원이 한 개 있었다. 계곡 곳곳에 진귀한 수목과 기이한 화초들이 가득히 풍취를 자아내고 있어서 이루다 기록할 수 없다. 연못과 폭포의 장관은 볼만했다. 11시에 배에 돌아왔다. 배에 오르자말자 배는 동쪽을 향해 출항했다.(여기서부터 동양땅이다)

7월 31일(6. 27) 맑음

해면에 누런 이끼가 홍해(紅海)에서와 같다. 오후 4시에 배가 싱가포르(新嘉坡, Singapore)에 도착하자 일행은 배에서 내려 마차를 타고 시내를 유람했다. 한 일본인 여관에 들어가 저녁을 먹고 8시에 배로 돌아왔다. 이곳 싱가포르도 영국 식민지(屬地)로서 주민은 청국인이 주종이고 서양인 일본인 흑인들이 섞여 살고 있다. 생산물은 콜롬보(錫蘭島)와 같다. 인물이 풍성한 것은 서양에 미치지 못하나 동양 제일의 대도회지로서 동서양을 잇는 요충지이다. 동양 각국의 물자는 반드시 이 항구로 집결했다가 서양으로 수출한다. 항내의 인구는 풍부한데 비해 땅은 좁아서 땅값은 금싸라기로 비싸다. 땅 1척에 70원이라 한다.

---

44 말레이시아 (Malaysia) 피낭(Pinang)이다.

8월 1일(6. 28) 맑음

오전 10시에 여객선은 동쪽을 향해 출항했다.

8월 2알(6. 29) 맑음

한서표(寒暑表)는 70도까지 올라갔다. 더위가 너무 기승을 부리니 기분이 우울 하다.

8월 3일(6. 30) 맑음

오후 9시에 율록도(栗綠島)를 통과했다. 기후는 어제와 같다.

8월 4일(7. 1) 맑음

한서표(寒暑表)에는 76도를 기록하고 있다.

8월 5일(7. 2) 맑음

오후 4시에 홍콩(香港, Hong Kong)에 도착했다. 이곳 역시 영국 식민지(屬地)라고 한다. 잠시 하선해서 시내 유람을 했다.

8월 6일(7. 3) 맑고 가는 비

오전 10시에 여객선은 동쪽을 향해 출항했다. 오후 8시에 폭우가 내리더니 번개가 치고 천둥이 울렸다.

8월 7일(7. 4) 맑음

풍랑이 크게 일어났다.

8월 8일(7. 5) 맑음

큰바람(暴風)이 세차게 불지 않는데도 배는 심하게 요동치고 있다. 우리는 배의 요동에 견딜 수 없었다. 선원들이 말하기를 이곳 바다는 청국바다(중국해)로서 해로가 험해서 옛날부터 이와 같았다고 한다.

8월 9일(7. 6) 맑고 비

오후 3시에 여객선은 야송(耶松, 우쑹)에 도착했다. 9시에 조그만 배를 타고 상해항(上海港)에 하선했다. 우리 일행은 상해 시내를 두루 관광 유람했다. 상하이(上海)는 인물이 풍부해서 '작은 서양(小西洋)'이라 일컫고 있다. 때마침 오늘은 영국 황제(에드워드 7세)의 대관식(戴冠式)이 연기해서 치루는 날이다. 상해 주재 영국영사관과 영국조계(英國租界) 안에서 영국왕 대관(戴冠)을 축하하는 불꽃놀이가 성대하게 치르고 있다. 영국인 경영의 여관에 들어가 점심과 저녁을 먹었다. 오후 11시에 여객선으로 돌아왔다. 야송(耶松)과 상해의 바닷물은 황토물처럼 누렇게 보였다. 그래서 '황하(黃河)'라고 부르고 있는 것 같다.

8월 10일(7. 7) 흐림

오후 2시에 여객선은 동쪽을 향해 출항했다. 풍랑이 크게 일어났다.

8월 11일(7. 8) 맑음

오후 11시에 일본 나가사키(長崎)에 도착했다.

8월 12일(7. 9) 맑음

오전 9시에 하선해서 영국인 경영의 여관에 투숙했다. 이곳은 지난

번 영국으 로 떠날 때 머물렀던 여관이다. 즉시 대궐(大內)로 나가사키(長崎) 도착을 알리는 전보를 쳤다.

8월 13일(7. 10) 맑음

8월 14일(7. 11) 맑음

8월 15일(7. 12) 맑음

8월 16일(7. 13) 맑고 비

오후 3시에 일본 상선 대동환(大東丸)을 타려고 했는데, 갑자기 큰 비(暴雨)가 내려 양동이 그릇을 쓰러뜨리고 하물(行李)이 다 젖어버렸다. 그래서 우리는 출항시기를 내일 3시로 연기하지 않을 수 없었다.

8월 17일(7. 14) 맑음

오전 3시에 배는 출항했다. 오후 2시에 일본 대마도(對馬島) 소속의 엄원항(嚴源港)에 도착, 잠시 휴식했다. 오후 9시에 출항했다.

8월 18일(7. 15) 맑음

오전 6시에 부산항(釜山港)에 도착했다. 배에서 내려 여관에 들어갔다. 부산감리(釜山監理)와 주사(主事) 및 경시(警視)가 마중 나왔다. 오후 2시에 우리는 승선해서 출항했다.

8월 19일(7. 16) 맑음

오후 2시에 우리 배(大東丸)는 목포(木浦)에서 잠시 정박했다가 곧 출항했다.

8월 20일(7. 17) 맑고 비

오후 3시에 우리 배는 인천항(仁川港)에 도착했다. 오후 7시에 기차를 타고 서울(京城)로 들어가 입궐(入闕), 함녕전(咸寧殿)에서 복명(復命)했다.

〈1902년 8월 20일 (음 7. 17) 부영대사 이재각(李載覺) 복명〉 문답기

상이 이르기를, "국경을 나선 지도 이미 반년이 되었구나. 무사히 다녀왔는가?" 하니 이재각이 아뢰기를,

"황상께서 돌보아 주신 덕분에 무사히 다녀왔습니다." 하였다. 상이 이르기를,

"몇 번이나 황제를 알현하였는가?"

하니 이재각이 아뢰기를,

"두 번 황제를 알현하였고 세 번 황후를 알현하였습니다."

하였다. 상이 이르기를,

"예식(禮式)이 연기된 뒤 각국의 대사들은 모두 각기 본국으로 돌아갔는가?"

하니, 이재각이 아뢰기를,

"각기 본국에서 지시가 있어 모두 귀국하였고, 우리 정부에서도 신에게 통지가 있었습니다." 하였다. 상이 이르기를,

"영국에서 며칠이나 접대를 받았는가"

하니, 이재각이 아뢰기를,

"양력 6월 22일부터 7월 2일까지 도합 10일간 접대를 받았습니다."

하였다. 상이 이르기를,

"오고 갈 때 모두 뱃길을 이용했는가? 혹 철길도 이용했는가?"

하니, 이재각이 아뢰기를,

"갈 때에는 일본 장기(長崎)에서 태평양을 지나 영국 국경 밴쿠버에 이르렀고, 그곳에서 기차를 타고 7일을 달려 퀘백항에 도착했고, 그곳에서 다시 배를 탔습니다. 올 때에는 오직 뱃길만을 이용하였습니다." 하였다. 상이 이르기를,

"영국 황제의 병세가 위중하지는 않던가?" 하니, 이재각이 아뢰기를,

"처음에는 과연 위중했지만 근래 차도가 있다고 하였습니다. 신이 일을 마치지 못하고 돌아와 매우 황송합니다." 하였다. 상이 이르기를,

"이미 연회에 참석하였고, 또한 사세(事勢) 때문에 그런 것이니, 사신에게 무슨 혐의가 있겠는가?" 하였다. 또 하교하기를,

"경유했던 여러 곳에서 구경은 했는가?" 하니, 이재각이 아뢰기를,

"조금 구경을 하였습니다. 밴쿠버는 철길이 지나가는 곳에 기이한 절경이 많이 있있었습니다. 영국과 미국 두 나라의 분계(分界)에 나이애가라 폭포가 있는데, 이는 삼대지(三大池)[45]의 하류로, 세 못의 길이가 영리(英里)로 300여리이고, 행원(行源)으로 또한 300여리입니다." 하였다. 상이 이르시를,

"오인도(五印度) 부근 지역은 과연 매우 덥던가? " 하니, 이재각이 아뢰기를,

"그렇습니다." 하였다. 상이 이르기를,

"어느 곳이 가장 덥던가?" 하니, 이재각이 아뢰기를,

"홍해(紅海)가 가장 무더웠는데, 마치 큰 화로 안에 있는 것과 같았습니다."

---

45 삼대지(三大池): 슈피리어 호(Superior), 휴런 호(Huron), 미시간 호(Michigan).

하였다. 상이 이르기를,

"실론 섬을 보았는가" 하니, 이재각이 아뢰기를,

"보았습니다." 하였다. 싱이 이르기를,

"거느리고 간 일행들은 모두 탈 없었는가?" 하니, 이재각이 아뢰기를,

"모두 탈이 없었습니다." 하였다. 상이 이르기를,

"거느리고 간 영사(領事)는 승임(陞任)되어 다른 곳으로 갔다고 하던가?"

하니, 이재각이 아뢰기를,

"승임되어 청(淸)나라로 갈 것이라고 합니다."

하였다. 상이 이르기를,

"각국의 공사들은 모두 만났는가?" 하니, 이재각이 아뢰기를,

"직접 만나기도 하고 명함을 건네기도 하였으니, 다 만난 것이나 진배없습니다."[46]

| 4 | 이종응의 한글 전용 기행가사 서유견문록(총 422행)

※이해를 돕기 위하여 한자를 삽입했음

<西遊見聞錄>

임인(壬寅) 팔월(八月) 하한(下澣)

이 칙(冊)을 졍(淨)히 보고 졍(淨)히 간슈(看守)할 ᄉ(事)

1. 광무황뎨(光武皇帝) 사십츄(四十秋)에 〔우리 인군 등극하신지 ᄉ십

46 『승정원일기(비서원일기)』고종 193, pp.277~280, 赴英大使 李載覺 復命.

년〕, 만국통화(萬國 通和) 시졀(時節)일셰 〔셔로 친하단 말〕

2. 통화(通和) 약조(約條) 엇더(어떠)한고, 화란상구(禍亂(相救) 본의(本意)로다

3. 양녁뉵월이십뉵일(陽曆六月二十六日), 영국황뎨(英國皇帝) 등극(登極)이라

4. ᄃᆡ관녜식(戴冠禮式) 층경시(稱慶時)에, 각국하ᄉᆞ(各國賀使) 분분(紛紛)ᄒᆞ다 〔사신〕

5. 교린지의(交隣之誼) 돈밀(敦密)ᄒᆞ니 〔셔로 졍의(情誼)가 잇단 말〕경조상문(慶弔(相問) 폐(廢)할손가

6. 황뎨조칙(皇帝詔勅) 나리우ᄉᆞ, 부영ᄃᆡᄉᆞ(赴英大使) 츌강시(出疆時)에 〔영국 가넌(가는 사신〕

7. 이ᄂᆡ ᄉᆞ셰(事勢) ᄉᆡᆼ각ᄒᆞ니, 팔슌(八旬) 양친(兩親) ᄌᆡ당시(在堂時)요

8. 겸(兼)ᄒᆞ야 절박졍셰(切迫情勢), 회혼녜(回婚禮)가 금년(今年)이라

9. 인자졍(人子情)이 말할진ᄃᆡ, 촌보이축(寸步(移蹴) 어렵도다

10. 황명(皇命)이 졀엄(切嚴)ᄒᆞ니, 사졍(私情)을 감언(敢言)할가

11. 사신일ᄒᆡᆼ(使臣一行) 승명(承命)ᄒᆞ야, 예궐사은(詣闕謝恩)ᄒᆞ연 후에 〔ᄃᆡ궐에 드러간단 말〕

12. 쳔폐(天陛)에 고두(叩頭)ᄒᆞ니 〔ᄃᆡ궐(大闕)안 ᄃᆡ뜰(대뜰), 옥음(玉音)이 낭낭(朗朗)ᄒᆞ며 〔인군에 말슴소리〕

13. 친셔(親書) 일도(一度) 츅ᄉᆞ(祝辭) 일도(一度) 〔인군에 편지, 츅슈(祝壽)하시난 글〕, 궈봉(櫃封)ᄒᆞ야 나리신다

14. ᄌᆡᄇᆡ(再拜) 슈명(受命) 하즉(下直)ᄒᆞ고, 츙훈부(忠勳府)에 즉슉(直宿)ᄒᆞ고

15. 황황ᄌᆞ화(皇皇者華) 영파(咏罷) 후의 〔사신 떠나는 글〕, ᄒᆡᆼ장(行裝)을 슈십(收拾)ᄒᆞ야

16. 음녁(陰曆) 이월(二月) 염팔일(念八日)날, 효두(曉頭) 발ᄒᆡᆼ(發行) 춍춍(悤悤)ᄒᆞ다

17. ᄉᆡ문(새문, 敦義門 西大門)밧(밖) 썩 나셔셔, 정거장(停車場) 다다르니 〔화륜거(火輪車, 汽車) 타난 마당〕

18. 상등(上等) 긔차(汽車) ᄃᆡ령(待令)ᄒᆞ고 〔화륜거〕, 만조ᄇᆡᆨ관(滿朝百官) 친쳑(親戚) 고구 (故舊)

19. 타국공ᄉᆞ(他國公使), 영ᄉᆞ(領事) 등(等)이, 차려(次例)로 젼송(餞送)ᄒᆞ니

20. 긔차(汽車) 타고 두 시각(時刻)에 〔화륜거〕, 인쳔황구(仁川港口)) 득달(得達)ᄒᆞ니

21. 호긔(豪氣)롭다 호긔(豪氣)롭다, ᄉᆞ신ᄒᆡᆼᄎᆞ(使臣行次) 호긔(豪氣)롭다

22. 감니(監理) 이ᄒᆞ(以下) 졔관이(諸官吏)가 〔인쳔부늰(仁川府尹)〕, 지셩등ᄃᆡ(至誠等待)ᄒᆞ 야고나

23. 여관(旅館) 슉소(宿所) 하연 후에 〔쥬막〕, 명일(明日) ᄉᆞ시(巳時) 발ᄒᆡᆼ(發行)ᄒᆞ야

24. 션창(船艙) 부두(埠頭) 다다르니 〔ᄇᆡ 타넌 데〕, 화륜션(火輪船) 등ᄃᆡ(等待)로다

25. 친쳑고구(親戚故舊) 악슈(握手)ᄒᆞ고, 션두(船頭)에셔 작별(作別)이라

26. 노인(老人) 형님 나오시고, 아들 족하(조카) 다 녜 완네(다 예 왔네)

27. 당장(當場) 광경(光景) 의논(議論)ᄒᆞ면, 심흉(心胸)이 창결(悵缺)ᄒᆞ다

28. 연(然)이나 ᄃᆡ장부(大丈夫), 황명(皇命)을 봉승(奉承)ᄒᆞ고 〔인군에 영

(兪)을 바덧단 말〕

29. 츌강ᄉᆞ신(出疆使臣) 되야시니 〔타국 가난 ᄉᆞ신〕, 션공후ᄉᆞ(先公後私) 분ᄂᆡᄉᆞ(分內事)라

30. 나넌(나는) 가네 나넌(나는) 가네, 쳔ᄋᆡ만니(天涯萬里) 영국(英國) 가네

31. ᄇᆡ 띄여라 ᄇᆡ 띄여라, 슐넝 슐넝 ᄇᆡ 띄여라

32. 고국산쳔(故國山川) 이별(離別)ᄒᆞ고, 어ᄃᆡᄆᆡ(어디메)로 향(向)ᄒᆞ난고

33. 션누상(船樓上)에 ᄇᆡ회(徘徊)타가 〔ᄇᆡ 누마루, 근인단(거닐다는) 말〕, 션방즁(船房中) 드러가니

34. ᄇᆡ포(排布)가 졍졀(精切)ᄒᆞ고, 긔명(器皿)이 화려(華麗)ᄒᆞ다

35. 한간(間)드리 쳬경(體鏡)이며 〔거울〕, ᄇᆡᆨ옥(白玉) 갓흔 셰기(洗器, 洗面器)로다

36. 와상(臥床, 침상)이며 좌의ᄌᆞ(坐椅子)며, 침상(寢牀) 금구(衾具, 이부자리) 분명(分明)ᄒᆞ다

37. 쥬야불식(晝夜不息) 긔계운동(機械運動) 〔ᄇᆡ 연쟝〕, 화륜션(火輪船)이 살(화살) 갓도다 (같도다)

38. 일본(日本) 장긔(長崎) 슈쳔니(數千里)를 〔쌍 일홈〕, 삼일(三日)만에 득달(得達)ᄒᆞ니 〔다 왓단 말〕

39. 조하(造化)로다 조하(造化)로다, 화륜션(火輪船) 조화로다

40. 장긔항(長崎港) 이경(異景) 좃타니(좋다니), 일ᄎᆞ(一次) 류람(遊覽)ᄒᆞ야 보셰

41. 산쳔(山川)이 슈려(秀麗)ᄒᆞ고, 도로(道路)가 졍쇄(精灑)ᄒᆞ며

42. 긔화요쵸(琪花瑤草)와 진슈가목(珍獸嘉木)과 〔화쵸〕, 가루(歌樓) 희ᄃᆡ(戲臺)난 긔상(氣象)이 ᄐᆡ평(太平)이요 〔노ᄅᆡ하고 침(춤) 츄난 데〕

43. 항구(港口) 부두(埠頭) 동셔(東西)안에 〔비 타난 데〕, 윤션(輪船)이 슈풀(수풀) 갓다(같다)

44. 밤낫(밤낮) 경기(景槪) 보ᄌᆞᄒᆞ면, 면(몇)날 될지 모르것네

45. 힝장(行裝) ᄌᆡ촉(재촉) 발힝(發行)ᄒᆞ야, 신호(神戶) 마관(馬關, 下關) 건듯 지나

46. 승션(乘船)ᄒᆞᆫ지 삼일(三日)만에, 횡빈항(橫濱港)에 도박(到泊)이라 〔일본쌍〕

47. 상등(上等) 여관(旅館) ᄉᆞ쳐(私處)ᄒᆞ니 〔쥬막〕, 공괴범졀((供饋凡節) 거룩ᄒᆞ다

48. 낫지며난(낮이며는) 운동(運動)이요, 셕반시(夕飯時)에 풍유(風流)로다

49. 횡빈항(橫濱港)은 ᄃᆡ도회(大都會)라, 각국(各國) 상민(商民) 운집(雲集)ᄒᆞ야

50. 여염(閭閻)이 질비(櫛比)ᄒᆞ고, 인물(人物)이 풍셩(豊盛)ᄒᆞ다

51. 십칠일(十七日) 유련(留連)ᄒᆞ야 〔십칠일 묵엿단 말〕, ᄃᆡ소(大小) 예복(禮服) 지은 후에 〔관복〕

52. 화륜션(火輪船)을 잡어 ᄐᆡ고(타고), ᄐᆡ평양(太平洋)을 향(向)ᄒᆞ도다 〔바다 일홈〕

53. 무변ᄃᆡ히(無邊大海) 썩 나시니, 가국(家國)이 창망(滄茫)이라 〔우리 집과 우리 나라히 멀단 말〕

54. ᄒᆡ슈(海水)는 망망(茫茫)ᄒᆞᆫ데, 파도(波濤)가 산(山) 갓도다(같도다) 〔물결〕

55. 살 갓튼(화살 같은) 화륜션(火輪船)니, 물결을 못니겨셔(못이겨서)

56. 이리 츌넝 져리 츌넝, ᄇᆡ 사람이 졍신(精神) 일네(잃네)

57. 만경창파(萬頃蒼波) 풍우즁(風雨中), 일편(一片) 정신(精神) ᄲᅮᆫ이로다

58. 심즁(心中)에 ᄉᆡᆼ각(生覺)ᄒᆞ되, 앙장황명(仰將皇命) 이ᄂᆡ 몸을 〔인군에 명(命)을 밧어단 (받았다는) 말〕

59. 풍ᄇᆡᆨ(風伯) ᄒᆡᄇᆡᆨ(海伯) 보호ᄒᆞ니 〔바람귀신, 바다귀신〕, 사ᄉᆡᆼ(死生)은 임쳔(任天)이라

60. 더듸도다 더듸도다, 십삼일(十三日) 지리(支離)ᄒᆞ다

61. 이밤 가고 져날 오니, 항구(港口)가 불원(不遠)이라

62. 긔통(汽筒) 소ᄅᆡ 나는 곳에 〔륜션(輪船)에서 나넌(나는 실린더) 소리〕, 방구보(房口堡, 밴쿠버(Vancouver)에 도박(到泊)이라 〔미국ᄯᅡᆼ〕

63. 여관(旅館) 슉소(宿所)ᄒᆞ연 후에, 화륜거(火輪車, 기차)에 올나 보셰

64. 봉명사신(奉命使臣) ᄃᆡ졉(待接)으로, 특별거(特別車)가 분명(分明)ᄒᆞ다 〔상등 화륜거〕

65. 어렵도다 어렵도다, 일만여리(一萬餘里) 쳘노(鐵路)로다 〔화륜거 가는 길〕

66. 쳘노(鐵(路) 공녁(工役) 볼작시면, 귀신인가 사람인가

67. 산(山)을 뚜러(뚫어) 길을 ᄂᆡ고, 강(江)을 건너 다리 놋코(놓고)

68. 산(山)은 놉고 골은 깁퍼(깊어), 안고 돌고 지고 도ᄂᆡ

69. 밤낫(낮) 가는 긔ᄎᆞ상(汽車上)에, 안젼(眼前) 경ᄀᆡ(景概) 평논(評論)ᄒᆞ셰 〔말 한단 말〕

70. 청산(青山)은 암암(暗暗)ᄒᆞ고, 녹슈(綠水)난 울울(鬱鬱)ᄒᆞ다

71. 츈광(春光)이 만지(滿地)ᄒᆞᆫᄃᆡ 〔화쵸가 만발〕, 봉봉(峯峯)이 ᄇᆡᆨ셜(白雪)이라

72. 잔잔(潺潺)) 간향(澗響)은 금철(金鐵)이 ᄀᆡ명(皆鳴)이요 〔물소ᄅᆡ〕, 영

영)盈盈) 조셩(鳥 聲)은 쌍거(雙去) 쌍닉(雙來)로다 〔시소리〕

73. 이골물 폭포슈(瀑布水), 져골물 폭포슈(瀑布水)

74. 열에 열골물 폭포슈(瀑布水), 한듸(한데) 합(合)드려 흘너

75. 이리로 탕탕 져리로 탕탕, 쳔방즈(天方子) 지방즈(地方子)

76. 월편(越便) 평풍셕(屛風石) 탕탕 치난 소릭(치는 소리), 산곡(山谷)이 응셩(應聲)이라

77. 별유쳔지(別有天地) 비인간(非人間)을, 오날날 보리로다

78. 그럭 져럭 삼일(三日)만에, 핵틱영(核峙嶺, 베이커산) 너머시니(넘었으니)〔산고기 일흠〕

79. 평원광야(平原廣野) 슈쳔니(數千里)에, 풍경(風景)이 광활(廣闊)ᄒᆞ다

80. 쳐쳐(處處)에 농부(農夫)더런(들은) 말(馬) 모러(몰아) 밧쳘(밭을) 가네

81. 이상(異常)ᄒᆞ다 이상(異常)ᄒᆞ다, 셔양(西洋) 풍속(風俗) 이상(異常)ᄒᆞ다

82. 이곳슨(이곳은) 어듸믹(어디메)요, 미국(美國) 영국(英國 분계(分界)로다 〔두 나라 경계 란 말〕

83. 디명(地名)은 커닉딕(캐나다)요 〔쌍 일흠(이름)〕, 폭포(瀑布) 유명(有名) 마졔포(馬蹄布)라 〔폭포슈 일흠〕

84. 쳔하제일(天下第一) 마졔포(馬蹄布, 나이애가라 폭포)을, 금일(今日) 장관(壯觀)ᄒᆞ리로 다

85. 호호탕탕(浩浩蕩蕩) 오난(오는) 물이, 쳔이(千里) 횡원긔셰(橫原氣勢)로다

86. 펑지절벽(平地絶壁) 써러져셔, 단안(斷岸)이 빅쳑(百尺)이라 〔써러진 언덕〕

87. 틱산(泰山) 갓튼(같은) 져 물결니(물결이), 바로 나리 솟치(솟치)도다

88. 푸르고 불근(붉은) 광칙(光彩), 무지기가 걸인드시(걸린듯이)

89. 뇌졍(雷霆) 번기 만쳔상(滿天狀)은, 비셜(飛雪)이 만공(滿空)이라 〔눈〕

90. 하류(下流) 쳥강(淸江) 무한경(無限景)은 〔그 아릭가 강물〕, 이거시(이것이) 폭포슈(瀑 布水)라

91. 이런 구경 다 ᄒᆞᄌᆞ면, 몃날(몇날) 될지 모르도다

92. 어셔 가ᄌᆞ 어셔 가ᄌᆞ, 긔차운동(汽車運動) 밧븨(바삐) ᄒᆞ셰

93. 여셧 시각(時刻) 건뜬 건뜬, 귀빅항(歸伯港, 퀘벡, Quebec)에 도달(到達)이라 〔쌍 일흠〕

94. 눈션(輪船) 션긔(船期) 촉박(促迫)ᄒᆞ야 〔빅가 곳 써난단 말〕, 즉일(卽日) 발힝(發行) 춍춍(忽忽)ᄒᆞ다

95. 항구(港口) 외히(外海) 썩(썩) 나시니 〔컨(큰)바다〕, 딕셔양(大西洋) 바다히라 〔바다 일흠〕

96. 물긔긘지(물고기인지) 돌긔긘지(돌고래인지), 바람은 지동(地動)치듯

97. 상ᄒᆞ쳔광만니노(上下天光萬里路)에 〔하날과 물이 갓단 말〕, 묘창히지일속(渺滄海之一粟)이라

98. 하로(하루) 쳔니(千里) 가는 빅가, 십삼일(十三日)이 도야구나(되었구나)

99. 황뎨(皇帝) 홍복(洪福) 심(힘) 입어셔 〔인군에 복이란 말〕, 뉵지(陸地)가 불원(不遠)이라

100. 팔괘(八卦) 그린 본국긔(本國旗)를 〔조션긔 일흠〕, 돗ᄯᅴ(돛대) ᄭᅳᆺ테(끝에) 놉히 달고

101. 둥둥실 놉히 ᄯᅳᆺ(뜬) 빅, 항구(港口) 도박(到泊) 호긔(豪氣)롭다

102. 션창부두(船艙埠頭) 나리시니 〔빅 딕이난 딕〕, 쳔만인(千萬人)이

위립(圍立)이라

103. 영국(英國) 외부(外部) 참셔관(參書官)과 〔배실(벼슬) 일홈〕, 우리 공관(公館) 참셔관 (參書官)니

104. 부두(埠頭)에 ᄃᆡ후(待候)ᄒᆞ야 〔ᄇᆡ 나리난 ᄃᆡ〕, 즉시(卽時) 나와 영졉(迎接)ᄒᆞᆫ다

105. 반졉관(伴接官)이 인도(引導)ᄒᆞ야 〔버실(벼슬) 일홈〕, 여관(旅館) ᄉᆞ쳐(私處) 안흘(安 歇)이라

106. 여관(旅館) ᄇᆡ포(排布) 둘너(둘러) 보니, 굉장(宏壯)ᄒᆞ고 화려(華麗)ᄒᆞ다

107. ᄇᆡᆨ옥셕(白玉石) 층계상(層階上)에, 십녀층(十餘層) 화란(華欄)이요 〔집 난간〕

108. 유리창(琉璃窓) 분벽상(粉壁上)에, 비단장(緋緞帳)을 드리우고

109. 팔션상(八仙床) 비단교위(緋緞交椅) 〔밥 멉난(먹는) 상 일흠〕, 규모(規模) 잇게 버려 (벌여) 녹코(놓고)

110. 진화쵸(珍花草)며 가화쵸(佳花草)를, ᄇᆡᆨ옥분(白玉盆)에 심어 잇고

111. 쵸인종(招人鐘) 젼긔등(電氣燈)은 〔사람 부르난 종, 졀노 케지난(절로 켜지는 등)〕, 가지 가지 긔이(奇異)ᄒᆞ다

112. 진슈셩찬(珍羞盛饌) 쥰비(準備)ᄒᆞ야, 셕찬(夕餐)을 지공(支供)ᄒᆞᆫ다

113. 침상(寢牀)에 휴슉((休宿)ᄒᆞ고, 쳥신(淸晨)에 소셰(梳洗)ᄒᆞ니

114. 영녜(伶銳)한 남녀하인(男女下人), 조찬지공(朝餐支供) 등ᄃᆡ(等待)로다

115. 반졉관(伴接官)이 거ᄅᆡ(去來)ᄒᆞ되 〔버살(벼슬) 일홈, 엿쥬난 말〕, 본국(本國) 셔울 늌ᄇᆡᆨ니(六百里)를

116. 긔ᄎᆞ(汽車) 타고 ᄒᆡᆼᄎᆞ(行次)ᄒᆞ면, ᄉᆞ시간(四時間) 도달(到達)이요
117. 의관졍졔(衣冠整齊) 츌문(出門)ᄒᆞ야, 긔차(汽車)에 올나 타니
118. 풍우(風雨) 갓치 가는 긔계(器械), 졍거장(停車)에 발셔(벌써) 왓ᄂᆡ
119. 지리(支離)ᄒᆞ고 지리(支離)ᄒᆞ다, 영국(英國) 셔울 여긔로다
120. 반졉관(伴接官)이 션도(先導)ᄒᆞ야, 긔차(汽車) 아ᄅᆡ 나려시니(내렸으니)
121. 장녜경(掌禮卿)이 영졉(迎接)ᄒᆞ고〔베실(벼슬) 일홈〕, 황실마ᄎᆞ(皇室馬車) 등ᄃᆡ(等待)로다
122. 장녜경(掌禮卿) 거동(擧動) 보소, 물ᄉᆡᆨ(物色) 고은 공복(公服)이요
123. 황실마ᄎᆞ(皇室馬車) 근본(根本) 듯소(듣소), 영황(英皇) 타는 슈ᄅᆡ(수레)로다
124. 은장식(銀裝飾)에 금장식(金粧飾)은, ᄎᆡᄉᆡᆨ(彩色)도 황홀(恍惚)ᄒᆞ다
125. 집치 갓튼(집채 같은) 말 두필(匹)니, 쌍입(雙入)ᄒᆞ야 메이(매이)도다
126. 쌍마부(雙馬夫) 치레 보소, 홍장복(紅章服) 금(金)벙거지
127. ᄉᆞ호편(珊瑚鞭) 길게 잡어,〔ᄎᆡᆨ직(채찍) 쌍마필(雙馬匹)을 어거ᄒᆞᄂᆡ
128. 위의(威儀)를 졍졔(整齊)ᄒᆞ고, 거상(踞床)에 단좌(端坐)ᄒᆞ니
129. 하날 갓튼 대도상(大道上)에, 호호탕탕(浩浩蕩蕩) 가는고나
130. 오난 ᄉᆞ람 가난 ᄉᆞ람, 여화여월미인(如花如月美人)더라(들아)
131. 구름쳐럼 뫼야(모여) 셔셔, 타국ᄉᆞ신((他國使臣) 구경ᄒᆞᆫ다
132. 거ᄅᆡ종횡(去來縱橫) 인ᄒᆡ즁(人海中)에, 길이 막헤(막혀) 갈슈 업ᄂᆡ
133. 파슈(把守) 슌검(巡檢) 손을 드러(들어), 좌우(左右) 벽제(辟除) 호긔(豪氣)롭다
134. 장녜경(掌禮卿)이 지휘(指揮)ᄒᆞ야, 여관(旅館) 쳐소(處所) 안졉(安接)

이라

135. 녜식(禮式) 날이 머러시니(멀었으니) 〔잔치날〕, 각쳐(各處) 유람(遊覽)ᄒᆞ여 보셰

136. 장시(長時) 등ᄃᆡ(等待) 반졉관(伴接官)니, 발셔(벌써) 지휘(指揮) 분명(分明)ᄒᆞ다

137. ᄇᆡᆨ옥계상(白玉階上) 쎡(썩) 나시니 〔뜰〕, ᄒᆡᆼ보셕(行步石)이 홍젼(紅氈)이요

138. 병졍(兵丁) 슌검(巡檢) 보호(保護)ᄒᆞ고, 쌍마ᄎᆞ(雙馬車)는 장ᄃᆡ(長待)로다

139. 가로상(街路上)에 운동(運動)ᄒᆞ니 〔다닌단 말〕, 논돈(倫敦, 런던) 셔울 장(壯)ᄒᆞ도다 〔영국 셔울 일홈(이름)〕

140. 집치러(집치레)를 볼작시면, 층누고각(層樓高閣) 운즁긔(雲中起)라

141. 네모 번듯 ᄇᆡᆨ셕(白石)으로, 마광(磨光)ᄒᆞ야 지어ᄂᆡ니

142. 연장졉옥(連墻接屋) 화도즁(花途中)에, 삼ᄇᆡᆨ만호(三百萬戶) 굉장(宏壯)ᄒᆞ다

143. 가가(家家)히 쳘난간(鐵欄干)에, 문문(門門)이 화쵸(花草)로다

144. 도로샹(道路上)에 박셕(薄石) 짤고 〔널불(얇은) 돌〕, ᄉᆞ이 ᄉᆞ이 슈목(樹木)이라

145. 일졈(一點) 진ᄋᆡ(塵埃) 돈졀(頓絶)ᄒᆞ니, 우리 셰계(世界) 여긔로다

146. 오난 ᄉᆞ람 가난 ᄉᆞ람, 억ᄭᆡ을(어깨를) 부븨(비비)이고

147. 쌍마ᄎᆞ(雙馬車)며 외마ᄎᆞ(馬車)는 슈미(首尾)를 년(連)ᄒᆞ도다

148. ᄀᆡ졍ᄇᆡᆨᄃᆡ(백화점 이름) ᄀᆡ신시((開晨時)에〔물건 파넌(파는) 집〕, ᄃᆡ강(大綱) ᄃᆡ강 구경ᄒᆞ셰

149. 능나금슈(綾羅錦繡) 구산(丘山) 갓고, 금은보픽(金銀寶貝)) 말노(말로) 된다(무게 다는 한말 두말 등)

150. 이리 져리 운동(運動)홀 졔, 화원(花園) 구경ᄒᆞ야 볼가 〔ᄭᅩᆺ(꽃) 동산〕

151. 십녀리(十餘里) 쳘난간(鐵欄干)에, 젼후셕문(前後石門) 공장(宏壯)ᄒᆞ다

152. 가득ᄒᆞ니 긔화요쵸(琪花瑤草), 비단 갓튼(같은) 금잔듸라

153. 슈만장(數萬丈) 쳘교(鐵橋) 위을(위를), 항열(行列) 좃차 버려(벌여) 노코

154. 왕ᄅᆡ유람(往來遊覽) 쳔만인(千萬人)에, 부녀(婦女) 더욱 번화(繁華)ᄒᆞ다

155. 오ᄉᆡᆨ(五色) 비단 상하(上下) 의복(衣服), 금보픽물(金寶佩物) 화려(華麗)ᄒᆞ다

156. 일진청풍(一陣淸風) 건듯 불면, 진진향긔((津津香氣) 쵹비((觸鼻))ᄒᆞᆫ다

157. 안간(人間)인가 션경(仙境)인가, 츈몽(春夢)이 의의(依依))ᄒᆞ다

158. 반졉관(伴接官)이 인도(引導)ᄒᆞ야, 동물원(動物園) 드러가니 〔각ᄉᆡᆨ(各色) 김ᄉᆡᆼ(짐승) 기르런(기르는) 동산〕

159. 각국(各國 토산(土産) 김ᄉᆡᆼ더럴(짐승들을)〔소산(所産)이란 말〕, 난난치(낱낱이) 류취(類聚)로다

160. ᄇᆡᆨ슈지장(百獸之長) 호랑이요, 호긔(豪氣)로운 ᄉᆞᄌᆞ(獅子)로다

161. 건장ᄒᆞᆫ 코킈리(코끼리)와 민쳡(敏捷)ᄒᆞᆫ 잔나븨(잔나비, 원숭이)며

162. 신슈(身手) 조흔 ᄉᆞ심(사슴)이요, 미련시런 곰이로다

163. 산(山) 갓튼(같은) ᄃᆡ망(大蟒, 왕뱀)이며, 〔구렁이〕 노로(노루) 톡기(토

끼) 고양이라

164. 구셕 구셕 구경ᄒᆞ니, 날김ᄉᆡᆼ(날짐승)이 무슈(無數)ᄒᆞ다

165. 풍ᄎᆡ(風采) 조흔 공작(孔雀)이와, 말 잘ᄒᆞ난 ᄋᆡᆼ무(鸚鵡)ᄉᆡ요

166. 침(춤) 잘 츄난 학(鶴)두루미, 물ᄉᆡᆨ(物色) 고흔 비취(翡翠, 물총새)로다

167 조션(朝鮮) ᄭᅡ치 네 완나냐 〔조션 ᄭᅡ치 두 마리가 영국 잇지〕, 본국ᄉᆞ신(本國使臣) 반기난듯

168. 쳔만종(千萬種)) 김ᄉᆡᆼ(짐승) 명목(名目), 이로(이루) 긔록(記錄)ᄒᆞᆯ슈 업다

169. 오날 져녁 심심ᄒᆞ니, 희ᄃᆡ(戲臺·극장) 구경 ᄒᆞᆫ번 ᄒᆞ셰 〔노ᄅᆡ하고 춤 츄난 것〕

170. ᄎᆡ루화각(彩樓畵閣) 조요즁(照耀中)에, 산악(山岳) 갓튼 풍악(風樂)이라

171. 졀ᄃᆡ미인(絶對美人) 슈십인(數十人)니, 응장셩식(凝粧盛飾) 긔이(奇異)ᄒᆞ다

172. 쌍쌍ᄃᆡ립(雙雙對立) 거동(擧動) 보소, 노ᄅᆡᄒᆞ며 춤을 츈다

173. 쳔만사(千萬絲) 녹양상(綠楊上)에, ᄭᅬᆨ고리(꾀꼬리)가 우난듯시(우는 듯이)

174. 도리화(桃李花) 츈풍즁(春風中)에, 편편호졉(翩翩胡蝶) 노닌듯시(노는 듯이) 〔납븨〕

175 압시금 뒤군두난(서커스 묘기) 〔ᄌᆡ쥬〕, ᄌᆡ인(才人) 광ᄃᆡ(廣大) 신통(神通)ᄒᆞ다

176. 그렁 져렁 날 보ᄂᆡ니, ᄃᆡ관녜식(戴冠禮式) 격일(隔日)일셰

177. 영황조칙(英皇詔勅) 반포(頒布)ᄒᆞ야 사신폐현(使臣陛見) ᄌᆡ촉(재

축)ᄒᆞ네 〔임군 뵈난 거슬 폐현이라〕

178. 금루(金縷) 심(솔기) 문관복장(文官服裝), ᄆᆡᆸ셰(맵시) 잇게 썰쳐입고

179. 마ᄎᆡ상(馬車上) 단좌(端坐)ᄒᆞ야, 영황궁(英皇宮)에 나아갈ᄉᆡ

180. 궐문(闕門)밧(밖) 다다르니, 시위병정(侍衛兵丁) 경녜(敬禮)ᄒᆞ고

181. 궐문(闕門)안 드러시니, 문무ᄇᆡᆨ관(文武百官) 위립(圍立)이라

182. 장녜경(掌禮卿)이 션도(先導)ᄒᆞ야, 쳡쳡(疊疊) 즁문(中門) 지나 갈ᄉᆡ

183. 시위사관(侍衛士官) 쌍닙(雙立)ᄒᆞ야〔참위(參尉) 부위(副尉)〕, 창(槍) 집고 경녜((敬禮 ᄒᆞᄂᆡ

184. 휴게소(休憩所)에 잠간 쉬니(쉬니)〔안져(앉아) 쉬난(쉬는) 데〕, 녜모관(禮貌官)니 영졉(迎接)ᄒᆞ야 〔베실(벼슬) 일흠〕

185. 어좌소(御座所)에 진현(進現)ᄒᆞᆯᄉᆡ 〔임군 안진(앉은) 자리〕, 삼고두녜(三叩頭禮) 필(畢)ᄒᆞ니 〔셰번 머리 슉이난(숙이는) 법〕

186. 영황뎨(英皇帝) 녜모(禮貌) 보소, 교위(交椅) 아ᄅᆡ 나려셔셔

187. 손목 잡고 이른 말이, 창ᄒᆡ만니(滄海萬里) 잘 완난가(왔는가) 〔큰 바다〕

188. 귀국황뎨펴ᄒᆞ(貴國皇帝陛下)계셔(께서) 〔조션(朝鮮)〕, 옥톄안녕(玉體安寧)ᄒᆞ시던가

189. 특파ᄃᆡᄉᆞ(特派大使) 멀이(멀리) 오니 〔사신 일흠〕, 양국교졍(兩國交情) 친밀(親密)ᄒᆞ오

190. 공경(恭敬)ᄒᆞ야 ᄃᆡ답(對答)ᄒᆞ되, 황뎨홍복(皇帝洪福) 심(힘) 입어셔

191. 만니창ᄒᆡ(萬里滄海) 니셥(利涉)ᄒᆞ야 〔잘 갓단 말〕, 금일(今日) 폐현(陛見) 영감(永感) ᄒᆞ며 〔인군 ᄇᆡ난(뵈는) 것〕

192. 우리 황뎨폐ᄒᆞ(皇帝陛下)계서(께서), 만셰ᄐᆡ평(萬歲泰平)ᄒᆞ오시요

193. 친셔(親書) 일도(一度) 올인(올린) 후에, 츅ᄉᆞ(祝辭) 일거(一擧) 송축

(頌祝)ᄒᆞ고 〔츅슈 (祝壽)하난 글〕

194. 고두(叩頭) 사은(謝恩) 퇴츌(退出)ᄒᆞ니, 사신(使臣) 일은 맛쳣도다(마쳤도다)

195. 여관(旅館)에 도라와셔, 셕찬(夕餐) 먹고 안져더니

196. 궁닉ᄃᆡ신(宮內大臣) 봉츅(奉祝)ᄒᆞ야 〔베실 일흠〕, 져녁 폐현청쳡(陛見請牒) 왓다 〔청하난 편지〕

197. 공복(公服) 입고 츌문(出門)ᄒᆞ야, 법킹힝궁 (버킹엄 궁전) 나아가니 〔궁 일흠〕

198. 층층(層層)이 층졔(層梯) 놋코(놓고), 문문(門(門)이 금슈(錦繡)로다

199. 공걸(宏傑)ᄒᆞ고 웅장(雄壯)ᄒᆞ다, 쳔만간(千萬間) ᄃᆡ하(大廈)로다 〔큰 집〕

200. 통창(通暢)ᄒᆞ고 빗난(빛난) 마루, 화쵸문(花草紋)을 노와(놓았)도다

201. 물결 갓튼(같은) 양(洋)탄ᄌᆞ(양탄자)을 〔보료 갓튼(같은) 것〕, 운치(韻致) 잇게 ᄭᆞᆯ어 (깔아) 잇고

202. 비단 도빅(塗褙) 황홀(恍惚)ᄒᆞᆫᄃᆡ, ᄉᆞ이 ᄉᆞ이 도금(鍍金)이요

203. 슌금(純金) 교위(交椅) 비단 탁ᄌᆞ(卓子), 여긔 져긔 버려(별여) 놋코

204. 소담시런 양촉ᄃᆡ(洋燭臺)난, 슈졍(水晶)으로 ᄒᆞ야난ᄃᆡ

205. 포긔 포긔(포기) 촉(燭)고지((촉꽂이)를, ᄇᆡᆨ여ᄀᆡ(百餘個)식 ᄭᆞᆺ진(꽂힌 거실(것을)

206. 반공즁(半空中) 비단 반ᄌᆞ(반자) 춍춍(叢叢)드리 다런난ᄃᆡ(달렸는데)

207 각부(各部) ᄃᆡ소(大小) 관인(官人)덜과(들과), 타국ᄉᆞ신(他國使臣) 공영ᄉᆞ(公領事)라

208. 금슈(錦繡) 노운(놓은) 공복(公服)으로, 임임춍춍(林林叢叢) 드러시고((들어 섰고)

209. 공경ᄃᆡ부(公卿大夫) 부인(婦人)더리(들이) 〔영국 관인(官人)덜(들)〕, 폐현ᄎᆞ(陛見次)로 입궐(入闕)ᄒᆞ야 〔인군계 뵈우단(뵙는단) 말〕

210. 각ᄉᆡᆨ(各色) 비단 상하의(上下衣)와, 보셕(寶石) 투심(投心) 녜복(禮服)으로 〔보ᄇᆡ즁 제일〕

211. 화관화모(花冠花帽) 빗난 거실(빛난 것을) 〔ᄭᅩᆺ츄로(꽃으로) 만든 갓〕, 운치(韻致) 잇게 눌너 씨고(눌러 쓰고)

212. 오륙ᄇᆡᆨ명(五六百名) 미인(美人)더리(들이) , ᄭᅩᆺ(꽃)가지를 ᄀᆡᄀᆡ(個個) 드니

213. 옥경(玉京) 션관(仙官) 아니며난, 요지연(瑤池淵)에 왕모(王母)로다

214. 향취(香臭)가 쵹비(觸鼻)ᄒᆞ고, 안목(眼目)이 현황(眩慌)ᄒᆞ다

215. 층층난간(層層欄干) 반월문(半月門)에, ᄃᆡ풍악(大風樂)이 우레(우뢰) 갓다

216. 웅장(雄壯)ᄒᆞ고 화려(華麗)ᄒᆞ다, 인간쳔상(人間天上) 예(여기) 아닌가

217. 좌우(左右) 헌화(喧譁) 지식(止息)ᄒᆞ며, 시위사괸(侍衛士官) ᄇᆡ립(排立)ᄒᆞᆫ다 〔느러신단 (늘어선단) 말〕

218. 청홍승(青紅繩) 검(禁)쥴(금줄) ᄆᆡ고, 위의범절(威儀凡節) 슉슉(肅肅)ᄒᆞᆫᄃᆡ

219. 영황·영후(英皇·英后) 나오실제 〔안 ᄃᆡ궐에서 나와〕, 친왕(親王) 비빈(妃嬪) ᄇᆡ종(陪從)ᄒᆞᆫ다 〔뫼시고 온단 말〕

220. 황뎨(皇帝)난 우편(右便)이요, 황후(皇后)난 좌편(左便)이라

221. 각국사신(各國)使臣) 진현(進現)ᄒᆞᆯ제 〔인군계 뵈니단(뵙는단) 말〕, ᄎᆞ려(次例) ᄒᆡᆼ녜 (行禮)ᄒᆞᆫ다

222. 본국(本) 문무관인(文武官人)덜(들)과 〔영국(英國))〕, 오륙ᄇᆡᆨ(五六百)

부인(婦人)더리(들이)

223. 진퇴(進退) 녜현(禮見)ᄒᆞ난 모양 〔인군게 뵈단(뵙는단 말〕, 션후(先((後) 차셔(次序) 정졔(整齊)ᄒᆞ다

224. 폐현(陛見) 졀ᄎᆞ(節次) 맛친(마친) 후에, 녜모관(禮貌官)이 인도(引導 ᄒᆞ야

225. 휴식소(休息所)에 드러가니, 쥬찬(酒饌)으로 ᄃᆡ졉(待接)ᄒᆞᆫ다

226. 여관(旅館)에 도라와셔, 일야(一夜) 안침(安枕)ᄒᆞ년(하연) 후에

227. 젼후사실(前後事實) 비진(備盡)ᄒᆞ야, ᄃᆡ릐(大內에 젼달(傳達)ᄒᆞᆫ다 〔우리 인군 계신 ᄃᆡ궐(大闕), 알왼단(아뢴다는 말〕

228. 양녁(兩曆) 뉵월(六月) 이십삼일(二十三日), 영황·영후(英皇·英后) 청쳡(請牒)으로 〔(請) ᄒᆞ난 편지〕

229. 각국사신(各國使臣) 졔회(齊會)ᄒᆞ야 〔모도(모두) 뫼야싼(모였단) 말〕, ᄃᆡ연(大宴)을 빅셜(排設)ᄒᆞᆯ식 〔잔치〕

230. 잔ᄎᆡ 빅포(排布) 볼작시면, 팔션식상(八仙食床) 일곱인ᄃᆡ 〔상 일흡〕

231. 사신좌차(使臣座次) 마련ᄒᆞ야 〔안질차례(앉은 차례)〕 차려(차례) 안질(앉을) 적에

232. 졔일상(第一床)은 영황제(英皇帝) 쥬셕(主席)ᄒᆞ고 〔쥬인(主人) 노릇한단 말〕, 각국ᄉᆞ 신(各國使臣) 둘너 안고(둘러 앉고)

233. 졔이상(第二床)은 영황후(英皇后) 쥬셕(主席)ᄒᆞ고, 각국사신(各國使臣) 둘너 안고(둘러 앉고)

234. 졔삼상(((第三床)은 황틱자(皇太子) 쥬셕(主席)ᄒᆞ고, 각국사신(各國使臣) 둘너 안고(둘 러 앉고)

235. 졔ᄉᆞ상(第四床)은 틱자비(太子妃) 쥬셕(主席)ᄒᆞ고 각국사신(各國使

臣) 둘너 안져(둘러 앉어)

236. 우리 좌ᄎᆞ(座次) 어딀넌고(어디런고) ᄐᆡᄌᆞ비(太子妃)와 겸상(兼床)이라

237. 영화(榮華)로다 영화(榮華)로다, 봉명사신(奉命使臣) 영화(榮華)로다

238. 잔치 긔구(器具) 거룩ᄒᆞ다, 슌금(純金) 긔명(器皿) 금(金)슈져(수저)라

239. 긔취차포(旣醉且飽)ᄒᆞ년(하연) 후의, 사은퇴귀(謝恩退歸)ᄒᆞ얏고나

240. 사신((使臣) 잔취(잔치) 녜필(禮畢)하니 〔다 되야싼(다 되었단) 말〕, 자금이후(自今以 後) 한가(閑暇)ᄒᆞ다

241. 낫지면(낮이면) 운동(運動)ᄒᆞ고 밤이며난 외롭도다

242. 만니타국(萬里他國) 이ᄂᆡ 몸니(이내 몸이), ᄀᆡᆨ회(客懷)가 날노(날로) 나ᄂᆡ

243. 야도삼경(夜到三更) 젼젼시(展轉時)에, 명월(明月)이 만졍(滿庭)이라

244. 창문(窓門)을 열드리고(열어두고), ᄇᆡᆨ옥계상(白玉階上)) ᄇᆡ회(徘徊)ᄒᆞ니

245. ᄉᆞ가보월 쳥소립(思家步月 靑宵立)에 〔달밤에 집ᄉᆡᆼ각ᄒᆞᆫ단 말〕, 심혼(心魂)이 살어진다((사라진다)

246. 다라(달아) 다라(달아) 발근(밝은) 다라(달아), 고국산쳔(故國山川)) 빗친(비친) 다라(달아)

247. 다라(달아) 다라(달아) 발근(밝은) 다라(달아), 우리 문졍(門庭) 빗친(비친) 다라(달아)

248. 다라(달아) 다라(달아) 발근(밝은) 다라(달아) 우리 부모(父母) 안녕(安寧)헌가

249. 다라(달아)) 다라(달아) 발근(밝은) 다라(달아), 우리 쳐ᄌᆞ(妻子) 잘 잇던가

250. 다라(달아) 다라(달아) 발근(밝은) 다라(달아), 소식(消息) 잠간(暫間)

젼(傳)ᄒᆞ여라

251. 이리 심회(心懷) 산란(散亂)홀제, 반졉관(伴接官)이 말숨(말씀)ᄒᆞ되

252. 금야(今夜) 삼경(三更) 슈졍궁(水晶宮)에 〔집 일홈(이름)〕, 불노리가 장(壯)ᄒᆞ오니

253. 사신(使臣) 회포(懷抱) 위로(慰勞)ᄒᆞ야, 구경가셔 구경가셔

254. 그말 듯고(듣고) 반기(반가워)ᄒᆞ야 , 쥭장(竹杖)으로 운동(運動)ᄒᆞ야

255. 슈졍궁(水晶宮) 다다르니, 특별상좌(特別上座) 안져(앉아)보니 〔졔일 상좌〕

256. 유리집 쳔만간(千萬間)에, 누(樓) 아ᄅᆡ가 화장(火場)일셰

257. 일셩포향(一聲砲響) 나는 곳에, 승긔젼(神機箭)이 올나(올라)간다 〔살 갓치(같이) 올나 가넌(올라 가는) 불〕

258. 산악(山岳)을 흔드난듯(흔드는 듯), 강하(江河가 쓸넌듯시(끓는듯이)

259. 예셔도 탕탕 졔셔도 탕탕 그져 탕 ᄯᅩ 탕탕, 안식(安息)ᄒᆞ다가

260. 청쳔(青天) 반공즁(半空中)에 오ᄉᆡᆨ(五色)비가 나리난듯, ᄯᅩ 씩식 탕탕

261. 이 쳔지(天地)가 모도(모두) 다 불쳔지(天地)라, 연념(煙焰)이 창쳔(漲天)

262. 혹(或) 목단화상(牧丹花上)에 호졉(胡蝶))이 왕ᄂᆡ(往來)ᄒᆞ며, 풍악(風樂)이 진동(振動)

263. 혹(或) 쳔장졀벽(千丈絶壁)에 폭포슈(瀑布水), 나리쏫치난듯(내리쏟아지는듯) 모양(模 樣)도 되고

264. 최말(最末)의난(에는) 영황·영후(英皇·英后), 완연(宛然)히 안진(앉은) 모양(模樣)도 되니

265. 신긔(神奇)도 ᄒᆞ고 이상(異常)도 ᄒᆞ거이와(하거니와), 그져 두 눈 캉캄 귀가 먹먹

266. 쳐음 보지 쳐음 보지, 불노리론 쳐음 보늬

267. 도러(돌아) 와셔 안흘(安歇)ᄒᆞ고, 조찬후(朝餐後)에 안져더니(앉었더니)

268. 영국군문(英國軍門) 조련시(操鍊時)에 〔십진(習陣)ᄒᆞᆫ단 말〕, 관광(觀光)ᄒᆞ라 청쳡((請 牒) 왓네 〔구경한단 말〕

269. 소려복(小禮服)을 쎨쳐 입고 〔반관복〕, 연무장(演武場)에 나아가니 〔십진(習陣)ᄒᆞ넌(하는) 마당〕

270. 본국(本國) 장졸(將卒) 장(壯)ᄒᆞᆫ 즁(中)에 〔영국〕, 이십ᄉᆞ국(二十四國) 속국병정(屬 國兵丁) 〔영국에 〔항복한 나라(영연방)

271. 슈풀(수풀)쳐름(처럼) 드러셔셔, ᄃᆡ오(隊伍)가 분명(分明)ᄒᆞ다

272. 춍창(銃槍) 금극(金戟)은 상셜(霜雪) 갓고(같고), 인마(人馬) 복장(服裝)은 념념늠름(凜凜)ᄒᆞ 다

273. 긋ᄶᅴ(그때) 영황환졀(英皇患節) 잇셔(있어), 황ᄐᆡᄌᆞ(皇太子)가 ᄃᆡ리(代理)ᄒᆞ네

274. 황후마ᄎᆞ(皇后馬車) 션도(先導)ᄒᆞᆯ제 〔황후(皇后)가 말타고 먼져 온단 말〕, 둥두려시 (덩두렷이) 안져난ᄃᆡ(앉았는데)

275. 신슈(身手) 조흔 옥안(玉顔)이요 〔옥 갓튼(같은) 얼굴〕, ᄃᆡ례복ᄉᆡᆨ(大禮服色) 찬란(燦 爛)ᄒᆞ다

276. 황ᄐᆡᄌᆞ(皇太子)의 거둥(擧動) 보소, 집ᄎᆡ(집채) 갓튼(같은) 말을 모라(몰아)

277. 군장복ᄉᆡᆨ(軍裝服色) 션명(鮮明)ᄒᆞᆫᄃᆡ 〔군복(軍服)하단 말〕, 풍ᄎᆡ((風采)가 늠름(凜凜)ᄒᆞ다

278. 구경ᄒᆞ난 쳔만빅셩(千萬百姓), 황후·틱ᄌᆞ((皇后·太子) 경츅(慶祝)ᄒᆞ야 〔츅슈(祝壽)〕

279. 환셩(歡聲)이 여릐(如雷)ᄒᆞ고 〔써드난 소리〕, 긔상(氣象)이 틱평(泰平)이라

280. 방포삼셩(放砲三聲) 호각(胡角) 일성(一聲), 바다 갓튼(같은) 군악(軍樂이라

281. 각딕병정(各隊兵丁) 운동(運動)ᄒᆞ야 〔조련((操鍊)한단 말〕, 연무조련(鍊武操鍊)ᄒᆞ난 거둥(擧動)

282. 위의(威儀)가 슉슉(肅肅)ᄒᆞ고, 호령(號令)이 분명(分明)ᄒᆞ다

283. 부국강병(富國强兵) 분징시(紛爭時)에, 셔양((西洋)에 졔일(第一)이라

284. 이런 구경 져런 구경, 일필(一筆)노 난긔(難記)로다

285. 영황병셰(英皇病勢) 위즁(危重)ᄒᆞ야, 딕관녜식)戴冠禮式) 틱졍((退定)이요 〔물여싼(물 렀다는) 말〕

286. 사신(使臣) 일은 필역(畢役)되고 〔다ᄒᆞ야단(다 하였다는) 말〕, 각국사신(各國使臣) 도라(돌아) 가니

287. 그런 ᄉᆞ상(事狀) 젼달(傳達)ᄒᆞ고 〔나라에 〔알위단(아뢴단) 말〕, 우리도 환국(還國)ᄒᆞ셰 〔조션으로 온단 말〕

288. 양녁(陽曆) 칠월칠일(七月七日)날에, 영황궁(英皇宮)에 드러가셔(들어가서)

289. 하즉유함(下直遺函)ᄒᆞ년(하연) 후에 긔ᄎᆞ(汽車) 타고 발힝(發行)홀식

290. 장녜경(掌禮卿)과 각부(各部) 관인(官人), 우리 공관(公館) 공ᄉᆞ(公使)더리(들이)

291. 멀이(멀리) 나와 젼송(餞送)ᄒᆞ니, 역시(亦是) 일반(一般) 창연(愴然)ᄒᆞ다

292. 법국(法國, 프랑스) 지경(地境) 의ᄃᆡ리(義太利, 이탈리아)을 지나셔셔 〔나라 일흠〕, 쎄노화(제노바, Genova)에 다다러셔 〔쌍 일흠〕

923. 화륜션(火輪船)에 올나타니, 륜션(輪船) 빅포(排布) 괴장(宏壯)ᄒᆞ다

294. 사만니(四萬里)를 가ᄌᆞ하면, 사십일(四十日)을 갈지로다

295. 삼복(三伏) 염증(炎蒸) ᄃᆡ해즁(大海中)에 〔더웁단 말, 바다〕, 극난(極難)ᄒᆞ다 우리 힝니(行李)

296. 군악(軍樂) 삼ᄎᆞ(三次) 긔통(汽筒) 이셩(二聲) 〔풍유(風流)〕, 긔계운동(器械運動)ᄒᆞ난 구나

297. 둥덩실 놉희(높이) 쓴 빅(배), 살(화살) 갓치(같이) 바르 빠르도다

298. 가자 가자 어셔 가자, 하로(하루) 쳔니(千里) 가는구나

299. 낫불(나폴리, Napoli) 항구(港口) 도달(到達)ᄒᆞ야 〔쌍 일흠〕, 잠간 하륙(下陸) 구경ᄒᆞ 고

300. 도로 빅에 올나(올라) 와셔, 동(東)으로만 향(向)ᄒᆞ도다 〔우리나라가 동편이라〕

301. ᄋᆡ급항(埃及港), 이집트)에 도박(到泊ᄒᆞ야) 〔쌍 일흠〕, 쵸쵸(草草) 구경ᄒᆞ연 후에

302. 륜션(輪船) 타고 반일(反日)만에 소ᄉᆡ하(수에즈, Suez)에 드러시니 〔쌍 일흠〕

303. 평원광야(平原廣野) 삼빅니(三百里)을, 물길 쑬어(뚫어) 힝션(行船)이요

304. 궁식절막(窮塞絶漠) 슈쳔니(數千里)에, 인연人煙)이 소조(蕭條)ᄒᆞ다 〔사람에 련고(緣 故)〕

305. 호지(胡地)에 무화쵸(無花草)을, 오날(오늘) 보기 듯밧기(뜻밖이)라

306 지즁해(地中海) 지나셔셔 〔바다 일홈〕, 홍히항(紅海港)에 드러시니(들었으니) 〔바다 일홈〕

307. 이싸는(이 땅은) 젹도계(赤道界)라, 홍노즁(紅爐中) 더위로다 〔불속 갓치(같이) 더웁 단(덥다는) 말〕

308. 좌우산(左右山)니(이) 다 타씨니(탔으니, 燒), 사람이 견딜(견딜) 손냐

309. 안져(앉아) 더위 셔도 더위, 호흡(呼吸) 통(通)키 어렵도다

310. 더위에 극난(極難)흔 즁(中), 풍낭(風浪)이 딕작(大作)이라

311. 삼亽빅명(三四百名) 션객(船客)더리(들이), 구토(嘔吐)흐야 씨러(쓰러) 진다

312. 텬위신조(天佑神助) 오일(五日)만에, 홍히지경(紅海地境) 지나가셔

313. 아졍항(亞丁港, 아덴, Aden)에 도박(到泊)흐니 〔쌍 일홈〕딕완국(大宛國, 페르가나, Ferghana)이 분명(分明) 흐다 〔쌍 일홈〕

314. 한무뎨(漢武帝) 시절에 〔한(漢)나라 인군〕, 이사(李斯?) 장군 셩공지(成功地)니 〔사 람 일흠〕

315. 흑인종(黑人種)에 거싱지(居生地)라 〔거문(검은) 사람〕, 흑인종 츌쳐(出處) 듯소(듣 소)

316. 얼골(얼굴) 검고 몸도 검어, 옷칠흔 모양(模樣)이니

317. 일신(一身)에 의복(衣服) 업시(없이), 평싱(平生)을 벗고 살지

318. 모양(模樣)이 녕악(獰惡)흐고, 심슐(心術)이 흉녕(凶獰)흐야

319. 흑귀즈(黑鬼子) 흑귀즈(黑鬼子), 이거시(이것이) 흑귀즈(黑鬼子)라

320. 동양(東洋) 亽람 만나 보면 〔동편 바다〕 간간(間間)히 음히(陰害)흐네

321. 어려셔 드른(들은) 말을, 잇따(이땅)에서 보리로다

322. 마음에 위틱(危殆)ᄒᆞ야, 잠간(暫間) 보고 빅에 올나

323. 긔계운동(器械運動) 속히 ᄒᆞ야, 인도양(印度洋)에 나와고나(나왔고나) 〔바다 일홈〕

324. 인도양(印度洋) ᄂᆡ력(來歷) 듯소(듣소), 약슈(弱水)가 삼쳔니(三千里)라 〔물 일홈〕

325. 녯(옛) 노ᄅᆡ에 하야시되, ᄉᆡ야 ᄉᆡ야 파랑ᄉᆡ야

326. 삼쳔니(三千里) 약슈(弱水)물을, 엇지(어찌) 건너 왓노

327. 노ᄅᆡ로만 드러더니(들었더니), 오날날 건너 보네

328. 물은 깁고 힘은 업셔, 집(짚)검불이 다 가러안네(가라앉네)

329. 틱산(泰山) 갓튼(같은) 화륜션(火輪船)니(이), 쓰난 거시(뜨는 것이) 조화(造化)로다

330. 바람이 업더ᄂᆡ로, 어렵고 어려운ᄃᆡ

331. 바람이 분다 바람이 분다, 난ᄃᆡ 업난(없는) 바람이 분다

332. 산((山) 갓치(같이) 구난(구르는) 물결, 빅를 만나 분격(奮擊)ᄒᆞᆫ다 〔친단(친다는) 말〕

333. 가넌(가는) 져 빅 거동(擧動) 보소 〔타고 오난 빅 말〕, 조리(笊籬)질에 해키질ᄒᆞᆫ다

334. 흉악(凶惡)한 져 물결이, 빗젼 치난 져 소ᄅᆡ난(소리는)

335. 위틱(危殆)ᄒᆞ다 이ᄂᆡ 신셰(身世), 경각간(頃刻間)에 달넛(달렸)도다

336. 앙쳔탄식(仰天歎息) 누어시니(누었으니), 모진 잠이 오난(오는)구나

337. ᄉᆡ(새) 경신(精神) 슈십(수습)(收拾) ᄒᆞ야, 션누상(船樓上)에 올나(올라) 보니

338. 만니창히(萬里滄海) 풍우즁(風雨中)에, 경기(景槪)가 무궁(無窮)일셰

339. 쳔신만고(千辛萬苦) 지나가니, 그렁져렁 칠일(七日)일셰

340. 건너구나 건너구나, 약슈(弱水)물 건너구나

341. 귀신(鬼神)일셰 귀신일셰, 셔양(西洋) 사람 귀신일셰

342. 밧븨(바뻬) 밧븨 힝션(行船)ᄒᆞ야 셕난도(錫蘭島, 콜롬보, Colombo)에 다다르니 〔쌍 일홈〕

343. 이 ᄯᅡ(땅)히 어듸ᄆᆡ요(어디메요), 흑인종(黑人種)에 거지(居地)로다

344. 이곳 풍속(風俗) 볼작시면, 활작 버신(벗은) 검운(검은) 살에

345. 머리도 ᄶᅡᆨ거시며(깍았으며), 북상토(북상투)도 트러난ᄃᆡ(틀었는데)

346. 손목에난 금환(金環)이요 〔금고리〕, 발목에난 은환(銀環)일셰 〔은고리〕

347. 녀인(女人) 모양(模樣) 볼작시면 〔겨집(계집)〕 ᄀᆡᄀᆡ(個個)히 귀에 고리

348. 그 즁(中)에 졀도(絶倒)할 일, 두 코구녁(콧구멍) 치ᄯᅮ러셔(치뚫어서)

349. 금장식(金粧飾) 은장식(銀粧飾)은, 우슙고(우습고) 이상(異常)ᄒᆞ다

350. 셰상(世上)에 드문(드믄) 구경, 정신(精神) 차려 드러(들어) 보소

351. 이곳지(이곳이) 유명(有名)ᄒᆞ니, 셔쳔(西天) 셔녁국(西域國)이로다 〔넷 날아(옛 나라) 일흠〕

352. 셔녁국(西域國)은 불국(佛國)이라 〔붓쳐(부처) 나라〕, 부쳐(부처) 시조(始祖) 누구던 고

353. 불조(佛祖) ᄂᆡ력(來歷) 말ᄒᆞᆯ진단 〔부쳐 시조〕, 셔가여라셰존(釋迦如來世尊)이라 〔부쳐 일홈〕

354. 셔가셰존(釋迦世尊) ᄉᆡᆼ장(生長)ᄒᆞ고, 단발(斷髮)ᄒᆞ고 손톱 베고 〔머

리 짝단(깍는단) 말〕

355. 도통(道通)ᄒᆞ고 년노(年老)ᄒᆞ야〔늘거단(늙었단) 말〕 잇ᄶᅡ(이땅)에서 몰셰(沒世)로다 〔죽어단(죽었다는) 말〕

356. 당틱종(唐太宗) ᄶᅧᆨ 삼장ᄃᆡ사(三藏大師, 玄奘) 〔넷날 당 나라 인군, 즁 일홈〕, ᄃᆡ장경 (大藏經)을 구(求)ᄒᆞ랴고 〔불경(佛經) 일홈〕

357. 손오공(孫悟空) 거나(거느)리고 〔유명ᄒᆞᆫ 사람 일홈〕, 셔억국(西域國) 드러(들어) 올제

358. 쳔신만고(千辛萬苦) 삼년(三年)만에, 셔가셰존(釋迦世尊) 보와(뵈어)기로

359. 셔유긔(西遊記) 지어ᄂᆡ셔 〔착(冊) 일홈〕, 후셰(後世)에 젼(傳)ᄒᆞ더니

360. 날날 이ᄂᆡ 몸에, 쳔은(天恩)이 융슝((隆崇)ᄒᆞ야 〔인군에 은혜〕

361. 출강ᄉᆞ신(出疆使臣) 봉명(奉命)ᄒᆞ야, 셔녁국(西域國)을 지나가니

362 ᄇᆡ에 나려(내려) 마ᄎᆞ(馬車) 타고, 넷(옛) 졀을 ᄎᆞ져가셔

363. 졀문 밧(밖) 다다르니, 즁(중) ᄒᆞ나 나와 맛네(맞네)

364. 져 즁에 거동(擧動) 보소, 몸에난 흑장삼(黑長衫)

365. 머리난 북상투, 슈염(鬚髥)은 ᄒᆞᆫ자 넉넉

366. 고두합장(叩頭合掌) 문안(問安)ᄒᆞ되 〔머리를 ᄭᅥ덕 ᄭᅥ덕〕, 사신(使臣) 힝ᄎᆞ(行次) 안녕 (安寧)ᄒᆞ오

367. 져 즁이 인도(引導)ᄒᆞ야, 졀문(門)안 드러시니(들었으니)

368. 탁ᄌᆞ(卓子) 우에 연화등(蓮花燈), 탁ᄌᆞ(卓子) 뒤에 남무암미(南無阿彌)

369. ᄎᆞᄎᆞ로 구경ᄒᆞ고 셰존(世尊) 보기 간청(懇請)ᄒᆞ니

370. 이 즁이 인도(引導)ᄒᆞ야, 후원(後園)으로 드러가며

371. 셕탑(石塔) ᄒᆞ날(하나를) 가르치되(가리키되) 〔돌탑〕, 셰존(世尊)에 무덤이요 〔산소 (山所)란 말〕

372. 불당(佛堂)을 덜걱(덜컥) 열고, 벽샹(壁上)을 지졈(指點)ᄒᆞ되 〔가르친단(가리킨단) 말〕

373. 착ᄒᆞ면 연화ᄃᆡ(蓮花臺)요, 악(惡)ᄒᆞ면 지옥(地獄)이라

374. 션심(善心) 먹고 고졍(固定)ᄒᆞ면, 반닥거시(반드시) 복(福)이요

375. 음난(淫亂)ᄒᆞ고 도셕(桃色)ᄒᆞ면, 져런 죄(罪)를 밧나니라(받느리라)

376. ᄉᆞ벽(四壁)에 붓친 그림, 일일(一一)히 강논(講論)하다

377. 뎡젼(正殿)에 드러시니 〔ᄃᆡ궐(大闕)〕, ᄎᆡ식(彩色)이 영농(玲瓏)ᄒᆞᆫ ᄃᆡ

378. 셰존(世尊)이 누언난ᄃᆡ(누었는데), 기리(길이)가 삼간(三間)이요

379. 허리난 두 아람(아름), ᄉᆡ쌜(샛별) 갓튼 두 눈이라

380. 신치(身體)가 늠늠(凜凜)ᄒᆞ야, 산 사람과 일반(一般)이라

381. 셰존(世尊)이 살어난가 쥭어난가(죽었는가), 져 즁이 ᄃᆡ답(對答)ᄒᆞ되

382. 셰존(世尊)은 ᄉᆡᆼ불(生佛)이라, ᄉᆡᆼ불도 쥭단 말가

383. 예라 이 즁 네 몰낫다(몰랐다), 셰존(世尊)이 공덕(功德) 만어(많아)

384. 쥭어도 산 모양(模樣), 사러시면(살았으면) 무덤 인나(있나)〔산소, 무덤〕

385. 져 즁이 합장(合掌)ᄒᆞ되, 무한공덕(無限功德)이요

386. 어화 셰상(世上) 사람더라(들아), 이런 구경 ᄒᆞ야심나(하고싶나)

387. 그 즁을 작별(作別)ᄒᆞ고, ᄇᆡ에 올나 ᄒᆡᆼ션(行船)ᄒᆞ야

388. 무변ᄃᆡᄒᆡ(無邊大海) ᄯᅩ 나시니(또 나서니), 지리(支離)ᄒᆞ고 지리ᄒᆞ다

389. 물빗쳔(물빛은) 먹 빗치요(빛이요), 하날(하늘)은 ᄇᆡᆨ운(白雲)이라

390. 난ᄃᆡ업난(난데없는) 뇌졍(雷霆) 번ᄀᆡ(번개), 삼ᄶᅵ심(삼의 줄기)의 갓튼

비가 오네

391. 근근(僅僅)히 부지(扶持)ᄒᆞ야, 칠일(七日)을 지난 후에

392. 빈낭(檳榔, 페낭, Penang)항(港)에 도박(到泊)ᄒᆞ니, 네서 붓쳐(예서 부터) 동양(東洋)이 라

393. ᄒᆡᆼ션(行船)ᄒᆞᆫ지 이일(二日) 만에, 신가파(新嘉坡, 싱가포르, Singapore)에 득달(得達)ᄒᆞ 니 〔쌍 일홈〕

394. 게셔도(거기서도) 이일(二日)만에, 향항(香港, 홍콩, Hong Kong) ᄯᅡ(땅)에 도박(到泊) 이박(二泊)

395. 그리로 삼일(三日)만에, 상ᄒᆡ항(上海港, 상하이)에 나왓구나 〔쌍 일홈〕

396. 그리 검던 바다 물이, 변(變)ᄒᆞ야 황토슈(黃土水)라

397. 넷날(옛날) 하우(夏禹) 치슈시(治水時)에 〔인군〕, 황하슈(黃河水)을 ᄯᅮ러(뚫었)구나

398. 황하슈(黃河水) 황하슈여, 이 바다히 황하슈라

399. 건느도다 건느도다, 황하슈널(를) 건느도다

400. 게셔(거기에서) ᄯᅥ나 이일(二日)만에, 일본(日本) 장긔(長崎) 도달(到達)일세

401. 금년(今年) 삼월(三月) 쵸이일(初二日)날, 이곳에 지나더니

402. 다시 완네(왔네) 다시 완네, 봉명사신(奉命使臣) 도로 완네(왔네)

403. 여관(旅館) 휴식(休息) 이일(二日)만니(만에), 륜션(輪船) 타고 발ᄒᆡᆼ(發行)ᄒᆞᆫ다

404. ᄇᆡ ᄯᅴ여라 ᄇᆡ ᄯᅴ여라, 이 바다만 건너가면

405. 어셔 가자 밧븨(바삐) 가셰, 고국산쳔(故國山川) 득달(得達)일셰

406. 나러(날아) 왓나 ᄯᅱ녀(뛰어) 왓나(왔나), 십만니(十萬里)가 슌식(瞬息)

일셰

407. 하로(하루) 밤만 지나가면, 동닉지방(東萊地方) 도박(到泊)일다 〔조션쌍 일홈〕

408. 시원ᄒᆞ다 시원ᄒᆞ다, 부산항(釜山港)을 발셔(벌써) 왓네

409. 슐넝 슐넝 빅 ᄯᅴ여라, 목포항(木浦港)을 지나구나 〔쌍 일홈〕

410. 경각(頃刻)일셰 경각일셰, 칠산(七山) 바다 근너셔라(건넜어라)

411. 슌풍(順風)에 놉흔(높은) 돗딕(돛대), 팔괘국긔(八卦國旗) 다러고나(달았구나)

412. 반갑도다 반갑도다, 인쳔(仁川) 졔물(濟物) 뵈넌(보이는)고나

413. 한가(閑暇)ᄒᆞ다 져 빅구(白鷗)야, 회환사신(回還使臣) 반기난듯

414. 츈몽(春夢)을 ᄭᅵ친듯시(깬듯이), 졍신(精神)이 쇄락(灑落ᄒᆞ다

415. 션창부두(船艙埠頭) 다다르니, 아들 족하(조카) 네 완나냐

416. 가던 날이 어졔 갓고(같고) 오난(오는) 날이 금일(今日)일셰

417. 긔ᄎᆞ(汽車) 타고 입경(入京)ᄒᆞ야, 복명후(復命後)에 근친(覲親)ᄒᆞ니

418. 쳔덕(天德)일셰 쳔덕일셰, 황뎨폐하(皇帝陛下) 만셰틱평(萬歲泰平)

419. 결ᄉᆞ(慶事)로다 경ᄉᆞ로다, 부모임(父母任) 슈복강녕(壽福康寧)

420. 쳐ᄌᆞ(妻子)가 무탈(無頉)ᄒᆞ니, 경ᄉᆞ(慶事)로다 경ᄉᆞ로다

421. 셔양국(西洋國)이 좃다한덜(좋다한들), 고국산쳔(故國山川) 갓틀(같을)소냐

422. 동방뎨국(東方帝國) 만쳔년(萬千年)에 〔우리나라〕, 일월(日月)이 명낭(明朗)ᄒᆞ다

임인(壬寅) 팔월(八月) 이십팔일(二十八日) 이 칙(冊)이 다른 칙(冊)과 다

르니 타닌(他人)은 번역(飜譯)ᄒᆞ야 가든 못할 ᄉᆞ(事) (1902년 8월 28일)

통졍(通情)

셔양(西洋) 영국황뎨(英國皇帝) ᄃᆡ관녜시(戴冠禮時)에

황뎨폐하(皇帝陛下) 조측(詔勅)을 봉승(奉承)ᄒᆞ고 갓실 ᄯᅵ(갔을 때)에 보고 듯난ᄃᆡ로(듣는대로) ᄃᆡ강(大綱) 긔록(記錄)ᄒᆞ며

만일 듯고(듣고) 보난 거슬(것을) 난낫치(낱낱이) 긔록(記錄)ᄒᆞ면 도로혀 풍셜(風說)이 만를듯(많을듯) 습불존일(十不存一)ᄒᆞ노라

오ᄌᆞ(誤字) 마늘듯(많을듯) ᄒᆞ나 ᄃᆡ강(大綱) ᄯᅳᆺ만 보난 거시 ᄎᆡᆨ(冊) 보난 법(法)일 듯.

색인

ㄱ

ㄴ

ㄷ

ㄹ

ㅁ

ㅂ

ㅅ

ㅇ

ㅈ

ㅊ

ㅋ

ㅌ

ㅍ

ㅎ